# REVISTA TRIMESTRAL DE

# DIREITO PÚBLICO

## 17/1997



MALHEIROS EDITORES

*Revista Trimestral de Direito Público*

Órgão do

INSTITUTO GERALDO ATALIBA —
IDEPE — INSTITUTO INTERNACIONAL
DE DIREITO PÚBLICO E EMPRESARIAL

INSTITUTO DE DIREITO ADMINISTRATIVO PAULISTA
IDAP




RTDP
publicação trimestral de
MALHEIROS EDITORES LTDA.
Rua Paes de Araújo, 29, cj. 171
CEP 04531-940 - São Paulo, SP - Brasil
Tel. 822-9205 - Fax: 829-2495
Diretor Responsável: Álvaro Malheiros
Diretora: Suzana Fleury Malheiros

Assinaturas e comercialização:
CATAVENTO DISTRIBUIDORA DE LIVROS S.A.
Rua Conselheiro Ramalho, 928
CEP 01325-000 - São Paulo, SP - Brasil
Tel. 289-0811 - Fax: 251-3756
Supervisão Gráfica: Vânia Lúcia Amato
Composição: PC Editorial Ltda.

# SUMÁRIO

## *DOUTRINA*

PRINCÍPIOS CONSTITUCIONAIS DO PROCESSO ADMINISTRATIVO NO DIREITO BRASILEIRO
*Cármen Lúcia Antunes Rocha* ........ 5
MANDADO DE INJUNÇÃO: O QUE FOI SEM NUNCA TER SIDO – UMA PROPOSTA DE REFORMULAÇÃO
*Luís Roberto Barroso* ........ 34
CONCESSÕES DE SERVIÇO PÚBLICO DE ABASTECIMENTO DE ÁGUA AOS MUNICÍPIOS
*Alice Gonzalez Borges* ........ 39
RESPEITO AOS PRECEDENTES JUDICIAIS ITERATIVOS PELA ADMINISTRAÇÃO PÚBLICA
*Juarez Freitas* ........ 49
GARANTIAS OFERTÁVEIS POR CONCESSIONÁRIO PARA OBTENÇÃO DE FINANCIAMENTO
*Celso Antônio Bandeira de Mello* ........ 54

## *PARECERES*

"IMPEACHMENT", DEVIDO PROCESSO LEGAL E IMPARCIALIDADE DOS JULGADORES
*Xavier de Albuquerque* ........ 59
SOBRE A MEDIDA PROVISÓRIA N. 1.490-14 QUE DISPÕE SOBRE O CADIN, CADASTRO INFORMATIVO DE CRÉDITOS NÃO QUITADOS DO SETOR PÚBLICO FEDERAL, EM FACE DA CONSTITUIÇÃO
*Paulo Brossard* ........ 70
DECLARAÇÃO DE INCONSTITUCIONALIDADE DE DISPOSITIVO NORMATIVO EM SEDE DE JUÍZO ABSTRATO E EFEITOS SOBRE OS ATOS SINGULARES PRATICADOS SOB SUA ÉGIDE
*Clèmerson Merlin Clève* ........ 78
DECISÃO DE TRIBUNAL DE CONTAS, NÃO CONFIRMADA POR DECRETO LEGISLATIVO, NÃO VINCULA ATUAÇÃO DA ADMINISTRAÇÃO
*Eros Roberto Grau* ........ 105
PROCEDIMENTO ADMINISTRATIVO E INTERESSE PÚBLICO (Concurso para provimento de cargo de Professor Titular junto ao Departamento de Música da ECA – Recurso contra o indeferimento de inscrição – Apreciação dos requisitos do concurso e o interesse da Universidade)
*Maria Paula Dallari Bucci* ........ 111
VALIDADE E EFICÁCIA DE LEGISLAÇÃO MUNICIPAL QUE IMPÕE REGIME DE GRATUIDADE AO ESTACIONAMENTO DE "SHOPPING CENTER" – PROIBIDA A COBRANÇA DE QUALQUER CEITIL DOS USUÁRIOS
*A. L. Calmon Teixeira* ........ 116
DOAÇÃO DE BEM IMÓVEL MUNICIPAL À EMPRESA PRIVADA
*Hélcio de Abreu Dallari Júnior* ........ 127

## *ESTUDOS E COMENTÁRIOS*

PELA INSTITUIÇÃO DA OBRIGATORIEDADE DAS SÚMULAS DE JURISPRUDÊNCIA
*Juary C. Silva* ........ 133

A ADMINISTRAÇÃO PÚBLICA, OS CONTRATOS E AS OBRIGAÇÕES DE PAGAMENTO
*Eurico de Andrade Azevedo* ... 147
A REFORMA DO ESTADO E O JUDICIÁRIO: EM BUSCA DA "EFICÁCIA SOCIAL" DA PRESTAÇÃO JURISDICIONAL – UMA REFLEXÃO SOBRE O CONTROLE EXTERNO DO JUDICIÁRIO E O EFEITO VINCULANTE DAS SÚMULAS DOS TRIBUNAIS SUPERIORES
*João Roberto Egydio Piza Fontes e Roberto Armelin* ... 156
AMPLITUDE DO CONCEITO DE "DEFICIENTE"
*Maria Lucia Jordão Ortega* ... 179
CAPITAL FINANCEIRO E PROTEÇÃO À CONCORRÊNCIA
*Cristiane Derani* ... 182
O PRINCÍPIO CONSTITUCIONAL DO CONTRADITÓRIO E DA AMPLA DEFESA NAS LICITAÇÕES
*Edgar Antônio Chiuratto Guimarães* ... 190
INCIDENTE DE INCONSTITUCIONALIDADE E DESVARIO DO PODER
*Antônio Souza Prudente* ... 206
PRIMEIRAS REFLEXÕES SOBRE A EMENDA CONSTITUCIONAL FEDERAL N. 15
(Criação, incorporação, fusão e desmembramento de Municípios)
*Hilda Regina Silveira Albandes de Souza* ... 208

## *CONFERÊNCIAS E DEBATES*

SENTIDO E ALCANCE DO PROCESSO ELEITORAL NO REGIME DEMOCRÁTICO
*Fábio Konder Comparato* ... 220
A HABILITAÇÃO EM PROCEDIMENTO LICITATÓRIO DE SOCIEDADES PERTENCENTES AO MESMO GRUPO SOCIETÁRIO
*Milton A. de Brito Nobre* ... 229
O CONTROLE DO ESTADO NO PRÓXIMO MILÊNIO
*João Féder* ... 238

## *DOCUMENTOS*

1º CONGRESSO DEMOCRACIA E CIDADANIA – CARTA DE MINAS ... 247
GRITO DA UTOPIA JUDICIÁRIA
*José Fernandes Filho* ... 248
SUMÁRIO DO XI CONGRESSO BRASILEIRO DE DIREITO ADMINISTRATIVO – VITÓRIA-ES "TENDÊNCIAS ATUAIS DO DIREITO ADMINISTRATIVO" ... 251

***JURISPRUDÊNCIA*** ... 255

DOUTRINA

# PRINCÍPIOS CONSTITUCIONAIS DO PROCESSO ADMINISTRATIVO NO DIREITO BRASILEIRO

CÁRMEN LÚCIA ANTUNES ROCHA
Advogada

*Introdução. I – Processo e Democracia. II – Princípios processuais constitucionais. III – Processo administrativo, Democracia e Constituição. IV – Princípios fundamentais do processo administrativo na Constituição brasileira de 1988. Conclusão.*

## *Introdução*

Na peça "Les Plaideurs", ficou célebre a passagem na qual Racine critica, acidamente, o processo, cuja finalidade é tão-somente dotar o juiz de objeto sobre o qual fazer incidir o seu julgamento. O papagaio, cujo comportamento é posto à decisão do magistrado, serve à caricatura do processo dado ao objetivo da justiça voltada sobre si mesma.

Também não se pode esquecer a triste aventura humana da Inquisição, na qual havia "processo". A questão era, para quê? para assegurar quem de quê?

O Estado nazista acolheu a figura do processo. Mas jamais reconheceu o Direito como forma de realização da Justiça. A mesma pessoa que executou uma decisão proferida em processo formalizado pelo Estado nazista, foi, no dia seguinte ao da rendição dos alemães, acusado de ter negado o direito ao processado e tornou-se, ele mesmo, parte de um outro processo, no qual figurou como acusado e condenado.

Esses quatro momentos da literatura e da realidade histórica mais recente põem em questão o centro das preocupações do Direito do Estado Democrático: *para que* o processo? *para quem* o processo? e, a partir das respostas oferecidas naquelas duas primeiras questões, *como* o processo?

Kafka narrou um processo. Juscelino Kubitschek foi vítima de um processo.

A história do processo retrata a própria história do homem em sua luta pela democratização da relação do poder e com o poder.

O processo reflete uma forma de convivência estatal civilizada segundo parâmetros previamente determinados pelo Direito posto à observância de todos. A civilização é formal. As formas desempenham um papel essencial na convivência civilizada dos homens; elas delimitam espaços de ação e modos inteligíveis de comportamento para que a surpresa permanente não seja um elemento de tensão constante do homem em seu contato com o outro e em sua busca de equilíbrio na vivência com o outro e, inclusive, consigo mesmo. Por isso, o processo, como formalização de comportamentos para a reivindicação e efetividade de direitos, põe-se como uma necessidade da civilização e da civilidade jurídica do homem no Estado.

Não se é de esquecer, contudo, que o processo é meio, é instrumento, não é um fim. Pelo menos não na perspectiva democrática que deve dominar todas as formas de se pensar e, principalmente, de se interpretar e aplicar o Direito Público. O processo é o instrumento que garante ao homem que a justiça pelas próprias mãos não precisa ser feita, porque ela será aperfeiçoada pelo Estado em forma processada segundo paradigmas jurídicos bem definidos e previamente estabelecidos e conhecidos. Fora daí, não há solução para a barbárie e para a descrença no Estado. Sem confiança nas instituições jurídicas, não há base para a garantia das instituições políticas. O processo é, pois, uma garantia da Democracia realizável pelo Direito, segundo o *Direito e para uma efetiva justiciabilidade.*

## *I – Processo e Democracia*

Como instrumento para a realização de um fim que lhe é externo, o processo[1] nem sempre foi – ou tem sido – utilizado democraticamente. Às vezes ele foi mesmo utilizado para impedir o exercício livre de direitos, para permitir que o direito não se realizasse. O processo pode instrumentalizar a antidemocracia.[2] Já não se tem a crença vã ou a convicção ingênua de ser ele um instrumento abúlico política e juridicamente

1. Cabe uma palavra sobre o conceito de processo aqui utilizado. É que não tem sido incomum o uso indistinto ou, de menos, alternado da referência a processo ou procedimento administrativo, diferentemente do que se tem quando se cuida de processo judicial. Quanto a esse os conceitos são mais bem delimitados, esclarecendo, dentre outros, na doutrina nacional, Ada Pellegrini Grinover que "o processo pode ser encarado sob o aspecto dos atos que lhe dão corpo e das relações entre eles e igualmente sob o aspecto das relações entre os seus sujeitos. O procedimento é, assim, apenas o meio extrínseco pelo qual se instaura, se desenvolve e termina o processo; é a manifestação extrínseca do processo. A noção deste é essencialmente teleológica, porque ele se caracteriza por sua finalidade jurisdicional; a noção de procedimento é puramente formal, não passando de uma coordenação de atos que se sucedem. E essa série de atos não é senão a maneira pela qual se exterioriza o processo" (Cintra, Antônio Carlos de Araújo; Grinover, Ada Pellegrini; Dinamarco, Cândido Rangel, *Teoria Geral do Processo.* São Paulo: Ed. RT, 1981, p. 247).

Para os efeitos do presente estudo, valemo-nos do entendimento de que o processo é o instrumento pelo qual se cumpre a função estatal de solução de uma lide; é o meio formal de que se vale o Estado, direta ou indiretamente, para solver conflitos havidos no seio da sociedade. Procedimento é o modo pelo qual os atos que se desenvolvem processualmente são coordenados e formalizados. O processo é o meio que pode se desenvolver por mais de um modo, que é o procedimento. Como escrevemos em outra ocasião, "processo é o meio, o instrumento juridicamente criado para se realizar uma determinada finalidade. Difere de procedimento, que é o modo pelo qual se atua. (...) O processo é instrumento; o procedimento é a maneira de fazer ou agir, ou, como na hipótese em foco, de conduzir o processo. O processo identifica o objeto e a forma de exercer determinadas atividades administrativas; o procedimento é o modo de aperfeiçoar esta atividade. Toda experiência administrativa tem um modo próprio de ser aperfeiçoada. Quando este modo se realiza por uma sucessão de atos encadeados e vinculados a fim específico, a doutrina do direito administrativo denomina-o procedimento. Nem sempre a atividade administrativa necessita de um procedimento; às vezes realiza-se por um único ato. Nem sempre, igualmente, requer-se um processo, conquanto seja sempre formal a atividade administrativa" (in *Licitação*, no prelo).

2. Não é outra a narrativa feita por Pietro Verri quanto ao caráter extremamente perverso e antidemocrático do processo em sua obra *Observações sobre a Tortura.* O relato de um conjunto de elementos forjados para fazer parecer o que de conveniência se fez para o Estado e que se conteve em um processo elaborado para incriminar alguém previamente identificado demonstra a inocuidade do processo como garantia de direitos pela sua só ocorrência.

te. Pior: ele pode ser a certeza do governante antidemocrático da insegurança constituída sob formas que deveriam conduzir ao objetivo contrário, qual seja, a segurança que somente o direito democrático pode oferecer. Acaso alguém poderia esquecer o processo de Sócrates? Ou as suas palavras platonizadas segundo a fórmula de que "o que vós, cidadãos atenienses, haveis sentido, com o manejo dos meus acusadores, não sei; certo é que eu, devido a eles, quase me esquecia de mim mesmo, tão persuasivamente falavam ... eu me vejo condenado à morte por vós; vós, condenados de verdade, criminosos da improbidade e da injustiça. Eu estou dentro da minha pena, vós dentro da vossa".[3] O processo fora uma farsa. A justiça, uma falsa. A segurança, uma morte.

Somente a principiologia democrática faz realizável a segurança jurídica, que é o princípio mantenedor do próprio Estado, sendo o da Justiça o princípio maior, justificador da própria existência do Estado. Por isso mesmo, somente o processo democrático pode estabelecer uma relação jurídica equilibrada de respeito aos direitos e ao homem como seu titular.

A segurança jurídica pode ser considerada como a certeza do indivíduo na correta aplicação dos valores e princípios de Justiça absorvidos pelo sistema de direito adotado em determinada sociedade.

Mas, como bem adverte Gustav Radbruch, "la seguridad jurídica no es el valor único ni el decisivo, que el derecho ha de realizar. Junto a la seguridad encontramos otros dos valores: conveniencia (Zweckmässigkeit) y justicia. En el orden de prelación de estos valores tenemos que colocar en el último lugar a la conveniencia del derecho para el bien común. De ninguna manera es derecho todo 'lo que al aprovecha', sino que al pueblo aprovecha, en último análisis, sólo lo que es derecho, lo que crea seguridad jurídica y lo que aspira a ser justicia".[4]

Como instrumento realizador desses princípios de Justiça, segurança e interesse público, o processo baliza-se segundo os elementos nos quais eles se compõem e se decompõem, pois o meio presta-se aos fins e não o contrário. O processo é um instrumento de exercício do poder. Assim, a democracia política e mesmo a democracia social tem no processo uma forma de manifestação e realização dos seus princípios. Mas a antidemocracia também pode valer-se dele para cumprir os seus objetivos. Daí a necessidade de se estabelecer uma principiologia jurídica democrática informadora do processo sem o que tanto poderá ele ser uma arma jurídica favorável como poderá ser contrária ao indivíduo. Somente o processo democrático é a superação do arbítrio.

O processo administrativo democrático não é senão o encontro da segurança jurídica justa. Ele é uma das formas de concretização do princípio da legitimidade do poder, à medida em que se esclarecem e se afirmam os motivos das decisões administrativas.[5] Tais decisões são questionadas e

3. Platão, *Apologia de Sócrates*, Rio de Janeiro, pp. 25 e 92.

4. Segundo aquele autor "La seguridad jurídica, inherente en toda ley positiva por esa su positividad, ocupa una notable posición intermedia entre la conveniencia y la justicia: por un lado es reclamada por el bien común, por el otro empero, también por la justicia. Que el derecho sea seguro, que no sea interpretado y aplicado hoy y aquí de una manera, mañana y allá de otra, es, al mismo tiempo, una exigencia de justicia. Donde se origine una pugna entre seguridad jurídica y justicia, entre ley discutible en su contenido, pero positiva, y un derecho justo, pero no plasmado en forma de ley, se presenta en verdad un conflicto de la justicia consigo misma, un conflicto entre justicia aparente y verdadera".

5. Segundo Niklas Luhman "... quem tem o poder detém condições de motivar outros a adotar as suas decisões; deve-se partir da hipótese de que no processo se criem razões adicionais para aprovação das decisões e de que, neste sentido, o poder origine a decisão e a torne legítima; visto desta forma o objetivo do procedimento juridicamente organizado consiste em tornar intersubjetivamente transmissível a redução da complexidade com a ajuda da criação

deslindadas no processo administrativo e, nessa sede, o poder no exercício do qual elas foram adotadas recebe a sua condição legítima própria. Quanto mais democrático for o processo administrativo mais demonstrativo ele é da essência e prática do exercício do poder em determinado Estado.

## *II – Princípios constitucionais processuais*

Considerado o processo como instrumento de exercício do poder, passou ele à condição de matéria fundamental a ser cuidada em sede constitucional. A constitucionalização do processo decorreu desse novo entendimento que passou a lhe ser reconhecido. Sendo um instrumento de atuação do Estado para garantir a prestação da jurisdição (denominada comum, para a judicial e à qual se acrescentou a administrativa), monopólio da pessoa política pública e manifestação máxima do poder estatal, o processo afirmou-se como direito individual formalizado segundo princípios específicos a figurarem nos sistemas entre os direitos fundamentais do indivíduo. Nessa condição é que se dispôs, na Declaração Universal dos Direitos do Homem, de 1948, arts. 8º e 10: "Art. 8º. Toda pessoa tem direito a um recurso efetivo perante as jurisdições nacionais competentes contra os atos que violam os direitos fundamentais que lhe são reconhecidos pela constituição e pela lei". "Art. 10. Toda pessoa tem direito, em plena igualdade, a que a sua causa seja ouvida eqüitativamente e publicamente por um tribunal independente e imparcial, que decidirá seja de seus direitos e obrigações, seja da legitimidade de toda acusação penal em matéria penal dirigida contra ela".

O direito fundamental a um processo – e não a qualquer processo, mas ao que se designa "devido processo legal" – passou a ser incluído, no curso do presente século, de maneira formal e expressa, entre aqueles arrolados no rol dos direitos garantidos nos diferentes sistemas constitucionais positivos e, inclusive, assegurado no plano do direito internacional.

A jurisdição prestada segundo um processo democrático deu o tom da natureza dos demais direitos fundamentais reconhecidos, declarados e garantidos nos diferentes sistemas jurídicos no curso do século XX.

O processo democrático tornou-se, assim, uma garantia constitucional fundamental posta e assegurada pelo Direito. A jurisdição é o direito, de que é a correlata garantia o devido processo legal democrático.

A constitucionalização do processo fez-se, pois, para o atingimento dos objetivos de se propiciar ao cidadão o acesso à jurisdição (judicial ou administrativa, conforme o modelo constitucional adotado), a eficiência na prestação desse serviço essencial e a eficácia da decisão proferida pelo Estado na ação. Com tal garantia se assegura o cumprimento de um dos fins essenciais do exercício do poder político da pessoa estatal, qual seja, o de solução de conflitos individuais e sociais na sociedade, a fim de que a liberdade esteja abrigada no espaço da convivência política na sociedade estatal. Quanto mais o processo oferecer segurança jurídica ao indivíduo de que qualquer ameaça ou lesão a direito seu será objeto de solução pelo Estado ou por quem lhe faça as vezes, segundo o Direito positivado, mais o sistema será considerado eficiente e satisfatório para a sociedade política, mais a justiça estará sendo realizada e a liberdade garantida. Sabe-se que tanto a falta como o excesso de processo podem comprometer exatamente a eficácia do direito à jurisdição e do princípio do devido processo legal. É devido, adequado, legítimo o processo formalizado segundo a lei e para atingir o objetivo precípuo de assegurar-se que o direito dito na ação seja efi-

do poder legítimo de decisão" (*Legitimação pelo procedimento*, 1980, p. 27).

cazmente aplicado, respeitado ou restabelecido na forma decidida tempestivamente.

Para que o princípio da jurisdição seja garantido, as Constituições modernas cuidaram de formular, expressamente, o conjunto de subprincípios que o informam, de tal modo que do acatamento de todos se tenha a garantia do processo eficazmente respeitada. Fundamentalmente se tem como elenco de subprincípios embasadores daquele princípio magno e da garantia do processo o do acesso à jurisdição, o do devido processo legal, o do contraditório, o da ampla defesa, o do duplo grau de jurisdição, o do tratamento paritário das partes, o da motivação das decisões processadas, o da publicidade dos atos processuais, dentre outros nos quais eles se desdobram.

A inclusão do princípio da jurisdição e da garantia do processo que a realiza, basicamente, decorre do entendimento afirmado, historicamente, de que pouco ou nada adiantava a só referência formal ao direito do indivíduo ou do cidadão de comprar aos umbrais dos tribunais, se ali não pudesse ele adentrar, participar e ver conhecido e solucionado o seu caso democraticamente. São os subprincípios arrolados e efetivados pelos sistemas constitucionais contemporâneos que adensaram a jurisdição como direito constitucional essencial assegurador de todos os outros direitos reconhecidos e declarados nos ordenamentos jurídicos. O conflito é da vivência humana. Há que se racionalizar, nos modelos de Direito, fórmulas normativas pelas quais possam eles chegar a uma solução que assegure ao homem a validade eficiente da convivência política numa sociedade democrática. O que garante essa certeza da Justiça possível dos homens pelos homens é exatamente a jurisdição, forma constitucional concebida de se fazer brotar da lide a resposta humana da justiça prestada como serviço estatal prestado, não apenas como ideal maior imaginado. Assim, não basta qualquer jurisdição, senão aquela processada segundo parâmetros de Direito criado justo e aplicado democraticamente.

Se a prestação da jurisdição pelo Poder Judiciário pôs-se desde os primeiros desenhos do Estado Moderno como uma forma de realização humana da justiça desejada em dada sociedade, o Estado Contemporâneo valoriza novas formas de atuação e reaprende-se segundo paradigmas que ampliam a garantia do processo, sublinhando a atuação administrativa ao lado daquel'outra judicial.

Após a constitucionalização dos princípios do processo judicial, a doutrina trilhou a formulação do processo administrativo, que as Constituições mais recentes vêm contemplando.

## *III – Processo administrativo, Democracia e Constituição*

### *A) Processo administrativo e Democracia*

O Estado informado, estruturado e cujas funções são desempenhadas segundo os princípios democráticos tem a sua organização e dinâmica integralmente modelados por eles. A democracia é a alma do sistema assim formado. Tudo o que lhe arranhc, embarace ou impeça é inválido por contrariar a essência do sistema constituído. Função alguma, órgão ou entidade que componha a sua estrutura não estranha qualquer dos princípios que afirmam a democracia se é ela a opção da sociedade constituída em Estado segundo um sistema jurídico formalizado.

Não se poderia afastar, pois, daqueles princípios a atividade administrativa do Estado ou o conjunto de entidades e órgãos que a desempenham. Sendo base do Estado os princípios democráticos não seria pensável nele haver uma Administração Pública autoritária ou distante daqueles princípios. A democracia modela e remodela a Administração Pública, reformula-a segundo o que dita a sua natureza cidadã e pública.

Na organização administrativa democrática o processo administrativo surge como uma forma de superação da atuação estatal autoritária. É por ele, fundamentalmente, que o princípio da legitimidade do poder desempenhado por meio da atividade administrativa ganha densidade e foros de evidência e eficiência social e política. Mais ainda, é por meio do processo administrativo – em suas diferentes concepções, aplicações e demonstrações – que a legitimidade administrativa democrática concretiza e estampa os princípios da responsabilidade e da moralidade administrativas.

Do processo administrativo medievalmente inquisitorial, trancado em porões mal iluminados em seus recônditos motivos, até o processo público e dado à garantia de participação do interessado e da sociedade é de se ter que a história aplainou a trilha autoritária da Administração guardada a sete chaves pelos administradores tão pouco públicos das antidemocracias renitentes. O processo administrativo fez-se uma forma pela qual o poder exercido no desempenho dessa atividade retorna ao veio originário do qual afluiu, qual seja, a própria sociedade, daí retirando a sua vocação para desempenhar-se conforme os paradigmas de justiça nela pensados e postos em seu sistema de direito publicamente aceito como próprio. É nesse ambiente democrático que se concebe o processo administrativo como um instrumento de realização legítima da atuação estatal para a solução de conflitos ou para a adoção de medidas preventivas de futuras lides.

A legitimidade do exercício do poder manifestado no desempenho da atividade administrativa do Estado faz com que sejam relevados, então, os princípios da responsabilidade estatal e da moralidade administrativa. É a democracia que ilumina a Administração Pública, concebendo-a, de forma nova, sob o enfoque daqueles dois princípios, quais sejam, o da responsabilidade e o da moralidade administrativas.

Pelo princípio da responsabilidade estatal todos e cada qual dos agentes que compõem a pessoa estatal e todos aqueles que lhes façam as vezes comparecem perante a sociedade para a qual e em nome da qual atuam oferecendo uma resposta pelo seu comportamento. A responsabilidade faz a Administração Pública falar. Cessa-se por esse princípio a Administração unilateral, silenciosa em seus motivos, privatizada em suas causas e formas, e dá-se à razão dialética e à prática multiplicada na sociedade participante.

Pelo princípio da moralidade administrativa põe-se a conduta administrativa conformada aos valores de honestidade e justeza devida a cada qual dos cidadãos e dos administrados na base das condutas públicas. Quer-se por ele atingir-se a juridicidade administrativa justa, a dizer, havida com a justeza determinada segundo os paradigmas do Direito traçados como norte e limite da atuação dos agentes da Administração Pública. A moralidade administrativa desempenha, então, um papel preponderante e diretivo na garantia dos direitos subjetivos dos administrativos no exercício do poder manifestado pela função administrativa. A Administração Pública abúlica, inerte, onipotente e altaneira cedeu espaço a uma Administração democrática, na qual a moral advém como resultado do diálogo e da participação do cidadão, cujo sentimento de justiça dita os valores morais que são transformados, quando amadurecidos, em princípios jurídicos adotados pelo Direito.[6]

É, pois, para a realização dos princípios democráticos legitimadores do exercício do poder que se põe o processo administrativo como instrumento de ação do agente público, gerando-se em sua base jurídi-

6. Ensina Ada Pellegrini Grinover que "... o processo não é apenas um instrumento técnico, mas sobretudo ético. E significa, ainda, que é profundamente influenciado por fatores históricos, sociológicos e políticos. Claro é que a história, a sociologia e a política hão de parar às portas da experiência processual, entendida como fenômeno jurídico" (*Teoria Geral do Processo*. São Paulo: Ed. RT, 1981, p. 47).

ca o conjunto elementar dos subprincípios que dão ao cidadão a segurança de aplicação eficiente do Direito justo.

*B) Processo administrativo e Constituição*

A entronização dos princípios processuais nos sistemas constitucionais, conforme acima salientado, representa a necessidade de se assegurar que o acesso à jurisdição não seja o último, mas o primeiro passo para a certeza do cidadão de que os seus direitos, postos em questão, serão considerados, respeitados e assegurados segundo definido em processo público e democrático do qual ele participe ativa e livremente. Não bastaria formalizar o direito ao acesso à jurisdição, se não se assegurasse ao cidadão que ela seria prestada em um processo conduzido em estrita conformidade com normas previamente estabelecidas, garantidoras elas mesmas de outros princípios nos quais se desdobra aquele primeiro.

O processo administrativo passou a ser compreendido constitucionalmente como uma conseqüência inafastável da democracia que impregna todas as funções estatais, aí incluída, obviamente, a administrativa. Constitucionalizada a Administração Pública, o processo administrativo cuidado, em seus princípios essenciais, como matéria inserida no sistema jurídico fundamental do Estado não pode ser tida senão como consectário daquela primeira decisão constituinte.

Em primeiro lugar, como direito fundamental reconhecido, declarado e assegurado em forma específica pelo sistema a garantia do processo administrativo teria que ser objeto de cuidado específico do constituinte originário. Não se disputa a sua natureza de direito constitucional fundamental do cidadão.

Em segundo lugar, como matéria administrativa constitucionalizada o processo administrativo tangencia a questão da competência legislativa sobre o tema a indicar e mesmo definir o exercício de competência política das entidades que componham, quando for o caso, como ocorre no Estado brasileiro, a federação. Mesmo em Estados unitários, a organização e a forma de atuação da administração impõem o cuidado fundamental do processo administrativo em seus sistemas jurídicos. Guarda-se, aqui, na condição de matéria básica para a organização e exercício do poder o tratamento da competência administrativa, na qual se inclui aquela que se refere ao processo administrativo.

No Brasil, o direito fundamental ao devido processo legal inteira-se pela garantia do processo administrativo. Tal direito é declarado assegurado no art. 5º, inciso LV, da Constituição da República de 1988.

Quanto à questão da competência para cuidar do tema em sede infraconstitucional, a organização federativa brasileira não permite que haja lei nacional sobre o tema. A autonomia administrativa, que caracteriza o princípio federativo dominante da forma de Estado adotada no Brasil, tem a sua afirmação rigorosa na garantia de um espaço próprio de cada entidade federada (Estados-membros, Distrito Federal e Municípios) para estruturar a sua organização e a sua forma de atuação, observados os princípios constitucionais. O processo administrativo, como instrumento de ação adotado pela Administração Pública garantido em seus princípios fundamentais na Constituição Federal, tem o seu esboço infraconstitucional firmado pela legislação elaborada pelas diferentes pessoas políticas, cada qual seguindo as diretrizes que melhor se adaptem às suas condições.[7]

7. É certo que os sistemas constitucionais contemporâneos encarecem os princípios constitucionais da Administração Pública, fazendo-o, expressamente, a Constituição da República do Brasil em seu art. 37. Tais princípios ordenam, no sistema administrativo federal, as autonomias políticas, pelo que a legislação e as práticas administrativas partem e se vol-

A autonomia administrativa limita-se pela definição constitucional da competência política de cada pessoa federada. Essa competência manifesta-se, fundamentalmente, pela capacidade de autorganizar-se e autogovernar-se segundo suas próprias Constituições e leis que adotarem (art. 25, da Constituição brasileira, de 1988). Todavia, a adoção dessa legislação estadual e municipal e, em especial, a que concerne à matéria administrativa – em cuja seara se tem o cuidado legislativo do processo administrativo – tem os seus limites estabelecidos no próprio sistema constitucional, pelo que tudo quanto desborde tais balizas ou transgrida direito fundamental constitucionalmente assegurado é inválido juridicamente. Assim, os princípios constitucionais processuais são fundamentos necessários da legislação sobre processo administrativo a serem tomados em consideração e acatados, em sua integralidade material e formal, pelo legislador estadual e municipal.

Dois dispositivos constitucionais referem-se à competência das entidades políticas para legislar sobre matéria processual: o art. 22, I, estabelece que "compete privativamente à União legislar sobre... direito... processual...", enquanto o art. 24, XI, reza que "compete à União, aos Estados e ao Distrito Federal legislar concorrentemente sobre... procedimentos em matéria processual".

Poder-se-ia imaginar que tendo a Constituição da República garantido "aos litigantes, em *processo* judicial ou *administrativo,* e aos acusados em geral... o contraditório e ampla defesa, com os meios e recursos a ela inerentes", o direito processual passou a incluir, necessariamente, no sistema positivo nacional o processo administrativo. Nem se poderia excluí-lo do domínio do direito processual por se ter nele o desfibramento da garantia constitucional, a ser objeto de cuidado infraconstitucional específico. Tal assertiva – que parece correta em face da dicção constitucional – poderia, à primeira vista, fazer supor que então o direito processual administrativo teria que ser objeto de legislação infraconstitucional pela União, privativamente, ou, quanto aos procedimentos, concorrentemente pela pessoa federal, pelos Estados-membros e pelo Distrito Federal. Tal, porém, não ocorre. É que, sendo sistema, a Constituição somente pode ser entendida na globalidade de suas normas, especialmente a partir daquelas que veiculam princípios. Ora, um dos princípios mais fortes e vinculantes do sistema constitucional brasileiro é exatamente o federativo (cf., por exemplo, o art. 60, § 4º). Esse princípio é formulado a partir da garantia da autonomia política e administrativa das entidades que compõem a federação. Carente dessa autonomia o que se tem não é senão o que Paulo Bonavides já apelidou de "federação de opereta". Se o processo administrativo, instrumentalizador das condutas administrativas e somente utilizado para a garantia dos direitos subjetivos do cidadão e do administrado em geral, não fosse inserido no espaço de competência própria e autônoma de cada entidade federada, como se ter que a auto-administração dessa pessoa estaria garantida? Como dizer autônoma para organizar a sua própria administração quem não dispõe de autonomia política para legislar sequer sobre o processo a ser seguido no exercício dessa matéria? Assim, tanto o processo administrativo quanto os procedimentos que lhe são inerentes são objetos precípuos de tratamento autônomo de cada qual das entidades da federação brasileira e a referência à legislação processual que compete privativamente à União, por definição constitucional expressa, é tão-somente aquela corres-

tam para a sua realização, acatando-os no rigor formal e material de que a natureza constitucional os dota. Os princípios constitucionais expressos no sistema brasileiro são o da juridicidade, o da impessoalidade, o da moralidade administrativa, o da publicidade, compondo-se ainda o sistema constitucional dos princípios administrativos implícitos da razoabilidade, da proporcionalidade e da motivação suficiente.

pectiva à unidade do direito processual judicial (civil ou penal).

### *IV – Princípios fundamentais do processo administrativo na Constituição brasileira de 1988*

#### *A) Constitucionalização dos princípios processuais administrativos*

*A.1)* Como antes asseverado, iniciou-se a introdução dos princípios processuais nos sistemas constitucionais positivos pelo encarecimento do processo civil e, especialmente, do penal. É que além de serem ramos do direito mais bem sedimentados em razão de sua tradição, deixavam mais claramente à mostra – especialmente o processo penal – a vulnerabilidade do indivíduo em face do Estado quando do exercício da jurisdição.

Daí a inclusão de algumas garantias processuais nos períodos mais remotos do constitucionalismo. Assim, por exemplo, o devido processo legal e o julgamento pelos próprios pares, como direitos fundamentais reconhecidos em norma expressa, figuraram nessa condição na Carta Magna do Rei João Sem Terra (datada de 1215), onde se pode ver, dentre outros, os seguintes dispositivos que vêm à baila transcrever:

"21. Os condes e barões serão punidos por seus pares, e conformemente à medida de seu delito. (...) 38. Nenhum bailio levará, de hoje em diante, alguém a julgamento, com base apenas em sua palavra, sem testemunhas dignas de crédito para apoiá-lo. 39. Nenhum homem livre será capturado ou aprisionado, ou desapropriado de seus bens, ou declarado fora da lei, ou exilado, ou de algum modo lesado, nem nós iremos contra ele, nem enviaremos ninguém contra ele, exceto pelo julgamento legítimo de seus pares ou pela lei do país. 40. A ninguém venderemos, a ninguém negaremos ou retardaremos direito ou justiça".

A Revolução Francesa, com o sentido cosmopolita que emprestou às suas idéias, fez divulgar-se em todo mundo o direito ao devido processo como um dos direitos fundamentais do homem, estabelecendo, no inciso VII, da Declaração dos Direitos do Homem e do Cidadão, de 1789, a disposição segundo a qual *"Nul homme ne peut être accusé, arrêté ni détenu que dans les cas déterminés par la loi et selon les formes qu'elle a prescrites. Ceux qui sollicitente, expédiente, exécutent ou font exécuter des ordres arbitraires doivent être punis;* mais tout citoyen appelé ou saisi en vertu de la loi doit obéir à l'instant; il se rend coupable par la résistence".

A necessidade de um processo havido na forma da lei para que a liberdade e a propriedade do homem fosse questionada e, eventualmente, restringida no exercício garantido foi, pois, reconhecido como um direito fundamental ao lado de todos os outros que são considerados de primeira geração.

*A.2)* O reconhecimento de que também o processo administrativo poderia provocar ablação a direitos, inclusive direitos fundamentais como aqueles relativos ao patrimônio jurídico e à própria liberdade do indivíduo, bem como a demonstração de que esse processo – pela sede administrativa na qual transitava – poderia encarecer a ação do poder político em relação ao indivíduo, desguarnecido das mesmas garantias de que se revestia o processo penal e civil patrocinados pelos fundamentos constitucionais, fez com que se erigisse à sede constitucional a matéria relativa ao tema.

Contribuiu para tanto a doutrina cada vez mais serena no sentido da condição autônoma e peculiar do processo administrativo.

Questionado, inicialmente, até mesmo em sua existência como categoria jurídica específica e distinta dos demais institutos, o processo administrativo recebeu o reconhecimento de sua especificidade somente em momentos mais recentes.[8] Explica-se a

8. Somente em fins do século passado e início deste é que a doutrina alemã e a italiana principal-

dificuldade de se admitir a existência do instituto pela circunstância de se ter associado, tradicionalmente, o termo *processo* à *jurisdição,* excluindo-se da atividade administrativa a condição de ser qualificada pelo desempenho havido também, em alguns casos, segundo um processo, perfeitamente caracterizado e dotado de elementos que o identificavam àquele judicial (e objeto de cuidados pelo direito processual), mas que o distinguiam daquele pela peculiaridade do seu objeto e singularidade de sua forma. À Administração Pública vinculou-se o instituto do ato administrativo, deixando que o processo fosse apropriado pelo ramo do direito encarregado do exercício da jurisdição.[9]

Com a absorção pela doutrina da idéia de que a atividade administrativa teria que ser formalizada segundo um processo para assegurar os direitos do administrado e do agente público e para que os sistemas de controle pudessem ser exercidos em instância jurisdicional, o processo administrativo passou a assumir feição própria, cuidada para o atingimento desses objetivos.

A concepção de que o exercício da competência administrativa faz-se mediante processo, com natureza, fins e forma próprios, transferiu o pólo principal da doutrina jusadministrativista. Esta, antes centrada na tensão da produção do ato administrativo unilateral, impessoal e editado no desempenho de poder incontrastável, passou a ser concebida e explicada como uma relação, que é formalizada para cumprir um fim exterior e superior ao seu autor. A vocação pública da atividade administrativa compreende, então, um contraditório formalizado, o que vem a dar num processo, caracterizado segundo essa condição de sua essência. Essa vocação administrativa como a sua forma de realização transformaram-se segundo a concepção de Estado dominante praticada. O Estado Democrático de Direito pressupõe uma Administração Pública e põe um direito administrativo compreendido, explicado e vivido segundo os princípios que o norteiam, dos quais releva o da participação livre do cidadão no exercício do poder, aí inserida a fase de controle da competência desempenhada. Pelo que o contraditório livremente posto e impessoal, pública e eticamente considerado e resolvido faz parte da dinâmica administrativa. Logo, o processo administrativo passou a ser um instrumento da Administração Pública Democrática buscada num Estado no qual esse regime político seja adotado. Assim considerado, o processo administrativo passou a ser considerado matéria constitucional, pois a sua garantia é fundamental como o é o processo judicial. A necessidade de se transportá-lo para a sede constitucional impôs-se, então, em razão das transformações tanto do Estado quanto dos princípios que o regime político democrático ostenta.

Daí a presença, no direito constitucional positivo brasileiro, do art. 5º, inciso LV, da Constituição da República de 1988, segundo o qual "*aos litigantes, em processo* judicial ou *administrativo,* e aos acusados em geral *são assegurados o contraditório e ampla defesa, com os meios e recursos a ela inerentes*".

Note-se que o encarecimento do processo administrativo com os princípios que

mente e a doutrina francesa com mais parcimônia também passaram a fazer referência ao *procedimento* administrativo e à *operação administrativa* com o significado de um conjunto de atos que se ordenam, coordenam e aliam-se para o atingimento de um fim de interesse público específico. Segundo lição de Odete Medauar, "entre fins da década de 20 e fins da década de 40 vai emergindo outra concepção de processo administrativo, não mais integrado ao próprio ato em que resulta, mas como o aspecto dinâmico de um fenômeno, ou seja como o desenvolver-se de um fenômeno em direção a um certo efeito: o processo como sucessão de fases ou de atos. Os momentos ou fases, assim, não se confundem com o próprio ato final, nem significam um de seus aspectos" *(A processualidade no direito administrativo.* São Paulo: Ed. RT, 1993, p. 58).

9. Nesse sentido cf. Real, Alberto Ramón, *Procedimiento administrativo comparado,* in Marienhoff, Miguel S. *et alii, Procedimiento administrativo.* Tucuman: Ediciones UNSTA, 1982, p. 195.

o norteiam em sistema constitucional não finda na dicção apenas de seu reconhecimento como garantia do administrado, mas se apresenta em outros direitos que são erigidos na mesma condição constitucional fundamental, como se tem com o reconhecimento do direito de petição aos poderes públicos. Assim, a Constituição da República de 1988 estabelece ser "a todos assegurados, independentemente do pagamento de taxas a) o direito de petição aos Poderes Públicos em defesa de direito ou contra ilegalidade ou abuso de poder". O exercício do direito de petição tangencia o processo administrativo, particularmente quando se cuida de impugnação (ou "petição" para se manter a expressão constitucional) contra ilegalidade ou abuso de poder, porque se tem, então, inevitavelmente, um processo, no qual se abriga tanto o contraditório, quanto a ampla defesa, a segurança dos princípios processuais constitucionais explícitos e implícitos adotados pelo sistema.

O direito de petição não começa e termina no pedido do administrado ou do agente público. A petição, obviamente, é apenas a primeira peça de um processo, que se desenrola, formalmente, para a obtenção do resultado segundo os princípios estabelecidos. Tal resultado mais não é que a prática eficaz, eficiente e justa da atividade administrativa juridicamente concebida.

A realização de um processo pela Administração Pública não é competência-faculdade, mas competência-dever vinculado. Alguns elementos admitidos para o exercício dessa competência podem ser discricionários, por exemplo, relativo ao momento, mas o exercício dela é sempre vinculado. Não cabe ao administrador público escolher a forma processual, ou eleger se processualiza determinado desempenho, ou não.

Especialmente no que concerne ao dever de disciplinar-se interna e externamente e, no exercício da competência disciplinar, de processar, quando tanto se impuser pelo desempenho administrativo, a matéria põe-se como um dever administrativo: esse se cumpre para que a decisão legítima e obtida no fluxo de um processo democrático tenha eficácia e conteúdo de justeza e de justiça. Esse dever, de resto, decorre do compromisso ético interno e externo da Administração Pública Democrática, sem o que ela carece de legitimidade e de amparo jurídico-constitucional.

Não tem outra razão que a antidemocracia o desprezo e pouco zelo pelo exercício da competência de processualizar a atividade administrativa, inclusive no desempenho da atividade disciplinar. Faz parte de uma cultura administrativa antidemocrática e decorrente da particularização do poder no Brasil a arenga, que entorpece os agentes competentes impedindo-os de se submeterem à lei, a máxima segundo a qual "aos amigos, tudo; aos inimigos, a lei", que se faz valer em todos os momentos de ruptura e afronta aos princípios democráticos.[10]

É nessa cultura administrativa antidemocrática que se releva a importância do processo administrativo, especialmente o disciplinar, para o administrado. É que se não estiver juridicamente amparada a competência e formalmente realizada a atividade processual da Administração Pública surge o que pode ser considerado um "poder punitivo informal" exercido antijuridicamente por administradores atuando abusivamente. A competência disciplinar, no exercício da qual pode haver punição de algum responsável, é jurídico, formal e objetivo. O que é uma manifestação da responsabilidade estatal e funcional e uma garantia de que o princípio da responsabilidade com a sociedade, com a Administra-

10. Releve-se a norma contida no art. 143, da Lei n. 8.112/90 ("Estatuto dos Servidores Públicos Civis da União"), segundo a qual "A autoridade que tiver ciência de irregularidade no serviço público *é obrigada* a promover a sua apuração imediata, mediante sindicância ou processo administrativo disciplinar, assegurada ao acusado ampla defesa".

ção Pública e segundo o Direito será obedecido converte-se, então, em irresponsabilidade do agente descuidado em processar ou abusivo ao punir sem formalidade e sem processo.

O processo administrativo é que estampa a responsabilidade administrativa e permite que o exercício dessa atividade seja controlada em sua juridicidade e em sua legitimidade, pelo que não pode se dar o seu desempenho de maneira informal. Qualquer comportamento administrativo, especialmente aquele que tangencie direitos específicos além do interesse público que define a sua adequação, deve ser desempenhado mediante processo, atendidos nesse os princípios fundamentais que quanto a ele estabelece o sistema jurídico.

### *B) Os princípios fundamentais do processo administrativo na Constituição Brasileira de 1988*

*B.1)* Reza o art. 5º, inciso LIV, da Constituição da República de 1988, que: "ninguém será privado da liberdade ou de seus bens *sem o devido processo legal*".

Oriunda do direito medieval inglês e incluída na Magna Carta de 1215, a cláusula do *due process of law* teve o título inicial de *law of the land,* a significar, no art. 39 daquele documento expedido por João Sem Terra sob a pressão dos barões ingleses, o direito titularizado pelos homens livres de serem invioláveis em seus direitos concernentes à vida, à liberdade e à propriedade, os quais somente poderiam ser comprometidos ou extintos *per legem terrae (law of the land).* A expressão inicialmente utilizada foi logo substituída pelo *due process of law,* sendo que no século XIV (1354), durante o reinado de Eduardo III, uma lei do parlamento inglês trouxe, expressamente, essa expressão.

Foi exatamente ela que adentrou o constitucionalismo positivo norte-americano, constando da Emenda V, à Constituição dos Estados Unidos, na qual se assegura que "ninguém será detido para responder por crime capital ou outro crime infamante salvo por denúncia ou acusação perante um Grande Júri, exceto em se tratando de casos em que, em tempo de guerra ou de perigo público, ocorram nas forças de terra ou mar ou na milícia, quando em serviço ativo; ninguém poderá pelo mesmo crime ser duas vezes ameaçado em sua vida ou saúde; nem ser obrigado em qualquer processo criminal a servir de testemunha contra si mesmo, *nem ser privado da vida, liberdade ou bens sem o devido processo legal*; nem a propriedade privada poderá ser expropriada para uso público sem justa indenização". Também a Emenda XIV da Constituição norte-americana refere-se, expressamente, ao devido processo legal, ao estabelecer que "nenhum Estado-membro privará qualquer pessoa da vida, liberdade ou propriedade *sem o devido processo legal...*". Conquanto essa Emenda XIV faça referência aos Estados-membros da Federação, a sua importância acentuou-se pela dimensão que adquiriu com a interpretação que se lhe foi atribuída, dela se extraindo a igual proteção para todos, a expansão das garantias relativas ao patrimônio jurídico, cujo comprometimento somente poderia vir a ocorrer no bojo de processo reto e justo, havido perante o juiz natural, nos termos processuais previamente previstos e garantidores de participação ampla do acusado. A juridicidade do exercício do poder passou a ter no princípio do devido processo legal a sua manifestação excelente. Mais ainda, na interpretação da Suprema Corte esse princípio contém a noção da juridicidade justa, afirmando Feliz Frankfurter que "acha-se assentada a doutrina por esta Corte que a cláusula do *due process* enfeixa um sistema de direitos baseado em princípios morais tão profundamente enraizados nas tradições e sentimentos de nossa gente, de tal modo que ela deve ser julgada fundamental para uma sociedade civilizada tal como concebida por toda nossa história. *'Due process' é aquilo que diz respeito às mais profundas noções do que é imparcial, reto e justo*".[11]

O princípio do devido processo legal compreende um conjunto de elementos jurídicos garantidores dos direitos fundamentais em sua persecução quando ameaçados, lesados ou simplesmente questionados, tais como o do direito à ampla defesa, ao contraditório, ao juízo objetivo, motivado e prévia e naturalmente identificado, dentre outros. Esse princípio é um instrumento de legitimação da ação do Estado na solução das indagações sobre os direitos que lhes são postos e um meio formal e previamente conhecido e reconhecido de viabilizar-se o questionamento feito pelo administrado. Pelo que, se nos seus primeiros momentos de concepção e aplicação, foi ele considerado como garantia formal tão-somente, assim não persistiu por largo período, passando-se a vislumbrar, posteriormente, a sua natureza de garantia substancial sem a qual o direito material reconhecido nos sistemas jurídicos não teria eficácia.[12]

Mas além de se ter reelaborado para comportar não apenas o aspecto das garantias formais, mas também as garantias materiais, o devido processo legal, inicialmente cogitado para o processo penal, transportou-se para o campo civil, onde, na lição de Ada Pellegrini Grinover, "o conteúdo da cláusula (*due process of law*)... subsume-se na garantia da ação e da defesa em juízo".[13] Essa mesma autora adverte que "a Justiça civil, assim como a penal, é informada por dois grandes princípios constitucionais: o direito à tutela jurisdicional e o devido processo legal. Destes decorrem postulados como a instrução contraditória, o direito de defesa, a assistência judiciária, o duplo grau de jurisdição, a publicidade das audiências e outros".[14]

No Brasil, o constitucionalismo positivo albergou o princípio do devido processo legal (conquanto sem a utilização da expressão), desde a Carta de Lei Imperial, de 25 de março de 1824. Esta dispunha, em seu art. 178, inciso 11, que "ninguém será sentenciado senão pela autoridade competente, por virtude de lei anterior, e na forma por ela prescrita". A Constituição da República, de 1891, estabelecia, quase que com as mesmas palavras, o preceito, rezando, em seu art. 72, § 15: "Ninguém será sentenciado senão pela autoridade competente, em virtude de lei anterior e na forma por ela regulada". A Constituição de 1934 inovou a matéria ampliando as garantias processuais tidas como fundamentais. Além da norma que se continha nas anteriores e que nessa veio prescrita no art. 113, inciso 26, onde se ampliou a garantia do juízo natural também para o processo e não apenas para a sentença, como se fizera assegurar nas Constituições primeiras ("ninguém será processado, nem sentenciado senão pela autoridade competente, em virtude da lei anterior ao fato, e na forma por ela prescrita"), ali também se estabeleceu (incisos 24 e 25) que "24) A lei assegurará aos acusados ampla defesa, com os meios e recursos essenciais a esta. 25) Não haverá foro privilegiado nem tribunais de exceção; admitem-se, porém, juízos especiais em razão da natureza das causas". A Carta de 1937, como não poderia deixar de ser em razão de sua origem espúria e autoritária, tolheu aquela garantia do devido

11. *Apud* Maciel, Adhemar Ferreira, *Due process of law*, in Rocha, Cármen Lúcia Antunes *et alii*, *Perspectivas do Direito Público*. Belo Horizonte: Del Rey, 1995, p. 414.

12. É célebre a assertiva de Eduardo Couture segundo o qual "Se necesita, no ya un procedimiento, sino un proceso. El proceso no es un fin sino un medio; pero es el medio insuperable de justicia misma. Privar de las garantías de la defensa en juicio equivale, virtualmente, a privar del derecho" ("Inconstitucionalidad por privación de la garantia del debido proceso", in *Estudios de derecho procesal civil*. Buenos Aires: Depalma, t. I, p. 194

13. Grinover, Ada Pellegrini, *As garantias constitucionais do direito de ação*. São Paulo: Ed. RT, 1973, p. 40.

14. Grinover, Ada Pellegrini, *Os princípios constitucionais e o Código de Processo Civil*. São Paulo: José Bushatsky, 1975, p. 19.

processo ampliada pela Constituição de 1934, deixando-se apenas, no texto havido no art. 122, inciso 11, *in fine,* que "a instrução criminal será contraditória, asseguradas antes e depois da formação da culpa as necessárias garantias de defesa". À Constituição de 1946, coerente com os princípios democráticos que restabelece no Estado brasileiro, retoma a fórmula de garantias processuais mais amplas anteriormente adotadas e as alarga, dispondo, em seu art. 141, §§ 25 a 27, que: "§ 25) É assegurada aos acusados plena defesa, com todos os meios e recursos essenciais a ela, desde a nota de culpa, que, assinada pela autoridade competente, com os nomes do acusador e das testemunhas, será entregue ao preso dentro em vinte e quatro horas. A instrução criminal será contraditória; § 26) Não haverá foro privilegiado nem *juízos* e tribunais de exceção; § 27) Ninguém será processado nem sentenciado senão pela autoridade competente e na forma de lei anterior". A Carta de 1967, com a redação que lhe deu a Emenda n. 1/69, estabeleceu, em seu art. 153, §§ 15 e 16, que: "§ 15) A lei assegurará aos acusados ampla defesa, com os recursos a ela inerentes. Não haverá foro privilegiado nem tribunais de exceção; § 16) A instrução criminal será contraditória, observada a lei anterior, no relativo ao crime e à pena, salvo quando agravar a situação do réu;".

Coube à Constituição da República de 1988 inserir, no elenco dos direitos fundamentais assegurados pelo Estado, o do devido processo legal, com amplitude ineditamente concebida no direito brasileiro, ali se abrigando não mais apenas a garantia do processo penal e civil e da instrução criminal no caso do contraditório, mas também o processo administrativo.

É que, como antes salientado, a certeza de que também a Administração Pública atua atingindo o patrimônio de bens jurídicos das pessoas e que carece por isso mesmo de processo o seu desempenho, determinou a expansão do princípio também ao campo do direito administrativo. Aqui, mais que a retidão e justeza determinantes da juridicidade dos comportamentos impôs-se, no conteúdo do princípio do devido processo legal administrativo, o da moralidade administrativa. O denominado poder de polícia exercido pela Administração Pública teve o seu contraponto democratizador exatamente a cláusula asseguradora do devido processo legal administrativo. Esse princípio passou a se constituir uma baliza na idéia democrática da limitação do poder público. E não apenas como limite formal, mas como limite positivo material, a dizer, não somente como forma de extrema negativa, além do qual o poder não poderia atuar por adentrar o patrimônio jurídico protegido de alguém, mas também como limite material positivo no sentido de que o conteúdo das decisões administrativas e a impositividade de sua prática justa e adequada ao sistema jurídico marca-se e controla-se pelo princípio do devido processo legal. Alastrou-se, ainda mais, o conteúdo do princípio a albergar-se, presentemente, o próprio processo de formação do direito. A feitura das normas subsume-se ao princípio do devido processo legal e por aí se reporta e se cumpre o princípio da razoabilidade e justiça que nelas se deve ter atendido.

Quanto ao processo administrativo, o princípio do devido processo constitucionalmente assegurado significa, em primeiro lugar, o dever da Administração Pública de atuar material e formalmente segundo o que o direito determine, fazendo com que o desempenho dessa atividade se faça por uma relação tendo como um dos pólos o administrado, que participa da dinâmica administrativa; em segundo lugar, o direito desse administrado de que essa relação se desenrole segundo os princípios que conferem segurança jurídica a seu patrimônio. Assim, o devido processo legal administrativo concerne tanto à forma quanto ao conteúdo das decisões administrativas e por ele se garante a certeza tanto do dever público quanto do direito do particular na relação administrativa.

O devido processo legal administrativo compreende mesmo os princípios que informam a feitura do ato administrativo, tais como o da razoabilidade e o da proporcionalidade, de tal modo que ele traz não apenas a principiologia do processo, mas extrapola a forma e compromete a substância do provimento administrativo. Afinal, o que é reto e justo constitui a essência da legitimidade de qualquer comportamento, seja ele havido numa relação ou num ato administrativo unilateral.

Há que se anotar que o relevo dado ao princípio do devido processo legal comparece tanto na legislação infraconstitucional (mesmo antes da vigência do atual sistema fundamental), quanto na jurisprudência.

Assim, dispositivo como o que se encontra no art. 5, II, da Lei n. 1.533/51 (apelidada "lei do mandado de segurança"), que reza não ser objeto de impetração do mandado de segurança "ato disciplinar, *salvo quando praticado por autoridade incompetente ou com inobservância de formalidade essencial*", tem sido considerado ora incompatível com a norma constitucional asseguradora do devido processo legal e seus princípios consectários,[15] ora constitucional com a interpretação que a conforma à garantia daquela cláusula fundamental. O que é certo é que não se nega o direito ao uso da garantia constitucional do mandado de segurança quando comprometido o princípio do devido processo legal. Esse, por ser direito fundamental, pode e tem sido normalmente questionado, quando ameaçado ou lesado, no Poder Judiciário, o qual tem considerado pertinente a impetração para segurança do patrimônio jurídico do impetrante.[16] De resto, o texto constitucional referente à garantia do mandado de segurança também não permite restrição quanto ao seu uso quando direito líquido e certo tiver sido ameaçado ou lesado. Assim, parece extremamente difícil a sustentação do dispositivo da Lei n. 1.533/51 em face quer da norma constitucional do mandado de segurança (art. 5º, LXIX, da Constituição da República), quer da norma fundamental garantidora do princí-

15. Nesse sentido leciona Carlos Mário da Silva Velloso que "a ressalva da Lei 1.533/51, art. 5º, III, não se aguenta diante do que dispõe a Constituição, art. 153, § 21 *(referência feita à Carta de 1967 com a Emenda Constitucional n. 1/69)*, que instituiu o mandado de segurança para amparar todos os direitos líquidos e certos..." ("Mandado de Segurança", in *Revista de Direito Público* 55/56, p. 343).

Também Celso Antônio Bandeira de Mello doutrina que "não sinto qualquer constrangimento em dizer que considero este art. 5º inconstitucional, porque ele estabelece um cerceio, uma contenção, que não está estabelecida em dispositivo constitucional. Este se fez amplo e se quer amplo para poder cumprir a função que lhe é inerente, de via de defesa a ser compreendida e interpretada como garantia constitucional, como forma de asseguramento da realização dos objetivos do Estado de Direito, o qual abomina a ilegalidade por parte de autoridade ou desvio de poder".

É certo que ainda prevalece a opinião de grande parte da doutrina processual quanto à aplicação do dispositivo contido no art. 5º, III, da Lei n. 1.533/51. Mas os doutrinadores da área constitucional ou administrativista são, hoje, grandemente favoráveis à inaplicabilidade daquele dispositivo.

16. RE 120.570, *DJ* 8.11.91, Rel. Ministro Sepúlveda Pertence. "Ementa:... II – Garantia constitucional da ampla defesa: ofensa pela omissão da imputação. A formulação e entrega do libelo acusatório e a forma, segundo a legislação aplicável ao caso, de especificar a imputação, delimitando o objeto do processo disciplinar e, via de conseqüência, da defesa do acusado: desde que a ciência pelo acusado da substância de fato das acusações e pressupostos elementar da ampla defesa, a sua omissão ofende o preceito constitucional que a assegura e implica a nulidade da punição". In *RTJ*, 138.

Também, STF-MS 21726-RJ, *DJ* 11.3.94, Rel. Ministro Sepúlveda Pertence. "Ementa: Demissão de servidor estável: processo administrativo com garantia de ampla defesa... Ao contrário do que sucedia sob a Lei 1.711/52, a Lei 8.112/90 distinguiu nitidamente o procedimento disciplinar e inquisitivo da sindicância do processo disciplinar pela resultante, o qual se desenvolve integralmente sob os ditames do contraditório, o que impõe, sob pena de nulidade, que, antes de que se proceda à instrução, seja o acusado chamado ao feito". In *Ement.* Vol. 01736, p. 331. Também, STF, MS 21791, Rel. Ministro Francisco Rezek. In *Ement.* Vol. 01746, p. 170.

pio do devido processo legal (art. 5º, LIV, da Lei Fundamental da República). Apenas considero que não se cuida, aqui, de uma inconstitucionalidade, vez que a norma infraconstitucional antecede o advento do sistema fundamental vigente. Parece-me que a norma poderia ser considerada dotada do vício inquinado em face da Constituição de 1946, sob cuja égide foi ela elaborada. Considerando-se os diplomas que se sucederam àquela e a Constituição da República de 1988 o que pode ser tido, juridicamente, é que a norma do art. 5º, da Lei n. 1.533/51 não foi recepcionada pelo sistema. Não o integrando, não pode, por óbvio, ser cogitada de sua aplicação.

O que é certo é que a cláusula do devido processo legal, em sua concepção substantiva e não apenas formal, integra a principiologia que informa a atividade administrativa de qualquer entidade e de qualquer dos ramos do Poder Público.

Mais ainda, e o que importa consideravelmente relevar na fase atual de repensamento dos modelos de atuação da sociedade (por meio, inclusive, de organizações não governamentais), é que não apenas nos processos administrativos havidos no seio dos órgãos e entidades públicas, mas também naqueles que se façam por entidades civis dotadas de competência delegada ou regulada pelo Poder Público (como se dá com as entidades de classe) é imperativo o princípio, que tem que ser acatado com rigor e observância irrestrita, pena de nulidade e de responsabilidade a quem tenha causado ablação a direito sem a sua obediência. Assim, processos administrativos passados em Conselhos de categorias profissionais ou mesmo em entidades privadas têm que se submeter ao princípio do devido processo legal, de tal modo que o administrado saiba do que cuida a imputação que lhe é feita, devendo-se-lhe assegurar o direito de conhecer e de participar do processo, podendo contraditar as alegações que contra ele sejam feitas, defender-se, recorrer etc.

*B.2)* Estabelece o art. 5º, LV, da Constituição da República, que "*aos litigantes, em processo* judicial ou *administrativo,* e aos acusados em geral *são assegurados o contraditório e ampla defesa, com os meios e recursos a ela inerentes*".

Este dispositivo constitucional conjuga, pois, dois princípios que desdobram e manifestam o do devido processo legal considerado em sua substancialidade, a saber, o do contraditório e o da ampla defesa.

B.2.1) Do brocardo romano *audiatur et altera pars* o princípio do *contraditório* foi assegurado como garantia constitucional, no âmbito da instrução criminal, antes de se assentar, no sistema fundamental, a garantia ampla do processo de qualquer natureza (penal, civil ou administrativo).

A cláusula do devido processo legal, aplicável agora também ao processo administrativo como relevado acima, absorve o princípio do contraditório como sua extensão própria e insuperável.

O contraditório significa que a relação processual forma-se, legitimamente, com a convocação do acusado ao processo, a fim de que se estabeleça o elo entre o quanto alegado contra ele e o que ele venha sobre isso ponderar. Somente na dialética processual é que se afirma o Direito, de tal modo que uma assertiva e a sua contradita combinam os elementos donde o julgador extrai, sem vínculo prévio com qualquer das partes, a sua decisão jurídica.[17]

O contraditório garante não apenas a oitiva da parte, mas que tudo quanto apresente ele no processo, suas considerações, argumentos, provas sobre a questão sejam devidamente levadas em conta pelo julgador, de tal modo que a contradita tenha efe-

17. Daí é que os processualistas retiram o princípio da "bilateralidade da audiência", pelo qual o juiz, ouvindo uma parte, não pode deixar de ouvir a outra, a fim de que os dois lados da relação processual possam oferecer os elementos processados que, sopesados, serão considerados pela autoridade competente no julgamento oferecido.

tividade e não apenas se cinja à formalidade de sua presença.

Por isso mesmo o contraditório deve ser resguardado em todo o processo, vale dizer, mesmo em fase de recurso, apresentado um há que se ouvir a parte contra quem se recorre, para que ela possa contra-arrazoar o quanto posto pelo recorrente.

B.2.2) Também o direito à *ampla e prévia defesa* é assegurado constitucionalmente e prevalece, integralmente, no processo administrativo.[18]

A garantia processual-constitucional da ampla defesa foi assegurada pela jurisprudência do Supremo Tribunal Federal antes mesmo de ser entronizada a sua expressão no texto da Lei Fundamental da República.[19] Esse Tribunal sumulou que "é necessário processo administrativo, com ampla defesa, para demissão de funcionário admitido por concurso" (súmula 20) e, ainda, que "funcionário em estágio probatório não pode ser exonerado nem demitido sem inquérito ou sem as formalidades legais de apuração de sua capacidade" (súmula 21), havendo interatividade e perfeita coerência de suas decisões garantindo a ampla defesa em qualquer processo no qual direito de alguém esteja sendo questionado, podendo ser comprometido.

*O princípio da ampla defesa acopla várias garantias.* O interessado tem o direito de conhecer o quanto se afirma contra os seus interesses e de ser ouvido, diretamente e/ou com patrocínio profissional sobre as afirmações, de tal maneira que as suas razões sejam coerentes com o quanto previsto no Direito. Na primeira parte se tem, então, *o direito de ser informado* de quanto se passa sobre a sua situação jurídica, o direito de ser comunicado, eficiente e tempestivamente, sobre tudo o que concerne à sua condição no Direito. Para que a defesa possa ser preparada com rigor e eficiência, há de receber o interessado todos os elementos e dados sobre o quanto se ponha contra ele, pelo que haverá de ser intimado e notificado de tudo quanto sobre a sua situação seja objeto de qualquer processo. Assim, não apenas no início, mas no seguimento de todos os atos e fases processuais, o interessado deve ser intimado de tudo que concerne a seus interesses cogitados ou tangenciados no processo.[20] *Tem o*

18. A Constituição da República expressa a garantia da "ampla defesa, com os meios e recursos a ela inerentes". Ocorre que não se admitiria que essa defesa pudesse ser feita após a decisão administrativa, após a emissão do ato punitivo, por exemplo em caso de processo disciplinar. O que se tem como certo é que para que se tenha o contraditório e a defesa possa ser exercida ampla e livremente haverá que ser notificado (ou citado, conforme o caso) o processado na fase inicial, a fim de que se possa ter a eficácia da defesa. Ela será prévia em relação à decisão, não se admitindo que após a realização dos atos essenciais ou até mesmo do julgamento é que se dê conhecimento e oportunidade para o processado contraditar as alegações contra ele feitas ou defender-se do quanto contra ele afirmado.

19. No plano infraconstitucional, a legislação também garante o princípio da ampla defesa, expressamente, especialmente nos documentos legais que contêm os estatutos de servidores públicos. Cf. art. 143, da Lei n. 8.112/90.

20. SFT-RE-165680-SC, Rel. Ministro Ilmar Galvão. Ementa: "Policial militar do Estado de Santa Catarina. Licenciamento a bem da disciplina. Invocação do estatuto da polícia militar. Ausência de procedimento administrativo. Alegação de contrariedade aos incs. LIV e LV da Constituição Federal. Matéria prequestionada.

"O ato de licenciamento do recorrente, a bem da disciplina militar, com base no Estatuto da Polícia Militar do Estado de Santa Catarina, não foi precedido de procedimento administrativo para o esclarecimento das faltas apontadas como infrações disciplinares, capazes de autorizá-lo, verificando-se completa omissão de defesa. O Judiciário, mesmo sem entrar no mérito da atuação administrativa, tem poderes para examinar o ato sob o prisma constitucional do devido processo legal e da ampla defesa" (*DJ* de 15.9.95, p. 29.535, *Ement.* Vol. 01800-09 p. 0165).

Também STJ-RMS 1.074-ES, Rel. Min. Peçanha Martins. "Processo disciplinar – Fato qualificado – Garantia de defesa. A portaria inaugural e o mandado de citação, no processo administrativo, devem explicitar os atos ilícitos atribuídos ao acusado. Ninguém pode defender-se eficazmente sem pleno conhecimento das acusações que lhe são imputadas. Apesar de informal, o processo administrativo deve obedecer às regras do devido processo legal. Recurso conhecido e provido". In *RDA* 188, p. 136.

*direito de argumentar e arrazoar (ou contra-arrazoar), oportuna e tempestivamente (a dizer, antes e depois da apresentação de dados sobre a sua situação jurídica cuidada na espécie), sobre o quanto contra ele se alega e de ter levado em consideração as suas razões.*[21] A apresentação de defesa formal, produzida com a argumentação que comprove a sua contradição ao quanto contra ele se alega, pode ser feita diretamente ou mediante patrocínio profissional. A *garantia do advogado* (art. 133, da Constituição da República) exige mesmo que o Estado providencie um, mesmo no processo administrativo, para aquele que lhe requisitar, comprovando-se que não o pode contratar sem o comprometimento de suas condições de subsistência ou de seus dependentes. Para a comprovação de seus argumentos e razões, tem ele o *direito de produzir provas, na forma juridicamente aceita.* É certo que, no julgamento de casos submetidos a seu exame, o Poder Judiciário brasileiro não se abstém de verificar o que seja a defesa ampla e a alegação de necessidade de provas, declinando quando sejam elas dispensáveis ou meramente protelatórias, o que não se inclui na definição normativa do princípio. Todavia, o Poder Judiciário tem sido extremamente rigoroso na observância dessa garantia, vez que ela informa o princípio do devido princípio legal, assegurando a sua eficácia jurídica plena.

É de se relevarem, para os efeitos estreitos do presente estudo, três questões constantes sobre a matéria, mais recentemente, nos tribunais brasileiros: a primeira, a aceitação, ou não, da denominada "verdade sabida", que tem limitado, na prática, a aplicação do princípio constitucional da ampla defesa; a segunda, relativa ao desfazimento de ato administrativo praticado invalidamente (contra o Direito) pela autoridade unilateralmente; e a terceira, concernente ao direito ao recurso administrativo como uma formulação ou manifestação do princípio da ampla defesa, vez que nele se reproduz e se oferece oportunidade ao interessado para expressar o quanto alega em sua defesa em outra instância.

Quanto à apelidada "verdade sabida" – considerada como a ciência tida diretamente pela autoridade de fato que o leve a punir servidor público sem para tanto ouvi-lo, nem permitir a sua defesa, vez que a circunstância que conduz à apenação passou-se em sua presença ou com o seu conhecimento imediato[22] –, foi ela aceita por lon-

O Projeto de Lei n. 2.464/96, fruto de trabalho de comissão presidida pelo insigne administrativista Caio Tácito e em tramitação no Congresso Nacional, estabelece, no art. 3º que "O administrado tem os seguintes direitos perante a Administração, sem prejuízo de outros que lhe sejam assegurados:... II – ter ciência da tramitação dos processos administrativos em que tenha a condição de interessado, ter visto dos autos, obter cópias de documentos neles contidos e conhecer as decisões proferidas; III – formular alegações e apresentar documentos antes da decisão, os quais serão objeto de consideração pelo órgão competente; IV – fazer-se assistir, facultativamente, por advogado, salvo quando obrigatória a representação, por força de lei".

No mesmo projeto se contém a estatuição da forma de comunicação dos atos processuais aos interessados (arts. 26 a 28).

21. É certo que se podem encontrar acórdãos, inclusive do STF, como o que contém a seguinte decisão: RE 75.251-PR, publicado no *DJ* de 4.2.83, Rel. Min. Aldir Passarinho. Ementa: "Militar. Soldado da Polícia Militar do Paraná. Lei 1.943... Ampla Defesa. Art. 153, § 15, da Constituição Federal. A ampla defesa a que se refere o art. 153, § 15, da Constituição não é de ser entendida como prévia defesa, perante a Administração, salvo se houver a respeito expressa previsão legal ou regulamentar. A ampla defesa prevista na norma constitucional e a defesa em juízo. No código de Polícia Militar do Paraná... a expulsão do soldado, com menos de 10 anos de serviço, pode efetuar-se independentemente de prévia sindicância ou inquérito. Cabe-lhe, se inconformado, discutir no Judiciário, a ilegalidade do ato administrativo".

Cuida-se, todavia, de decisão que não encontra respaldo, na maioria dos julgados dos tribunais brasileiros, muito rigorosos na exigência da ampla defesa. Cf. *RDA* 161, pp. 79 a 82; *RDA* 188, pp. 136 a 138; *RDA* 157, pp. 83 a 89; *RDA* 152, pp. 69 a 77.

22. Segundo Hely Lopes Meirelles, "verdade sabida é o conhecimento pessoal da infração pela própria autoridade competente para punir o infrator ...

go período pelos tribunais. Entretanto, o advento do princípio constitucional do devido processo legal impede que se possa aceitar a "verdade sabida", porque a punição sem qualquer exigência de apuração da falta, do contraditório ou de formalização do processo agravam, à evidência, o princípio da ampla defesa. Como poderia o interessado alegar qualquer circunstância que atenua ou altera a interpretação de um fato cometido, se a ele não se oferecer a dilação probatória das circunstâncias que constituam, eventualmente, a sua defesa? Como se especificarem as condições nas quais ocorreu um fato se apenas a afirmação do comportamento é feito unilateralmente pela autoridade? Como se demonstrar a distorção, produzida por exemplo em notícias veiculadas pela mídia, se não se assegurar a dilação probatória ao interessado? Tem-se, pois, que a denominada "verdade sabida" não pode ter qualquer aceitação no sistema jurídico vigente, por contrariar, cabalmente, o princípio do devido processo legal e cercear, em sua raiz, a ampla defesa constitucionalmente assegurada.

Muito próxima à questão que se tem com a aplicação da denominada "verdade sabida" pode ser considerada outra, qual seja, a da produção do ato administrativo unilateral para desfazimento de ilegalidade que o vicie e que seja notada pela autoridade posteriormente ao seu fazimento.

Em tais casos, a autoridade competente que providenciou a infração, aplica a pena pela verdade sabida, consignando no ato punitivo as circunstâncias em que foi cometida e presenciada a falta. Esse meio sumário só é admissível para as penalidades cuja imposição não exija processo administrativo disciplinar. Tem-se considerado também como verdade sabida a infração pública e notória estampada na imprensa ou divulgada por outros meios de comunicação de massa. O essencial para se enquadrar a falta na verdade sabida é seu conhecimento direto pela autoridade competente para puni-la, ou sua notoriedade irretorquível. Não obstante, embora sem rigor formal, deve-se assegurar a possibilidade de defesa" (*Direito Administrativo Brasileiro.* São Paulo: Malheiros Editores, 1995, p. 590).

O Supremo Tribunal Federal sumulara que: "Súmula 346 – A administração pública pode declarar a nulidade dos seus próprios atos" e, ainda, que: "Súmula 473 – A Administração pode anular seus próprios atos, quando eivados de vícios que os tornam ilegais, porque deles não se originam direitos...". Na mesma linha de entendimento afirmado inclusive pela doutrina e jurisprudência pacífica de todos os tribunais e juízos, no sentido de que o vício de antijuridicidade tisna de mácula invalidadora insanável o ato administrativo, dele retirando a possibilidade de produzir efeitos válidos, a Lei n. 8.112/90 (Estatuto dos Funcionários Públicos Civis da União) veio dispor, em seu art. 114, que "A administração deverá rever seus atos, a qualquer tempo, quando eivados de ilegalidade". Note-se que a norma passou a se referir à revisão do ato administrativo viciado como competência-dever. Se alguma competência administrativa pode ser exercida como uma faculdade quanto à definição do tempo e motivos de conveniência, no caso de desfazimento do comportamento público em razão de ilegalidade não se há de cogitar de tal natureza quanto a qualquer dos elementos que a integram. Afirma-se na norma que a administração *deverá,* ou seja, terá que rever seus atos quando eivados de ilegalidade. A questão põe-se para se saber se a Administração terá que formalizar o processo administrativo para o desfazimento de todo e qualquer ato, quando deparar com uma situação de ilegalidade que ela própria constata, apura e sobre a qual conclui após a sua prática. É que o ato pode – e em geral deve – ter produzido efeitos no patrimônio de alguém, basicamente um administrado ou um servidor público. Ocorre que o bem que teria sido tutelado ou constituído pelo advento do ato não terá gerado direitos, pois ato nulo não é fonte de direitos. É, então, de se indagar se também nesse caso a hipótese impõe a formalização de processo administrativo. Preliminarmente, há mister se relevar a norma contida no art.

148, da Lei n. 8.112/90, que contém o Estatuto dos Servidores Públicos Civis da União, segundo a qual "o *processo disciplinar é o instrumento destinado a apurar responsabilidade de servidor* por infração praticada no exercício de atribuições, ou que tenha relação com as atribuições do cargo em que se encontre investido". Para um processo específico, pois, qual seja, o disciplinar, não se haveria como se cogitar de processo quando do desfazimento de ato administrativo nulo, porque não há, então, o que apurar quanto à responsabilidade de servidor. A responsabilidade pela nulidade será, em princípio e em geral, de autoridade da qual tenha emanado o ato, sem que o servidor tenha contribuído necessariamente para a prática revista em razão da ilegalidade verificada. E se o ato nulo não gera direitos, e se não se há falar em ablação de direitos (que não são constituídos por ato enodoados visceralmente pela ilegalidade), não se haveria falar em processo.

Ocorre que o patrimônio jurídico do interessado pela prática do ato é atingido. Ainda que para a sua ciência e para que ele, inclusive, possa se contrapor ao desfazimento do ato, oferecendo argumentos no sentido de sua manutenção ou da mantença de seus efeitos, a jurisprudência dos tribunais tem determinado a realização de processo.[23]

A se manter o entendimento no sentido de que qualquer movimento da administração pública que se assente ou se reflita no cabedal de bens jurídicos do administrado ou de servidor público depende de um processo, é de se colocar em dúvida quanto à prevalência ou pelo menos à interpretação dada ao disposto nas súmulas do Supremo Tribunal Federal, acima transcritas. Pelo conteúdo das súmulas e, mais ainda, pelo que se tem na Lei n. 8.112/90 (art. 114), à Administração Pública se reconhece competência para a prática de ato administrativo unilateral revisor de outro, praticado sem o devido fundamento legal, que lhe daria validade e, na esteira desta, eficácia jurídica. Ocorre que a imposição de que esse ato, mesmo quando tocado pelo vício da antijuridicidade, somente pode ser praticado no bojo de um processo administrativo altera a interpretação da norma de competência, pois essa não poderia ser exercida senão com a audiência do interessado e a garantia do devido processo legal, o contraditório e a ampla defesa. E não é outra a interpretação que tem prevalecido na jurisprudência, onde se vê que a prática de ato administrativo revisor de cometimento anterior por vício de contrariedade ao Direito depende, segundo se tem entendido, exatamente de um processo, no qual se estabelece o contraditório com o interessado.

Também vinculado ao direito à ampla defesa é o direito à revisão e/ou recurso administrativo. Esse é uma extensão do direito à ampla defesa, uma forma de exercê-lo. É a Constituição da República que, no mesmo art. 5º, inciso LV, acopla ao direito à ampla defesa "os meios *e os recursos a ela inerentes*". O interessado reapresenta a sua argumentação e o seu arrazoado na instância recursal e vê a sua fundamentação ser objeto de novo exame. Na verdade, o recurso é um segundo momento de defesa, agora na instância e perante o juízo recursal competente. As decisões administrativas, inclusive e principalmente

23. STJ-ROMS 928-0-MG, Rel. Min. Américo Luz. Ementa: "Servidor Público. Ato Administrativo. Ilegalidade. O poder de a Administração anular seus próprios atos não é absoluto, sob pena de malferir, como na hipótese, os princípios da ampla defesa e do devido processo legal. Por isso inválido de pleno direito o ato que anula outro sem preceder ao processo administrativo exigido como condição para que o servidor estável possa perder o cargo. Recurso provido. Decisão unânime". STJ-RMS 281-SP, Rel. Min. Demócrito Reinaldo. "Funcionário público – Sindicância – Ampla defesa. O processo de sindicância não tem forma e nem figura de juízo, não obedece a procedimento específico, nem ao princípio do contraditório. Ao indiciado não cabe alegar defeitos ou irregularidades na sindicância (ou vícios de intimação), porquanto a sua defesa será sempre feita, de forma exaustiva e eficiente, na fase do inquérito administrativo, como ocorreu na hipótese".

aquelas proferidas no processo, podem conter equívocos. São obras humanas e, como tal, sujeitas a desvios e a falhas, como os próprios homens. Daí a necessidade que se foi demonstrando de que as condutas estatais – especialmente aquelas havidas numa relação de contraditório e de questionamento e talvez comprometimento de direitos – submetem-se a duplo exame, porque a oportunidade de haver uma segunda análise propicia uma melhor conclusão e uma maior segurança, diretamente, para o interessado e, reflexivamente, para a coletividade. À própria autoridade que tenha proferido a decisão recorrida é oferecida uma oportunidade de reexame, em geral, vez que a ela é que se dirige o recurso e o pedido de reconsideração, o que, não ocorrendo, determina a remessa do mesmo à autoridade hierarquicamente superior. Os recursos administrativos são específicos ou inespecíficos, conforme sejam contemplados na legislação infraconstitucional para processos determinados (casos do processo de licitação ou do processo disciplinar, por exemplo) ou para o processo administrativo em geral.

*B.3)* O processo administrativo informa-se também, constitucionalmente, pelo *princípio da publicidade*, ressalvando-se apenas casos em que o interesse público, ou o específico do interessado ou de quem lhe seja dependente, determinar tratamento sigiloso, o que não exclui, contudo, a participação permanente desse na tramitação.

A publicidade é princípio constitucional da Administração Pública (art. 37, da Constituição da República), estabelecendo-se como consectário necessário do próprio princípio democrático. Não há como haver a participação do povo no exercício do poder se não se contar com o conhecimento público dos atos por ele praticados. Pelo que dar ciência ao povo, a dizer, tornar público os atos havidos no desempenho das funções do poder é imperativo do regime político.

Vinculada a ideologia e a principiologia do processo ao regime político adotado, conforme lembrado acima, não se poderia deixar de coligar também os princípios que fundamentam um e outro.

Os princípios que informam o processo democraticamente cuidado no Direito são, pois, os mesmos que embasam esse regime político. O princípio da publicidade, portanto, apresenta-se como um daqueles que se põem como fundamentais para que o processo possa cumprir o seu objetivo garantidor de direitos, especialmente aqueles que concernem à liberdade. Processo sigiloso ou sem publicidade é antidemocrático. Mais que isto, em geral não é processo; é um mero ato de força formalizado em palavras sem forma de Direito e sem objetivo de Justiça.

Note-se que a Constituição da República encarece a publicidade inerente a todas as formas de processo, judicial e administrativo. No primeiro caso, dela cuidou a Lei Fundamental expressamente, ao dispor, no art. 93, IX, que "todos os julgamentos dos órgãos do Poder Judiciário serão públicos, e fundamentadas todas as decisões, sob pena de nulidade, podendo a lei, se o interesse público o exigir, limitar a presença, em determinados atos, às próprias partes e a seus advogados, ou somente a estes". O dispositivo contém três normas bem definidas, a saber, o princípio da publicidade dos julgamentos, o princípio da motivação suficiente (fundamentação das decisões), e a possibilidade de se conferir tratamento excepcional ao primeiro, se a lei o determinar para e quando "o interesse público o exigir".

Poder-se-ia pensar que tendo o constituinte situado o princípio da publicidade no capítulo do Poder Judiciário, teria excluído a atividade administrativa e os processos havidos no seu desempenho do acatamento de idêntico princípio. Ocorre que, ao expressar a imperatividade do princípio da publicidade no art. 37, para toda e qualquer atividade administrativa de qualquer dos poderes da União, dos Estados, do Distrito Federal e dos Municípios, o constituinte estabeleceu a extensão e imposição do mesmo ao processo administrativo, que é uma das manifestações daquele desempenho. Até mesmo porque esse processo pode ter e tem lugar no exercício da atividade administrativa em sede de qualquer dos poderes do Estado.

Também nesse caso, a publicidade pode exibir face mais amena, quando o interesse público o exigir e quando a própria liberdade do interessado tiver que ser relevado sobre a ciência pública do processo. Nesse caso, a lei (e somente nos casos e ocasiões em que ela assim estabelecer) poderá definir hipóteses em que apenas o interessado e seu advogado terão acesso e presença no julgamento. Mas não haverá segredo processual, menos ainda para o interessado, pena de nulidade absoluta. Por isso mesmo é que a comunicação de todos os atos e práticas processadas, a informação escorreita de todos os elementos contidos no processo impõe-se como obrigação do processante em relação ao interessado direto e até mesmo ao terceiro. Sem a publicidade do processo não se tem segurança jurídica; sem o conhecimento pelo interessado não se tem garantia de sua participação livre e democrática.

*B.4)* Processo não é improviso; não se faz com opinião; não admite subjetivismo. O processo é instrumento que se formaliza para conferir segurança ao interessado e à sociedade e para garantir seriedade ao quanto nele se ponha como objeto de apuração e decisão.

Daí porque se impõe a *objetividade* como qualidade necessária *do processo*. Há que se conhecer todos os elementos que conduzem à abertura do processo (tais como a infração a se apurar, os fatos determinantes de tal início processual etc.), ao seu seguimento, os dados e elementos colhidos em seu curso e que são considerados para o julgamento.

Mesmo nos casos em que o Direito estabelece condições de objetividade inconteste, tais como prazo para determinada prática, apurável pela contagem de tempo etc., há que se esclarecer tal situação no processo, de tal maneira que o interessado possa conhecer do quanto contra ele se alega, como se apura e o motivo porque se conclui em determinado sentido. Assim, por exemplo, em caso de abandono de cargo de servidor público, cujo cômputo é feito em dias na legislação específica, há que se iniciar um processo, oferecendo ao interessado a oportunidade de defender-se amplamente, porque, conquanto a lei refira-se ao abandono como a ausência do exercício do cargo por determinado período, ela mesma também excetua de apenação a situação em que haja um motivo que desqualifique como punível tal ausência. Haverá, então, que ser assegurado ao servidor ausente o direito de comprovar ocorrência que, por exemplo, exclua de punibilidade administrativa a sua falta, o que somente pode ocorrer quando se objetivar, no processo, em que período, como se apurou etc., a ausência tida, inicialmente, como ilegal.

Toda decisão administrativa – mais ainda aquela que se dê em processo – tem que ser objetiva e fundamentada. No primeiro elemento se tem o princípio da objetividade administrativa, que comprova o cumprimento da finalidade pública assinalada legalmente e no segundo se tem a garantia do princípio da motivação, sem o qual não se há de cogitar do controle de juridicidade e de legitimidade do exercício do poder público.

A objetividade do julgamento é característica de qualquer processo. E para que essa objetividade possa ser visível e controlável é que se põe, como seu corolário, o princípio da motivação suficiente.

O dever de fundamentação formal e suficiente dos atos decisórios estatais, especialmente aqueles emitidos em processo judicial ou administrativo, tem como finalidade dar concretude ao princípio da juridicidade e da precedência da norma de Direito aplicável aos casos objeto de atuação do Estado, a impedir o arbítrio e qualquer forma discriminatória contra o cidadão. Tanto o princípio da proteção jurídica do cidadão ou de qualquer pessoa quanto o sistema de controle dos atos estatais somente podem ser garantidos quando a decisão do Estado mostrar-se objetiva e fundamentadamente. É a fundamentação do ato decisório que torna possível ao interessado submeter-se a ele, ciente de que se acha resguardada, de qualquer forma, a sua segurança jurídica e, ainda, se permitindo que ele aceite o conteúdo do ato e a aplicação do Direito ao caso em que figura como parte. A sua segurança jurídica, no caso, mostra-se pela possibilidade de que dispõe de fazer o controle jurídico do ato de decisão, circunscrevendo-se, assim, o âmbito de sua proteção assegurada no e pelo Direito. Note-se que os efeitos da motivação substancial e formalmente contidas no ato decisório não se inscrevem apenas no plano do interesse imediato do administrado ou jurisdicionado, mas no plano da coletividade, em razão da garantia dos fins coletivos que são buscados no regime político democrático e no exercício legítimo do poder que nele se põe como único possível de ser aceito. Quando um cidadão tem a sua segurança jurídica, todos os outros certificam-se da sua. A efetividade jurídica garantidora do patrimônio de um cidadão é que assegura a eficácia social do Direito em toda a coletividade.

Note-se que a fundamentação do ato decisório emitido no processo há que ser suficiente, quer dizer, que ela seja clara e que o seu enunciado contenham os elementos que demonstrem a correlação lógico-jurídica necessária entre os fatos apurados e a decisão proferida.[24] Remissão a lei ou a cláusula ou a dispositivo de norma jurídica sem a explicitação da relação lógico-normativa com os fatos que conduzem à aplicação não cumpre o princípio da motivação suficiente. Referência a lei não é motivação, menos ainda suficiente. Nem se diga carimbo pré-confeccionado de julgado. Processo não tem bula. Nem Direito é carimbo, porque a vida não tem formulário pronto.

A motivação suficiente é que objetiva a decisão processada. Julgamento subjetivo é ato de arbítrio. Arbítrio é negação da liberdade, é antinômico à democracia.

*B.5)* Princípio constitucional processual por excelência é o do *tratamento isonômico das partes.* Mas quando se cuida de processo administrativo, a aplicação desse princípio – que constitui uma manifestação do princípio da igualdade jurídica – encontra uma condição diversa daquela que se toma para o processo judicial. Nesse o Estado desempenha o papel fundamental de eqüidistância e distanciamento das partes (ressalvada a sua situação também de parte, nos casos em que compareça como autor, réu, litisconsorte ou interessado). Como julgador o Estado exclui-se da tensão litigiosa, pois ele se põe como elemento de desfazimento e solução do conflito.

No processo administrativo, mantém-se o princípio da identificação obrigatória das partes, sem o que se perde a objetividade e formalidade que protegem o espaço de segurança jurídica do administrado e reformula-se o princípio da paridade das partes segundo os princípios jurídicos que presi-

24. Leciona José Oswaldo Gomes que "não é suficiente a fundamentação que apenas enuncia fundamentos de facto ou só de direito, e muito menos aquela que se limita a invocar a lei ou os princípios de direito, sem os enunciar, ou que, sem qualquer outro motivo, refere apenas o preceito legal ... sempre se terão de rejeitar aquelas (fundamentações) que apontem apenas um princípio de motivação ou que se limitem a formular uma conclusão. É o que, no direito francês, se designa por proibição de fórmulas *passe-partout* que, podendo utilizar-se para todas as situações, não são aplicáveis ao *thema decidendum*" (*Fundamentação do Acto Administrativo.* Coimbra: Coimbra Editora, 1981, p. 123).

dem a atuação do Estado. Esse tem como finalidade precípua a realização dos fins de interesse público, logo para que esse se cumpra há que se sobrelevar sobre interesses particulares. Tanto se reflete no processo administrativo.

Todavia, não se pode deixar de considerar o princípio da isonomia das partes processuais.

Em primeiro lugar, saliente-se que, no processo administrativo, o Estado – na condição de pessoa exercente das funções de administração do bem público – cumpre mais de um papel, comparece em situação dúplice: como pólo ativo ou passivo de argüição feita e como julgador da situação processada. Aqui, contudo, a sua condição de julgador distingue-se daquela que ostenta no processo judicial. É que enquanto nesse há uma evidente eqüidistância das partes litigantes (mesmo quando o Estado é parte, pois o órgão encarregado de exercer a jurisdição não compõe o poder nem se confunde com a função jurisdicional), no processo administrativo o órgão julgador integra o poder que administra, e no exercício de cuja função emerge o conflito a ser solucionado. A aplicação do princípio da separação de poderes desguarnece-se, aqui, de sua aplicação mais clara e rigorosa, cedendo lugar a uma relação que é, então, extremamente sensível, delicada e vulnerável.

Privilégios de qualquer pessoa, inclusive a estatal, são inconstitucionais. Assim, por exemplo, a estatuição, em norma rigorosa e frontalmente agressiva ao princípio da igualdade jurídica das partes no processo, de privilégios de prazos da Fazenda Pública (em quádruplo para contestar e em dobro para recorrer), duplicidade obrigatória de exame de decisão judicial etc., são contrárias à Constituição. A violência sem fundamento constitucional ao princípio magno da igualdade jurídica torna inválidas as normas que contemplem tais privilégios, não podendo elas ser consideradas recepcionadas (aquelas que antecedem a promulgação da Lei Fundamental da República) ou inconstitucionais (aquelas que procedem tal promulgação).

As denominadas "prerrogativas" da Administração Pública (que se apresentam em alguns processos administrativos, como, por exemplo, o de licitação e mesmo, em alguns casos, no disciplinar, como a utilização de documentos e provas havidas em seus próprios aparatos burocráticos) são antes deveres que faculdades, menos ainda privilégios que ela ostenta e têm como única justificativa o zelo e o comprometimento com o interesse público maior e determinante da atuação estatal.

Não podem ser compreendidas, então, as prerrogativas como faculdades excepcionais e superiormente diferenciadoras da entidade pública em relação ao particular, naquilo que ambos apresentem como igualadores de sua situação jurídica. Prerrogativas adaptam-se e dão concretude aos princípios constitucionais. Não há prerrogativas contrárias às matrizes constitucionais, menos ainda quanto aos princípios que informam o sistema fundamental.

Não se haverá, pois, de cogitar-se de prazos diferenciados para a prática de quaisquer atos processuais, nem de possibilidade de presunções favoráveis à entidade administrativa em detrimento ou diferenciadamente do particular, nem o que quer que favoreça ou facilite, imotivadamente, o comportamento público, discriminando privilegiadamente a pessoa estatal. A discriminação que beneficia o Estado prejudica o particular. O mesmo ocorreria, de resto, se do contrário se cogitasse, mas, em geral, os "privilégios" são exibidos pela entidade pública, ainda fantasiada com o argumento de que privilegia-se pela condição de responsável pelo privilegiado interesse público. Nada é mais interesse público que a garantia de cada um e de todos de que a igualdade jurídica prevalece em todos os casos em que não haja fundamento jurídico para desigualar, ou, dito de outro modo, que não há desigualdade jurídica a relevar.

*B.6)* Princípio constitucional processual encarecido no sistema democrático e que tem raízes remotas é o do *juiz natural*. Emanado também do princípio da igualdade jurídica (que proíbe a discriminação beneficiadora tanto quanto a prejudicial a alguém, o que, no caso, ocorreria pela escolha específica de julgador para determinado caso e pessoa), o princípio do juiz natural compõe-se da garantia de juízo preconstituído, de um lado, e pela segurança de que o julgamento será feito por um órgão e agentes pré-qualificados, sem vinculação ao caso posto à análise, o que assegura a imparcialidade do julgado. Daí a expressão constitucional no sentido de que "ninguém será processado nem sentenciado senão pela autoridade competente" (art. 5º, inciso LIII, da Constituição da República).[25]

No processo judicial, o princípio é interpretado e aplicado pela identificação prévia do juízo encarregado de julgar. Com essa preconstituição assegura-se a independência e a desvinculação com as partes, vez que o juiz não terá sido escolhido a partir da situação a ser analisada e decidida, mas previamente. Acople-se a esta norma aquela que se segue a ela no conjunto dos direitos constitucionais fundamentais no sentido da vedação de foro privilegiado e tribunais de exceção e se tem, então, a garantia de que o julgamento será objetivo e calcado nas condições de fato e de direito aferidas e aplicadas sem qualquer tomada prévia de posição em relação a uma das partes, o que provocaria, evidentemente, o desequilíbrio desigualador das partes. O juiz natural deixa patenteada a independência do juiz e a sua liberdade em relação às partes, o que compõe a sua imparcialidade, a dizer, a sua não ligação suspeita, juridicamente, com qualquer das partes, a determinar previamente o seu juízo.

No processo administrativo, a definição da competência para o processo não é sempre prévio. Haverá que se conferir competência ao órgão ou agente processante e tal conferência se dará nos estritos termos da legislação vigente. Todavia, nem sempre, reitere-se, tal competência será detida por um órgão ou agente antes de se verificar a ocorrência da situação a ser investigada, instruída e decidida.

Afirma-se "nem sempre" porque há os casos para os quais a competência é previamente definida. Assim, por exemplo, não é incomum haver Comissões de Pessoal competentes conhecer e solucionar situações de questionamento de servidores no âmbito dos poderes a cujos quadros eles pertencem (especialmente no poder executivo é freqüente a existência dessas comissões). Também nas entidades da Administração Pública Indireta compõem-se comissões com aquela atribuição processual, normalmente composta por servidores da própria pessoa jurídica, com prazo de exercício previamente definido. Algumas leis, como a de licitações (Lei n. 8.666/93), estabelece a existência de Comissão de Licitação, no círculo de cuja competência se passa o processo licitatório e que julga os recursos interpostos pelos interessados ou pelos licitantes. Também se tem tornado mais e mais comum a instituição de Corregedorias nos diversos órgãos da Administração Pública, e a elas se confere, legalmente, competência para os processos administrativos. Nesses casos, todos, a competência é previamente estabelecida, o que atende bem o princípio constitucional.

25. Esse princípio compareceu nas Constituições brasileiras desde o Império, omitindo-se quanto a esta garantia apenas as Cartas de Lei antidemocráticas e ilegítimas outorgadas nos anos de 1937, 1967 e pela denominada Emenda n. 1, datada de 1969. Em todas as outras, o princípio garantidor do juiz natural foi expresso entre os direitos fundamentais (art. 149, inciso 11, da Carta Imperial de 1824; art. 72, § 15, da Constituição Republicana de 1891; art. 113, inciso 26, da Constituição de 1934; art. 141, § 27, da Constituição de 1946).

Todavia, casos há em que a Comissão processante[26] é instituída quando surge uma situação a exigir apuração, contraditório e decisão no âmbito de um processo. Aí se tem, então, uma competência estabelecida posteriormente ao fato ou à situação que exigem o processo, mantendo-se, entretanto, a obrigatória exigência de definição da medida de capacidade de ação do órgão constituído, sua condição de independência, insuspeição e condição de imparcialidade em relação ao processado, pena de argüição de nulidade de sua constituição e de seu trabalho por lesão aos direitos do interessado.

O cuidado para a constituição da Comissão administrativa processante impõe-se por razões relevantes. Em primeiro lugar, o julgamento pelos próprios pares pode conduzir a desvios graves, quer no sentido de se atuar corporativamente no sentido negativo, qual seja, o de se formalizar um processo para não se permitir que o processo contra alguém cumpra o seu objetivo de investigação, instrução e decisão sobre situações de fato e de direito, o que agride todos os princípios que asseguram a realização do interesse público; quer no sentido oposto, vale dizer, de se atuar discriminatoriamente, processando-se alguém a quem se imputa previamente uma situação jurídica independentemente do que se venha a produzir como razões e provas no processo.

O processo administrativo passa-se no âmbito da entidade estatal autora da conduta sobre a qual se disputa, donde a comissão processante ser, em geral, composta por servidores públicos que participam do mesmo grupo do interessado (caso de processo disciplinar contra servidor público), ou desempenham a função administrativa no bojo surge a situação discutida (caso de processo havido no curso de licitação), ou, ainda, representam uma das partes interessadas na decisão (caso de processo administrativo em que se indaga sobre uma decisão administrativa unilateral e em que o interessado submete a novo exame, da mesma entidade, o quanto decidido).

Para que essas maiores dificuldades constatadas no processo administrativo não constituam hipóteses de exclusão do Direito ou de inaplicação do Direito ao caso, é que se tem que conjugar os princípios constitucionais acima elencados – dentre outros implícitos e identicamente componentes do sistema constitucional adotado – com o da responsabilidade pública.

A entidade pública e a particular, que faz as vezes ou desempenha funções do poder público, por delegação, concessão, permissão ou autorização, respondem pelo seu exercício segundo os princípios de direito administrativo e não segundo regras de direito privado. O princípio da responsabilidade da pessoa pública ou privada prestadora de serviço público (art. 37, § 6º, da Constituição da República) é um dos pilares do Estado Democrático, donde ser inexpugnável em qualquer atuação. O processo administrativo que não seja operado segundo os princípios constitucionais e infraconstitucionais, que lhe sejam decorrentes ou correlatos, macula-se pela eiva de invalidade jurídica absoluta. Pelos danos que de um processo havido fora de tais pa-

26. A legislação refere-se a comissão de inquérito e a autoridade julgadora (art. 149, da Lei n. 8.112/90, por exemplo). Mas, em geral, o que se tem é o processo feito perante uma Comissão processante, competindo à autoridade competente para a emissão do ato punitivo (Presidente da República, Governador do Estado ou do Distrito Federal e Prefeito, ou quem a lei determinar se se cuidar de autoridade diversa) a sua prática, com fundamento na conclusão exarada no processo. Como a prática do ato, inclusive punitivo, é dever e não mera faculdade, do quanto havido no processo não pode se afastar a autoridade competente para aquele cometimento, pena de responsabilizar-se pela omissão ou pela conduta imotivada.

É de ser mencionada a figura do *ombudsman*, ou ouvidor geral, que recebe reclamações de servidor ou de administrado em geral a demandar apuração de fato ou situação de qualquer natureza, ameaçadora ou lesiva a interesses ou direitos específicos ou inespecíficos, a quem a lei, às vezes, também outorga competência para a investigação e para acionar o órgão competente pelo processo administrativo.

râmetros normativos sobrevierem ao administrado responderá a pessoa jurídica a cujos quadros pertençam os agentes que dele tenham participado na condição de agentes processantes, regredindo contra esses, necessária e obrigatoriamente, a entidade nos casos de dolo ou culpa, nos estritos termos do art. 37, § 6º, da Constituição da República.

É a responsabilidade rigorosamente observada que assegura, objetivamente, a escorreição do processo administrativo pela conduta extreme de parcialidade ou distanciamento do Direito dos membros da Comissão processante.

Assim, não apenas a invalidade de um processo ou da decisão nele proferida poderá ser comprovada em hipótese na qual se demonstre a previedade do juízo manifestado sobre o quanto nele se contém, mas, especialmente, a responsabilidade de quem operou com os vícios agressivos aos princípios constitucionais da defesa produzida e considerada para a emissão de decisão e os danos decorrentes de julgamento havido segundo aquele juízo prévio e contrário aos paradigmas normativo-constitucionais haverá que ser apurada com profundidade e com severidade.

Talvez pela maior dificuldade de se assegurar, no âmbito do processo administrativo, o juízo pré-constituído, a fim de se garantir o julgamento imparcial e independente, é que evoluiu mais nessa seara que em matéria de direito processual judicial, a questão relativa à responsabilidade do julgador e da entidade pública responsável pelo julgamento. Em efeito, continua sendo mais aceitável a teoria e a aplicação da responsabilidade da entidade pública por desvios e equívocos havidos no processo administrativo que aqueles que igualmente ocorrem no processo judicial. A responsabilidade, todavia, é inerente à atuação de entidade pública no exercício de qualquer de suas funções, inclusive a jurisdicional, donde inexistir qualquer explicação para os entraves opostos ao pleno acatamento do princípio quando se cuida de conduta pública apurada em processo judicial, tanto quanto não se aceitaria tal exclusão quando se cuida de processo administrativo.

*B.7) O processo administrativo*, democraticamente concebido e acatado como antes mencionado, legitima o exercício do poder, pelo que ele torna efetivo também o *princípio da moralidade administrativa*. É que não se circunscreve o exame do comportamento público sobre o qual se questiona em determinado processo ao aspecto formal, mas se analisa o aspecto substancial da conduta estatal ou de quem lhe faça as vezes. Nesse passo, o processo administrativo ostenta uma qualidade que o torna mais denso e permissivo de análise que o próprio processo judicial. Sendo o próprio poder autor do comportamento que determina e leva a cabo o processo administrativo, ele não se escusa de examinar o merecimento do ato ou situação questionada. Inexiste, nesse caso, qualquer obstáculo como o que se extrai da aplicação do princípio da separação de poderes. Assim, o julgamento feito detalha, pormenoriza e desce às entranhas éticas do cometimento em questão, permitindo que se faça uma análise que nem sempre é feita (ou pode vir a sê-lo) em idêntica extensão no caso do processo judicial. É certo que como o princípio da moralidade administrativa é, hoje, expresso no sistema constitucional brasileiro, dele não se pode ausentar o juiz, posto ter se transformado, por expressão textual da Lei Fundamental, em princípio jurídico excelente da Administração Pública.

Todavia, a possibilidade que com ele se apresenta no espaço do processo administrativo é ainda maior, porque a Administração Pública, nesse caso, cumpre o seu dever de resgatar a juridicidade que é o fundamento único de sua atuação válida.

Daí poder o processo administrativo ampliar os direitos assegurados como princípios constitucionais do cidadão e do particular em geral, permitindo que a Administração Pública legitime o seu desempenho e responsabilize-se pelo seu exercício com a ajuda do próprio administrado.

Cumpre, finalmente, observar que os princípios processuais, judiciais e administrativos, não se exaurem no sistema constitucional, desdobrando-se, como antes lembrado, no plano da legislação infraconstitucional.

Mas como princípios magnos do sistema jurídico, aqueles que se encontram na legislação infraconstitucional emanam dos que se põem, expressa ou implicitamente, no contexto constitucional e para eles convergem.

A legislação infraconstitucional esmiuça os princípios e os preceitos relativos ao processo administrativo, atribuindo procedimentos diferenciados a ele, conforme o seu objeto e a sua finalidade. Nenhum escapa ou refoge ao quanto prescrito como princípio constitucional. É esse que determina inclusive a interpretação e a aplicação de todas as normas sobre o tema, donde a sua importância maior no Direito.

### *Conclusão*

Não sei se se pode afirmar que Cristo foi processado. Sabe-se apenas que foi julgado, tendo sido deixado ao cristão o exemplo do julgamento mais perverso visto pela humanidade, aquele aclamado por uma multidão ensandecida, enfurecida e sem razões que não as do Estado. Ficou a lição de que processo não se faz com emoção de momento, nem com aflição de público, mas com racionalidade, objetividade e segundo normas postas a salvo de urgências despidas de tranqüilidade e de humanidade serenada.

Muitos Cristos tem visto a história humana. De Sócrates a Dreyfuss a mão do homem tem usado formas de processo para processos sem forma e argumentos de lei para leis sem argumento.

E, no entanto, o Direito faz-se para a Justiça. O processo é apenas um instrumento democrático para que o Direito justo se concretize e ofereça ao homem uma razão de conviver com dignidade e segurança, legitimando o poder e tornando o cidadão seu artífice participante e confiante de que vale a pena viver com os outros numa ambiência política que pode aperfeiçoar e abrandar a experiência daquele que vier depois.

Para isto o constitucionalismo contemporâneo, atento ao batuque surdo da exclusão social por carência de instrumentos viabilizadores do Direito conquistado, expressa princípios que convergem para a concretização do princípio magno da dignidade da pessoa humana (art. 1º, III, da Constituição da República do Brasil), absorvendo por meio do acesso ao direito posto o processo mais democrático, para a proteção universal do patrimônio de bens jurídicos dos homens e a possibilidade de cada um exigir do Estado o estrito cumprimento de seus deveres com cada qual e com todos.

### *Bibliografia*

ANDRADE, José Carlos Vieira de, *O dever de fundamentação expressa de actos administrativos*. Coimbra: Almedina, 1991.

ARAÚJO, Edmir Netto de, *O Ilícito Administrativo e seu Processo*. São Paulo: Ed. RT, 1994.

BARROS JR., Carlos S. de, "Recursos Administrativos", in *RDA*, pp. 40 a 55.

CASTRO, Carlos Roberto de Siqueira, *O devido processo legal e a razoabilidade las leis na nova Constituição do Brasil*. Rio de Janeiro: Forense, 1989.

GRINOVER, Ada Pellegrini *et alii*, *Estudos de Direito Processual em homenagem a José Frederico Marques*. São Paulo: Saraiva, 1982.

________ . *Os princípios constitucionais e o Código de Processo Civil*. São Paulo: Ed. José Bushatsky, 1975.

________ . *As Garantias Constitucionais do Direito de Ação*. São Paulo: Ed. RT, 1973.

GOMES, José Osvaldo, *Fundamentação do acto administrativo*. Coimbra: Coimbra Editora, 1981.

HERNANDO, Jesús L. Abad *et alii*, *Acto y Procedimiento Administrativo*. Buenos Aires: Editorial Plus Ultra, 1975.

MARIENHOFF, Miguel S. *et alii*, *Procedimiento Administrativo*. Tucuman: Ediciones UNSTA, 1982.

MARQUES, José Frederico, *Manual de Direito Processual Civil*. São Paulo: Saraiva, 1974.

MEDAUAR, Odete, *A Procedimentalidade no Direito Administrativo*. São Paulo: Ed. RT, 1993.

MELLO, Celso Antônio Bandeira de, *Curso de Direito Administrativo*. São Paulo: Malheiros Editores, 1995.

PINTO, Fernando Brandão Vieira e FONSECA, Guilherme Frederico Dias Pereira, *Direito Processual Administrativo Contencioso*. Porto: Elcla, s/d.

SILVEIRA, Paulo Fernando, *Devido Processo Legal*. Belo Horizonte: Ed. Del Rey, 1996.

TUCCI, Rogério Lauria e CRUZ E TUCCI, José Rogério, *Constituição de 1988 e Processo*. São Paulo: Saraiva, 1989.

# MANDADO DE INJUNÇÃO: O QUE FOI SEM NUNCA TER SIDO – UMA PROPOSTA DE REFORMULAÇÃO

Luís Roberto Barroso
Professor Titular de Direito Constitucional da Universidade do Estado do Rio de Janeiro – Master of Laws pela Universidade de Yale

O mandado de injunção foi criado pelo constituinte de 1988 em atendimento ao reclamo generalizado pela busca de uma maior efetividade das normas constitucionais. Também visando à mesma finalidade – solucionar o problema das omissões legislativas – foi instituída a ação declaratória de inconstitucionalidade por omissão (art. 103, § 2º).

Decorridos mais de oito anos de vigência da Constituição, é inegável que o mandado de injunção não atendeu, de modo significativo, às expectativas criadas com sua introdução. A principal causa de tal frustração de propósitos tem sido identificada na posição adotada pelo Supremo Tribunal Federal, na linha do precedente assentado no julgamento de MI n. 107-3-DF, onde se lavrou: "É ele (o MI) ... ação que se propõe contra o Poder, órgão, entidade ou autoridade omissos quanto à norma regulamentadora necessária à viabilização do exercício dos direitos, garantias e prerrogativas a que alude o art. 5º, LXXI, da Constituição, e que se destina a obter sentença que declare a ocorrência da omissão constitucional, com a finalidade de que se dê ciência ao omisso dessa declaração, para que adote as providências necessárias, à semelhança do que ocorre com a ação direta de inconstitucionalidade por omissão (art. 103, § 2º, da Carta Magna), com a determinação, se for o caso, da suspensão de processos judiciais ou administrativos, se se tratar de direito constitucional oponível ao Estado, mas cujo exercício está inviabilizado por omissão deste".[1]

O entendimento da mais Alta Corte, portanto, foi no sentido de que o mandado de injunção tem *natureza* mandamental, o *sujeito passivo* da ação é o poder, órgão ou entidade omissos, e sua *finalidade* é a declaração da omissão, com mera ciência ao omisso para que adote as providências necessárias.

Sob crítica cerrada da doutrina, o Supremo Tribunal Federal atenuou a rigidez de tal entendimento em duas linhas de decisões, tendo por objeto os arts. 8º, § 3º do ADCT, e 195, § 7º do Texto Constitucional. Confira-se.

Ao julgar o MI n. 283-5, decidiu a Corte: "Mandado de injunção: mora legislativa na edição da lei necessária ao gozo do direito à reparação econômica contra a União, outorgado pelo art. 8º, § 3º, ADCT:

1. MI 107-3-DF, rel. Min. Moreira Alves, *RDA* 184/226, 1991.

deferimento parcial, com estabelecimento de prazo para a purgação da mora e, caso subsista a lacuna, facultando o titular do direito obstado a obter, em juízo, contra a União, sentença líquida de indenização por perdas e danos".[2]

Pouco adiante, em mandado de injunção impetrado com base na mesma disposição constitucional (art. 8º, § 3º do ADCT), o Supremo Tribunal Federal, tendo em vista o escoamento do prazo que concedera no *writ* anterior, considerou desnecessária nova comunicação ao Congresso Nacional e facultou aos impetrantes ingressarem imediatamente em juízo para obter a reparação a que faziam jus. A decisão, proferida no Mandado de Injunção n. 284-3, assim lavrou: "Reconhecido o estado de mora inconstitucional do Congresso Nacional – único destinatário do comando para satisfazer, no caso, a prestação legislativa reclamada – e considerando que, embora previamente cientificado no Mandado de Injunção n. 283, absteve-se de adimplir a obrigação que lhe foi constitucionalmente imposta, torna-se prescindível nova comunicação à instituição parlamentar, assegurando-se aos impetrantes, desde logo, a possibilidade de ajuizarem, imediatamente, nos termos do direito comum ou ordinário, a ação de reparação de natureza econômica instituída em seu favor pelo preceito transitório".[3]

O Supremo Tribunal Federal, ao firmar tal posição: a) admitiu converter uma norma constitucional de eficácia limitada (porque dependente de norma infraconstitucional integradora) em norma de eficácia plena; b) considerou o mandado de injunção hábil para obter a regulamentação de *qualquer* direito previsto na Constituição, e não apenas dos direitos e garantias fundamentais constantes do seu Título II.[4]

2. MI 283-5, rel. Min. Sepúlveda Pertence, *DJU*, 14.11.91, pp. 16.355-6.

3. MI 284-3, rel. Min. Marco Aurélio, *DJU*, 26.6.92, p. 10.103.

4. Milton Flaks, "Instrumentos processuais de defesa coletiva", *RDA*, 190/61, 1992.

Essa mudança na orientação do Supremo Tribunal Federal se consolidou no julgamento do Mandado de Injunção n. 232-1, no qual se discutiu o alcance do § 7º do art. 195 da Constituição Federal, que estabelece serem "isentas de contribuição para a seguridade social as entidades beneficentes de assistência social que atendam às exigências estabelecidas em lei". Decorridos mais de dois anos da promulgação da Carta, tal lei não havia ainda sido editada, apesar do art. 59 do Ato das Disposições Constitucionais Transitórias haver fixado um prazo máximo de seis meses para sua apresentação e outros seis para que fosse apreciada pelo Congresso Nacional. Na parte relevante para o tema aqui versado, a decisão foi assim ementada: "Mandado de injunção conhecido, em parte e, nessa parte, deferido para declarar-se o estado de mora em que se encontra o Congresso Nacional, a fim de que, no prazo de seis meses, adote ele as providências legislativas que se impõem para o cumprimento da obrigação de legislar decorrente do art. 195, § 7º, da Constituição, sob pena de, vencido esse prazo sem que essa obrigação se cumpra, passar o requerente a gozar da imunidade requerida".[5]

Note-se, no entanto, que em ambas as hipóteses aqui tratadas – tanto a do art. 8º, § 3º do ADCT quanto a do art. 195, § 7º – o Tribunal não precisará suprir qualquer lacuna normativa. Limitar-se-á a considerar auto-aplicável norma que conferia um direito, mas condicionava-o ao preenchimento de requisitos que a lei ditaria. A rigor, portanto, não havia maior dificuldade, nem se exigia do Judiciário uma atuação de integração da ordem jurídica.

Em linha dissonante da posição do Supremo Tribunal, mas afinada com a maior parte da doutrina, o 4º Grupo de Câmaras

5. MI 232-1-RJ, rel. Min. Moreira Alves, *DJU*, 27.3.92, p. 3.800. Votaram vencidos, por esposarem a tese que aqui se afirma ser a melhor, os Mins. Carlos Mário Velloso, Célio Borja e Marco Aurélio.

Cíveis do Tribunal de Justiça do Estado do Rio de Janeiro, em acórdão da lavra do Professor e Desembargador José Carlos Barbosa Moreira, concluiu, *in verbis*: "É admissível mandado de injunção seja qual for o texto constitucional, federal ou estadual, que proveja o direito cujo exercício depende de norma regulamentadora ainda não editada. – Não conflita com a Carta da República a disposição do art. 84, parágrafo único, da Constituição do Estado do Rio de Janeiro, que trata de "licença sindical" para os servidores públicos civis eleitos para cargos de direção em federações ou sindicatos da categoria, durante o exercício do mandato. – A servidores nessa situação reconhece-se o direito, até a entrada em vigor da lei regulamentadora, ao gozo de licença não remunerada, determinando-se à autoridade impetrada que os afaste de suas funções, sem prejuízo dos direitos e vantagens à carreira".

Cuidava-se, na hipótese, de mandado de injunção requerido por dois policiais que haviam sido eleitos para cargos de direção da Federação Nacional da Polícia Civil e que pediam afastamento dos seus cargos, invocando o art. 84, parágrafo único da Constituição do Estado, que previa: "A lei disporá sobre a licença sindical para os dirigentes de Federações e sindicatos de servidores públicos, durante o exercício do mandato, resguardados os direitos e vantagens de cada um". A lei referida, que disciplinaria as condições da licença, ainda não fora editada.

O acórdão, enriquecido por substanciosa pesquisa, estabeleceu com acuidade três premissas:

a) a legitimação passiva recai sobre o Secretário de Estado de Polícia Civil, a quem compete conceder a licença (a rigor técnico, como se sabe, a autoridade apenas presta informações, sendo o Estado o sujeito passivo);

b) ao órgão ao qual se imputa a omissão é dada ciência da impetração;

c) diante da lacuna, cabe ao órgão judicial formular a regra concreta e aplicá-la, limitada, subjetivamente, às partes do processo.

No mérito, acolheu-se o pedido e reconheceu-se aos impetrantes o direito ao gozo de licença não remunerada durante o exercício dos respectivos mandatos. A decisão fundou-se nos critérios adotados pela Consolidação das Leis do Trabalho, que, embora inaplicável à espécie, inspirou a regra concreta formulada pelo órgão julgador.

A maior parte dos anteprojetos de regulamentação do mandado de injunção em discussão aderem ao ponto de vista divergente da posição do Supremo Tribunal. A proposta ora formulada afasta-se formalmente de ambas as correntes, embora, do ponto de vista material, termine por produzir resultado que, a rigor, não contravém a filosofia subjacente a uma e a outra. De fato, a linha do STF é a de não assumir uma competência de cunho normativo, mesmo que transitória ou limitada ao caso concreto. De outra parte, a doutrina majoritária professa um entendimento que permite a solução do caso concreto, sanando-se a omissão.

Em realidade, a proposta objeto destas notas funda-se na premissa de que a efetividade das normas constitucionais definidoras de direitos subjetivos pode e deve prescindir do mandado de injunção como instrumento de sua realização. De fato, surgido como uma idéia importante na busca da efetividade, a verdade é que hoje o mandado de injunção, em qualquer de suas versões, tornou-se, quando não um óbice, ao menos um complicador desnecessário à realização dos direitos.

O fundamento da presente proposta é o seguinte: toda norma constitucional é dotada de *eficácia jurídica*[6] e deve ser interpretada e aplicada em busca de sua máxima *efetividade*.[7] Todos os juízes e Tribu-

6. V. José Afonso da Silva, *Aplicabilidade das normas constitucionais*, 2ª ed., 1982.

7. V. Luís Roberto Barroso, *O direito constitucional e a efetividade de suas normas*, 3ª ed., 1996.

nais devem pautar sua atividade por tais pressupostos. Basta, portanto, a explicitação de que toda norma definidora de direito subjetivo constitucional tem aplicação direta e imediata, cabendo ao juiz competente para a causa integrar a ordem jurídica, quando isto seja indispensável ao exercício do direito. A rigor técnico, é o que já vem expresso de longa data no art. 4º da Lei de Introdução ao Código Civil: "Quando a lei for omissa, o juiz decidirá o caso de acordo com a analogia, os costumes e os princípios gerais de direito".

Não se justifica, a propósito, o temor, freqüentemente verbalizado, de que a adoção de uma posição como a da presente proposta – ou mesmo a versão mais efetiva do mandado de injunção, defendida pela maior parte da doutrina – importaria no exercício excessivo de competências normativas pelo Poder Judiciário. Não há hipótese de isto acontecer. Confirme-se.

As normas materialmente constitucionais classificam-se em normas constitucionais (i) *de organização*, (ii) *definidoras de direitos* e (iii) *programáticas*. Ora bem: as normas de organização – que são as que organizam o exercício do poder político, instituem os órgãos públicos, definem-lhes as competências, prevêem procedimentos da elaboração legislativa etc. – não ensejam, em linha de princípio, a impetração de mandado de injunção ou decisões integrativas. É que possuindo, normalmente, caráter objetivo, e tendo por destinatários órgãos públicos, dificilmente poderiam gerar qualquer pretensão individual fundada em omissão normativa.

No outro extremo, as normas programáticas – que indicam fins públicos, sem especificar a conduta a ser adotada (*e.g.* arts. 217, *caput*, 218 e § 1º) – não ensejam a exigibilidade de qualquer conduta *positiva*. O máximo de eficácia e efetividade que se pode extrair de uma norma programática é a exigibilidade de conduta *negativa*, de abstenções. Pode-se, por exemplo, pretender a invalidação de atos emanados do poder público que embaracem a pesquisa ou que dificultem (em lugar de fomentar) práticas desportivas. Não muda o caráter programático da norma o fato de ela fazer menção a *direito*, se a estrutura do dispositivo claramente revela não ser esta a hipótese, como, *e.g.*, ocorre com o art. 215, *caput*. Normas programáticas, portanto, não ensejam a impetração de mandado de injunção.

Por via de conseqüência, somente as regras definidoras de direitos subjetivos constitucionais, cuja eficácia e efetividade estejam condicionadas à edição de uma norma infraconstitucional, ensejam a impetração de mandado de injunção ou a necessidade de decisões integrativas. Estas hipóteses são limitadas, e sua invocação revela que a solução aqui proposta é mais simples, prática e eficiente que a do mandado de injunção.

Tome-se o inciso XXVI, do art. 5º da Constituição, cuja dicção é a que se segue: "XXVI – a pequena propriedade rural, assim definida em lei, desde que trabalhada pela família, não será objeto de penhora para pagamento de débitos decorrentes de sua atividade produtiva, dispondo a lei sobre os meios de financiar o seu desenvolvimento".

Pois bem: supondo-se inexistir esta lei definindo "pequena propriedade rural", que medida poderia tomar o pequeno proprietário que quisesse impedir a penhora de sua propriedade? Pela orientação do STF, poderia requerer um mandado de injunção, perante a mais Alta Corte, para que fosse dada ciência ao Congresso da omissão. Pelo entendimento da maior parte da doutrina, caberia mandado de injunção, também ao STF, no qual se pediria à Corte que definisse, para o caso concreto, o sentido de "pequena propriedade rural". Pela presente proposta, caberia ao juiz da causa esta definição, "com base na analogia, nos costumes e nos princípios gerais do direito". De tal decisão caberiam os recursos próprios.

O mandado de injunção, na atual quadra, tornou-se uma complexidade desnecessária. Mais simples, célere e prática se afigura a atribuição, ao juiz natural do caso, da competência para a integração da ordem jurídica, quando necessária para a efetivação de um direito subjetivo constitucional submetido à sua apreciação. Tal idéia se materializa na proposta abaixo.

***Proposta de Emenda Constitucional***

Dá nova redação ao § 1º, do art. 5º, da Constituição, e extingue o mandado de injunção.

Art. 1º. O § 1º, do art. 5º, da Constituição Federal, passa a vigorar com a seguinte redação:

"§ 1º. As normas definidoras de direitos subjetivos constitucionais têm aplicação direta e imediata. Na falta de norma regulamentadora necessária ao seu pleno exercício, formulará o juiz competente a regra que regerá o caso concreto submetido à sua apreciação, com base na analogia, nos costumes e nos princípios gerais do direito".

Art. 2º. Fica revogado o inciso LXXI, do art. 5º, da Constituição Federal, bem como suprimida a referência a mandado de injunção nos seguintes dispositivos: art. 102, I, *q*, e II, *a*; art. 105, I, *h*; art. 121, § 4º, V.

## DOUTRINA

# CONCESSÕES DE SERVIÇO PÚBLICO DE ABASTECIMENTO DE ÁGUA AOS MUNICÍPIOS*

ALICE GONZALEZ BORGES
Professora Titular de Direito Administrativo da Faculdade de Direito da Universidade Católica de Salvador-BA – Membro do Conselho Superior do Instituto Brasileiro de Direito Administrativo

*1. Premissas iniciais. 2. O abastecimento de água como parte do conceito de saneamento básico. 3. Tratamento constitucional da matéria. 4. Como explorar o serviço público de abastecimento de água? 5. Tratamento legal. Novas tendências. 6. Concessão de serviços de abastecimento de água, pelos Municípios, a empresas estaduais já existentes, estruturadas para sua prestação. Pontos polêmicos da legislação aplicável. 7. Reflexões finais.*

## *1. Premissas iniciais*

Grandes e marcantes transformações econômicas, políticas e sociais operam-se no mundo de hoje. Constata-se uma verdadeira reviravolta e reconceituação do próprio papel do Estado contemporâneo: seja por força da globalização da economia, que se opera em todos os quadrantes; seja em decorrência da crise das concepções que, a pretexto da aplicação dos generosos princípios do Estado Social de Direito, vinham desenvolvendo o mais extremado e danoso intervencionismo estatal, anquilosante da iniciativa privada, sem, entretanto, resolverem os angustiantes problemas sociais de nossa época; seja, ainda, pela verdadeira *crise de eficiência* que defrontam as gestões estatais; seja, enfim, pelo fenômeno, propiciado pelo progresso da moderna tecnologia, do desenvolvimento de um novo conceito de cooperação e parceria entre os mais diversos setores, alcançando novos aspectos e dimensões.

Defrontamos, portanto, no cenário nacional e internacional, profundas e complexas mudanças, que exigem do direito administrativo um constante repensar de novas soluções, uma reavaliação de suas técnicas de desempenho, para que se compatibilizem com as novas concepções políticas, as realidades econômicas, os avanços da tecnologia e com as mais caras aspirações da sociedade.

Entre essas novas soluções, a intervenção excessiva, e, até, abusiva, do Estado na economia, que marcava os anos 70, cede passo, cada vez mais, a diversas formas de parceria com a iniciativa privada.

Busca-se intensamente, com ou sem propósito, às vezes, até, de maneira bastan-

* Palestra proferida em Aracaju, SE, durante o XI Encontro Nacional dos Advogados das Empresas de Saneamento Básico, em 31 de julho de 1997.

te polêmica, a retirada da presença do Estado nos diversos setores de atividade econômica. Conseqüentemente, dentro da palavra de ordem da privatização e da desestatização, tem-se desenvolvido, sob as coordenadas da Lei n. 8.131 e suas alterações posteriores, intenso esforço para a privatização das empresas estatais vocacionadas para a exploração de setores cada vez mais expressivos da atividade econômica *strictu sensu*, em regime de competição de mercado.

Orienta-se, mais, em um segundo momento, para a privatização das empresas estatais criadas exclusivamente para a prestação de serviços públicos – às quais se atribuíra, para fins operacionais, um regime híbrido, predominantemente sujeito ao direito privado, na tentativa, nem sempre bem-sucedida, de conferir-lhes maior flexibilidade de ação.

Por último, direciona-se o Estado para a impropriamente chamada "privatização" de serviços públicos.

Evidentemente, não se trata de privatização, pois é da essência conceitual desta a *retirada total* da presença do Estado de uma empresa ou atividade. Ao invés disso, o ordenamento jurídico brasileiro enumera, em sede constitucional, um elenco quase exaustivo de seus serviços públicos e lhes define expressamente os princípios vetores a que devem estrita obediência.

Não obstante a possível influência que possam ter, no particular, os exemplos e a própria nomenclatura do direito comparado,[1] em nosso País essa pretendida "privatização de serviços públicos" não vai, e constitucionalmente não pode ir – *pelo menos, até a próxima emenda constitucional desfiguradora de nosso Texto Maior* – além das diversas formas de delegação da prestação de serviços públicos a particulares, sob a inafastável e indeclinável regulação, fiscalização e controle do Poder Público, o qual há de conservar, sempre, para todos os efeitos, por ser da essência mesma de toda *delegação*, a sua plena *titularidade*.

O que estamos vendo, na realidade atual, é, não a privatização propriamente dos serviços públicos, mas, sim, o ressurgimento e o reflorescimento, em novas bases, do antigo instituto da *concessão de serviço público*, que ganhou um novo e maior relevo em nosso direito atual, como forma de parceria possível entre o Poder Público e a iniciativa privada.

Para isto, contribuiu decisivamente a Constituição da República de 1988, definindo-lhe os delineamentos básicos e os princípios norteadores, no artigo 175 e seu parágrafo. Bem assim, o disciplinamento da matéria, em nível infraconstitucional, através das Leis ns. 8.987 e 9.074, ambas do ano de 1995.

Podem, sem dúvida, apontar-se vários defeitos, omissões, incoerências e perplexidades, no tratamento legal que esses dois diplomas deram às concessões e permissões de serviços públicos, resvalando-se, até, em freqüentemente alegados vícios de inconstitucionalidade. Mas, no conjunto, exsurge a inevitável conclusão de que marcam uma nova era no disciplinamento da matéria.

É à luz dessas novas tendências e da nova disciplina, que teremos de examinar o palpitante tema que nos foi dado para a presente exposição.

### *2. O abastecimento de água como parte do conceito de saneamento básico*

Nunca se falou tanto em saneamento básico neste País. O saneamento básico aparece como o objetivo central e inevitável das plataformas eleitorais. Ergue-se, a toda hora, a necessidade de uma política eficaz de saneamento básico, como verda-

1. Vide, por exemplo, a notável obra do jurista espanhol Villar Rojas, intitulada *Privatización de Servicios Públicos*, de grande trânsito entre nós (Madrid, Editorial Tecnos, 1993).

deira bandeira da redução da presença do Estado na economia, para que possa este dedicar-se mais plenamente a suas tarefas fundamentais. Educação, saúde e saneamento básico, apresentam-se, assim, como os verdadeiros objetivos essenciais em que deve concentrar-se a atuação do Estado.

E, no entanto – dizem as estatísticas –, nunca foram tão gritantes as carências da população no setor de saneamento básico, com sérias e graves repercussões na saúde pública em geral.

Recorremos, neste passo, ao conceito de saneamento básico do artigo 227 da Constituição do Estado da Bahia: "Todos têm direito aos serviços de saneamento básico, entendidos fundamentalmente como de saúde pública, compreendendo abastecimento de água, coleta e disposição adequada dos esgotos e do lixo, drenagem urbana de águas pluviais, controle de vetores transmissores de doenças e atividades relevantes para a promoção da qualidade de vida".

Fácil é, pois, concluir-se, que o abastecimento de água é *serviço público*, incluído no conceito maior e mais abrangente de *saneamento básico*.

### 3. *Tratamento constitucional da matéria*

Assim entendida, a matéria de saneamento básico, e, conseqüentemente, também de abastecimento de água e coleta e disposição de esgotos, tem sua competência amplamente prevista na Constituição.

Não se trata, como nos casos constantes dos incisos XI e XII do artigo 21, de matéria de competência titularizada apenas pela União, que a possa, entretanto, delegar a terceiros, através de concessão, permissão ou autorização. Sobre saneamento básico, limita-se a competência da União, nos precisos termos do art. 21, inc. XX, apenas, à instituição de diretrizes básicas.

A matéria se insere entre os serviços de *competência comum* de todas as ordens federadas, no artigo 23, inciso IX, no que diz respeito à melhoria das condições de saneamento básico.

Para disciplinamento de uma ação conjunta e integrada da União, Estados, Distrito Federal e Municípios, em cooperação, para o atendimento dos setores de serviço que prevê, o parágrafo único desse mesmo artigo 23 exigiu uma lei complementar, que nunca foi editada até hoje.

Desenganadamente, ante o que dispõe a Constituição da República, situam-se os serviços de saneamento básico e abastecimento de água na órbita da competência própria dos Municípios, ainda que respeitadas as diretrizes federais previstas no art. 21, inc. XX, da Constituição da República: isto, não somente por serem de *interesse predominantemente local* (art. 30, inc. II), como por caber aos Municípios, nos termos do art. 30, inc. V, a competência para *organização dos serviços públicos que lhes são próprios*, inclusive mediante concessão e permissão.

### 4. *Como explorar o serviço público de abastecimento de água?*

Como visto, a decisão sobre a matéria compete primordialmente aos Municípios.

Tal decisão poderá ser adotada por quatro formas, igualmente admitidas em nosso direito:

a) através de exploração direta do serviço;

b) através da chamada prestação complexa ou associada, mediante a utilização de convênios ou dos chamados consórcios administrativos entre pessoas de direito público ou suas entidades públicas regidas pelo direito privado, pertencentes a outras esferas administrativas de competência.[2]

2. Diogo Figueiredo Moreira Netto (*Constituição e Revisão*, Rio de Janeiro, Forense, 1991, p. 177, nota de rodapé n. 6) e Marçal Justen Filho (*Concessões de Serviços Públicos*, São Paulo, Dialética,

c) através da criação de entidades públicas descentralizadas, especificamente destinadas à exploração de serviços públicos comerciais ou industriais;

d) mediante delegação, através da concessão de serviços públicos, a particulares, a quem são transferidos os ônus e os riscos do empreendimento, mas não a titularidade do serviço.

## 5. *Tratamento legal. Novas tendências*

Podemos distinguir as tendências predominantes a respeito da solução do problema em dois períodos: *antes* da Constituição de 1988 e *após* a Constituição de 1988.

Até o advento da Constituição de 1988, imperava a orientação federal sobre a matéria, consubstanciada na aplicação do PLANASA.

Incentivava-se, então, em todo o território nacional, a criação de companhias estaduais para a prestação de serviços de abastecimento de água, e a estas era confiada a tarefa de executarem os objetivos daquele Plano.

Ou realizavam-se convênios entre as municipalidades e os Estados para a prestação desses serviços, tendo como órgão executor a companhia estadual criada com essa finalidade.

Ou, então, efetuavam-se "concessões" de serviço público, nas quais figurava o Município como concedente, e, como concessionária, a companhia estadual. Mas, ressalte-se, tais concessões eram estruturadas à vontade, por falta de um disciplinamento legal específico, apenas seguindo-se a aplicação das lições da doutrina.

Hoje, a tendência governamental predominante se dirige no sentido da privatização das companhias estatais prestadoras do serviço público, e no da concessão do serviço de abastecimento de água a empresas particulares.

Mas remanesceu, não resolvida, a problemática criada por certos aspectos da realidade prática precedente.

De um lado, por algum motivo subsistem, ainda, empresas estaduais criadas exclusivamente para a prestação daqueles serviços, algumas, aliás, em vias de pretendida privatização. De outro lado, dispomos, em sede do direito positivo, de um disciplinamento legal efetivo das concessões de serviços públicos, mas este foi nitidamente direcionado para reger as relações do poder público com *empresas particulares*.

Cresce de ponto o problema, na medida em que os Municípios, ainda quando disponham de competência constitucionalmente induvidosa para disciplinar e organizar tais serviços, nem sempre possuem, efetivamente, mananciais de água próprios.

Ora, nesse particular, cumpre ressaltar que são os Estados os únicos competentes para a disciplina legiferante acerca dos seus próprios bens, e, entre esses bens, se incluem certamente os seus próprios recursos hídricos (art. 26, inciso I – CF). Ocorrem, pois, inevitáveis interferências de competência no disciplinamento da espécie.

## 6. *Concessão de serviços de abastecimento de água, pelos Municípios, a empresas estaduais já existentes, estruturadas para sua prestação. Pontos polêmicos da legislação aplicável*

*1.* Com as novas regras constitucionais que passaram a reger a prestação dos ser-

1997, p. 74), coincidem no entendimento de que o silêncio da atual Constituição sobre a figura do convênio entre entidades públicas, prevista no art. 13, § 3º da Carta anterior (denominado, por Diogo Figueiredo Moreira Netto, de *ato administrativo complexo interfederativo*, juntamente com os consórcios administrativos, e anunciado como tendência para o *federalismo regional*) não implica em sua vedação, pois a autonomia recíproca dos entes federados, estatuída no artigo 18 da Constituição, não impede a conjugação de esforços para multiplicar os recursos necessários à satisfação dos interesses públicos. É certo que, como ainda salienta este último autor, em definitivo "*as normas de cooperação interfederativa deverão ser fixadas em lei complementar*" (art. 23, parágrafo único).

viços públicos; com o advento da nova legislação de concessões; e com a tendência generalizada para a desestatização da prestação de tais serviços através de sua delegação a empresas particulares, criaram-se vários pontos polêmicos em torno da legislação aplicável às relações jurídicas entre os Municípios e as empresas estaduais prestadoras de serviço público de abastecimento de água.

São outras tantas indagações, que ensejam respostas profundamente divergentes na doutrina. Vejamos as principais.

*1ª. As empresas estaduais prestadoras de serviços de abastecimento de água estão obrigadas a entrar em licitação para contratarem com os Municípios a concessão desses serviços ?*

Segundo uma respeitável corrente doutrinária, aplicar-se-ia, no caso, o disposto no artigo 24, VIII, da Lei 8.666/93, que contempla uma hipótese de dispensa de licitação. Mas tal hipótese vigoraria somente para as empresas já constituídas até a vigência da referida Lei; é que o citado dispositivo funcionaria como uma espécie de regra transitória, para resguardá-las da obrigatoriedade de licitar.

Segundo outros, tratar-se-ia, em relação a tais empresas, de aplicabilidade do artigo 25, *caput*, quando prevê a inexigibilidade da licitação por inviabilidade de competição. A esse respeito, são clássicas as lições de Adilson Dallari, que vê, na hipótese, um dos casos de *impossibilidade jurídica da licitação*.[3]

Segundo outros, como Celso Antônio Bandeira de Mello[4], o citado artigo 24, inciso VIII, da Lei n. 8.666/93, não se aplica aos contratos que têm por objeto a gestão de serviços públicos, porque estes, disciplinados pela Lei n. 8.987/95, que lhe é posterior, "dependem da disputa efetuada na intimidade do competente procedimento licitatório".

Vencida que seja a polêmica, surge novo impasse.

*2ª. Não podem as empresas estaduais prestadoras de serviços de abastecimento de água concorrer às licitações com recursos oriundos da pessoa pública sua controladora?*

Enquanto a Lei n. 8.666/93 veda, expressa e severamente, o autofinanciamento do empreendimento pelos licitantes (artigo 7º, § 3º), sob pena de nulidade (art. 7º, § 6º), salvo nos casos de concessão, a Lei n. 8.987/95 prevê, taxativamente, como encargo da concessionária, no art. 31, inc. VIII, "captar, aplicar e gerir os recursos financeiros necessários à prestação do serviço".

Mas, no artigo 17, parágrafo único, a mesma Lei 8.987/95 dispõe que: "considerar-se-á, também, desclassificada a proposta de entidade estatal alheia à esfera político-administrativa do poder concedente que, para sua viabilização, necessite de vantagens ou subsídios do poder público controlador da referida entidade".

A interpretação do dispositivo leva a duas conclusões, por via de conseqüência:

1ª – a Lei 8.987/93 admite e não dispensa, em princípio, que concorra, à licitação para concessões, entidade estatal alheia à esfera político-administrativa do poder concedente;

2ª – qualquer empresa particular *pode* concorrer à licitação para concessão de serviços públicos, captando recursos financeiros de terceiros. Mas a entidade estatal

3. "Órgãos e entidades públicas não concorrem entre si. Quando o Poder Público cria uma entidade para servir como instrumento de sua atuação, é como se fosse o próprio Estado "contratando" consigo mesmo, ainda que se trate de relação entre entidades de diferentes pessoas jurídicas de capacidade política" (*Aspectos jurídicos da licitação*, São Paulo, Saraiva, 1997, p. 60, citando, em seu apoio, Dromi, *Licitación Pública*, Buenos Aires, Ediciones Ciudad Argentina, 1995, p. 154).

4. Parecer datado de 28 de abril de 1997, exarado em atendimento a consulta específica da Associação Brasileira das Concessionárias de Serviços Públicos de Água e Esgoto-ABCON, e que foi distribuído ao plenário do XI Encontro Nacional dos Advogados das Empresas de Saneamento Básico.

de esfera político-administrativa diversa da do poder concedente *não pode* contar, sob pena de sumária desclassificação, com quaisquer vantagens ou subsídios da pessoa política sua controladora.

Qual a lógica desse tratamento contraditório e discriminatório? Só há uma conclusão possível: a de que o legislador, em seu afã privatizador, pretendeu desestimular, praticamente, que tais empresas estaduais competissem com as empresas particulares nas licitações para concessão de serviços públicos.[5]

Pois, evidentemente, se um Estado cria suas sociedades de economia mista, com capital público votante majoritário, ou suas empresas públicas, com participação total de capital público, de qualquer sorte terá, mesmo, de subsidiá-las com ponderável parcela de seus recursos, sobretudo para que possam atender à finalidade precípua determinada pela lei de sua criação.

Dizer-se que, assim competindo, a empresa estaria agindo como concorrente desleal, em desobediência aos preceitos do art. 173 da Constituição, prova demais: pois, então, mais desleal ainda seria a concorrência de empresas privadas que podem captar recursos financeiros de terceiros, tanto mais que agora até já se anuncia a modificação da política das entidades internacionais, como o BIRD, para admitir que, através do FIC, possam as mesmas financiar empresas particulares para certos investimentos de interesse público.

*3ª. O art. 42, § 5º, da Lei 8.987/95 mantém vigentes, por um prazo de 24 meses – que já se esgotou –, as anteriores concessões de serviços públicos, com prazo vencido ou em vigor por prazo indeterminado, isto é, até 13.2.97, e declara extintas as concessões que foram outorgadas sem licitação na vigência da Constituição de 1988. Não faz nenhuma exceção a tal regra. Como ficam, então, as concessões de serviço público efetuadas anteriormente pelos Municípios a empresas estaduais de abastecimento de água?*

A decisão a respeito do assunto não pode ser imposta pelo legislador federal, porque se trata de matéria pertinente à autonomia organizacional-administrativa dos Municípios para gerir seus próprios serviços.

A questão, aliás, envolve, por sua vez, duas outras indagações, a respeito da temática das empresas estaduais de saneamento "concessionárias" de serviços públicos municipais:

1ª – se a Lei n. 8.987/95 seria cogente para os Estados e Municípios, e

2ª – se é aplicável, para estes últimos, a regra do art. 2º da Lei n. 9.074/95.

Tem razão de ser a discussão. Afinal trata-se, no caso em estudo, de serviços públicos, e de serviços públicos que *não são da competência privativa da União*, como aqueles previstos no art. 21, incisos Xl e Xll da Constituição da República.

Em matéria de organização dos próprios serviços públicos, vigora plenamente a regra constitucional da autonomia organizacional-administrativa das ordens federadas, estabelecida no art. 18 da CF. Então, há quem sustente que o legislador federal não poderia, constitucionalmente, impor suas regras aos Estados e Municípios.

No que diz respeito à Lei 8.987/95, a questão tem outros desdobramentos.

Partindo-se de que a Constituição tratou, induvidosamente, como contratos, as concessões e até as permissões de serviços públicos, no art. 175, e que a mesma Constituição atribuiu ao legislador federal a competência para dispor sobre normas gerais de licitações e contratos administrativos, parece lógica a conclusão de que, em princípio, a União pode, efetivamente, dispor sobre normas gerais pertinentes ao

5. Por feliz coincidência, também Carlos Pinto Coelho Motta pensa assim (*Eficácia nas licitações e contratos*, Belo Horizonte, Del Rey, 1997, 6ª ed., p. 540).

conteúdo do regime jurídico dos contratos de concessão, como o fez na Lei n. 8.987/95, bem como as normas concernentes a suas licitações.

Determinar, entretanto, quando suas concessões se extinguem, ou até quando são prorrogáveis, já é matéria da exclusiva competência de cada ordem federada, no uso de sua autonomia constitucionalmente assegurada.

Já a Lei n. 9.074/95 tratou, em sua maior parte, do disciplinamento de matérias pertinentes à concessão *de serviços públicos que são da competência privativa federal*, excetuados, pela sua especificidade própria, os de telecomunicações.

Destoa, pois, a regra do artigo 2º, que pretende impor, à autonomia das ordens federadas, a obrigação de *não executarem obras ou serviços públicos mediante concessão ou permissão, sem lei que a autorize.*

Esse artigo é nitidamente inconstitucional. Se pode a União estabelecer normas gerais sobre o conteúdo das contratações de concessão de serviço público e suas licitações, não pode, entretanto, impor aos Estados, Distrito Federal e aos Municípios que expeçam, ou não, *lei* para autorizá-las. Já aí, configura-se interferência na sua própria atividade legiferante, o que viola frontalmente o art. 18, da Constituição.

Aliás, é o próprio dispositivo legal federal, em comento, o primeiro a excepcionar essa exigência de prévia e específica autorização legal, *em casos de saneamento básico e limpeza urbana.*[6]

## 7. *Reflexões finais*

*1.* As indagações polêmicas trazidas a discussão, as perplexidades surgidas na interpretação e aplicação da legislação específica das concessões, têm como origem, a nosso ver, uma condução originariamente equivocada do problema posto.

O legislador federal tem duas manias: uma, a de legislar intermitentemente, aos trancos, com casuísmo, sem a menor preocupação de adaptar as novas normas ao ordenamento jurídico já existente, bem como a de conhecê-lo e preservá-lo; outra, a de legislar sem a mínima cautela de procurar conhecer, de antemão, as realidades de um País tão diversificado como o nosso, ignorando, enfim, que nosso território abriga, em realidade, muitos Brasis.

Há Municípios e Municípios, por este Brasil afora.

Há aqueles que podem enfrentar, com vantagem, a decisão de explorar seus serviços de abastecimento de água, delegando-os a grandes empresas privadas, ou, como já vem ocorrendo, a consórcios de que participem empresas estrangeiras de grande porte, detentoras da mais sofisticada tecnologia, que até consigam financiamentos de órgãos internacionais. Para estes, vale recorrerem à aplicação das disposições da Lei n. 8.987/95, que, aliás, foram editadas para isso.

Mas há os que não o podem, mesmo. Ou porque não têm recursos financeiros suficientes, sequer, para pagar sua própria folha de pessoal; ou porque a rentabilidade dos seus serviços de abastecimento de água, *se* houver alguma rentabilidade, não é suficiente para atrair investidores privados.

Há – infelizmente é verdade – aqueles Municípios que *nem saberiam como começar* o complexo e sofisticado procedimento que a Lei 8.987/95 impõe à outorga das concessões, procedimento, esse, concebido evidentemente, em seus delineamentos, para grandes investimentos e grandes empresas.

E, se o começarem, não têm a mínima condição de efetivar a fiscalização das concessões, que é seu dever indeclinável, inclusive, como a lei prevê, pelo exame da

6. Cf. Arnoldo Wald *et alii, O Direito de Parceria e a Nova Lei de Concessões*, São Paulo, Ed. RT, 1996, p. 178.

escrituração contábil das empresas privadas, ou pela própria intervenção na gestão do serviço pela concessionária.

São essas, em resumo, apenas algumas das questões polêmicas que o tema suscita, e que causam não poucas perplexidades às empresas estaduais de saneamento.

*2.* Calou-nos fundo, e a absorvemos integralmente, a oportuna e patriótica advertência do jovem administrativista Juarez Freitas, no sentido de que o que interessa à sociedade brasileira não é o Estado Máximo, nem o Estado Mínimo, mas, muito simplesmente, o Estado Essencial, que possa atender às necessidades coletivas das maneiras mais hábeis, construtivas, flexíveis e eficientes, sim, mas sem nunca abdicar de suas indeclináveis responsabilidades para com o povo cujos interesses representa.

Recorrerem os Municípios às empresas estaduais concessionárias dos serviços de abastecimento de água, é prática largamente generalizada em todo o País, que não pode ser ignorada, e que, certamente, não se deveu, tão-somente, à imposição, já superada, dos objetivos do PLANASA, mas sim, em grande parte, por ser a solução mais viável para certas municipalidades.

Mas – e este é o ponto nuclear de toda a questão – essas empresas estaduais criadas para os serviços de abastecimento de água não são, nunca foram, nem poderão ser, verdadeiras *concessionárias* de serviço municipal – o que, aliás, mesmo no passado, mesmo antes do advento da Lei 8.987/95, sempre nos pareceu verdadeira distorção dos princípios essenciais de nosso ordenamento jurídico.

E não o podem, porque a relação jurídica que se estabelece, neste caso, figurando, em um de seus pólos, a empresa descentralizada pelos Estados, criada, exclusivamente, para a prestação de serviços públicos; e, no outro, a pessoa jurídica pública do Município, é, em tudo e por tudo, não uma relação jurídica bilateral, com o estabelecimento de vínculo, com prestações e contraprestações recíprocas, no atendimento de interesses opostos, como tenta definir o artigo 2º da Lei 8.666/93; mas, sim, nitidamente uma relação jurídica *multilateral*, em que pessoas e entidades públicas se associam para conjugar seus esforços no atendimento de um interesse coletivo comum. É a lição de José de Abreu Filho.[7]

Trata-se da associação de pessoas públicas, conjugando seus recursos ou suas possibilidades concretas de angariarem recursos, com outras entidades também públicas, de outra esfera administrativa – como, no caso, empresas públicas ou sociedades de economia mista estaduais –, mas *em outro nível, mais apropriado*, qual seja o da *prestação associada de serviços, em regime de estreita cooperação, para o atingimento do interesse comum, como previu o constituinte no parágrafo único do art. 23 do Texto Maior*.

Colocamo-nos, pois, inteiramente de acordo com Alaor Caffé, quando defende a aplicação, a essas realidades concretas, do disposto no parágrafo único do art. 23 da Constituição da República.[8]

Louvavelmente, aliás, passando da teoria à prática, esse notável jurista pátrio já elaborou e trouxe a este conclave um anteprojeto da lei complementar prevista pelo constituinte, disciplinadora da prestação associada ou complexa de serviços públicos, entre diversas pessoas e entidades públicas, pertencentes a órbitas federadas distintas.

7. José Abreu Filho distingue, em sua obra, com apoio na doutrina de Betti e Von Tuhr, os contratos dos negócios jurídicos plurilaterais, que denomina de *acordos*: nestes últimos, existem interesses paralelos ou convergentes para um escopo comum, destinando-se, pois, a adotar decisões comuns em assuntos de interesse coletivo (*O Negócio Jurídico e sua Teoria Geral*, São Paulo, Saraiva, 1995, 3ª ed., pp. 75 e ss.).

8. Parecer elaborado em atendimento a consulta da SABESP (Companhia de Saneamento Básico do Estado de São Paulo), datado de 15 de maio de 1996, distribuído por cópia ao XI Encontro Nacional dos Advogados das Empresas de Saneamento Básico.

*3.* Ora, se se parte da inevitável premissa inicial de que empresas estaduais de saneamento não podem ter o mesmo tratamento das demais concessionárias de serviço público municipal, tudo se esclarece.

Desaparecem aquelas perplexidades em torno da aplicação da Lei n. 8.987/95, pelo reconhecimento da evidência de que estoutra lei foi elaborada para disciplinar outra espécie de relação jurídica, qual seja o vínculo contratual que se estabelece entre o poder público e empresas particulares.

Não podem ter qualquer aplicação à espécie, nem as hipóteses de dispensa, nem as de inexigibilidade de licitação. Muito simplesmente, as relações entre pessoas públicas e entidades públicas de unidades federadas diversas se desenvolvem em outro plano, um plano superior, em que não cabe qualquer espécie de *competição*, e, sim, uma associação, em prol da consecução de objetivos e competências comuns.

Certas referências que se captam, aqui e ali, nas Leis 8.987/95 e 9.074/95, as quais possam conduzir a entendimento diverso, ou são inconstitucionais, ou completamente inaplicáveis à espécie concreta que ora estudamos.

O mesmo pode-se dizer quanto ao próprio conteúdo do contrato de concessão, se aplicado às relações jurídicas entre pessoas ou entidades de órbitas distintas da Federação, porque certamente vai ter repercussões políticas indesejáveis sobre o próprio pacto federativo.

É difícil imaginar-se, por exemplo, um município fiscalizando, mas fiscalizando mesmo, para valer, uma entidade pública estadual, tal como determina a lei de concessões de serviços públicos. Os governantes estaduais dispõem de vários recursos de pressão política para escaparem a esse tipo de controle. O que irá ocorrer, na prática, será a pseudocontrolada passar a governar a pseudocontrolante.

Em outra dimensão, prevê a Lei 8.987/95 o uso, pelo poder concedente, de várias prerrogativas de potestade pública, em relação a suas concessionárias, tais como a da alterabilidade unilateral dos contratos, a sua rescisão unilateral antecipada e a aplicação de penalidades. Não há como dissociar-se a questão, na prática, de suas conotações políticas, tornando inviável a aplicação dessas prerrogativas pelo Município em relação ao Estado, ou às suas entidades descentralizadas.

Há outras implicações políticas. Se a Lei 8.987/95 prevê a intervenção do poder concedente, como forma institucionalizada de controle extraordinário sobre as atividades da concessionária, tal se torna inviável, no caso, porque fatalmente irá repercutir sobre as relações políticas entre Estado e Município. O mesmo poderá dizer-se em relação à encampação e à caducidade, bem como às suas conseqüências indenizatórias, todas concebidas, na lei, para que o particular se recupere dos investimentos realizados por sua própria conta e risco. Bem assim, a preservação do equilíbrio econômico-financeiro inicialmente ajustado pela proporcionalidade entre os encargos e a remuneração da concessionária, esta última abrangendo a constitucionalmente legítima expectativa de lucro, inconcebível, entretanto, em relação a uma entidade pública criada para a prestação de serviço público. E assim por diante. É realmente infindável a lista dos absurdos jurídico-institucionais que desfilam ante nossos olhos, ante a tentativa de aplicar-se, às relações entre pessoas e entidades públicas de esferas de competências diversas, um molde jurídico que, evidentemente, não lhes serve.[9]

9. A propósito, em antigo acórdão do Tribunal de Justiça do Estado de Minas Gerais, publicado na *Revista de Direito Público*, v. 26, p. 152, decidiu-se que "é ilegal o ato do Prefeito de Itajubá declarando caduco o contrato de concessão celebrado entre a Prefeitura e a COMAG, sociedade de economia mista, para a concessionária executar e explorar serviços de abastecimento de água", justificando-se que "não se pode legitimar a caducidade do contrato de concessão de serviço público com prazo certo, nem sua rescisão por ato unilateral, quando o mesmo venha a

*4.* Se o Município dispõe das condições indispensáveis e apropriadas, que recorra, através de licitação, ao instituto da concessão do serviço público a empresas particulares, com integral aplicação da disciplina da legislação própria.

Mas, se não dispõe delas, terá que partir para a cooperação com outras pessoas ou entidades públicas. Mesmo assim, o profundo inter-relacionamento entre os interesses públicos a serem envolvidos na questão enseja certa ordem de considerações, que tornam *única*, para cada caso concreto, a solução a ser adotada.

Se o município dispõe de mananciais próprios, certamente terá maior possibilidade de enfrentar o problema com maior autonomia. Mas, em grande número de casos, não existe tal disponibilidade.

Se enfrentamos a problemática de vários Municípios interligados, dispondo de mananciais comuns a todos eles, será talvez o caso de enfrentar-se a solução do problema através da constituição de consórcios administrativos intermunicipais, desde que haja condições políticas para tanto.

Há que verificar-se, ainda, se os Municípios, além de interligados pela utilização de mananciais comuns, pertencem à mesma região metropolitana, pois então desloca-se a solução para a competência predominante do Estado em que está situada essa região metropolitana, nos termos do que dispõe o artigo 25, § 3º, *para integrar a organização, o planejamento e a execução de funções públicas de interesse comum.*

Há, ainda, que levar-se em conta, sempre, a inevitável interferência da solução dos problemas locais de abastecimento de água com o desenvolvimento dos planos estaduais disciplinadores da utilização dos seus recursos hídricos dos Estados.

As diversas problemáticas que temos a enfrentar, no caso, encontram suas soluções ou, provisoriamente, na celebração de convênios ou consórcios administrativos – conforme o caso; ou, de modo definitivo, na estruturação legal, que já tarda, da cooperação sistemática das unidades federadas e de suas entidades descentralizadas, associadas em torno da prestação de serviços que são da competência e do interesse de cada uma delas e de todas, ao mesmo tempo.

Enfim, inexiste uma solução única para todos os problemas enfrentados na realidade prática, ante necessidade coletiva tão importante, prioritária e vital.

Se é dos Municípios, fundamentalmente, a decisão sobre *como* explorarão os serviços públicos de abastecimento de água e de esgotos, é o interesse público das grandes populações de baixa renda, desprovidas das mínimas condições de higiene e salubridade, que deverá afinal prevalecer sobre essa decisão, para que se consiga a solução ótima. E a solução ótima, ressalve-se, há de ser, unicamente, a *ótima para a coletividade*.

Aracaju, 31 de julho de 1997

ser avençado entre um Poder Público e outro, pois aplicar, em tal situação, o *jus imperium*, seria entrar em antagonismo, com menoscabo ainda ao princípio do federalismo cooperativo".

Marçal Justen Filho, em obra recente, ocupa-se lucidamente deste assunto, classificando tal espécie de ajuste como "concessão-convênio", e concluindo que:

"O princípio da Federação impede a aplicação das regras peculiares à concessão. Não se poderia admitir que um Município, *concedente* de serviço público a uma empresa pública federal, promovesse intervenção na entidade. O exercício desse poder seria inerente ao contrato de concessão, mas representaria forma indireta de intervenção do Município na União, incompatível com a Constituição. O mesmo se daria relativamente a todas as hipóteses de relacionamento entre entes federais. O vínculo de concessão é juridicamente impossível entre entidades federais de órbitas distintas, por importar poderes incompatíveis com a autonomia de cada partícipe do pacto federativo" (*Concessões de Serviços Públicos*, São Paulo, Dialética, 1997, p. 76).

DOUTRINA

# RESPEITO AOS PRECEDENTES JUDICIAIS ITERATIVOS PELA ADMINISTRAÇÃO PÚBLICA

JUAREZ FREITAS
Professor de Direito Administrativo da Universidade Federal do Rio Grande do Sul, do Mestrado de Direito da Pontifícia Universidade Católica do Rio Grande do Sul e da Escola Superior da Magistratura-AJURIS

*1. Introdução. 2. Da conveniência de a Administração Pública acatar as decisões judiciais iterativas e pacificadas. 3. Dos limites hermenêuticos aos "precedentes vinculantes" em relação ao próprio Poder Judiciário: a necessária preservação do controle difuso. 4. Conclusões.*

## *1. Introdução*

O Direito vivo é bem mais do que a lei e é determinado, em instância última, pelo Poder Judiciário, em nome da sociedade que o legitima através do acatamento. A partir desta premissa de fundo, pretende-se sustentar que exsurge, de modo insofismável, do sistema brasileiro a necessidade de a Administração Pública acatar, prontamente, as decisões definitivas ou pacificadas do Poder Judiciário, mormente em sede de pronunciamentos concentrados ou objetivos, nos quais inexiste, a rigor, a clássica contraposição de partes. Ao mesmo tempo, recomenda-se, por razões especialmente de natureza hermenêutica, que se evite a inflação dos referidos precedentes vinculantes (expressão assaz indutora de equívocos, mormente quando aplicada em relação ao próprio Judiciário).

Correm, paralelas, estas idéias centrais, nada antinômicas, sobretudo para quem compreende o modo de operar e de aplicar o Direito, cuja eficácia de seus princípios e regras nada mais se afigura, em termos contemporâneos, do que a eficácia da interpretação que se imprime a seus múltiplos comandos. Com efeito, no sistema constitucional pátrio, por vários motivos funcionais e competenciais, sem desdouro ou menosprezo ao papel do administrador público (justamente ao revés), é de todo conveniente entender que o legislador fecunda e parteja o preceito jurídico, mas incumbe ao julgador efetivar o controle definitivo e cabal de sua adequação e qualidade. Do entendimento claro e da aceitação da intangibilidade deste ciclo, brotarão as inferências e prescrições do presente estudo.

## *2. Da conveniência de a Administração Pública acatar as decisões judiciais iterativas e pacificadas*

Com efeito, em Carta pautada pela unicidade da jurisdição (CF, art. 5º, XXXV), a Administração Pública precisa, vez por todas, exemplarmente acatar os pronunciamentos irrecorríveis do Poder Judiciário, sob pena de fazer perecer a credibilidade do próprio sistema de controle, dele subtraindo o hálito vital do respeito mútuo e da independência harmônica (arts. 2º e 60, § 4º, III da CF). Dentro de limites, deve assumir, em maior grau, o dever de acatar, por exemplo, as decisões definitivas do Supremo Tribunal Federal mormente em sede concentrada, ainda quando a considere politicamente desalinhada. É dizer, sobremodo em vista do controle de constitucionalidade exercitado nos processos objetivos (a saber, na Ação Direta de Inconstitucionalidade e na polêmica Ação Declaratória de Constitucionalidade), tem-se a hipótese de culminar na declaração de inconstitucionalidade objetiva, operando esta com efeito *erga omnes*, à diferença do que sucede no quase sempre tardio controle incidental, uma vez que este último se mostra dependente de ato suspensivo do Senado.

Na seara concentrada, o afastamento do mundo jurídico da norma considerada nula é imediato, em face da aludida mácula fulminante, sendo a mesma escoimada, por inteiro, pelo legislador negativo. Destarte, até em respeito aos princípios da legalidade, da confiança e da segurança das relações jurídicas, a Administração Pública não pode prosseguir cometendo ou deixando de executar atos administrativos com arrimo e base em lei considerada inconstitucional, justamente pela fortíssima e insuperável circunstância de esta não mais integrar o ordenamento jurídico, toda vez que, em definitivo, suceder decisão da mais Alta Corte no controle concentrado.

O aludido acatamento revela-se de elevada necessidade, outrossim, em resguardo de pelo menos dois outros princípios fundamentais. Sem dúvida, o princípio da moralidade exige que a Administração Pública atue de sorte a se fazer paradigmática no respeito às instituições e aos cidadãos, não podendo ser a primeira a dar o tenebroso exemplo de litigância de má-fé ou de maneirista descaso em relação ao sentido máximo do plexo normativo, emprestado pelo Poder Judiciário. O contrário de tal respeito pode significar, ao menos, o virtual manejo excessivo da imensa gama de recursos, utilizados para não honrar os improteláveis compromissos que a lealdade e a boa-fé impõem, tanto no processo quanto fora dele.

De outra parte, o não-acatamento corre o risco de ofender, gravemente, o princípio da economicidade, por duas razões primaciais. Em primeiro plano, porquanto, numa demonstração de suposto zelo, deixa-se de cuidar, no tempo devido, de muitíssimas outras, verdadeiramente ilegítimas, agressões impostas ao abalado erário público. Neste passo e não raro, o combate severo e enérgico contra a sonegação, a improbidade administrativa ou a má prestação dos serviços públicos resulta debilitado, já que malversadas ou desviadas as melhores energias em postulações ou recursos com o ânimo protelatório ou meramente rotineiro. Assim, desestimula-se a máquina fiscalizadora, compelindo-a a contemplar malabarismos hermenêuticos constrangedores em lugar de fazê-la ativa, exitosa e enérgica no cumprimento dos seus indelegáveis deveres. Em segundo lugar, a morosidade processual, além de se revelar fatal para cidadãos vitimados pela síndrome das vitórias com sabor amargo, acaba sendo dispendiosa e onerosíssima para os cofres públicos. Paga-se – na prática o contribuinte, bem entendido – pesadamente para compensar a tardança apta a produzir danos irreparáveis ou de difícil reparação, sobremodo quando se configura o caráter protelatório ou mesmo a mencionada litigância de má-fé.

Pois bem: seria demasiado formalismo adotar atitude diversa em face de pronunciamentos em sede difusa, apenas por carência de manifestação suspensiva do Senado, quando sobre a matéria o Poder Judiciário já tiver iterativa e consolidada posição. Ainda aí, desde que largamente pacificada a orientação, parece lógico o dever, talvez menos intenso em grau (mas ainda assim dever e, como tal, impostergável), de acatamento dos precedentes judiciais e de emissões rápidas de súmulas administrativas confortadoras de tais diretrizes, nos moldes daquelas que se tornam obrigatórias, *ex vi* dos arts. 4º, XII e 43 da Lei Complementar n. 73/93.

Logo, convém sublinhar, a simples jurisprudência iterativa dos Tribunais – fonte material, por excelência, inclusive no sistema romanístico-continental –, observado o pressuposto de ter florescido sem maiores controvérsias, deve, com as devidas cautelas, ser objeto de eficiente e rápida expedição de súmulas ou de decisão normativa de quem detiver poderes hierárquicos para velar pela conduta processual adequada da Administração, ambas atitudes indispensáveis à harmonia dos poderes e para que o agente público não se converta em triste servo do não-Direito ou da erosão de sua própria credibilidade.

Ademais disso, de *lege ferenda*, em tais casos, dever-se-ia evitar o manifesto e indisputável desperdício do reexame necessário, mantendo-o apenas naqueles casos em que se revelar estritamente favorável a equação custo-benefício. Seja como for, desde logo, eventuais atos praticados pela Administração Pública em juízo, numa linha discrepante da ora preconizada, poderão configurar inaceitável abuso de defesa ou revelar inadmissível tática protelatória (art. 273, II do CPC), sem embargo do enquadramento eventual na hipótese de dano irreparável ou de difícil reparação (273, I). Em quaisquer dos casos, poder-se-ia cogitar da requerida antecipação da tutela, cuidando-se, é claro, para evitar situações de irreversibilidade. Todavia, a solução mais desejável está em que juiz-relator negue o seguimento do recurso por manifestamente infundado, quando se revelar colidente e incompatível com jurisprudência tranqüila do Supremo Tribunal Federal ou decisão reiterada e incontroversa dos demais Tribunais. Simetricamente, é de se considerar um avanço, embora tímido, a proposta de reforma processual, admitindo (o que, a meu sentir, já se extrai da teleologia do atual sistema) a possibilidade de o relator, em caso de a postulação ter ocorrido em manifesta divergência com orientação pretoriana indiscutível, prover o recurso.

De conseguinte, sem negligenciar em nada os afazeres do cioso agente público, fundamental é reservar a sua preciosa atenção para aquilo que merece ser cuidado, vale dizer, a proteção simultânea do interesse público e da dignidade do cidadão, o qual tem o direito de uma justiça efetiva e prestada em tempo hábil, até para que – seja permitido repetir – sua vitória não se converta em miragem ou promessa remota e quimérica.

A estar certa a linha de raciocínio esposada, resplandesce que o legislador infraconstitucional, já naquela altura, equivocou-se – no cotejo com a vontade constitucional –, na formulação do art. 77 da Lei n. 9.430/96 –, ao apenas facultar ao Poder Executivo a disciplina das hipóteses em que a Administração Tributária federal, relativamente aos créditos baseados em dispositivo declarado inconstitucional por decisão definitiva do STF, poderia abster-se de constituí-los, bem como retificar o seu valor ou declará-los extintos, de ofício, ainda que inscritos em dívida ativa, e, finalmente, formular desistência de ações de execução fiscal ajuizadas, além de deixar de interpor recursos judiciais.

O real e o autêntico significado deste comando, à base do nosso prisma teleológico, parece ser bem outro e distinto do extraído da mera literalidade, indo além das atecnias do legislador ordinário. Com efeito, não se está perante mera faculdade do agente público, mas de rigoroso e indeclinável dever. A discrição, neste quadro, resulta inteiramente vinculada à decisão definitiva ou indisputável do Poder Judiciário. Na mesma senda exegética e por idênticos motivos de fundo, não resulta adequada a dicção literal do art. 4º da Lei n. 9.469/

97. Ali se diz que, não havendo a referida Súmula, o Advogado-Geral da União "poderá" dispensar a propositura de ações quando a controvérsia estiver sendo iterativamente decidida pelo Supremo Tribunal Federal ou pelos Tribunais Superiores. Trata-se, tirante casos excepcionalíssimos, de vinculação expressa ao pronunciamento derradeiro ou indisputável.

Note-se bem: ao sustentar tal dever, não se está propugnando servilismo nem subserviência, tampouco a ímproba prevaricação. Afinal, em situações-limite, se houver completo e razoável convencimento do desacerto da posição jurisprudencial, mostra-se legítimo procurar alterá-la, mas percorrendo as vias apropriadas, jamais simplesmente pelo bafejo da absurda tese da "falta de caixa". A vinculação do administrador é à lei e ao Direito, sendo que a lei e o Direito têm os seus conteúdos determinados, plasticamente, pelo positivador derradeiro, isto é, pelo Poder Judiciário, o qual, de seu turno, embora em atividade distinta da do legislador, deve exercer conscientemente o papel maiêutico de revelar a elasticidade do Direito objetivo, numa perspectiva tópico-sistemática (naturalmente, sem nenhuma adesão a subjetivismos arbitrários ou a decisionismos irracionais). Como enfatizado, a eficácia do Direito brota da eficácia do intérprete final deste Direito, que nada mais é do que a sociedade através do Judiciário. Somente conquistada e erguida uma harmonia respeitosa entre os Poderes, consoante a qual não há lugar para superioridades (apenas distinções funcionais perante o Direito posto), reúnem-se as condições para instaurar, em nosso meio, a eficácia ampliada da Carta e a regeneração da desgastada autoridade pública.

### *3. Dos limites hermenêuticos aos "precedentes vinculantes" em relação ao próprio Poder Judiciário: a necessária preservação do controle difuso*

Não se confunda, por obséquio, o até aqui sustentado com a defesa do efeito coativo dos precedentes judiciais perante os órgãos do Poder Judiciário, conquanto o assento constitucional trazido desde a Emenda n. 3 (em relação à Ação Declaratória de Constitucionalidade). Ainda que preconizada, com respeitável tenacidade, por eminentes figuras, parece questionável a adoção do expresso e constrangedor efeito vinculante em relação ao próprio Poder Judiciário, pelas considerações a serem enunciadas, em brevíssima síntese.

Em primeiro plano, mister reconhecer a imperativa prioridade de preservar o sistema de controle difuso, sem prejuízo do consórcio com o modelo concentrado. Em nosso pertinente modelo misto, a vinculação do juiz é ao Direito (rede de princípios e normas ou de regras), não precipuamente à lei. Ora, se o precedente vincula apenas e tão-somente tanto quanto uma lei, então se impõe concluir que se encontra destituído do alcance e da hierarquia sistemática dos princípios, sob pena de se cair no unilateralismo da tópica.

Em outras palavras, o conteúdo dos precedentes resta, sempre e sempre, submetido ao inafastável controle difuso, a ser exercitado, sem peias ou temores, pelos juízes brasileiros em geral, exatamente como sucede em relação às leis. Não se pode puni-los pelo justo e razoável cumprimento da missão constitucional. Reitere-se: a mantença do controle difuso mostra-se imprescindível à formação de uma ambiência cultural de observância firme do prescrito na Lei Maior, assumida a superioridade constitucionalista em face do chamado legalismo estrito. Depois, mister consignar que o ato de interpretar as normas e os precedentes por analogia implica, acima de tudo, uma permanente hierarquização axiológica, insubsistindo plausibilidade de gélida subsunção estatuária ou axiomático-determinística, uma vez que a todos os aplicadores judiciais está conferido o dever de, fundamentadamente, "positivar" por último (mais até do que concretizar) o Direito vigente.

Neste ponto específico, aliás, não se consubstancia diferença nuclear ou essencial entre os sistemas da *common-law* e o romanístico-continental, como percebe, de modo quase consensual, a melhor teoria geral contemporânea de interpretação jurídica. Destarte, o "precedente vinculante" será sempre, no mínimo, tão questionável quanto o é no sistema anglo-saxão, no qual o juiz guarda a liberdade para dizer acerca da aplicação, ou não, daquele enunciado ao caso vertente, observando os precedentes, na larguíssima maioria das vezes, ora por inércia, ora por adesão, não propriamente por constrangimento normativo.

De mais a mais, no plano das ponderações de ordem sociológica, força reconhecer que o simples e firme acatamento das decisões judiciais pela Administração Pública, por si só, já desafogaria, sem celeumas, os nossos Tribunais, pois não há dúvida que a Administração Pública converteu-se na grande demandante ou demandada, no contexto que timbra pela imprevisibilidade de sua atuação. Portanto, no tangente ao juiz e à sua independência, a vinculação é apenas aquela que existe, desde sempre, ou seja, a decorrente de acolhimento do precedente por livre e fundamentada convicção.

Sublinhe-se que tal posicionamento (eminentemente hermenêutico) parece superar o dilema sem fomentar hostilidades e incompreensões que podem desarmonizar o sutil tecido interno do próprio Poder Judiciário: os precedentes vinculam ao juiz tanto quanto as leis, logo devem ser cotejados com o Direito na sua totalidade, exercitado, com a insuprimível liberdade, o controle difuso. Certo, poder-se-ia arrolar uma série imensa de argumentos complementares a propósito da leitura que se faz da vinculação dos juízes, mas se deixa de fazê-lo por desbordar da meta do presente estudo. Afinal, o maior objetivo do escrito consiste em grifar a extrema conveniência do acatamento das pacificadas decisões judiciais pela Administração Pública, realçando que o maior beneficiário de semelhante postura, com certeza, não será apenas aquele que litiga atomizadamente contra o Poder Público, mas o contribuinte e, por via de conseqüência, o interesse geral.

## 4. *Conclusões*

Do exposto, convém, especialmente, restar sulcado:

(*a*) O pronto acatamento das decisões judiciais iterativas pela Administração Pública revela-se decorrência teleológica dos princípios fundamentais que a regem, notadamente os da segurança das relações jurídicas, o da unicidade da jurisdição, o da moralidade, o da confiança e o da economicidade.

(*b*) É apenas aparente a faculdade prevista nos diplomas citados (Lei n. 9.430/96, art.77 e Lei n. 9.469/97, art. 4º), mais do que nunca se evidenciando que, em sede de Direito Administrativo, em maior ou menor grau, toda discricionariedade resulta vinculada.

(*c*) Ao homenagear, acolhendo de modo célere, às orientações jurisprudenciais iterativas (fonte material, por excelência, do Direito), não está a Administração Pública deixando de ser zelosa e independente, mas reservando energia e vigor para os combates verdadeiramente prioritários.

(*d*) A eficácia vinculante dos precedentes, em relação ao próprio Poder Judiciário, em especial por razões hermenêuticas, deve ser mais propriamente a que deflui apenas da livre e fundamentada adesão, em face da imprescindível manutenção do sistema difuso em convívio fecundo com o modelo concentrado de controle de constitucionalidade.

# GARANTIAS OFERTÁVEIS POR CONCESSIONÁRIO PARA OBTENÇÃO DE FINANCIAMENTO

CELSO ANTÔNIO BANDEIRA DE MELLO
Professor Titular da Faculdade de Direito
da Pontifícia Universidade Católica de São Paulo

*1.* Tema de interesse prático manifesto é o que concerne às garantias que o concessionário pode oferecer ao prestamista quando deseje financiar-se para realização de trabalhos ou obras relativas aos encargos que assumiu na concessão.

Cumpre relembrar, liminarmente, conquanto de forma muito breve, características básicas do instituto da concessão, a fim de que a questão proposta se encarte, como convém, em um panorama mais amplo, capaz de ensejar-lhe o devido descortínio.

*2.* A concessão de serviço público é instituto através do qual o Estado transfere o exercício de um serviço público a alguém que aceita prestá-lo em nome próprio, por sua conta e risco, nas condições fixadas e alteráveis unilateralmente pelo Poder Público, mas sob garantia de um equilíbrio econômico-financeiro, remunerando-se pela própria prestação do serviço, em geral e basicamente mediante tarifas cobradas diretamente dos usuários.

Serviço público é, por definição, *res extra commercium*, ou seja, bem jurídico inamovivelmente sediado na esfera pública e que, pois, o Estado deve curar do melhor modo possível. Eis a razão pela qual se disse que o transferido é o exercício do serviço (não a titularidade dele) e se registrou – como é corrente e moente – que a atividade se desenvolverá nas condições fixadas e alteráveis unilateralmente pelo Poder Público. Justamente por reter sempre a senhoria sobre o serviço, o concedente conserva as prerrogativas que lhe permitem assegurar-lhe o desempenho na conformidade dos termos que repute mais satisfatórios para a coletividade. Esta, pois, é uma das faces da concessão.

*3.* Por outro lado, é claro a todas as luzes que ninguém se abalançaria a assumir a prestação do serviço, em nome próprio, por sua conta e riscos, se não fora mediante contrapartida compensatória dos investimentos, do custeio e da remuneração concernente à atividade desempenhada, bem como à *segurança quanto a isto*, maiormente em face do poder de alteração unilateral das condições de prestação reconhecido ao concedente. Tal segurança, que lhe é, pois, outorgada, substancia-se no equilíbrio econômico-financeiro do contrato.

É isto, de resto, o que resulta expressamente da Lei n. 8.987, de 13.2.95, a qual dispõe sobre o regime da concessão e permissão da prestação de serviços públicos previsto no art. 175 da Constituição Federal e dá outras providências". O § 4º do art. 9º da lei em questão estabelece: "Em havendo alteração unilateral do contrato que afete o seu inicial equilíbrio econômico-financeiro, o poder concedente deverá *restabelecê-lo*, concomitantemente à alteração".

Já o art. 9º da referida lei dispõe: "a tarifa do serviço público concedido será fixada pelo preço da proposta vencedora da licitação e *preservada pelas regras de revisão* previstas nesta Lei, no edital e no contrato".

De seu turno, o § 2º reza: "Os contratos poderão prever mecanismos de revisão de tarifas, a fim de *manter-se o equilíbrio econômico-financeiro*".

Assim, também, o § 3º revela o declarado propósito de salvaguardar esta equação inicial, estatuindo: "Ressalvados os impostos sobre a renda, a criação, alteração ou extinção de quaisquer tributos ou encargos legais, após a apresentação da proposta, quando comprovado seu impacto, implicará a *revisão da tarifa*, para mais ou para menos, conforme o caso".

Idêntica preocupação com o mencionado equilíbrio estampa-se no parágrafo único do art. 11, cujo *caput* prevê a possibilidade de fontes de receita alternativas em prol do concessionário. Deveras, dito parágrafo estatui: "As fontes de receita previstas neste artigo serão obrigatoriamente consideradas para aferição do inicial *equilíbrio econômico-financeiro do contrato*".

Estes, os aspectos que cumpria inicialmente fixar, para exibir os traços básicos da concessão.

*4.* Na concessão de serviço público, como universalmente se sabe, a forma corrente e generalizada de remuneração do concessionário pelo serviço prestado – ainda que comporte exceções[1] – é a da exploração do serviço *mediante tarifas cobradas diretamente dos usuários* (de fora parte fontes alternativas de receita, cogitadas nos arts. 11 e 18, VI, da lei de concessões). Bem por isto, a precitada lei dedica atenção particular às tarifas, seja com abrir um capítulo próprio para a "Política Tarifária" (arts. 9º e ss.) seja referindo-se às tarifas em diferentes preceptivos, de que são exemplos os arts. 15, I, 18, VIII, 23, IV e 29, V.

É, pois, livre de qualquer dúvida ou entredúvida que o concessionário faz jus à percepção das tarifas, as quais, de resto, são diretamente por ele cobradas dos usuários. O produto desta cobrança *pertence-lhe,* corresponde-lhe, como paga pelo desempenho do serviço, sendo, então, um direito que lhe assiste. Deveras, consoante palavras do administrativista uruguaio Jorge Silva Censio: "... a concessão se efetiva por conta e risco exclusivos do concessionário, *a quem pertencerão os eventuais ganhos que a execução do serviço possa produzir* e quem suportará as perdas que derivam da álea econômica normal" (*Servicio Público y Concesión de Servicios*, Ed. Jurid. Amalio Fernandez, Montevidéo, 1980, p. 34).

Daí que, salvo estipulação em contrário, pode dar ao que lhe corresponde na concessão o destino que melhor lhe apeteça, ressalvadas as implicações oriundas da obrigação de efetuar os investimentos e dispêndios relativos à prestação de serviço adequado, isto é: regular, contínuo, eficiente e seguro, além de atualizado, cf. § 1º do art. 6º da Lei n. 8.987; é dizer: na conformidade de técnicas modernas, com equipamentos e instalações igualmente modernos, bem conservados e atendido, ainda, o dever de melhoria e expansão dos serviços, tudo a teor do § 2º do mesmo art. 6º.

1. Na exploração de serviços de radiodifusão por sons ou por sons e imagens (televisão) – que, de toda sorte, estão excluídos do âmbito de regência da Lei n. 8.987, por força de seu art. 41 – o concessionário não se remunera por tarifas cobradas dos usuários, mas pelo valor que cobra dos anunciantes nestes veículos de divulgação.

A concessão de serviço público, como quaisquer outros engajamentos em que as partes se atrelam por livre vontade, constitui-se com atenção aos propósitos e interesses das partes. Registra-se, pois, a obviedade de que não se conceberia que uma delas ficasse à mercê da outra e que não pudesse *absorver e dispor* da contrapartida de seus encargos.

*5.* Sendo certo, então, que o montante de valor correspondente à percepção tarifária *pertence ao concessionário*, entende-se que possa ele oferecer em garantia de financiamentos o que nesta conformidade auferirá, observados certos condicionantes.

Assim, a própria Lei n. 8.987, de 13.2.95, em seu art. 28 estatui que: "Nos contratos de financiamento, as concessionárias poderão oferecer em garantia os direitos emergentes da concessão, até o limite que não comprometa a operacionalização e a continuidade do serviço".

Dele deflui que o concessionário não teria impedimentos em comprometer suas receitas futuras, dando-as em garantia a financiador, contanto que não ultrapasse limite suscetível de comprometer a operacionalização e a continuidade do serviço.

*6.* Sem embargo, cumpre fazer algumas anotações ao versículo em apreço para que dele não se extraia mais do que o necessário para lhe dar funcionalidade compatível com o entorno jurídico positivo em que se aloja, sobreposse no que atina à natureza do vínculo de concessão e a pressupostos de sua instauração.

Ressalte-se, pois, liminarmente, que o referido preceptivo há de ser entendido em termos comedidos. Quer-se dizer: Não serão *quaisquer direitos efluentes da concessão* que podem ser oferecidos em garantia. Se o fossem, a própria concessão – para figurar hipótese extrema – poderia, eventualmente, ser trasladada ao financiador, na hipótese do concessionário não honrar os compromissos com ele assumidos.

Ora, tal conseqüência incompatibilizar-se-ia com os poderes que assistem ao concedente no que concerne à decisão sobre quem será o concessionário, até mesmo porque dita eleição não é livre, mas resulta, ao menos como regra, de um procedimento preliminar: a licitação. É bem de ver que sujeito diverso daquele que venceu o certame e a quem foi adjudicado o objeto não poderia investir-se na qualidade de concessionário como mero fruto da inadimplência de quem possuía tal titulação.

*7.* De outro lado, também não poderiam ser dados em garantia imóveis ou equipamentos aplicados ao serviço, pois encontrar-se-ão submetidos ao peso da "relação de administração", que "domina e paralisa" a relação de propriedade do concessionário sobre eles. Basta relembrar inobjetáveis lições proferidas pelo eminente e pranteado mestre Rui Cirne Lima: "É indiferente quem seja o proprietário da coisa vinculada ao uso público. A relação de administração paralisará, em qualquer caso, a relação de direito subjetivo" (*Princípios de Direito Administrativo*, Ed. Sulina, 3ª ed., 1954, p. 46).

Para o iluminado administrativista, a noção de domínio público é mais extensa que a de propriedade, pois nele se incluem bens que não pertencem ao Poder Público; a marca especifica dos que compõem tal domínio é a de participarem da atividade administrativa pública, encontrando-se, pois, sob o signo da relação de administração. Daí suas palavras: "Dá-nos a relação de administração, a seu turno, e não a propriedade, a medida de participação do bem, de que se cuida, na atividade administrativa.

"Mas a relação de administração e a propriedade não se excluem, ainda que coexistentes sobre os bens do domínio público e do patrimônio administrativo. Aquele domina e paralisa esta, superpõe-se-lhe, mas não a afasta" (pp. 78-79).

Com efeito, os bens comprometidos com o serviço ficam votados à satisfação de necessidades ou conveniências públicas, delas não podendo ser distraídos, o que os faz inaptos a garantirem pretensões de terceiros. Sobremais, o concedente, quando do encerramento do vínculo, quer ocorra tempestiva ou prematuramente, necessitará lançar mão deles, se a reversão de bens estiver prevista ou pressuposta pela índole da concessão.

Donde, nada importa a posição teórica que se espose no que concerne à propriedade dos bens aportados ou construídos pelo concessionário. Vale dizer: para concluir pela inaptidão de tais bens a servirem de garantia de terceiros, não será necessário considerar, como fazem alguns, que desde a aplicação dos bens ao serviço estes se integram ao patrimônio do concedente. Entendendo, embora, que se trata de propriedade do concessionário, conquanto resolúvel ao cabo da concessão, ou negando, inclusive, a inerência de tal cláusula resolutiva, em qualquer caso haver-se-á de concluir pela inabilitação de tais bens à garantia do financiador.

*8.* Assim, os direitos suscetíveis de serem oferecidos em garantia serão tão-só os que se constituem sobre aquilo que compõe sua paga, é dizer, sobre a contrapartida que lhe assiste na concessão e em relação aos quais não se lhe pode negar a conseqüente disponibilidade, ao menos enquanto mantiver a qualidade de concessionário. Quanto a isto, nada importa seja o concessionário uma empresa particular ou uma entidade da administração indireta, até porque seria um contrasenso que se reconhecesse à primeira a possibilidade de captar, mediante financiamento e com garantia de tal ordem, recursos proveitosos para prestação da atividade e se negasse a uma pessoa governamental valer-se do mesmo expediente. Intelecção diversa representaria, contra toda razoabilidade, admitir facilidades para a ação do particular na prestação de um serviço *público* (logo, governamental, por excelência) e erigir despiciendas dificuldades justamente quando se tratasse de pessoa auxiliar do Estado.

Tais direitos suscetíveis de serem oferecidos em garantia são precisamente os atinentes à percepção das tarifas e, eventualmente, os que defluem de outras receitas, "as alternativas, complementares, acessórias ou de projetos associados", previstas no art. 11 da Lei n. 8.987. É que tais direitos *estão referidos* à composição da parte induvidosamente contratual da concessão, pois se reportam ao delineamento da equação econômico-financeira, sendo certo e indiscutível, como visto, que esta não pode ser afetada unilateralmente pelo concedente.

O art. 28 é, como se depreende de comentos de João Carlos Lopes de Souza, o reconhecimento de que, implicando a concessão investimentos vultosos, cumpre facilitar ao concessionário meios de captá-los ("Política Tarifária e Encargos do Concedente e do Concessionário", in *Concessão de Serviço Público*, obra coletiva coordenada por Odete Medauar, Ed. RT, 1995, p. 113).

Sendo esta sua finalidade, há de se concluir, desde logo, que a possibilidade de oferecer direitos efluentes da concessão em garantia só existe quando o financiamento se destine a suprir o concessionário de recursos votados *ao próprio cumprimento do objeto da concessão.*

É que, embora reconhecido e enfatizado que o concernente à paga do concessionário é direito seu, não se suporia que em uma relação jurídica toda ela estruturada ao derredor de interesses públicos, direitos dela extraíveis, *mas ainda não captados* – como os relativos à *futura* percepção de tarifas – possam ser, *de antemão,* distraídos daquilo mesmo que lhes permitirá a absorção: o desempenho de uma atividade cuja natureza é pública. Além disto, o referido artigo 28 é explícito ao estabelecer que dito comprometimento é admissível *"até o limite que não comprometa a operacionalização e a continuidade do serviço".*

*9.* Isto leva a distinguir diferentes hipóteses de oferecimento de direitos em garantia de financiamentos. Estes podem ser votados tanto à realização de investimentos concernentes a obras necessárias como suporte material inicial de um serviço público ainda não instalado, quanto pode destinar-se à melhoria dos serviços já existentes – como sucede na modernização de equipamentos a eles aplicados – como pode, finalmente, estar referido a uma *expansão* dele, isto é, à implantação, *verbi gratia*, de um ramal ferroviário ainda inexistente.

É nas primeiras hipóteses – e não na última delas – que se proporá visivelmente o tema do limite de comprometimento de direitos dados em garantia de financiamento, para que não ultrapassem o ponto capaz de pôr em risco a operacionalização e a continuidade do serviço. Com efeito, em relação a elas, podem emergir nutridas dúvidas no que concerne ao dimensionamento do *quantum* insuscetível de ameaçar os interesses acautelados na lei. É que se em algumas hipóteses ressaltará claramente a inocorrência ou a ocorrência do evento proibido pela norma, em outras tantas, contudo, opiniões distintas seriam razoavelmente defensáveis, dando margem, pois, a dissensos de resolução difícil.

Entretanto, quando se tratar de financiamentos destinados à expansão de serviço já existente, que vá se substanciar em um prolongamento dele (como um ramal, uma linha nova ou algo do gênero), nenhuma dificuldade haverá sempre que a *garantia fique cifrada ao volume das tarifas que serão captadas com a expansão projetada.*

*10.* Deveras, se os recursos comprometidos são os que procederão de serviço que ainda vai ser implementado, em acréscimo ao que já existe, é óbvio que não interferirão nem com a operacionalização nem com a continuidade dos anteriores. Deveras, o que já existe continua a ser suprido com os meios dantes existentes, os quais persistem à margem de qualquer envolvimento no financiamento. Logo, deste evento nada resultará que possa afetar-lhes a continuidade ou operacionalização. De outro lado, no que atina ao serviço a ser expandido, posto que ainda não existe, não há como pôr-lhe em risco a continuidade, pois só se continua algo que já existe. Quanto à operacionalização dele, também não se proporia dificuldade alguma.

A questão poderia ser problematizada se ainda inexistisse *serviço implantado,* pois toda e qualquer receita futura necessária à sua prestação procederia dele mesmo, sendo, então, necessária não apenas para custear-lhe a construção e respectivo equipamento, mas também para suportar os dispêndios relativos a seu funcionamento regular. Assim, compreender-se-ia a necessidade de limitar-lhe o comprometimento. Se, todavia, o serviço já existe e, pois, proporciona receita ao concessionário, a expansão projetada, para operacionalizar-se, não dependerá exclusivamente das receitas advindas da expansão projetada. Antes, tal receita será um *plus*, um acréscimo ao que já é auferido pelo concessionário. Assim, da parte final do art. 28 não resulta limitação alguma para empréstimos que sejam garantidos pelo produto da arrecadação a ser captada com o serviço expandido.

# PARECERES

# "IMPEACHMENT", DEVIDO PROCESSO LEGAL E IMPARCIALIDADE DOS JULGADORES

XAVIER DE ALBUQUERQUE
Ministro aposentado e ex-Presidente do Supremo Tribunal Federal
– Ex-Professor Catedrático da Faculdade de Direito do Amazonas
– Ex-Professor Titular da Universidade de Brasília – Advogado

*I – A controvérsia. II – "Impeachment", imparcialidade, devido processo legal. III – Suspeição e impedimento. IV – Função investigativa e função julgadora. V – Interesse no feito. VI – Inviabilização do julgamento. VII – Conclusão.*

## *Parecer*

### *I – A controvérsia*

*1.* No rumoroso processo de *impeachment* instaurado pelo Senado Federal contra o Presidente da República, a defesa do acusado argüiu, em alegações finais, o impedimento dos senadores que haviam integrado, como titulares e suplentes, a Comissão Parlamentar de Inquérito em cujos trabalhos investigativos, consubstanciados em volumoso relatório, assentara a denúncia inicial; bem assim a suspeição daqueles membros da Câmara Alta que, ou se haviam manifestado antecipadamente pela condenação, ou, por serem suplentes, convocados ao exercício do mandato, de senadores nomeados Ministros de Estado do governo interino instalado com a posse, em substituição ao Presidente afastado, do Vice-Presidente da República, têm interesse, para poderem permanecer na mesma situação de convocação, na consolidação, como definitivo, por obra da condenação, desse governo interino.

As argüições foram repelidas pelo Presidente do Supremo Tribunal Federal e, nessa qualidade, Presidente do processo de *impeachment*. A de impedimento, por extravasar das "situações previstas no artigo 36 da Lei n. 1.079/50, conforme estabelece o art. 63", e as de suspeição, por não ocorrer tal hipótese, "dadas as peculiaridades do processo de *impeachment*, no qual as razões deduzidas não bastam para caracterizá-la".

*2.* Essa solução, além de outras dadas no processo pela mais alta autoridade judiciária nacional, foi impugnada, perante o Supremo Tribunal Federal e por via de mandado de segurança, pelo acusado.

Fazendo-se iminente o julgamento do *writ,* consultam-nos os Drs. Antonio Evaristo de Moraes Filho e José Guilherme Villela sobre a procedência das prefaladas argüições.

## *II – "Impeachment", imparcialidade, devido processo legal*

*3.* Das disquisições multisseculares sobre a natureza do *impeachement,* sobrou-nos a herança perturbadora de opiniões para todos os gostos. Pode dizer-se, ainda assim, que a maioria delas enfatiza no instituto o seu ingrediente político, conquanto volte a dissentir no qualificá-lo como concorrente, quiçá predominante, ou exclusivo.

"Trata-se de julgamento *político*?" – perguntou e respondeu Pontes de Miranda[1] – "Sim, no sentido de julgamento de ato funcional; não, no sentido de fora das normas *legais.*"

Voltou ao tema, mais tarde, o sumo jurista, *verbis*:[2] "Não há julgamento político dos governadores; há julgamento jurídico. Um poder somente pode processar e julgar a membro de outro poder como *plus* de segurança a esse membro do outro poder, não como se fora *minus.* O processo e julgamento dos governadores pela Assembléia Legislativa devem ser entendidos como acréscimo à sua independência – processo e julgamento perante pessoas que receberam do povo, diretamente, os seus poderes, e não indiretamente, como os juízes. Não há, nos casos em que se criam exceções à Justiça uma só para todos, facilitação do processo e julgamento, e sim exatamente o contrário: *dificultação,* de que emanam, para os acusados, direitos subjetivos e pretensões às formas, principalmente às formas essenciais do processo penal". Mais adiante e nessa linha, chamou "função judicialiforme" à que toca à Câmara legislativa incumbida do julgamento do *impeachment.*[3]

Para o saudoso Ministro Luis Gallotti, declaradamente apoiado em Aurelino Leal, "a função relativa ao *impeachment,* ainda quando exercida pelo Senado, é verdadeiramente uma *funçãojudicial*".[4]

De resto, o próprio Hamilton salientara, referindo-se aos poderes do Senado, "their judicial character as a court for the trial of impeachments".[5] E não é sem propósito que a Constituição norte-americana exige-lhe, para desempenhá-la, a prestação de especial juramento ou de solene declaração: "The Senate shall have the sole power to try all impeachments. When sitting for that purpose, they shall be on oath or affirmation".

*4.* Ainda quando não vejam no *impeachment* o envolvimento de função judicial atribuída a Casa legislativa, nossos juristas predicam-lhe, de todo modo, a observância de garantias inerentes ao processo judicial.

Segundo depõe o Ministro Paulo Brossard,[6] "Julio de Castilhos, na Exposição de Motivos da Lei n. 13, de 27 de junho de 1896, dizia mui claramente: 'a despeito da natureza política do julgamento, é necessário revesti-lo das solenidades judiciárias de um verdadeiro processo criminal, como condição de garantia contra o arbítrio e os transbordamentos das paixões políticas' (...). O mesmo entendimento foi expresso por Plínio Casado ao justificar emenda ao projeto que se converteria na Lei n. 13: 'o julgamento político não tem certamente afinidades com o julgamento criminal, senão em que o primeiro vai pedir ao processo comum as solenidades essenciais a uma decisão imparcial'".

1. *Comentários à Constituição da República dos E. U. do Brasil* (1934), tomo I, p. 595.

2. Parecer publicado na *Revista Forense* 125/93-107, 100-101.

3. *Revista Forense* 125/106.

4. Voto no RMS 4.928, *RTJ* 3/359-411, 390, reiterado em aparte na p. 395.

5. *The Federalist,* n. 65.

6. *O Impeachment,* 2ª ed., pp. 36-37, nota 114.

Semelhantemente dissertou Paulo de Lacerda:[7] "Aqui, como nos Estados Unidos os *impeachments* se consideram processos políticos criminais, que devem ser conduzidos segundo os princípios gerais do procedimento perante os tribunais de justiça".

Em monografia mais recente, Raul Chaves exprobou a exageração do celebrado ingrediente político. Escreveu o catedrático da Faculdade de Direito da Universidade da Bahia, prematuramente desaparecido:[8] "Escudando-se em manca interpretação do *impeachment* americano (informado por outro sistema, consoante já dito e redito), doutos, publicistas e os a quem coube aplicar a lei jungidos ficaram ao *arbítrio político,* insistindo em dizer que os motivos de ordem política absorvem, na sua origem e no seu próprio conteúdo, todo o processo de responsabilidade. Esse equívoco, aliás, já vinha de longe". Mesmo Paulo Brossard, expoente da doutrina de ser exclusivamente político o *impeachment,* nega adesão a semelhante endereço doutrinário. "O fato de ser o *impeachment* processo político" – obtempera o publicista[9] – "não significa que ele deva ou possa marchar à margem da lei. – Como muitos autores têm doutrinado, Ruy Barbosa entre eles, Câmara e Senado, o Senado mais que a Câmara, devem proceder à semelhança de um tribunal".

*5.* Ora, trate-se de função *judicial,* como querem Luis Gallotti e Aurelino Leal, com excelente abono em Hamilton, trate-se de função *judicialiforme,* como opina Pontes de Miranda, certo é que nem uma, nem outra, pode prescindir do atributo da *imparcialidade* que é apanágio de todo órgão de julgamento.

No modelo norte-americano, do qual geralmente se diz haver derivado o congênere brasileiro, já lembramos que a própria Constituição impõe que o Senado, quando reunido para julgar o *impeachment,* "shall be on oath or affirmation". Não pode isso significar, senão que se lhe exige imparcialidade e isenção.

Revela-o, outra vez, a palavra de Hamilton. "Where else than in the Senate" – pergunta e implicitamente responde[10] – "could have been founded a tribunal sufficiently dignified, or sufficiently independent? What other body would be likely to feel *confidence enough in its own situation* to preserve, unawed and uninfluenced, the necessary *impartiality* between an *individual* accused, and the *representatives of the people, his accusers?*"

*6.* Dir-se-á que, ainda assim, nesse mesmo direito norte-americano não se prevêem quaisquer causas de impedimento ou suspeição dos senadores, e que, por isso, tem-se dado, ali, de parentes julgarem uns aos outros em processos de *impeachment.* Essas serão, todavia, manifestações patológicas daquele sistema, as quais, ao contrário de imitar, o que devemos é proscrever.

São elas, de resto, ali mesmo profligadas como *notável anomalia.* Anotou, a propósito, Pedro Lessa:[11] "ao passo que nos Estados Unidos não há suspeição de espécie alguma para os senadores que devem julgar no *impeachment,* verificando-se até esta *remarkable anomaly* notada por Watson, de dever o irmão julgar o irmão, o filho o pai, e o pai o filho (Watson, *The Constitution of the United States,* v. 1º, cap. 9º), entre nós a Lei n. 27, de 7 de janeiro de 1892, no art. 14, estatui casos expressos de suspeição".

Em outra oportunidade, ainda a propósito de suspeição dos julgadores de processo de *impeachment,* proclamara o mesmo

7. "Natureza e caráter do *impeachment...*", parecer de 11.9.1916, *Revista de Direito* 42/57-78, 64.
8. *Crimes de Responsabilidade,* 1960, p. 58.
9. Ob. cit., p. 145.

10. Ob. e loc. cits.; itálicos do original; grifo acrescentado.
11. Voto vencedor no HC 4116, *Revista do Supremo Tribunal Federal* 19/7-27, 10.

grande Juiz que "é este o instante em que se deve declarar a suspeição da Assembléia do Estado para processar e julgar o paciente. Não é possível negar-lhe a garantia que não se recusa aos acusados dos crimes mais hediondos".[12]

*7.* O requisito da *imparcialidade* filia-se, ademais, à garantia constitucional do *devido processo legal.* Sob as Constituições anteriores, a doutrina a extraía do próprio direito à prestação jurisdicional assegurado, no texto de 1969, pelo art. 153, § 4º.[13] Hoje, consagra-a explicitamente a Constituição (art. 5º, LIV) em termos que não podem deixar de alcançar o processo de *impeachment.*[14]

"No *due process of law*" – observa Ada Pellegrini Grinover[15] – "o elemento a que se subordina toda a legalidade do procedimento é a efetiva possibilidade da parte de defender-se, de sustentar suas próprias razões, de ter *his day in Court,* na denominação genérica da Suprema Corte dos Estados Unidos".

Coube a Eduardo Couture elucidar, na análise da jurisprudência da Suprema Corte norte-americana, o conteúdo dessa fórmula. "Interpretando el sentido de esta garantia" – escreveu[16] –, "la Suprema Corte ha dicho que *his day in Court* equivale a las seguientes cosas: (...); 3) que el tribunal ante el cual los derechos son cuestionados esté constituído de tal manera que dé una seguridad razonable de su honestidad y imparcialidad; (...)".

*8.* Monografistas de prol, nacionais e estrangeiros, palmilham idênticos rumos.

"Só é devido processo legal" – sentencia J. J. Calmon de Passos[17] – "o processo que se desenvolve perante um juiz imparcial e independente". E mais adiante:[18] "Processo sem juiz imparcial não é processo jurisdicional e, nesses termos, não é devido processo legal, sim processo no qual foi violada a garantia do *due process*".

José Alfredo de Oliveira Baracho, que invoca Sálvio de Figueiredo Teixeira, refere-se ao "*due process of law*, segundo o qual o processo exige juiz imparcial, igualdade de oportunidades para as partes e procedimento regular, previsto em lei".[19] Semelhantemente opina Afrânio Silva Jardim.[20]

Por fim, são de Arturo Hoyos estas considerações:[21] "El tribunal debe ser *imparcial y* en este sentido el juzgador debe estar libre de cualquier tipo de interés personal y de otros elementos o causas que afetarían su imparcialidad en el caso concreto de que se trate. De esta forma, a nuestro juicio, el derecho de recusar a un juez, por las causas previstas en la ley, integra la garantia constitucional del debido proceso".

*9.* A *imparcialidade* do julgador, consectário indissociável, como visto, do *devido processo legal,* relaciona-se com a sua capacidade. "Capacidade não só para ser juiz" – escrevemos em livreto da mocidade[22] no qual ensaiamos a sistematização

12. Voto vencido no HC 4091, *Revista do Supremo Tribunal Federal* 45/11-23, 14-15.

13. *V.g.*, Antonio Carlos de Araújo Cintra, Ada Pellegrini Grinover e Cândido Dinamarco, *Teoria Geral do Processo,* 4ª ed., p. 50.

14. Cf. J. Cretella Júnior, *Do Impeachment no Direito Brasileiro,* 1992, p. 17; Alfredo Buzaid, "Impeachment...", *Revista dos Tribunais* 355/42-57, 52.

15. *As Garantias Constitucionais do Direito de Ação,* 1973, pp. 16-17.

16. "Las garantias constitucionales del proceso civil", *Estudios de Derecho Procesal em Honor de Hugo Alsina,* 1946, p. 184.

17. "O Devido Processo Legal e o Duplo Grau de Jurisdição", *Revereor – Estudos Jurídicos em Homenagem à Faculdade de Direito da Bahia,* 1981, pp. 83-96, 86.

18. Ob. cit., p. 90.

19. "Processo e Constituição: o Devido Processo Legal", *Revista de Direito Público* 68/55-79, 56.

20. "Em torno de 'devido processo legal'", *Revista Forense* 311/301-305, 303.

21. "Las Garantias Constitucionales del Debido Proceso Legal", *Revista de Processo* 47/43-91, 76.

22. *Causas Excludentes da Capacidade Específica do Juiz Penal,* 1956, p. 17.

das razões de suspeição, impedimento e incompatibilidade no direito brasileiro – "como também, em já o sendo, para exercer jurisdição em casos concretos que se lhe ofereçam. A primeira se afere por valores positivos: a capacidade para ser juiz decorre da existência de condições gerais para o exercício da função; ao passo que a segunda se aquilata por valores negativos: a capacidade para julgar determinado conflito deflui da inexistência de razões inibitórias".

## *III – Suspeição e impedimento*

*10.* No sistema do Direito Processual Penal brasileiro, subsidiariamente aplicável ao processo de responsabilidade (Lei n. 1.079, de 10.4.50, art. 38), enumeram-se motivos que inibem, *in concreto,* o julgador, assim no art. 252 como no art. 254 do Código de Processo Penal.

Reza o primeiro: "Art. 252. O juiz não poderá exercer jurisdição no processo em que: I – tiver funcionado seu cônjuge ou parente, consangüíneo ou afim, em linha reta ou colateral até o 3º grau, inclusive, como defensor ou advogado, órgão do Ministério Público, autoridade policial, auxiliar da justiça ou perito; II – ele próprio houver desempenhado qualquer dessas funções ou servido como testemunha; III – tiver funcionado como juiz de outra instância, pronunciando-se, de fato ou de direito, sobre a questão; IV – ele próprio ou seu cônjuge ou parente, consangüíneo ou afim em linha reta ou colateral até o 3º grau inclusive, for parte ou diretamente interessado no feito".

Dispõe o segundo: "Art. 254. O juiz dar-se-á por suspeito, e, se não o fizer, poderá ser recusado por qualquer das partes: I – se for amigo íntimo ou inimigo capital de qualquer delas; II – se ele, seu cônjuge, ascendente ou descendente, estiver respondendo a processo por fato análogo, sobre cujo caráter criminoso haja controvérsia; III – se ele, seu cônjuge, ou parente, consangüíneo, ou afim, até o 3º grau, inclusive, sustentar demanda ou responder a processo que tenha de ser julgado por qualquer das partes; IV – se tiver aconselhado qualquer das partes; V – se for credor ou devedor, tutor ou curador, de qualquer das partes; VI – se for sócio, acionista ou administrador de sociedade interessada no processo".

*11.* A doutrina, de modo geral, qualifica como de impedimento as hipóteses referidas no art. 252, e de suspeição as indicadas no art. 264. Tivemos ensejo, no trabalho já referido, de opor algum reparo à classificação usual, mas o ponto é ininfluente para os fins do presente estudo.

Relevante, pelo contrário, é a asserção de que a disciplina do Código também tem aplicação ao processo de *impeachment,* sem embargo da exígua casuística deduzida no art. 36 da lei específica (Lei n. 1.079/50). Quando não coincidem, somam-se os casos apontados ali e aqui. A matéria relaciona-se com o postulado da *imparcialidade,* que é inerente à garantia constitucional do *devido processo legal,* e sob tal prisma deve ser encarada porque envolve princípios que, como anotou Alfredo Buzaid a respeito de questão afim, "não constituem apanágio do processo penal, mas verdades axiomáticas que valem para qualquer espécie de processo do qual não pode ser exceção o *impeachment,* que é um juízo político-administrativo da mais alta relevância".[23]

Por isso, há de ser entendida com largueza a disposição aparentemente restritiva do art. 63, *in fine,* da Lei n. 1.079/50, no sentido de que serão juízes todos os senadores presentes, "com exceção dos impedidos nos termos do artigo 36". Não somente estes se excluem do corpo julgador, mas também aqueles porventura alcançados por quaisquer das normas inibitórias

23. Ob. cit., p. 51.

paralelamente incidentes, embora radicadas no Código de Processo Penal.

Aliás, não terá sido diverso o entendimento da ilustre autoridade apontada, no mandado de segurança que motiva este parecer, como coatora, quando, a propósito de outra argüição de suspeição, também suscitada pela defesa mas aqui não apreciada, de senador havido como "inimigo notório e declarado do denunciado", mandou ouvir, antes de decidir sobre tal argüição, o parlamentar apontado. Para assim proceder, dado que o art. 36 da lei específica não capitula a inimizade capital entre as causas de impedimento ou de suspeição, o nobre Presidente do processo de *impeachment* não pode ter deixado de considerar subsidiariamente aplicável o art. 254, I, do Código de Processo Penal.

*12.* Uma palavra deve ser dita, para encerramento deste capítulo, sobre o caráter, taxativo ou não, da enumeração legal das razões inibitórias. A questão é controvertida, conquanto deva reconhecer-se que, na doutrina e na jurisprudência, predomina a corrente que afirma a taxatividade.

Ainda assim, não faltam vozes, e autorizadas, a postularem diretriz contrária. "O legislador procedeu" – opina Eliézer Rosa[24] – "como se enumerasse exemplificativamente algumas causas, mas não esgotou a série de motivos de recusar, pelo que qualquer outro não mencionado na lei, mas que importe no temor de parcialidade do juiz, pode ser argüida por qualquer das partes ou por quem lhe venha ocupar o lugar". Na jurisprudência, Nelson Nery Júnior aponta acórdão do Tribunal de Justiça do Rio Grande do Sul, segundo o qual não tinha caráter taxativo o art. 185 do Código de Processo Civil de 1939.[25]

De Arruda Alvim, com inclinação moderadora, colhe-se lição pertinente e útil:[26] "A circunstância de se aludir a hipóteses taxativas *(numerus clausus),* não arredará a interpretação extensiva, dos incisos da norma em exame, desde que a hipótese seja inserível dentro dos dizeres do que quis o legislador significar. Haverá, neste passo, de ser aplicada a máxima *ubi eadem ratio, ibi eadem dispositio*".

Essa lição tem o abono da jurisprudência do Supremo Tribunal Federal a propósito do caráter taxativo da Lista de Serviços sujeitos ao ISS. Tivemos ocasião de reconstituí-la no julgamento do RE 87.931, para finalmente observar:[27] "Nessa nossa jurisprudência, contudo, que no ponto foi sensível à lição de Baleeiro, a taxatividade da lista não exclui que, amplamente interpretado, cada um de seus itens alcance maior ou menor compreensão, eventualmente atingindo serviços que, se não individualizados, devam considerar-se abrangidos".

Como quer que seja, lembram os consulentes, oportuna e acertadamente, na petição inicial do mandado de segurança, que tolhe qualquer controvérsia o fato de se haver o Supremo Tribunal Federal pronunciado, sem rebuços e precisamente a propósito de *impeachment,* pela não-taxatividade das causas de impedimento ou de suspeição. Deu-se isso no julgamento do RMS 4.928, consubstanciado em acórdão cuja ementa, na parte útil, consignou:[28] "Ao Supremo Tribunal Federal, em sua função construtiva, cabe suprir, com elementos colhidos da própria lei, as lacunas e omissões neles verificadas, dando maiores garantias à defesa e conduzindo a lei à sua finalidade.

"É inconstitucional a escolha de representantes, da Assembléia, para o Tribunal mediante eleição pela maioria (...); o sor-

24. Verbete "Suspeição", *Dicionário de Processo Civil,* p. 337.

25. Ementário na *Revista de Processo* 13/255-277, 272.

26. *Código de Processo Civil Comentado,* v. VI, p. 25.

27. *RTJ* 89/284.

28. *RTJ* 3/359; destaques da transcrição.

teio aplicável aos desembargadores deve ser extensivo a todos os deputados, *com exclusão do que tomou a iniciativa da acusação, que, por motivos óbvios, não pode participar do julgamento.*"

*13.* É à luz dos elementos principiológicos que vimos de resenhar nos capítulos precedentes, e que devem presidi-lo, que passaremos ao exame das questões suscitadas pelos consulentes.

### *IV – Função investigativa e função julgadora*

*14.* A defesa do acusado argüiu o impedimento dos senadores que integraram a Comissão Parlamentar de Inquérito em cujos trabalhos investigativos, afinal consubstanciados em volumoso relatório, assentou a denúncia inicial. A argüição, ao que temos, serenamente vista, não é descabida.

A matéria deve ser analisada à luz das circunstâncias que rodearam o estrepitoso episódio. Procuremos salientá-las.

*15.* A investigação parlamentar não tem, sempre, a mesma e única feição, embora predomine, ao menos numericamente, aquela que a destina, como suporte cognoscitivo da matéria disciplinanda, à criação legislativa. É de Nelson de Souza Sampaio, autor de monografia clássica, esta explicitação:[29]

"Concebidas nesses termos amplos, as investigações realizadas pelos órgãos legislativos comportam uma classificação em três categorias, de acordo com a sua natureza e, conseqüentemente, com o seu fundamento. Poderíamos dar-lhes as seguintes denominações:

"1) inquérito parlamentar administrativo;

"2) inquérito parlamentar judicial;

"3) inquérito parlamentar, no sentido estrito, ou sem adjetivação. Se desejamos um qualificativo, podemos chamá-lo inquérito parlamentar político-legislativo.

"(...)

"A segunda modalidade teria como ilustrações os inquéritos relativos ao reconhecimento de poderes dos membros do parlamento, à conduta destes (exemplos brasileiros desta hipótese: os casos de perda de mandato previstos no art. 48 e seus §§ da Constituição), ou os inquéritos para instruir os processos de *impeachment* ou julgamento das contas do Presidente da República."

Os demais estudiosos da matéria afinam pelo mesmo diapasão.

João de Oliveira Filho observa que as investigações parlamentares não têm caráter judiciário, não servem para julgar nem para fundamentar processo por crime comum ou de responsabilidade, mas ressalva: "salvo quando se trate de competência da Câmara dos Deputados, para denunciar, e do Senado, para julgar os crimes de responsabilidade". E acrescenta: "Nenhuma investigação parlamentar pode, por conseguinte, a não ser nos casos de competência para julgamento do Senado, ter objetivo penal".[30] Noutro passo, remata:[31] "Os inquéritos podem, outrossim, apurar fatos que constituam crimes de responsabilidade do presidente da República, ou dos ministros de Estado. A conclusão, pela Comissão, de inquérito dessa natureza pode consistir em artigos de acusação para o processo de *impeachment*".

Semelhantemente opina Samuel Duarte:[32] "podem, sim, os inquéritos parlamentares conduzir a esse desfecho, se no curso da inquirição se chegar à descoberta de crimes".

Segundo Rosah Russomano,[33] "movimentam-se amplamente as Comissões de

29. *Do Inquérito Parlamentar*, 1964, pp. 3-4.

30. "Comissões Parlamentares de Inquérito", *Revista Forense* 151/9-22, 13.

31. Ob. cit., p. 20.

32. "Inquéritos Parlamentares", *Revista Forense* 151/74-77, 75.

33. "Comissões Parlamentares de Inquérito", *Revista Forense* 151/86-94, 90.

Inquérito, quer quando se trate de legislar sobre matéria de sua competência, (...) quer quando se trate de pôr em movimento o complicado mecanismo do *impeachment*, etc.".

No próprio seio do Poder Legislativo, enunciaram-se e melhor explicitaram-se essas noções. "É preciso que se esclareça definitivamente o juízo do povo" – conclamou o Deputado Castilho Cabral, seu presidente e relator, no relatório da Comissão Parlamentar de Inquérito sobre as atividades da Comissão Central de Preços[34] – "de que às comissões parlamentares não cabe mais do que *investigar* e *informar;* ao Judiciário caberá punir pelos crimes apurados (...). Só em um caso caberá ao Congresso punir os culpados, estranhos a qualquer das Casas: quando for apurado crime de responsabilidade, vale dizer, quando for caso de *impeachment*. Neste caso, porém, a tarefa da comissão parlamentar de inquérito é ainda a de *informar;* sobre as suas informações poderá qualquer deputado ou qualquer do povo basear a denúncia exigida pelo artigo 16 da Lei n. 1.079, de 1950.

*16.* Ora, no caso rumoroso que estamos versando, deu-se precisamente a hipótese de que tratou Castilho Cabral no final do tópico transcrito: os denunciantes serviram-se das informações contidas no relatório da CPI, para nelas basear a denúncia que ofereceram contra o acusado. É isso inequívoco, pois está dito no intróito da peça inicial: "vêm, (...) com base nas provas colhidas pela Comissão Parlamentar Mista de Inquérito, oferecer (...)". Em seu restante contexto, há pelo menos dezena e meia de novas referências ao relatório da CPI, ou aos trabalhos da CPI, ou aos depoimentos ali tomados etc. A bem dizer, nada se imputou ao denunciado, sob o prisma factual, que não houvesse sido revelado aos denunciantes pelas informações hauridas da investigação parlamentar.

Fosse qual fosse, pois, a finalidade primeira da criação e instalação da CPI em questão, parece inegável que, no correr dos seus trabalhos e no encadeamento das investigações em que se desvelou, sua atividade converteu-se, nitidamente, em pré-processo direcionado para a apuração de responsabilidades. Pode ter nascido, para utilizarmos a classificação de Nelson de Souza Sampaio, como "inquérito parlamentar político-legislativo"; mas o certo é que os sucessos intercorrentes transformaram-no clara e irresistivelmente em "inquérito parlamentar judicial".

À vista de tais circunstâncias, será possível conceber que os mesmos senadores, que realizaram a investigação, venham a julgar a denúncia arrimada exclusivamente em seus resultados? Sem desdouro para ninguém, não nos parece concebível tal eventualidade.

Figuremos, como exercício, uma hipótese. Sabe-se que o acusado também foi denunciado ao Supremo Tribunal Federal, pelo Procurador-Geral da República e com base – se não exclusivamente, ao menos parcialmente – nas mesmas peças de informação oriundas da investigação parlamentar, pela prática, que se lhe imputou, de crimes comuns. Suponha-se que, entre esta e a data em que se viesse a realizar o julgamento dessa ação penal, um dos senadores, que houvesse participado da referida CPI, fosse nomeado Ministro do Supremo Tribunal Federal e nele passasse a judicar. Alguém admitiria que, nessa hipótese, também julgasse a ação penal ali intentada contra o acusado? Fazer a pergunta implica dar-lhe resposta negativa.

*17.* O impedimento em que incidem, a nosso ver, os integrantes da CPI, capitula-se no art. 252, II, do Código de Processo Penal, por haverem exercido no processo, melhor dito, no pré-processo investigatório, funções que, se não foram as de auto-

34. Publicado na *Revista Forense* 151/103-109, 109.

ridade policial, revestiram-se, contudo, à luz da *ratio* subjacente à norma, de conotação equivalente.

A sadia interpretação da regra legal, tomada com a amplitude que sua teleologia aconselha, milita, francamente, em prol dessa conclusão.

E isso, dizemo-lo com abstração dos comportamentos específicos que individualmente possam ter tido, no curso da investigação parlamentar, este ou aquele de seus nobres partícipes.

### *V – Interesse no feito*

***18.*** Além do impedimento já examinado, a defesa também argüiu a suspeição daqueles senadores que, ou se haviam manifestado antecipadamente pela condenação, ou, por serem suplentes, convocados ao exercício do mandato, de senadores nomeados Ministros de Estado do governo interino instalado com a posse, em substituição ao Presidente afastado, do Vice-Presidente da República, têm interesse, para poderem permanecer na mesma situação de convocação, na consolidação, como definitivo, por obra da condenação, desse governo interino.

Examinemos, sucessivamente, as duas situações.

***19.*** No inciso IV do art. 252, o Código de Processo Penal inclui entre os casos geralmente entendidos como de impedimento, o do juiz "diretamente interessado no feito". Pensamos, ao contrário, que, em correta sistematização das razões inibitórias, a hipótese deve capitular-se como de suspeição, e assim nos manifestamos anteriormente.[35] Parece-nos acertada, portanto, a qualificação utilizada pela defesa, embora a opção doutrinária entre uma e outra figuras, no caso presente, não enseje conseqüências.

***20.*** "Quem manifesta opinião sobre a lide, em concreto" – escreveu Pontes de Miranda a propósito de norma semelhante[36] – "antes do pronunciamento que lhe incumbe, pode ser considerado como 'particularmente interessado na decisão da causa'? Responderam afirmativamente, para todas as espécies, as Câmaras Reunidas do Tribunal de Justiça do Rio de Janeiro (...). Sem razão, porque, às vezes, a leviandade pode não envolver interesse particular (...). Quem deu entrevista, de modo geral, sobre a matéria não é suspeito, nem quem expôs em escrito científico o que a respeito pensava. A manifestação tem de ser *em concreto*, não basta ser *em abstrato.*"

As reservas do Mestre, como se vê, adstringem-se à generalidade da resposta afirmativa, para todas as espécies, à indagação inicial. Assente ele, todavia, em que a manifestação antecipada, quando *em concreto,* induz a inibição do julgador.

Pode dizer-se que o entendimento reúne, há tempo, a *communis opinio doctorum.*

"Tra noi fu discusso" – escreveu Lodovico Mortara[37] – "se l'opinione manifestata dal giudice sulla controversia proposta o da proporsi innanzi a lui, fornisca motivo per ricusarlo. Si è d'accordo nell'escludere la ricusazione quando si tratti de opinione espressa *in abstrato* su una questione di diritto. Vi e chi chiede che l'opinione *concreta* espressa in forma di parere sulla controversia debba risultare da uno scritto; altri non credono necessario tale requisito e ci sembrano meglio ispirati; la legge non indica simile restrizione e un parere dato a voce non val meno di uno scritto a vincolare il giudizio dell'uomo. Però la legge trascura un caso che pur meriterebbe considerazione: quello de un magistrato che senza dare *un consiglio* nel vero senso tecnico

35. Ob. cit., p. 39.

36. *Comentários ao Código de Processo Civil,* t. II, 2ª ed., p. 553.

37. *Commentario del Codice e delle Leggi di Procedura Civile,* 3ª ed., p. 488, nota 1.

della parola, abbia manifestato già la sua opinione sulla lite, in concreto, prima che sia passata in decisione. Con opportune cautele, per evitare abusi, sarebberi seria ragione per ricusare un simile giudice".

Em manifestação concordante, Alfredo Pozzolini aduziu estas considerações:[38] "Per converso pensiamo che debba colpirsi, attraverso l'istituto della ricusazione, ogni manifestazione, sempre al di fuori dell'esercizio delle proprie funzioni, di impressioni, previsioni, giudici che il magistrato faccia in ordine ad un determinato procedimento, o nei riguardi delle parti e persone che ad essi si riferiscono. Il magistrato ciarliero che nei ritrovi o nelle amichevoli conversazioni parla dei processi cui dovrà partecipare, o si abbandona a facili confidenze non è degno di giudicare, e deve poter essere ricusato nell'interesse superiore della giustizia, anco se le sue indiscrezioni non si ravvisino effetto di partito preso, ma debbano essere attribuite soltanto a leggerezza ed a scarsa coscienza della serietà del proprio ministero".

*21.* Relativamente aos senadores que são, na verdade, suplentes convocados em substituição aos titulares atualmente investidos em cargos de Ministro de Estado, parece-nos incontestável o favorecimento que lhes advirá, com a subsistência do *status quo,* de uma decisão condenatória, e, por via de conseqüência, o interesse que nela podem ter. "Não importa" – ensina Pontes de Miranda[39] – "se interesse protegido por lei. Aí, o interesse é encarado por seu aspecto de fato, posto que possa ser material ou moral".

É provável que, por suas virtudes morais, não no tenham. Não importa. Para o seu afastamento da função de julgar o acusado, basta a mera possibilidade de imparcialidade, ou o temor dela.

Não nos parece infamante, por outro lado, a argüição de suspeição. Se o fosse, todas o seriam, sempre que o juiz não antecipasse sua própria abstenção.

Razão semelhante, de resto, inspirou a Constituição norte-americana na substituição do Vice-Presidente da República, que ordinariamente preside ao Senado, na presidência da Câmara Alta, quando reunida para julgar *impeachment,* pelo Presidente da Suprema Corte. "This provision" – doutrina Munro[40] – "is made for a self evident reason: namely, that the Vice President would not be an apropriate chairmain, since the outcome of the trial might determine his own promotion do the presidency". É a mesma a opinião de Kasson, referido por Paulo de Lacerda,[41] e de Story, invocado neste passo do clássico Barbalho:[42] "E isto se estabeleceu, (...) na necessidade de arredar o vice-presidente da República, em quem se poderia supor natural desejo de suceder no cargo e por isso servir de instrumento favorável à condenação do primeiro magistrado".

## *VI – Inviabilização do julgamento*

*22.* Replicando à argüição da defesa, a douta acusação ter-lhe-ia atribuído o propósito, que lhe revelaria absurdidade e falta de seriedade, de inibir o próprio Senado Federal e inviabilizar o julgamento do *impeachment.* Excluídos que fossem, com efeito, todos os senadores argüidos de impedidos ou suspeitos, restaria inalcançável o *quorum* constitucional porque os demais, habilitados para o julgamento, não somariam dois terços da Câmara Alta.

Embora destituída de influência sobre as conclusões a que nos trouxe o exame da consulta, limitada aos problemas do impedimento e da suspeição, a objeção não se nos afigura decisiva.

38. *Il Codice di Procedura Penale Ilustrato Articolo per Articolo* (direção de Ugo Conti), v. I, p. 290.
39. *Comentários...,* cit., p. 553.
40. *The Government of the United States,* p. 299.
41. "Natureza e caráter do *impeachment...*", cit.
42. Ob. cit., p. 98.

Na verdade, semelhante ocorrência, se acaso verificada, traduziria um impasse institucional; este, todavia, nem por sê-lo, haveria de ser superado a débito das garantias constitucionais da defesa do acusado, especialmente o *devido processo legal* e seu consectário da *imparcialidade* dos julgadores.

*23.* Aliás, situação equivalente configurou-se, certa feita, na Assembléia Legislativa do Estado de Mato Grosso, relativamente a *impeachment* instaurado contra o presidente, que assim se denominava, do Estado.

Apreciou-a, em parecer, Prudente de Moraes Filho:[43] "Na Assembléia matogrossense têm assento, neste momento, dez representantes, entre os quais existe o parentesco indicado no art. 24 supratranscrito, e como nenhum desses representantes pode tomar parte no julgamento – porque não tendo a lei estabelecido qualquer preferência, todos devem ser impedidos de deliberar –, a conseqüência é a impossibilidade da reunião dos dois terços, pois de 24 membros se compõe a Assembléia. Sendo assim, está esta inibida de sentenciar, de condenar o presidente contra o qual decretou a pronúncia, e que será, desde logo, suspenso de suas funções (Lei n. 26, art. 12)".

Pois bem. Ninguém menos que Ruy Barbosa, chamado a opinar sobre a situação configurada, assim se pronunciou:[44] "Concordo inteiramente com este douto parecer do Dr. Prudente de Moraes Filho, assim quanto às suas conclusões, como quanto aos seus fundamentos, parecendo-me evidente, à vista destes e de conformidade com aquelas:

"1º) que a lei de Mato Grosso é inconstitucional;

"2º) que, ainda quando o não fosse, a atual Assembléia do Estado não poderia processar o presidente atual;

"3º) que o direito, contra tal lei e tal processo, ao "habeas-corpus" é irrecusável."

## *VII – Conclusão*

*24.* Isto posto, inspirado nos princípios maiores a que inicialmente aludimos, podemos concluir que, em nossa opinião, são fundadas e procedentes as argüições de impedimento e suspeição que fazem objeto da consulta.

Salvo melhor juízo.

Brasília, dezembro de 1992

43. "O *Impeachment* nas Constituições estaduais", *Revista de Direito* 45/254-257, 257.

44. *Revista de Direito* 45/258.

# SOBRE A MEDIDA PROVISÓRIA N. 1.490-14, QUE DISPÕE SOBRE O CADIN, CADASTRO INFORMATIVO DE CRÉDITOS NÃO QUITADOS DO SETOR PÚBLICO FEDERAL, EM FACE DA CONSTITUIÇÃO

PAULO BROSSARD
Ministro aposentado do Supremo Tribunal Federal

*Os fatos*

A Medida Provisória n. 1.490-14, catorze vezes editada e reeditada, com uma ou outra alteração, dispôs acerca do Cadastro Informativo de Créditos não quitados do setor público federal, CADIN.

Segundo o seu art. 1º: "Art. 1º. O Cadastro Informativo de créditos não quitados do setor público federal (CADIN) passa a ser regulado por uma Medida Provisória.

"Art. 2º. O CADIN conterá relação das pessoas físicas e jurídicas que:

"I – sejam responsáveis por obrigações pecuniárias vencidas e não pagas, há mais de sessenta dias, para com órgãos e entidades da Administração Pública Federal, direta e indireta;

"II – estejam com a inscrição suspensa ou cancelada no Cadastro Geral de Contribuintes-CGC ou no Cadastro de Pessoas Físicas-CPF, do Ministério da Fazenda.

"§ 1º. Os órgãos e entidades a que se refere o inciso I procederão, segundo normas próprias e sob sua exclusiva responsabilidade, às inclusões no CADIN, de pessoas físicas ou jurídicas que se enquadrem nas hipóteses previstas neste artigo.

"§ 2º. Na data do registro, o órgão ou entidade responsável expedirá comunicação ao devedor dando ciência de sua inclusão no CADIN, fornecendo-lhe todas as informações pertinentes ao débito."

Outrossim, partindo da suposição de que toda pessoa física ou jurídica é devedora da União, a MP contém dispositivo revelador dos seus intuitos; com efeito, conforme seu art. 4º. "a inexistência de registro no CADIN não implica reconhecimento de regularidade de situação...".

Segundo o art. 5º o CADIN conterá as seguintes informações:

"I – nome e número de inscrição no Cadastro Geral de Contribuintes-CGC ou no Cadastro de Pessoas Físicas-CPF, do responsável pelas obrigações de que trata o art. 2º, inciso I;

"II – nome e outros dados identificadores das pessoas jurídicas ou físicas que estejam na situação prevista no art. 2º, inciso II, inclusive a indicação do número da inscrição suspensa ou cancelada;

"III – nome e número de inscrição no Cadastro Geral de Contribuintes-CGC do respectivo credor ou no órgão responsável pela inclusão;

"IV – data do registro.

"Parágrafo único. Cada órgão ou entidade a que se refere o inciso I do art. 2º manterá, sob sua responsabilidade, cadastro contendo informações detalhadas sobre as operações ou situações que tenham registrado no CADIN, inclusive para atender o que dispõe o parágrafo único do art. 3º."

Por sua vez preceitua o art. 6º:

"Art. 6º. É obrigatória a consulta prévia ao CADIN, pelos órgãos e entidades da Administração Pública Federal, direta e indireta, para:

"I – realização de operações de crédito que envolvam a utilização de recursos públicos;

"II – concessão de incentivos fiscais e financeiros;

"III – celebração de convênios, acordos, ajustes ou contratos que envolvam desembolso, a qualquer título, de recursos públicos, e respectivos aditamentos.

"Parágrafo único. O disposto neste artigo se aplica:

"a) à concessão de auxílios a municípios atingidos por calamidade pública decretada pelo Governo Federal:

"b) às operações destinadas à composição e regularização dos créditos e obrigações objeto de registro no CADIN, sem desembolso de recursos por parte do órgão ou entidade credora;

"c) operações relativas ao crédito educativo e do penhor civil de bens de uso pessoal ou doméstico."

Dispõe o art. 7º:

"Art. 7º. A existência de registro no CADIN há mais de quinze dias constitui fator impeditivo para a celebração de qualquer dos atos previstos no artigo anterior.

"§ 1º. Não se aplica o disposto no *caput* deste artigo quando o devedor comprove que:

"a) ajuizada ação, com o objetivo de discutir a natureza da obrigação ou o seu valor, tenha oferecido garantia idônea e suficiente ao Juízo, na forma da lei;

"b) esteja suspensa a exigibilidade do crédito objeto do registro, nos termos da lei.

"§ 2º. O devedor poderá efetuar depósito do valor integral do débito que deu causa ao registro no CADIN, na forma estabelecida pelo Poder Executivo, para assegurar a imediata suspensão do impedimento de que trata este artigo.

"§ 3º. Na hipótese de o devedor não comprovar o pagamento ou a inexistência do débito no prazo de trinta dias, a importância do depósito de que trata o parágrafo anterior será utilizada na quitação total ou parcial do débito, salvo a hipótese de ajuizamento de ação para discutir a natureza da obrigação ou seu valor.

"§ 4º. Em caso de relevância e urgência, e nas condições que estabeleceram, o Ministro de Estado da Fazenda e o Ministro de Estado cuja supervisão se encontre o órgão ou entidade credora poderão suspender, em ato conjunto, o impedimento de que trata este artigo."

***Consulta***

A FIERGS-Federação das Indústrias do Rio Grande do Sul e o CIERGS-Centro das Indústrias do Rio Grande do Sul consultam se esses dispositivos da Medida Provisória são compatíveis com o sistema de direitos e garantias enunciadas na Constituição da República?

***Parecer***

***1.*** Entendo que os dispositivos mencionados da MP colidem de frente e pelos costados com explícitos direitos e garantias constitucionais, como também agridem os princípios fundamentais que informam a

Lei Maior. A meu juízo, a incompatibilidade entre a MP e a Constituição é múltipla e proteiforme e em tal extensão que faz lembrar a resposta de João Mangabeira a quem lhe indagava em que cláusula constitucional fundamentava seu parecer acerca de determinada questão; olhos fusilantes, gesto cortante em diagonal, o notável jurisconsulto afirmou: em toda a Constituição, desde Deus (o preâmbulo), até Melo Viana (o presidente da Assembléia Constituinte de 1946, e seu primeiro signatário).

*2.* Não é preciso demorar na análise da MP para verificar que, longe de organizar um cadastro dos devedores da União, o que seria mais ou menos neutro em matéria constitucional, o que o Poder Executivo visa, antes de tudo, e *mediante variado e opressivo sistema de sanções e coações, diretas e pendentes, é forçar o devedor a pagar seus débitos, reais e supostos, para com o próprio poder que, a seu talante, edita e reedita a MP*. O que logo impressiona é que a MP é feita pelo credor, real ou suposto, em seu próprio e exclusivo benefício. Ele dita a regra e ele aplica a sanção, substituindo-se ao Poder Judiciário e o dispensando. Parece que para o caso Rui Barbosa escreveu, na "Oração aos Moços", estas palavras oraculares: "No Brasil, durante o Império, os liberais tinham por artigo do seu programa cercear os privilégios, já espantosos, da Fazenda Nacional. Pasmoso é que eles, sob a República se cem-dobrem ainda, conculcando-se, até, a Constituição, em pontos de alto melindre, para assegurar-se ao Fisco esta situação monstruosa, e que ainda haja quem, sobre todas essas conquistas, lhe queira granjear a de um lugar de predileções e vantagens na consciência judiciária, no foro íntimo de cada magistrado" ("Oração aos Moços", 1956, pp. 67 e 68).

*3.* Ao Poder Executivo, investido de poderes ilimitados para legislar sobre tudo, desde que recorra as duas palavras miraculosas, relevância e urgência, já não basta o executivo fiscal, instrumento que encontra seus moldes no vetusto Regimento e Ordenação de Fazenda, de 17 de outubro de 1516; editado no auge do absolutismo monárquico e tão distante dos modernos postulados processuais, que o STF já o qualificou de "processo excepcional e odioso" (*RD*, v. 99, p. 311; *AJ*, t. 30, p. 303). Pois a demonstrar que o arbítrio quanto mais se expande mais quer, a administração já se não contenta com as vantagens que lhe dá o executivo fiscal e pretende, com a MP em exame, fazer *uma espécie de executivo fiscal administrativo, fora das lindes do Poder Judiciário*. Para ela, a dívida, real ou suposta, é pior do que o crime e até mais grave do que ele. Pois, ao devedor, real ou suposto, sequer se reconhecem direitos e garantias inerentes à pessoa do mais vil dos delinqüentes, ainda que autor de crimes hediondos, enfaticamente assegurados pela ordem jurídica.

*4.* Abra-se a Constituição ao acaso e desde seus preceitos iniciais exsurge a clara incompatibilidade entre eles e os mencionados dispositivos da MP. A cada passo entram em colisão com direitos e garantias individuais, ora de maneira frontal, ora por via lateral, mas sempre de maneira inequívoca, a ferir-lhe as entranhas. Senão vejamos:

*5.* Basta figurar no CADIN para a pessoa física ou jurídica ver-se cercada de uma cortina de ferro, ficando privada, súbita e inesperadamente de exercer atos normais de seu ofício, e conforme as circunstâncias ver seriamente comprometida sua estabilidade financeira e seu futuro, oprimida nas pontas de um dilema atroz: ou paga o que talvez não deva, ou arrosta à coação econômica, arriscando-se ao desastre empresarial. Como é sabido, o STF já decidiu que esse tipo de sanção é incompatível com o sistema constitucional.

*6.* O que desde logo impressiona, é o descompasso entre o estabelecido ao devedor privado e o credor público. Em verdade, pode o devedor de quantia modesta, por mais de 30 dias, ser credor de quantia vultosa da mesma entidade administrativa por mais de 60 meses, o que não é incomum da mesma entidade administrativa que, jupiterianamente, o reduz ao submundo dos incapazes e inidôneos, degradando-o no meio social e profissional em que tenha atuado honradamente durante uma vida inteira, sujeitando-o a inominável tortura moral, impondo a ele tratamento desumano e degradante, o que é vedado até aos criminosos – Constituição, art. 5º, III – para forçar o pagamento de uma dívida, quiçá controvertida.

*7.* Um embaraço financeiro, que pode ser ocasional e transitório, atinge a pessoa no seu direito de operar normalmente e de exercer regularmente sua profissão, passando a figurar no cadastro que armazena as reputações enxovalhadas. Segundo a Constituição, "ninguém será privado de direitos por motivo de crença religiosa ou de convicção religiosa ou política", art. 5º, VIII, mas, conforme a MP, obrigação pecuniária insatisfeita tem o condão de privar o devedor de direitos constitucionalmente consagrados. São disposições que se repelem. O mais chocante é a irracionalidade e desproporcionalidade entre o débito pecuniário, que *pode ser certo ou não, vultoso ou inexpressivo, e as conseqüências unilateralmente criadas pelo credor*.

*8.* Outrossim, a intimidade mais íntima da pessoa e sua imagem na sociedade em que vive é atingida em cheio pela sorrateira inclusão de seu nome no cadastro das pessoas de reputação deteriorada e só *a posteriori* lhe é comunicada a ocorrência, quando a Constituição, art. 5º, X, prescreve, em termos irrepreensíveis, a inviolabilidade da intimidade, da vida privada, da honra e da imagem das pessoas.

*9.* Também me aparece espúria a norma da MP que autoriza a lesão à pessoa física ou jurídica de maneira unilateral por qualquer órgão da administração e só depois de consumada possa ser levantada, e assim mesmo em parte, uma vez que para a pessoa questionar em juízo "a natureza da obrigação ou a seu valor", sem ficar sujeita às sanções do art. 6º há de oferecer "garantia idônea e suficiente ao Juízo". Não possuindo essa garantia *fica a pessoa física ou jurídica obstada de ingressar em juízo na defesa de direito, coisa que nem a lei pode vedar ou obstar ou afastar*, a teor do que se lê no art. 5º, XXXV, da Constituição.

*10.* Reiterando velho preceito, a Lei Maior prescreve que não haverá juízo ou tribunal de exceção, art. 5º, XXXVII; no entanto, sem ser juízo nem tribunal, sem ser sequer um serviço autônomo e não tendo sequer endereço, nem diretor responsável, o CADIN, *sem processo e sem defesa*, cria situações que podem ser mortais para uma pessoa, ainda que honrada e operosa, que durante uma existência tenha sido exemplar no exercício de suas funções e no cumprimento pontual de seus compromissos. É uma medida de exceção, truculenta e exacerbada, que se pratica à sorrelfa, e que ilustra plenamente o que a Constituição proíbe de maneira expressa e categórica: *o CADIN não é um tribunal, mas tem poderes que nem os tribunais possuem*.

*11.* Dessa forma o direito e exercer a profissão, garantido pela Constituição, é agredido de maneira frontal pelo fato de a pessoa física ou jurídica ser devedora, por mais de 30 dias, à União e sem que esta tenha buscado em juízo o direito de que pretende ser titular. Desse modo, enquanto a Constituição diz que a lei punirá qualquer discriminação atentatória aos direitos e liberdades fundamentais, art. 5º, XLI, a MP permite que um serviço ou entidade, sem identificação, nem endereço, possa fazê-lo, sem que a vítima da violência tenha ciência do fato senão *a posteriori*, e até que venha a despir-se da qualificação ultrajante ficará impedida, por exemplo, de efetivar uma importação ou exportação, com conseqüências arrasadoras, ou terá ficado impedida de utilizar-se do sistema de *draw back*; a discriminação deriva de débito pecuniário, ainda que a vítima seja também credora de vultoso cabedal e o seu crédito crie barbas brancas no rol dos precatórios judiciais não pagos.

*12.* Tenho para mim que a incompatibilidade entre os apontados artigos da MP e a Constituição é global e sob qualquer aspecto que se examine ela surge vigorosa e incontornável.

*13.* A Constituição assegura aos presos, inclusive os condenados por crimes hediondos, a integridade física e moral, art. 5º, XLIX, enquanto a MP permite a "qualquer órgão ou entidade da administração federal", *sem processo e sem julgamento, sem forma nem figura de juízo*, em detrimento de pessoa, física e jurídica, isenta de condenação ou mesmo de simples acusação, ferir sua integridade moral, mediante sanções draconianas.

*14.* Se é certo que ninguém será processado nem sentenciado senão pela autoridade competente, Constituição, art. 5º, LIII, um débito converte a pessoa em malfeitor e *por efeito de um procedimento anônimo passa a sofrer sanções de natureza econômica e moral sem processo, sem contraditório, sem sentença.* Assim, tanto o nome do professor, pobre, mas honrado, como o do empresário, que tenha exercido com probidade sua profissão e com pontualidade cumprido suas obrigações legais, são jogados à execração, porque têm ou teriam um débito por mais de 30 dias e o seu credor é a União, que, é notório, não prima pela pontualidade no cumprimento de suas obrigações. Desse modo, embora ninguém possa ser processado nem sentenciado senão por autoridade competente, por autoridade mascarada, sem forma nem figura de juízo, pessoa física ou jurídica, sem saber, é sumariamente "condenada" e passa a sofrer, desde logo, duras sanções diretas e indiretas, e só depois de "condenada" toma conhecimento da "condenação".

*15.* Sem o devido processo legal, assegurado pela Constituição, art. 5º, LIV, pessoa física ou jurídica, mutilada no exercício de sua profissão, sofre as sanções cominadas no art. 6º da MP. Sem o devido processo, anônima e sorrateiramente, como nos tempos mais ferosos da inquisição, "órgão ou entidade da administração", qualquer que ele seja, pode incluir o nome de pessoa física ou jurídica porque devedora da União por mais de 30 dias... e a sanção é tanto mais iníqua e desarrazoada quando a União, é sabido, é devedora histórica de grandes importâncias a particulares que na justiça tiveram reconhecido o seu direito.

*16.* Zelando pelo indivíduo desarmado diante do poder desalmado, a Constituição estabeleceu no art. 5º, LV, que "aos litigantes, em processo judicial ou administrativo, e aos acusados em geral são assegurados o contraditório e a ampla defesa, com os meios e recursos a ela inerentes". No entanto, sem que seja litigante ou acusado, pessoa física ou jurídica que tenha dívida pecuniária relativa à União, vê-se privada de garantias asseguradas aos acusados, até aos acusados de crimes hediondos, e aos litigantes, quaisquer que sejam; nem a defesa, e muito menos a ampla defesa, com os meios e recursos a ela inerentes desfrutam as vítimas do CADIN, que para questionar judicialmente a natureza e o montante da dívida, têm de garantir o juízo: *só depois de ter ingresso no livro negro é que o degradado terá notícia da sua degradação econômica e moral, e só depois de ter depositado em juízo a quantia questionada é que poderá impugná-la judicialmente.* Como se vê, a MP teria lugar de honra no livro V das Ordenações Filipinas ou entre as dobras sinistras do AI-5, de triste memória.

"O depósito prévio do valor discutido pelo contribuinte, ou de parte dele, como pressuposto de admissibilidade de recurso administrativo, contrapõe-se aos princípios constitucionais da ampla defesa e do contraditório" (Ed. RT, *Cadernos de Direito Constitucional e Ciência Política*, n. 14, p. 295).

*17.* Segundo a Constituição, art. 5º, LVII, "ninguém será considerado culpado até o trânsito em julgado de sentença penal condenatória", embora o preceito tenha endereço à justiça criminal, sua validade é mais ampla, pois é a expressão de um princípio geral de Direito; no entanto, sem que haja sentença penal condenatória, sem sentença, seja de que natureza for, sem que haja processo, nem juízo, o devedor de obrigação pecuniária, *ainda que duvidosa ou controvertida*, é sumária e previamente "condenado" pelo credor a sanções que podem ser economicamente mortais e são moralmente aviltantes, pois só depois de sua inclusão no cadastro sinistro poderá a vítima da condenação antecipada ou preventiva discutir a natureza e o valor da dívida, desde que haja oferecido prévias garantias... Em matéria de truculência, a MP excede todos os limites conhecidos e agride a Constituição do princípio ao fim. Praticada por um particular, seria ele enquadrado na lei de economia popular e cometeria insigne abuso de poder econômico.

*18.* Esmera-se a Constituição em defender a pessoa do devedor ao proclamar que "não haverá prisão civil por dívida, salvo a do responsável pelo inadimplemento voluntário e inescusável de obrigação alimentícia e a do depositário infiel", art. 5º, LVII, mas por dívida real ou não, a pessoa pode ser impedida de trabalhar e exercer o seu ofício e sofrer dura excomunhão social e econômica.

*19.* Por estas razões, tenho como inarredável e insuperável o conflito entre a MP em exame e a Constituição; a MP não cuida de organizar um cadastro de eventuais devedores da União, mas de compor um *sistema de cobrança extrajudicial, mais coercitiva que o mecanismo do executivo fiscal, mais ágil e mais irresistível*, e sem os incômodos da imparcialidade do Poder Judiciário. Parece-me fora de toda e qualquer dúvida que a MP está em testilhas com a Constituição, no seu todo e em diversas de suas cláusulas, sendo com ela incompatível e inconciliável.

*20.* A meu juízo, direitos e garantias constitucionais são trateados frontalmente pela ferocidade da MP, desde o anonimato do seu procedimento, até a virulência de suas conseqüências.

*21.* Mas, quando dúvida pudesse pairar e o choque repetido entre direitos e garantias constitucionais e indicados dispositivos da MP não fosse bastante para que se chegasse segura e tranqüilamente a essa conclusão, haver-se-ia de ter presente o disposto no § 2º, do art. 5º, da Constituição, segundo o qual "os direitos e garantias expressas nesta Constituição não excluem outros decorrentes do regime e dos princípios por ele adotados".

*22.* Ora, assim parece que as disposições da MP estão em rude e aberto conflito com direitos e garantias constitucionais explícitos e ainda em antagonismo irremediável com tudo quanto decorre do regime e seus princípios, em tudo e por tudo contrários e inconciliáveis com o preceito inspirador da MP e a sua expressão material explícita.

*23.* Assim, em outro passo, a Constituição proclama que é vedado... utilizar o tributo com efeito de confisco, art. 150, IV, porque este é incompatível com o sistema de garantias individuais na medida em que sacrifica um direito individual; mas a Constituição vai além ao indicar que o poder estatal não pode ser empregado de maneira arbitrária ou abusiva ou lesiva a direitos em geral. No seu art. 160 contém regra inédita entre nós, segundo a qual "é vedada a retenção ou qualquer restrição à entrega e ao emprego dos recursos atribuídos aos Estados, ao Distrito Federal e aos Municípios, neles compreendidos adicionais e acréscimos relativos a impostos". No entanto, até pessoas jurídicas de Direito Público chegaram a ser abrangidos pela truculência da MP em sua versão original, só mais tarde escoimada.

*24.* Numa hipótese a Constituição estabelece a restrição que a MP generalizou e ampliou. Foi no § 3º do art. 195, "a pessoa jurídica em débito com o sistema de seguridade social, como estabelecido em lei, não poderá contratar com o poder público nem dele receber benefícios ou incentivos fiscais". Mas onde a Constituição fala em pessoa jurídica a MP inclui a pessoa física, e onde a Constituição restringe a débito com o sistema de seguridade social, a MP alude a qualquer obrigação pecuniária relativa à administração federal, direta ou indireta.

*25.* Por derradeiro, mesmo quando a MP não estivesse em conflito com a Constituição, "desde Deus até Ulysses Guimarães", para parafrasear a espirituosa sentença de João Mangabeira, bastaria invocar o consagrado princípio da razoabilidade ou da proporcionalidade para condenar o expediente adotado e que se poderia denominar *executivo fiscal por via administrativa.*

*26.* A subversão da ordem jurídica é manifesta e gritante. O CADIN foi criado por decreto do Poder Executivo, Decreto n. 1.006/93. Fulminado pelo STF, petição 904-5/170, voltou a ter curso ainda por ato do Poder Executivo, agora sob o rótulo de MP. Basta a alegação de relevância e urgência para que o Executivo se faça legislador e, mês a mês, edite e reedite a MP. *Mutatis mutandis,* o país voltou ao regime de desordem jurídica vigente ao tempo do AI-5, quando tudo dependia do datilógrafo... escrevia-se o que se desejava, AI, AC, D.-lei, Decreto ou o que mais interessasse. Agora, as opções são outras, mas o resultado é semelhante. E de MP em MP vai sendo destruída a ordem constitucional, dia-a-dia impunemente abastardada.

*27.* Essa bastardia legislativa não pode prevalecer, tanto mais quando o Poder Executivo dela se serve par aquinhoar-se com vantagens em detrimento de pessoas físicas e jurídicas. A pessoa que paga um tributo federal com 24 horas de atraso fica sujeita à multa de 10%, se o pagamento se der no mês seguinte a multa passa a ser de 20%, se ocorrer no mês subseqüente, a multa passa a 30%, sem prejuízo do juro, hoje beirando 2% ao mês. Mas os débitos da União, de longas barbas brancas, não estão sujeitos ao mesmo tratamento. Para dizer tudo em uma frase, *se se aplicasse à União o que ela aplica, mediante MP, ao cidadão comum ela estaria no CADIN*, pois, é notório, não paga fornecedores, não paga indenização por desapropriação, não paga precatórios judiciais, não devolve empréstimo compulsório...

*28.* Esse procedimento infringe o princípio constitucional da razoabilidade ou da proporcionalidade, tal como afirmado pela doutrina e reconhecido pela jurisprudência do STF: Gilmar Ferreira Mendes, *A proporcionalidade na jurisprudência do Supremo Tribunal Federal*, RJ, 1/8175; Raquel Denize Stumm, *Princípio da Proporcionalidade no Direito Constitucional Brasileiro*, 1995, *passim*: Suzana de Toledo Barros, *O Princípio da Proporcionalidade e o Controle da Constitucionalidade das Leis Restritivas de Direitos Fundamentais*, 1996, *passim*: Caio Tácito, "A Razoabilidade das Leis", *RDA* 204, pp. 1 a 7.

*29.* A meu juízo, as 14 MP já editadas, e que de provisórias só têm o nome, por sua intemperança jurídica, constituem modelo de insurreição ao princípio da proporcionalidade que, na observação de Canotilho está em íntima conexão com os direitos fundamentais, *Direito Constitucional*, 1991, p. 386.

*30.* Estas as razões que me levam a concluir que a MP desde a primeira até a sua atual versão, é manifestamente inconstitucional em seus arts. 2º, 4º, 5º, 6º e 7º .

É o meu parecer.

Porto Alegre, 15 de outubro de 1996

# DECLARAÇÃO DE INCONSTITUCIONALIDADE DE DISPOSITIVO NORMATIVO EM SEDE DE JUÍZO ABSTRATO E EFEITOS SOBRE OS ATOS SINGULARES PRATICADOS SOB SUA ÉGIDE

Clèmerson Merlin Clève
Mestre e Doutor em Direito – Pós-Graduado pela Universitè Catholique de Louvain, Bélgica – Professor Titular da Faculdade de Direito da Universidade Federal do Paraná

*Ementa*: Decisão judicial proferida em sede de controle abstrato de normas. Efeitos *ex tunc* e *erga omnes*. Impossibilidade, no Brasil, no juízo abstrato, de restrição dos efeitos da decisão, como ocorre em outros países. Proposta de Emenda Constitucional com esse propósito. Eficácia ocorrente no plano normativo. Distinção entre os efeitos produzidos no plano normativo (abstrato) e no plano normado (singular/concreto). A declaração de inconstitucionalidade por via de ação direta não é capaz, por si só, de desconstituir, automaticamente, as relações jurídicas e os atos singulares praticados sob a égide da lei nulificada. Necessidade, no direito brasileiro, da prática de atos de desconstituição ou de invalidação. No âmbito da Administração Pública, imprescindibilidade do devido processo legal nas hipóteses em que o particular ou o servidor tenham alcançado determinadas situações de vantagem, nomeadamente em relação aos efeitos produzidos pela norma questionada no passado. Possibilidade, no juízo concreto, particularmente através do devido processo judicial, de definição de restrição de alguns efeitos da declaração da inconstitucionalidade em homenagem (i) ao transcurso do tempo (conformador de situações consolidadas), (ii) à boa-fé, (iii) à aparência de bom direito da lei nulificada, (iv) à segurança jurídica e (v) por fim, aos demais princípios constitucionais que merecem observância, como o da razoabilidade, o da proporcionalidade, o da adequação dos meios aos fins, e, inclusive, o da dignidade humana e da justiça. Impossibilidade no caso em apreço de invalidação unilateral pelo Poder Público (Tribunal de Justiça) dos atos singulares praticados com fundamento no dispositivo constitucional declarado inconstitucional. Necessidade de instauração do devido processo legal administrativo ou judicial.

## *1. A consulta*

O Dr. Raul Tavares da Cunha Mello, magistrado aposentado e, atualmente, advogado radicado na cidade de Joinville,

Santa Catarina, honra-me com a formulação de consulta a respeito dos efeitos de decisão declaratória de inconstitucionalidade, proferida em sede de ação direta de inconstitucionalidade.

Segundo notícia na peça de formulação da consulta, foi julgada procedente ação direta de inconstitucionalidade aforada pelo Conselho Federal da Ordem dos Advogados do Brasil contra *o art. 14 das Disposições Constitucionais Transitórias da vigente Constituição do Estado de Santa Catarina.* Lembra, ainda, no expediente referido, que não foi concedida medida liminar suspendendo os efeitos da norma impugnada, sendo certo que quando a ação direta sofreu julgamento de mérito, a normativa impugnada já se encontrava com sua eficácia totalmente exaurida, na medida em que concretizara os efeitos a que se destinava.

Descrito o panorama, pergunta, concretamente, o consulente: *(i) quais os efeitos produzidos pela decisão de procedência proferida em sede de ação direta de inconstitucionalidade. A esta questão, agrega uma segunda: (ii) a decisão de procedência proferida em ação direta desconstitui automaticamente todos os atos praticados com fundamento na lei declarada inconstitucional?*

## *2. O dispositivo fulminado*

Assim encontra-se redigido o art. 14 do ADCT da Constituição Catarinense: "Fica assegurada aos substitutos das serventias, na vacância, a efetivação no cargo de titular, desde que, investidos na forma da lei, estejam em efetivo exercício, pelo prazo de três anos, na mesma serventia, na data da promulgação da Constituição".

Quanto à decisão do Colendo Supremo Tribunal Federal, proferida na ação direta de inconstitucionalidade n. 363-1, assim encontra-se ementada: "*Direito Constitucional.* Serventias judiciais e extrajudiciais. Concurso público: artigos 37, II e 236, § 3º, da Constituição Federal. Ação Direta de Inconstitucionalidade do art. 14 do ADCT da Constituição do Estado de Santa Catarina, de 5.10.1989, que diz:

"Fica assegurada aos substitutos das serventias, na vacância, a efetivação no cargo de titular, desde que, investidos na forma da lei, estejam em efetivo exercício, pelo prazo de três anos, na mesma serventia, na data da promulgação da Constituição.

"1. É inconstitucional esse dispositivo por violar o princípio que exige concurso público de provas ou de provas e títulos, para a investidura em cargo público, como é o caso do titular de serventias judiciais (art. 37, II, da CF), e também para o ingresso na atividade notarial e de registro (art. 236, § 3º).

"2. Precedentes do STF.

"3. Ação Direta de Inconstitucionalidade julgada procedente."

A presente consulta não envolve nenhuma análise a respeito da bondade ou na exatidão da respeitável decisão proferida pela Excelsa Corte. Trata-se, apenas, de verificar os efeitos produzidos pela decisão em sede de controle abstrato de normas no direito brasileiro, especialmente em relação aos atos concretos que foram editados com fundamento naquele dispositivo constitucional.

## *3. O parecer*

### *3.1 Metodologia da exposição*

A resposta à consulta, demanda a elaboração de um discurso que (i) resgate a memória do controle da constitucionalidade na experiência brasileira, (ii) estabeleça as características do controle abstrato de constitucionalidade no qual se insere aquele concretizado em sede de ação direta, (iii) realce a especificidade do processo objetivo encontrável no sítio do controle abstrato de normas; e, finalmente, (iv) reconstitua a dessemelhança entre os efeitos produzidos pela decisão judicial no processo concreto e no processo abstrato de fiscalização de constitucionalidade. Só depois de transitar pelos referidos espaços discursivos, cumprirá oferecer resposta aos quesitos formulados no expediente de formulação da consulta. Cumpre, neste ponto lembrar, que grande parte das questões aqui levantadas, terão sido com apoio nas reflexões trazidas a lume, pelo subscritor do presente parecer, em livro dedicado, exclusivamente, ao estudo do controle da constitucionalidade, com o qual, inclusive, conquistou a cátedra de Direito Constitucional da Faculdade de Direito da Universidade Federal do Paraná (*A fiscalização abstrata de constitucionalidade no Direito brasileiro*, São Paulo: Ed. RT, 1995, p. 296).

### *3.2 Evolução do controle de constitucionalidade no Direito brasileiro*

A Constituição de 1824

O direito brasileiro, na vigência da Constituição de 1824, desconheceu o mecanismo da fiscalização jurisdicional da constitucionalidade. É preciso ver que, durante o Império, o direito brasileiro sofria a influência das concepções então em voga na Europa. Cabia ao Poder Legislativo, durante o Império, exercer a guarda da Constituição. Não havia, entretanto, na Constituição, uma palavra a respeito do modo como essa função seria exercitada.

Não foi apenas o dogma da soberania do Parlamento que impediu a emergência da fiscalização jurisdicional da constitucionalidade do Império. O Imperador, enquanto detentor do Poder Moderador, exercia uma função de coordenação; por isso, cabia a ele manter a "independência, o equilíbrio e a harmonia entre os demais poderes".

O dogma da soberania do Parlamento, a previsão de um Poder Moderador, e mais a influência do direito público europeu, notadamente inglês e francês, sobre os homens públicos brasileiros, inclusive os operadores jurídicos, explicam a inexistência de um modelo de fiscalização jurisdicional da constitucionalidade das leis no Brasil, ao tempo do Império.

A Constituição de 1891

Com a Constituição de 1891, as instituições políticas brasileiras passaram por profunda reformulação. A doutrina jurídica norte-americana exerceu forte influência sobre o sistema constitucional que o país implementou. O Brasil adotou a república, o presidencialismo, o legislativo bicameral com um Senado representativo dos Estados, a federação, a *judicial review* e o modelo de organização judicial com a Suprema Corte e a justiça federal, seguindo os passos já experimentados pelos Estados Unidos.

A Constituição de 1891 admitiu a fiscalização, pelo Judiciário, da constitucionalidade das leis. A Carta Constitucional de 1891 tratou da fiscalização da constitucionalidade ao atribuir ao Supremo Tribunal Federal competência para conhecer e julgar o recurso interposto "quando se questionar sobre a validade, ou a aplicação de tratados e leis federais, e a decisão do tribunal do Estado for contra ela" (art. 59, § 1º, "a").

O Judiciário exercitava, como todos conhecem, com a Constituição de 1891, um modelo difuso, incidental e sucessivo de fiscalização da constitucionalidade.

A Constituição de 1934

A Constituição de 1934, quanto à fiscalização de constitucionalidade, manteve o controle difuso, incidental e sucessivo, e por isso, no art. 76, III, "b" e "c", reproduziu, com insignificantes alterações, dispositivos da Constituição anterior com a redação oferecida pela reforma de 1926. Todavia, sobre mantê-lo, introduziu no sistema importantes inovações.

Com efeito, (i) determinou que, nos tribunais, a inconstitucionalidade somente poderia ser declarada pelo voto da maioria absoluta de seus membros; (ii) atribuiu, por outro lado, ao Senado Federal – *órgão incumbido de coordenar os Poderes da República entre si* – competência para "suspender a execução, no todo ou em parte, de qualquer lei ou ato, deliberação ou regulamentos declarados inconstitucionais pelo Poder Judiciário". Pretendeu o Constituinte, aqui, instituir uma fórmula para dar eficácia *erga omnes* às decisões definitivas do Supremo Tribunal Federal. E, finalmente, (iii) a Constituição de 1934 criou a ação direta interventiva, confiada ao Procurador-Geral da República e sujeita à competência originária do Supremo Tribunal Federal. *A instituição da ação direta interventiva configura o primeiro passo para a adoção posterior do controle abstrato de normas pelo direito brasileiro.*

A Constituição de 1937

No que se refere ao controle de constitucionalidade, a Carta de 1937 manteve o modelo instaurado em 1891. Quanto às inovações trazidas pela Constituição de 1934, reproduziu unicamente a exigência de maioria absoluta para a declaração de inconstitucionalidade pelos tribunais. A Constituição de 1937, portanto, não cuidou da representação interventiva, nem da suspensão pelo Senado, da execução da lei declarada inconstitucional pelo Judiciário. Todavia, pretendeu atenuar a supremacia do Judiciário, na medida em que definiu que "no caso de ser declarada a inconstitucionalidade de uma lei que, a juízo do presidente da República, seja necessária ao bem-estar do povo, à promoção ou defesa de interesse nacional de alta monta, poderá o Presidente da República submetê-la novamente ao exame do Parlamento; se este a confirmar por dois terços de votos de cada uma das Câmaras, ficará sem efeito a decisão do Tribunal".

A Constituição de 1946

Com a Constituição de 1946, restaurado o princípio da *judicial review* em sua plenitude, o controle de constitucionalidade sofreu aperfeiçoamentos, mantidos o modelo inaugurado com a Constituição de 1891, e as novidades inseridas pela Carta de 1934. A competência do Senado Federal para suspender a execução, no todo ou em parte, de lei ou decreto declarados inconstitucionais pelo Judiciário, foi mantida. Todavia a Constituição deixou claro que o Senado suspende unicamente a execução de leis ou decretos declarados inconstitucionais por decisão definitiva do Supremo Tribunal Federal. Quanto à representação interventiva (a ação direta interventiva), embora preservada, assume com a Lei Fundamental de 1946, nova configuração.

A Emenda Constitucional n. 16/65

*A Emenda n. 16/65, à Constituição de 1946, instituiu entre nós a fiscalização abstrata da constitucionalidade dos atos normativos federais e estaduais.* Com efeito, a apontada emenda alterou o art. 101, item I, alínea "k", da Constituição de 1946, acrescentando às competências originárias do Supremo Tribunal Federal a "de processar e julgar representação contra a inconstitucionalidade de lei ou ato de natureza normativa, federal ou estadual, encaminhada pelo Procurador-Geral da República".

A representação instituída pela Emenda Constitucional n. 16/65 não se confunde com a representação interventiva. Consiste esta em mecanismo voltado à exclusiva proteção dos *princípios constitucionais sensíveis*. Cuida-se, ao contrário, o mecanismo instituído pela Emenda 16/65, de representação genérica, apta, portanto, a garantir a observância de todos os dispositivos da Constituição, inclusive daqueles plasmadores dos princípios constitucionais sensíveis. A representação interventiva implica realização de fiscalização concreta da constitucionalidade, embora exercitada por via de ação direta. A representação genérica, ao contrário, implica a realização de uma fiscalização abstrata da constitucionalidade, já porque neste caso está em jogo unicamente a compatibilidade, em abstrato (em tese), de um dispositivo normativo infraconstitucional contrastado com a Lei Fundamental da República.

A Constituição de 1967/69

A Constituição de 1967, manteve o sistema de fiscalização da constitucionalidade inaugurado com a Constituição de 1891, com as alterações posteriores, inclusive aquelas constantes da Constituição de 1946 e da Emenda Constitucional 16/65. Trouxe, entretanto, duas pequenas alterações. Não conservou o dispositivo, trazido pela Emenda, autorizador da representação de inconstitucionalidade genérica no âmbito estadual. Depois, na representação interventiva, proposta pelo Procurador-Geral da República, a competência para suspender o ato estadual foi transferida do Legislativo para o Presidente da República.

A Emenda n. 1 de 1969 não alterou o sistema. Admitiu, todavia, de modo expresso, pela primeira vez, a instituição pelos Estados-membros de representação interventiva, para, nos moldes do modelo federal, atuar a fiscalização da constitucionalidade da lei municipal em face dos princípios elencados na Constituição Estadual.

A Constituição de 1988

Com a Constituição de 1988, o sistema brasileiro (combinação do modelo difuso-incidental com o concentrado-principal) de fiscalização da constitucionalidade foi aperfeiçoado. Com efeito, (i) ampliou-se a legitimação ativa para a propositura da ação direta de inconstitucionalidade (antiga representação); (ii) admitiu-se a instituição, pelos Estados-membros, de ação direta para declaração de inconstitucionalidade de ato normativo estadual ou municipal em face da Constituição Estadual; (iii) instituiu-se a ação direta de inconstitucionalidade por omissão e o mandado de injunção, (iv) exigiu-se, ademais, a manifestação do Procurador-Geral da República em todas as ações de inconstitucionalidade, bem como nos demais processos de competência do Supremo Tribunal Federal; (v) exigiu-se a citação do Advogado-Geral da União que, nas ações diretas, deverá defender, na qualidade de verdadeiro curador, o ato impugnado; (vi) não atribuiu ao Supremo Tribunal Federal competência para julgar representação para fins de interpretação, instrumento que, criado pela Emenda Constitucional 7/77 ("pacote de abril"), foi suprimido pela nova Lei Fundamental; (vii) previu a criação de um mecanismo de argüição de descrumprimento de preceito fundamental decorrente da Constituição que não foi, ainda, regulamentado; e, finalmente, (viii) alterou recurso extraordinário, que passou a ter feição unicamente constitucional.

Salvo essas importantes alterações, a Constituição de 1988 manteve, em linhas gerais, o modelo de fiscalização da constitucionalidade presente na Constituição de 1967/69.

A Emenda Constitucional n. 3, de 18 de março de 1993, alterou a redação dos arts. 102 e 103 da Lei Fundamental da República, para o efeito de instituir a *ação declaratória de constitucionalidade de lei ou ato normativo federal*, de competência do Supremo Tribunal Federal. As decisões da Suprema Corte, nesse caso e quanto ao mérito, produzirão eficácia contra todos e efeito vinculante, relativamente aos demais órgãos do Poder Judiciário e ao Poder Executivo. A ação declaratória de constitucionalidade será proposta pelo Presidente da República, pela Mesa do Senado Federal, pela Mesa da Câmara dos Deputados e pelo Procurador-Geral da República.

Tratou-se, até aqui, de resgatar a memória da fiscalização da constitucionalidade no Brasil. Cumpre, agora, transitar pelos demais capítulos do presente parecer. O que foi, todavia, dito, parece ser suficiente para demonstrar que, conforme ensina José Afonso da Silva ("Da jurisdição constitucional no Brasil e na América Latina". São Paulo, *Revista da Procuradoria-Geral do Estado de São Paulo* 13/15:123, 1978), "desenvolve, no Brasil, nítida tendência para o método de jurisdição concentrada (sem prejuízo da jurisdição difusa, contudo), mediante exercício de ação direta de inconstitucionalidade...", ou de constitucionalidade.

### *3.3 Os modelos de fiscalização de constitucionalidade*

Tomando-se como critério a atuação do Judiciário (juízes e tribunais) e a classificação proposta por Jorge Miranda ("A fiscalização concreta de constitucionalidade em Portugal", in (sob coordenação de) Sálvio de Figueiredo Teixeira, *As garantias do cidadão na Justiça*. São Paulo, Saraiva, 1993, p. 15), os sistemas de fiscalização da constitucionalidade podem ser resumidos da seguinte forma:

Diante de questões de constitucionalidade os juízes e tribunais são:

(i) *incompetentes para conhecer e, portanto, para decidir*. É o caso dos modelos inglês e francês.

(ii) *competentes para conhecer e para decidir com possibilidade de recurso para a instância superior, inclusive, atendidos os pressupostos específicos, para a Suprema Corte*. É o modelo norte-americano, praticado também por outros países como a Argentina, o Canadá, Portugal com a Constituição de 1911, e o Brasil desde a Constituição de 1891 até a Emenda Constitucional n. 16/65.

(iii) *Competentes para conhecer, mas não para decidir "salvo sobre a viabilidade da questão", e por isso "caber a um tribunal situado fora da ordem judicial, o Tribunal Constitucional", o monopólio da jurisdição constitucional.* É o "regime resultante da atenuação ou modificação do modelo austríaco feita em 1929".

Ao lado desses modelos básicos cumpre reconhecer, ainda, alerta o notável jurista português, a existência de sistemas de fiscalização da constitucionalidade que não se encaixam com perfeição em nenhum deles. É o caso do sistema brasileiro.

Neste, os juízes e tribunais dispõem de competência para conhecer e para decidir, com recurso possível para um Tribunal que, embora situado dentro da ordem judicial, é o órgão máximo para questões constitucionais. Esse modelo não se confunde com o norte-americano porque ao lado da fiscalização concreta, admite igualmente a fiscalização abstrata da constitucionalidade que é, no caso das leis estaduais e federais em face da Constituição Federal, concentrada no Supremo Tribunal Federal. Como o português, mantendo especificidade, o modelo brasileiro incorpora elementos do modelo americano e os soma a outros próprios da experiência continental européia.

### *3.4 Algumas distinções necessárias*

No Brasil, como ninguém desconhece, o *controle concreto de constitucionalidade* é (i) *difuso*, na medida em que todos os órgãos jurisdicionais dispõem de competência para exercitá-lo; (ii) *incidental*, na medida em que é desencadeado, em princípio, através de um mecanismo indireto de fundamentação que pode ser utilizado pelas partes para o fim de justificar a pretensão (autor) ou a resistência/defesa (réu); e (iii) *subjetivo*, já porque tem por finalidade principal a defesa do interesse juridicamente protegido de alguém, e não propriamente a da Constituição objetivamente considerada.

O *controle abstrato de constitucionalidade*, ao contrário, é (i) *concentrado*, na medida em que apenas o Supremo Tribunal Federal dispõe de competência, quanto aos atos normativos federais e estaduais, e em face da Constituição Federal, para processar e julgar a ação direta de inconstitucionalidade; (ii) é *principal*, na medida em que é suscitada por meio de uma ação autônoma, que visa verificar, em tese, a validade do ato normativo; e (iii) é *objetivo* porque, "à margem de tal ou qual interesse, tem em vista a preservação ou a reconstituição da constitucionalidade objetiva, quando o que avulta é a constante conformidade ou procura de conformidade dos comportamentos, dos actos e das normas com as regras constitucionais" (Jorge Miranda. *Manual de Direito Constitucional*, t. II, 2ª ed., Coimbra, Coimbra Editora, 1983, p. 313).

O inexcedível Celso Ribeiro Bastos, autor de consagradas obras no campo do direito público, chama o primeiro *de controle por via de defesa*, que se distingue do segundo, *por via de ação*: "a via de defesa é instrumento de garantia dos direitos subjetivos. *A preocupação primeira é restabelecer a ordem jurídica ofendida, liberando alguém da sua carga ilegal, consistente na iminência de ver-se obrigado ao cumprimento de lei inconstitucional*. A via de ação já, pelo contrário, encontra-se primordialmente voltada para o bom funcionamento da mecânica constitucional. Para a boa marcha desta não é suficiente o primeiro caminho... Faz-se mister expungir de vez a lei ou ato viciados do sistema normativo. E, embora já assegurados, pela primeira via, os direitos subjetivos, não há dúvida de que os problemas suscitados pela permanência da ordem jurídica de lei inconstitucional somente encontrarão solução pelo segundo caminho, isto é, pela via de ação, o que nos permite afirmar ser sua preocupação maior o funcionamento em si do sistema" (*Curso de Direito Constitucional*, 8ª ed., São Paulo, Saraiva, 1986, pp. 59-60).

### *3.5 A Ação Direta de Inconstitucionalidade*

Como já foi afirmado, a Constituição de 1988 deu novo tratamento à antiga representação de inconstitucionalidade. O novo tratamento da ação direta genérica; a instituição da ação direta de inconstitucionalidade por omissão; o facultar-se às Coletividades Políticas estaduais a criação de ação direta genérica no plano local e, finalmente, a instituição da ação direta de constitucionalidade, proporcionam clara indicação de que o controle de constitucionalidade no Brasil vai assumindo progressivamente as características de um modelo concentrado. A convivência dos modelos concentrado e difuso continua; todavia, a fiscalização abstrata e concentrada vai conquistando, passo a passo, um peso cada vez mais significativo.

Lembra Jorge Miranda (*Manual*..., ob. cit., p. 365) que a "fiscalização sucessiva, abstrata, concentrada e por via principal é o elemento característico por excelência do modelo austríaco de garantia e encontra-se em todos os países com tribunal constitucional, com maior ou menor variação de sujeitos ou entidades titulares do poder de argüição ou de iniciativa da apreciação da inconstitucionalidade". *O Brasil constitui exemplo típico de país sem tribunal constitucional que adota, embora ao lado do incidental, o modelo de fiscalização abstrata (por via principal, de lei em tese ou decorrente de ação direta)*.

### *3.6 Natureza e finalidade da ação direta*

Cuida-se, a ação direta genérica, de verdadeira ação. Dispõe dessa natureza porque configura mecanismo especial de provocação da jurisdição constitucional concentrada. Não se trata, pois, de mera representação, embora as Constituições anteriores, inclusive a Emenda n. 16/65, tivessem utilizado essa expressão.

Trata-se, porém, de ação que inaugura um *processo objetivo*. Cuida-se de um "processo"que constitui, como outro qualquer, instrumento da jurisdição (no caso da jurisdição constitucional concentrada, como antes afirmado); através dele será solucionada uma questão constitucional. *Não pode ser tomado, todavia, como meio para a composição de uma lide*. É que, sendo "objetivo", inexiste lide no processo inaugurado pela ação direta genérica de inconstitucionalidade. Não há, pretensão resistida. A idéia de Carnellutti segundo a qual "o processo é continente de que a lide é conteúdo" não se aplica ao processo através do qual atua a jurisdição constitucional concentrada. *Em vista disso, os legitimados ativos da ação direta não buscam, com a provocação do órgão exercente da jurisdição constitucional concentrada, a tutela de um direito subjetivo, mas sim a defesa da ordem constitucional objetiva (interesse genérico de toda a coletividade).*

A finalidade da ação direta de inconstitucionalidade, como referido, não é a defesa de um direito subjetivo, ou seja, de um interesse juridicamente protegido lesado ou na iminência de sê-lo. Ao contrário, a ação direta de inconstitucionalidade presta-se para a defesa da Constituição. A coerência da ordem constitucional e não a defesa de situações subjetivas consubstancia a finalidade a apontada ação. Por isso, consiste em instrumento da fiscalização abstrata de normas, inaugurando "processo objetivo" de defesa da Constituição.

*Cuidando-se de processo objetivo, na ação direta de inconstitucionalidade não há lide, nem partes (salvo num sentido formal), posto inexistirem interesses concretos em jogo. Então, as garantias processuais previstas pela Constituição para o processo subjetivo, não se aplicam, em princípio, à ação direta de inconstitucionalidade.*

Tem-se, aqui, segundo Gilmar Ferreira Mendes (*Controle de constitucionalidade: aspectos jurídicos e políticos*. São Paulo: Saraiva, 1990, p. 251): "O que a jurisprudência dos Tribunais Constitucionais costuma chamar de processo objetivo (*objektives Verfahren*), isto é, um processo sem sujeito, destinado pura e simplesmente, à defesa da Constituição (...). Não se cogita, propriamente, da defesa de interesse do requerente (...), que pressupõe a defesa de situações subjetivas. Nesse sentido, assentou o *Bundesverfassungsgericht* que, no controle abstrato de normas, cuida-se, fundamentalmente, de um processo unilateral, não-contraditório, isto é, de um processo sem partes, no qual existe um requerente, mas inexiste requerido. A admissibilidade do controle de normas – ensina *Söhn* – está vinculada, tão-somente, a uma "necessidade pública de controle".

"A provocação de um órgão externo é imprescindível, inclusive como garantia contra eventual supremacia da jurisdição constitucional. Não obstante, não se reconhece aos órgãos legitimados para desencadear o processo de controle abstrato de constitucionalidade qualquer poder de disposição."

O entendimento do Supremo Tribunal Federal acerca da ação direta genérica de inconstitucionalidade não é diferente. Desse entendimento, aliás, vem a Suprema Corte retirando importantes conclusões. Decidiu o Supremo, na linha de pensamento da Corte Constitucional alemã, que, proposta a ação direta, não se admite a desistência (*Princípio da indisponibilidade da instância*). Nada impede, todavia, que o Procurador-Geral da República ofereça parecer final manifestando-se pela improcedência do pedido. Admitiu, também, em dispositivo do regimento interno (art. 170, § 3º), que, ao receber os autos ou no curso do processo o relator, caso entenda que a decisão é urgente em face do relevante interesse da ordem pública que envolve, poderá *ad referendum* do Tribunal, dispensar as informações, e, com a prévia ciência das partes (em sentido formal), levar a ação a julgamento com os elementos que dispuser. *A natureza do processo levou, também, o Supremo Tribunal Federal a não admitir nele o litisconsórcio e a intervenção assistencial de terceiro concretamente interessado. O Supremo inadmite, ademais, a interposição de recurso (embargos infringentes ou de declaração), pelos terceiros que se dizem prejudicados, em decisão final prolatada em ação direta de inconstitucionalidade.* Definiu, também, o Supremo que, como decorrência da natureza do processo descabe a ação rescisória em sede de ação direta de inconstitucionalidade. Como a rescisória não se compatibiliza com a ação direta, não pode ela ser proposta nem pelas partes que figuraram na relação processual, nem pelos terceiros concretamente interessados. Descabe, igualmente, a reclamação na hipótese de descumprimento de decisão tomada em sede de controle concentrado de constitucionalidade (salvo a hipótese de decisão proferida em ação direta de constitucionalidade, em face dos efeitos vinculantes que produz). Por fim, encontra-se o Supremo Tribunal Federal condicionado pelo pedido, mas não pela causa de pedir. Ou seja, não constituindo "processo inquisitivo", mas sim "processo objetivo", não pode o Supremo Tribunal Federal iniciar *ex officio* o processo. Todavia, uma vez provocado, embora não possa ampliar o pedido, não está adstrito à fundamentação jurídica invocada pelo requerente.

Tem-se, portanto, no controle abstrato, um processo objetivo, voltado para a proteção do direito constitucional objetivo, ao qual o terceiro concretamente interessado não dispõe de acesso. Bem por isso, encontra-se, nessa sede, impedido de formular a defesa do eventual direito que tenha alcançado em face da aplicação da norma apontada como inconstitucional. Deste fato decorrem inúmeras conseqüências, como será demonstrado a seguir.

### 3.7 *Os efeitos da decisão no controle abstrato de normas*

A decisão do Supremo Tribunal Federal no controle abstrato produz coisa julgada oponível *erga omnes*, estendendo seus efeitos para além das partes (no sentido formal) residentes na relação processual objetiva; *por isso é desnecessária a comunicação ao Senado Federal para os fins do art. 52, X, da Lei Fundamental da República.* Em face da coisa julgada formal e material (oponível *erga omnes*) que a ela adere, a decisão de rejeição ou de pronúncia da inconstitucionalidade deve ser respeitada pelo próprio Supremo Tribunal Federal e pelos demais órgãos integrantes do Judiciário.

A coisa julgada, entretanto, não "congela" (engessa) de modo definitivo a jurisprudência do Supremo Tribunal Federal, já que a alteração das *circunstâncias fáticas* pode autorizar o deslocamento da compreensão constitucional de dada matéria. Assim, declarada a *constitucionalidade* (mas não a *inconstitucionalidade*) de uma determinada lei, em virtude de sentença que julga improcedente a ação direta, não está impedido o Supremo Tribunal Federal de, mais tarde, uma vez alterado o sentido da norma paramétrica ou mesmo da normativa-objeto, e quando devidamente provocado, decretar a inconstitucionalidade do dispositivo atacado.

No caso de inobservância, pelos juízes e tribunais, da coisa julgada e tendo o Supremo decidido que descabe reclamação na medida em que a eficácia da decisão na ação direta, conforme ensina o Ministro Moreira Alves (voto na *Ação Direta de Constitucionalidade* n. 1), "se exaure na declaração de que o ato normativo é inconstitucional ou constitucional, às partes prejudicadas nos casos concretos, só restará, em recurso extraordinário, ver respeitada, pelo Supremo Tribunal Federal, sua decisão na ação direta de inconstitucionalidade sobre o ato normativo que dela foi objeto".

*A coisa julgada não impede que o órgão legislativo volte a praticar inconstitucionalidade editando novo ato com o mesmo conteúdo do anterior* (*RTJ*, 124/59).

Para obviar esse inconveniente, inexistente nos Estados Unidos, em virtude do princípio do *stare decisis,* alguns países resolveram conferir às decisões das Cortes Constitucionais efeitos que constituem um *plus*, em relação à coisa julgada. Assim, por exemplo, a Constituição alemã confere "força de lei" às decisões da Corte Constitucional. Em outros ordenamentos se dispõe expressamente que as decisões do respectivo Tribunal Constitucional ou órgão equivalente são obrigatórias das Cortes Constitucionais efeitos que constituem um *plus*, em relação à coisa julgada. Assim, por exemplo, a Constituição alemã confere "força de lei" às decisões da Corte Constitucional. Em outros ordenamentos se dispõe expressamente que as decisões do respectivo Tribunal Constitucional ou órgão equivalente são obrigatórias para todos os poderes públicos e autoridades ou entidades públicas (e privadas), ou para os restantes órgãos constitucionais do Estado e para todos os tribunais e autoridades administrativas. É o caso da Alemanha, mais vez, da Espanha, de Portugal e da França.

A Emenda Constitucional n. 3/93 conferiu *efeito vinculante* às decisões de mérito proferidas pelo Supremo Tribunal Federal nas *ações diretas de constitucionalidade*. Talvez seja este o momento mais adequado para se estudar a extensão do efeito vinculante a todas as decisões de mérito do Supremo Tribunal Federal envolvendo matéria constitucional. Há projeto de emenda constitucional, tramitando no Congresso Nacional, com este propósito.

Encontra-se, hoje, superada a discussão a respeito dos efeitos produzidos pela decisão que declara a inconstitucionalidade de ato normativo, se *ex tunc* ou *ex nunc*. Influenciado pela doutrina e jurisprudência americanas, o direito brasileiro acabou por definir que a inconstitucionalidade equivale à nulidade absoluta da lei ou ato normativo. A declaração de inconstitucionalidade, pouco importa se em sede de fiscalização concentrada ou difusa, no direito brasileiro, implica, portanto, salvo a hipótese de representação interventiva, a pronúncia da nulidade do ato atacado. A decisão judicial, segundo a doutrina consagrada, é declaratória e não constitutiva-negativa, conforme pretendia Pontes de Miranda. O ato judicial não desconstitui (puro efeito revocatório) a lei, tal como ocorre, por exemplo, no modelo austríaco, mas apenas reconhece a existência de um ato viciado. E, por esse motivo, a decisão, em princípio, produz efeitos *ex tunc*, retroagindo até o nascimento da norma impugnada.

Como sustenta Alfredo Buzaid (*Da ação direta de inconstitucionalidade no Direito brasileiro*, São Paulo, Saraiva, 1958, p. 131): "O fundamento da doutrina americana e brasileira está, pois, em que, no conflito entre a lei ordinária e a Constituição, esta sempre prepondera sobre aquela. Se a lei inconstitucional pudesse adquirir validade, ainda que temporariamente, resultaria daí uma inversão na ordem das coisas, pois, durante o período de vigência da lei, se suspende necessariamente a eficácia da Constituição. Ou, em outras palavras, o respeito à lei ordinária significa o desacato à Constituição".

Segundo o pensamento do autor: "uma lei não pode, a um tempo, ser e deixar de ser válida. As leis inconstitucionais não recebem um tratamento diverso. Porém, até o julgamento pelo tribunal, elas são executórias, embora inválidas. Esposito observou que "as leis inconstitucionais, até a proclamação da Corte, são executórias, mas não obrigatórias, têm eficácia, mas não têm validade". Lei inconstitucional é, portanto, lei inválida, lei absolutamente nula. A sentença que decreta a inconstitucionalidade, é predominantemente declaratória, não predominantemente constitutiva. A nulidade fere-a *ab initio*".

Conquanto a Constituição brasileira não disponha de modo expresso como a portuguesa (art. 282), a respeito da conseqüência (sanção) decorrente da inconstitucionalidade, *a nulidade (e não a anulabi-*

*lidade) do ato normativo viciado assume a configuração de verdadeiro princípio constitucional implícito.*

Aliás, é necessário advertir que apenas a nulidade, e não a anulabilidade, pode autorizar a recusa, pelo Poder Público, embora sem prejuízo do exame posterior pelo Judiciário, de cumprimento de lei ou atos reputados inconstitucionais. Cuidasse, o inquinado, de ato anulável, então seria de observância obrigatória até o pronunciamento do órgão jurisdicional competente, despossuindo o Executivo qualquer fundamento para repudiar a lei. Coerente com seu entendimento a respeito da natureza do ato inconstitucional, o Supremo Tribunal Federal admite o descumprimento de tais atos, responsabilizando-se a autoridade, porém, pelas conseqüências de seu comportamento caso o Judiciário repute legítimo o ato inaplicado (*RTJ*, 2/386 e 41/669).

Atente-se, também, para o fato de que apenas a nulidade e, pois, não a anulabilidade, pode autorizar os Poderes Executivo e Legislativo a invalidar seus próprios atos quando os considerem inconstitucionais (*RDA*, 59/339). É que somente a nulidade pode autorizar o Legislativo a anular (não se trata de revogação, que produz, em princípio, efeito *ex nunc*) ato legislativo seu sob fundamento de inconstitucionalidade. Também apenas a nulidade pode autorizar o Executivo a anular ato seu por tratar-se de inconstitucional ou por tratar-se de ato derivado de outro inconstitucional.

Porque o ato inconstitucional, no Brasil, é nulo (e não, simplesmente, anulável), a decisão judicial que assim o declara produz efeitos repristinatórios. É que, sendo nulo, do ato inconstitucional não decorre eficácia derrogatória das leis anteriores. A decisão judicial que decreta a inconstitucionalidade atinge todos os efeitos da lei, inclusive a cláusula expressa ou implícita de revogação. Sendo nula a lei declarada inconstitucional, diz o Ministro Moreira Alves, "permanece vigente a legislação anterior a ela e que teria sido revogada não houvesse a nulidade" (Representação 1.077-RJ, *RTJ* 101/503).

É evidente que o fato de a sentença judicial implicar a nulidade *ab initio* da normativa impugnada favorece a emergência de não poucos problemas. Inexistindo prazo para a pronúncia da nulidade – já que a argüição de inconstitucionalidade é imprescritível no Brasil – considere-se o caso de uma lei cuja ilegitimidade foi reconhecida após o decurso de longo lapso temporal, tendo inclusive prestigiado a consolidação de um sem-número de situações jurídicas. É induvidoso que nesses casos o dogma da nulidade absoluta deve sofrer certa dose de temperamento, sob pena de dar lugar à injustiça e à violação do princípio da segurança jurídica.

Preocupado com as situações consolidadas sob a égide de lei declarada inconstitucional, o então Ministro Leitão de Abreu defendeu, no Supremo Tribunal Federal, em julgado onde figurou como relator, posição segundo a qual antes de nulo, o ato viciado seria apenas anulável. Acrescentou o Ministro naquela ocasião: "Acertado se me afigura, também, o entendimento de que não se deve ter como nulo *ab initio* ato legislativo, que entrou no mundo jurídico munido de presunção de validade, impondo-se, em razão disso, enquanto não declarado inconstitucional, à obediência pelos destinatários dos seus comandos" (RE 79.343-BA, *RTJ* 82/791).

Não obstante, permaneceu o Supremo Tribunal Federal na linha de entendimento que, desde sempre, vem trilhando com apoio na tradição norte-americana. Em julgamento posterior, reconhecendo que tinha ficado vencido, o Ministro Leitão de Abreu justificou que propunha, na verdade, "um temperamento ao dogma da retroatividade integral da decisão judicial, especialmente para o fim de deixar imunes as situações jurídicas formalmente constituídas com base em ato praticado de boa-fé sob lei que só posteriormente se declarou inconstitucional" (*RTJ* 97/1.369).

Alguns temperamentos, todavia, têm sido admitidos pelo Supremo Tribunal Federal. Fazendo uso da teoria da aparência (funcionário de fato), o Supremo não invalida os atos praticados pelo funcionário investido, por força de lei inconstitucional, em cargo público. Inexistindo prejuízo, protege-se a aparência de legalidade dos atos em favor da boa-fé de terceiros (*RTJ* 200/1.086 e *RTJ* 71/570). Um segundo temperamento decorre do respeito à coisa julgada. Afigura-se como certo que a nulidade *ex tunc* não afeta a norma concreta contida na sentença ou no acórdão. Não há dúvida, assim, de que, decorrido *in albis* o prazo decadencial para a propositura da ação rescisória, a superveniência da declaração de inconstitucionalidade já não mais logra afetar, de qualquer modo, a decisão judicial. A coisa julgada consiste em importante limite à eficácia da decisão declaratória de inconstitucionalidade. É necessário, porém, excluir desse temperamento a coisa julgada das sentenças penais baseadas em norma geral desfavorável, pois a revisão criminal pode ocorrer, no direito brasileiro, a qualquer momento.

Não é demais lembrar que a vida é muito mais rica e complexa que a melhor das teorias. E que, portanto, cumpre, sim, manter a coerência dos postulados teóricos e doutrinários, mas nem por isso está-se autorizado a desprezar as exigências e desafios que a experiência vai impondo às condutas humanas e às categorias jurídicas. Cabe à jurisprudência, e portanto ao Judiciário, a insubstituível tarefa de, observados os valores que o direito não pode descurar, atualizar o sentido dos preceitos legais e a utilidade das formulações teóricas, adaptando uns e outras aos renovados fatos que a vida oferece todos os dias.

### *3.8 O controle abstrato e as novas técnicas de decisão*

As intensas discussões travadas no Brasil a respeito dos efeitos da declaração de inconstitucionalidade seriam afastadas se a nossa Constituição, como a de Portugal, dispusesse a respeito.

Algumas Constituições, para a solução dos inevitáveis problemas que a declaração de inconstitucionalidade suscita (vazio legislativo, inconstitucionalidade mais grave da norma reentrante, produção de injustiça e de prejuízos na solução de casos concretos etc.) conferiram, expressamente, aos Tribunais Constitucionais a faculdade de delimitarem, em certos termos, a eficácia temporal dessas decisões. É o caso, entre outros países, da Áustria e de Portugal. Neste, a declaração de inconstitucionalidade produz efeitos *ex tunc*. Todavia a Constituição (art. 282.4) autoriza o Tribunal Constitucional a fixar, por meio de decisão fundamentada, os efeitos da declaração de inconstitucionalidade com alcance mais restrito para satisfazer a segurança jurídica ou para atender a razões de eqüidade ou de interesse público de excepcional relevo. A Magna Carta austríaca, por sua vez (art. 140, VII), confere à Corte Constitucional ampla margem de discrição para dispor, mesmo em abstrato, sobre as conseqüências jurídicas de suas decisões. Na Áustria pode a Corte Constitucional, inclusive, fixar um prazo para a cessação da vigência das normas declaradas inconstitucionais.

Em outros países, cujas Constituições, como a brasileira, sobre silenciarem quanto aos efeitos da declaração de inconstitucionalidade, não contemplam os Tribunais Constitucionais com poderes para defini-los, busca-se solucionar os eventuais inconvenientes da declaração de inconstitucionalidade em sede de controle concentrado através do desenvolvimento de criativas técnicas de decisão. É esse o caso, particularmente, das decisões apelativas e de mero reconhecimento da inconstitucionalidade do Tribunal alemão e o expediente do protelamento da publicação da decisão, adotado às vezes pelo Tribunal italiano.

A "simples declaração da incompatibilidade da norma com a Constituição sem a pronúncia da nulidade", ou a "declaração de norma ainda constitucional mas em trânsito para a inconstitucionalidade" e a técnica do "apelo ao legislador", configuram outros meios, adotados pela experiência alemã de solucionar, em abstrato, questões graves que emergirão no plano concreto. A multiplicidade das técnicas de decisão dá mostras de complexidade que o direito constitucional vai assumindo na atualidade. É indubitável que apenas o estudo aprofundado da disciplina e a alta sensibilidade dos juízes e operadores jurídicos possibilitarão a conquista de soluções ajustadas aos desafios que o fim do século está impondo aos cidadãos, em virtude da insegurança trazida, todos os dias, pelo inevitável fenômeno da inflação legislativa.

Em face da gravidade da situação, no contexto da reforma do Judiciário, o Ministério da Justiça elaborou proposta de Emenda Constitucional que será, oportunamente, discutida no Congresso Nacional, autorizando o Supremo Tribunal Federal a delimitar os efeitos da decisão declaratória de inconstitucionalidade, permitida inclusive a fixação de meros efeitos *ex nunc*. Neste ponto, segundo a proposta de Emenda referida, nosso direito passaria a contar com previsão semelhante àquela da Constituição portuguesa. Trata-se, aliás, de proposta defendida inclusive por um dos mais notáveis Ministros do Supremo Tribunal Federal. Está-se a referir ao Ministro Carlos Mário Velloso (*Revista Trimestral de Direito Público*, n. 4/216, São Paulo, Malheiros Editores, 1993), segundo o qual, "no que toca aos efeitos da declaração de inconstitucionalidade na ação direta de inconstitucionalidade por ato comissivo, deve a Constituição prever a possibilidade de o STF emprestar efeitos *ex tunc* ou *ex nunc* à declaração de inconstitucionalidade".

Em relação à previsão da Constituição Portuguesa, assim se expressam José Joaquim Gomes Canotilho e Vital Moreira (*Constituição da República Portuguesa anotada*, 3ª ed., Coimbra, Coimbra Editora, 1993, p. 1.042): "Ao permitir que o TC proceda à limitação de efeitos da declaração de inconstitucionalidade ou ilegalidade (nº 4), a Constituição permite-lhe manipular com certa amplitude os efeitos das sentenças, abrindo-lhe a possibilidade de exercer poderes tendencialmente normativos, embora vinculados aos pressupostos objectivos constitucionalmente fixados (segurança jurídica, razões de eqüidade ou interesse público de excepcional relevo).

"Os efeitos que o TC pode alterar (tornar de "alcance mais restrito") são os previstos nos números 1 e 2, a saber: (i) os efeitos retroactivos (eficácia *ex tunc)*; (2) os efeitos repristinatórios.

"Conseqüentemente, o TC poderá emanar sentenças declarativas de inconstitucionalidade (ou ilegalidade): (i) sem efeitos *ex tunc*, mas sim a partir e um momento ulterior, por exemplo, a partir da data da declaração de inconstitucionalidade (ou ilegalidade) ou a partir da data de publicação do acórdão no DR; (2) sem efeitos repristinatórios, não se repondo em vigor as normas anteriores.

"Resumindo, obtêm-se as seguintes conclusões quanto aos efeitos da declaração de inconstitucionalidade (ou ilegalidade) com força obrigatória geral: 1º – o regime-regra – que nem sequer precisa de ser explicitado pelo TC e que vale na falta de qualquer declaração sobre o assunto – é o de que os efeitos se produzem desde a entrada em vigor da norma declarada inconstitucional ou ilegal, ou desde o momento em que ela se tornou supervenientemente inconstitucional (ou ilegal), salvo quanto aos casos julgados, que não são afectados; 2º – o TC poderá ampliar os efeitos normais da declaração quanto à questão da ressalva dos casos julgados, excluindo dessa ressalva certos casos, nos termos do n. 3; 3º – o TC pode restringir os efeitos da declaração, quanto a dois aspectos: eliminando, total ou parcialmente, o efeito repristinatório e protelando o início de produção dos efeitos da declaração (de todos ou de parte deles)".

### *3.9 As situações jurídicas consolidadas sob a égide da lei inconstitucional e a sua desconstituição*

No caso em estudo, o Supremo Tribunal Federal declarou a inconstitucionalidade do art. 14 do ADCT da Constituição Catarinense. Não há dúvida que a declaração implica, ainda que implicitamente, na pronúncia da nulidade do dispositivo em questão. A decisão, neste caso, e bem por isso, produz efeitos *ex tunc*.

A decisão do Supremo Tribunal Federal, proferida em processo objetivo, não importa, todavia, na automática desconstituição das situações jurídicas consolidadas sob a sua égide. Sim, porque a decisão da Excelsa Corte opera efeitos, em princípio, ao nível normativo. Quanto aos atos praticados sob a égide do ato normativo nulificado, a estes cumpre verificar caso a caso se merecem ou não sofrer desconstituição. O que importa em dizer que as situações jurídicas de vantagem consolidadas diante da incidência da lei inconstitucional não são desconstituídas imediatamente em face da decisão do Supremo Tribunal Federal. Esta, operando no plano abstrato, não interfere diretamente no seio das relações jurídicas concretas. Sim, porque trata-se de decisão declaratória de inconstitucionalidade de um ato normativo, e não constitutiva-negativa das relações que se firmaram sob seu fundamento. Se é verdade que a declaração de inconstitucionalidade importa na pronúncia da nulidade da norma impugnada; se é certo, ademais, que a declaração de inconstitucionalidade torna, em princípio, ilegítimos todos os atos praticados sob o manto da lei inconstitucional, não é menos certo que há outros valores e preceitos constitucionais, aliás residentes na mesma posição hierárquica que o princípio constitucional implícito da nulidade das normas inconstitucionais, que exigem cumprimento e observância no juízo concreto. *É dizer, não é possível aplicar-se um princípio constitucional a qualquer custo.* Muito pelo contrário, é necessário desenvolver um certo juízo de ponderação a respeito das situações concretas nascidas sob a égide da lei inconstitucional, inclusive para o efeito de se verificar que, em determinados casos, razões de eqüidade e de justiça, recomendam a manutenção de certos efeitos produzidos pelo ato normativo inconstitucional.

É oportuno, neste sítio, lembrar a advertência de Ronaldo Poletti (*Controle da constitucionalidade das leis*. Rio de Janeiro, Forense, 1985, p. 119): "as eventuais situações de fato geradas pelos efeitos práticos indevidos, emanados da lei inconstitucional antes da declaração judicial da inconstitucionalidade, devem ser resolvidas sem prejuízo da dogmática do controle da constitucionalidade. O fundamento para essa solução há de estar na própria ordem jurídica, a qual está, teoricamente, apta a resolver todos os casos, ainda que nela não explicitados. Assim é que há categorias jurídicas a aplicar àquelas situações, como a imperatividade da justiça, a certeza do direito provocada pela lei (não obstante inconstitucional), a segurança das relações jurídicas, a paz social, etc. Tais categorias devem ser utilizadas, e certamente acontece, pelos Tribunais na solução dos casos concretos em que a nulidade da lei possa gerar prejuízos à boa distribuição da justiça".

Talvez por isso, nos Estados Unidos que, como o Brasil, admitem o controle judicial sucessivo, difuso e incidental da constitucionalidade, implicando a declaração de inconstitucionalidade em pronúncia da nulidade do ato impugnado, ocorrem determinadas situações, nas quais a declaração de inconstitucionalidade haverá de produzir apenas efeitos prospectivos. Por exemplo, quanto à matéria tributária, a Suprema Corte americana não determina a devolução dos impostos já pagos. Conforme anota Eduardo García de Enterría ("Justicia Constitucional, la doctrina prospectiva en la declaración de ineficacia de las leyes inconstitucionales", *RFP* 92/05-16, São Paulo, 1989): "se multiplicaran las razones: el contribuyente há recebido los benefícios de los gastos públicos financiados com el dinero del impuesto, *disrupt governmental finance* (desorganización de las finanzas gubernamentales), sentido de la seriedad en las transacciones consumadas, que se requiere una intervención del legislativo para obligar al pago a un ente público etc. etc. Sólo se admite la devolución a quien hubiese pagado bajo protesta o en vía de ejecución forzosa. *Field* asegura que este criterio se há formado a través de cientos de casos en que impuestos nacionales o estatales han sido declarados inconstitucionales".

Por outro lado, na Espanha, onde, como no Brasil ou nos Estados Unidos, admite-se a eficácia retroativa da decisão de inconstitucionalidade, recentemente o Tribunal Constitucional (Sentencia, de 20 de fevereiro), como noticia Eduardo García de Enterría (ob. cit., p. 14) seguindo a experiência americana, declarou a inconstitucionalidade de dispositivo legal (tratando a respeito do imposto sobre a renda) mas, todavia, impondo apenas a produção de efeitos prospectivos.

Levando, certamente, em consideração a complexidade da problemática, a jurista mineira Cármen Lúcia Antunes Rocha (*Constituição e constitucionalidade.* Belo Horizonte, Editora Lê, 1991, p. 153) assim argumenta: "É certo que, abstratamente posto o problema da declaração de inconstitucionalidade, não se pode deixar de considerar a impossibilidade de alegação correta sobre direitos nascidos em ato que não é de direito. Na prática, sabe-se bem, a questão é mais difícil e penosa em alguns casos. Nem sempre o simples e fulminante reconhecimento da inconstitucionalidade de uma lei significa que o igual e violento resultado de sua declaração com a subseqüente declaração de invalidade de seus efeitos configura a melhor solução de justiça. A lei, que não nasceu – como, hoje, normalmente não nasce – da fonte direta do povo, incide sobre este, que age em perfeita consonância com ela. Depois de sua ação, e quando já consolidados os efeitos dela nascidos, mesmo que não de Direito, podem encontrar-se situações cujo desfazimento seja mais injusto que a própria manutenção dele, ainda que desconforme aos parâmetros a serem seguidos. Vejamos o exemplo de declaração de inconstitucionalidade de uma lei pela qual se tenha fixado a concessão de uma gratificação específica de entrega em uma única oportunidade, a servidores públicos do mais baixo nível remuneratório encontrado em determinado quadro da Administração Pública. Imaginemos que esta lei seja declarada inconstitucional por ser desconforme a princípios constitucionais que impeçam tal concessão, naquele sistema no qual se indaga, ou mesmo que ela tenha sido formalmente viciada. Paga a gratificação concedida a servidores que recebem remuneração íntima, tempos depois é declarada a inconstitucionalidade da lei. Como exigir a devolução imediata de quem não teve qualquer participação no equívoco, de quem não tem o suficiente, muitas vezes, nos países como os da América do Sul, sequer para responder em cada mês pelas suas necessidades, de quem se tenha valido daquela parcela remuneratória para suprir despesas mínimas por vezes mesmo alimentícias? Pode ocorrer, pois, embora seja a hipótese excepcional e rara, que a aplicação da lei antes da declaração de inconstitucionalidade ou de sua suspensão liminar, tenha provocado situações cujo desfazimento comprometeriam mais amplamente a justiça material buscada".

Como dito, antes, no direito brasileiro, porque o Supremo Tribunal Federal não dispõe, no controle abstrato, de competência para restringir os efeitos da declaração de inconstitucionalidade, resolvendo desde logo, *no exercício de um poder tendencial-*

*mente normativo*, com eficácia *erga omnes*, questões que emergirão no plano concreto, a decisão de inconstitucionalidade limita-se a reconhecer a nulidade da lei, ficando para o plano judicial concreto, a solução das situações em que, eventualmente, a incidência de outros princípios constitucionais e valores (boa-fé, segurança, justiça, razoabilidade) aconselha a permanência, no plano concreto, de determinados efeitos já produzidos. As situações jurídicas consolidadas ou criadas sob a égide da lei ilegítima não são, por isso mesmo, automaticamente desconstituídas, exigindo-se, antes, ocorrente situação jurídica de vantagem integrada ao patrimônio do particular, um procedimento de desconstituição no qual, assegurada ampla defesa e o exercício do contraditório, possa ser construído um juízo prudencial capaz de ponderar e, se possível, conciliar os valores constitucionais que eventualmente encontram-se em jogo.

*Não há novidade alguma no que se está afirmando. A conclusão decorre inexoravelmente da distinção reconhecida entre o controle concreto e o controle abstrato de normas.* O controle abstrato tem a finalidade precípua, reitere-se pela importância, de proteger a ordem jurídica objetiva. *Por isso, a função jurisdicional neste caso se aproxima bastante de uma atividade legislativa de caráter negativo.* As questões concretas, decorrentes da incidência da lei não são, no direito brasileiro, levadas em consideração. Referidas questões somente serão objeto de apreciação judicial em sede de processo subjetivo.

Esta é a razão pela qual o Supremo Tribunal Federal não julga ação direta de inconstitucionalidade contra ato normativo revogado. Se o ato normativo foi revogado antes da propositura da ação direta, pouco importando se produziu efeitos concretos ou não, a ação não é conhecida. Na hipótese, todavia, de ter ocorrido a revogação da lei após a propositura da ação direta, entende o Supremo Tribunal Federal que é caso de extinção do processo por perda do objeto, pouco importando, mais uma vez, a realização de efeitos concretos. Em determinada ação direta de inconstitucionalidade (n. 870-DF, *RTJ* 151/423), a Excelsa Corte definiu de modo cristalino o seu pensamento, decidindo que "a revogação do ato normativo impugnado ocorrida posteriormente ao ajuizamento da ação direta, mas anteriormente ao seu julgamento, a torna prejudicada, independentemente da verificação dos efeitos concretos que o ato haja produzido, *pois eles têm relevância no plano das relações jurídicas individuais, não, porém, no controle abstrato de normas*" (gn).

Na Ação Direta de Inconstitucionalidade n. 709 (*RDA* 197/180), o pronunciamento do Supremo Tribunal Federal foi ementado da seguinte forma: "Efeitos concretos da lei revogada, durante a sua vigência. Matéria que, por não constituir objeto da ação direta, deve ser remetida às vias ordinárias. A declaração em tese da lei que não mais existe transformaria a ação direta, em instrumento processual de proteção de situações jurídicas pessoas e concretas".

Nesta ação direta, o Ministro Celso de Mello (ob. cit., p. 185) teve ocasião de considerar que: "a questão da repercussão jurídica das conseqüências decorrentes da aplicação da lei inquinada de inconstitucionalidade mostra-se irrelevante em face da natureza mesma do processo de fiscalização normativa abstrata, que, por fazer instaurar relações processuais eminentemente objetivas, desconsidera, por isso mesmo, as situações concretas e individuais eventualmente emergentes do ato normativo questionado objeto de revogação superveniente".

Aliás, a posição acima transcrita encontra-se em consonância com aquela manifestada na Representação n. 971-RJ, pelo e. Ministro Moreira Alves: "A meu ver, a ação direta de declaração de inconstitucionalidade existe para tutelar a ordem jurídica objetiva, por isso nela se julga a inconstitucionalidade da lei em tese. Ela tutela a ordem jurídica vigente, e não a ordem jurídica passada, a ordem jurídica histórica. *Os efeitos concretos que dela nasceram e que permanecem devem ser atacados em ação própria*, e não indiretamente, por meio excepcional, que só se criou para fazer respeitar, no terreno do direito objetivo, o princípio da hierarquia das leis. A não ser assim, e poderão ser intentadas ações diretas de declaração de inconstitucionalidade da lei em tese somente porque há efeitos remanescentes decorrentes da aplicação da lei revogada, o que aberra do próprio fim a que visa a representação".

Nos termos do erudito voto do Ministro Celso Mello, na ação direta antes citada, "a discussão sobre os efeitos remanescentes verificados *in concreto,* sob a égide da espécie normativa impugnada, deverá efetivar-se no âmbito dos processos de índole subjetiva, onde as situações individuais supostamente afetadas pela lei inconstitucional revogada, poderão merecer a tutela jurisdicional do Estado, fundada no controle incidental de constitucionalidade da norma editada pelo Poder Político" (ob. cit., p. 187).

E continua: "a questão referente à validade das relações jurídicas que se estabeleceram à luz do ato normativo argüido de inconstitucional há de ser, pois, analisada e resolvida mediante a instauração do controle difuso de constitucionalidade, acessível a qualquer pessoa que disponha de interesse e de legitimidade (CPC, art. 3º)".

Parece claro, portanto, que o controle concentrado de normas, instrumentalizado pela ação direta de inconstitucionalidade, produz efeitos no plano normativo, atuando como verdadeira *atividade legislativa negativa*, protegendo a ordem constitucional objetiva pela retirada com efeitos *ex tunc*, na norma viciada. *A decisão, todavia, porque não trata dos efeitos concretos virtualmente produzidos e, ainda, porque ignora a natureza das relações que nasceram sob a égide da lei fulminada, não é suficiente para desconstituir, automaticamente, por si só, as situações jurídicas de vantagem eventualmente instauradas.*

É certo que em determinadas hipóteses a simples decisão do Supremo Tribunal Federal é capaz de, sozinha, restaurar a integralidade da ordem jurídica, eis que incorrentes situações jurídicas consolidadas sob a sua égide. Em situações em que o Estado pautou sua ação (matéria tributária, por exemplo) na lei nulificada, não há dúvida que, de ofício e unilateralmente, cabe ao Poder Público rever tais atos, devolvendo as quantias cobradas indebitamente por exemplo. Em outros casos, em que relações privadas foram constituídas, parece evidente que as eventuais situações poderão ser desconstituídas seja por vontade mútua, seja ainda em virtude de pronunciamento judicial. No caso, porém, de atuação administrativa, envolvendo a criação de situações jurídicas de vantagem para o particular, é incontestável que a ação unilateral do Estado não é suficiente, devendo ser instaurado o devido processo legal (administrativo ou judicial) para a sua desconstituição. Processo este que, evidentemente, não discutirá a respeito da constitucionalidade ou da inconstitucionalidade da lei que fundamentou a emergência da situação constitutiva de seu objeto, tratando-se esta de questão já decidida pelo Excelso Pretório. Cumprirá à Administração, entretanto, instaurando o processo, fazer observar o princípio constitucional do devido processo legal, segundo o qual "ninguém será privado da liberdade ou de seus bens sem o devido processo legal" (art. 5º, LIV, da Constituição Federal). Caberá, neste caso, ao detentor da situação jurídica decorrente de norma posteriormente invalidada, produzir sua defesa, inclusive levantando outros dispositivos constitucionais que merecem observância para a solução do caso concreto, a despeito do pronunciamento do Supremo Tribunal Federal.

É preciso deixar claro que para a solução dos casos concretos envolvendo a problemática dos efeitos de um ato administrativo ou legislativo passível de invalidação é necessário certa dose de criatividade (F. Rubiof Llorente, "La Jurisdicción constitucional como forma de creación del Derecho", *Revista Espanhola de Derecho Constitucional*, 1988, n. 22, pp. 36 e ss.). Por isso, ocorre neste ponto trazer à colação os ensinamentos de Weida Zancaner (*Da convalidação e da invalidação dos atos administrativos*, 2ª ed., São Paulo, Malheiros Editores, 1993, pp. 61-63): "Os limites ao dever de invalidar surgem do próprio sistema jurídico-positivo, pois, como todos sabemos, coexistem com o princípio da legalidade outros princípios que devem ser levados em conta quando do estudo da invalidação.

"Claro está que o princípio da legalidade é basilar para a atuação administrativa, mas como se disse, encartados no ordenamento jurídico estão outros princípios que devem ser respeitados, ou por se referirem ao Direito como um todo, como por exemplo, o princípio da segurança jurídica, ou por serem protetores do comum dos cidadãos, como por exemplo, a boa-fé, princípio que também visa protegê-los quando de suas relações com o Estado.

"Assim, em nome da segurança jurídica, simetricamente ao que referimos quanto à convalidação, o decurso de tempo pode ser, por si mesmo, causa bastante para estabilizar certas situações fazendo-as intocáveis. Isto sucede nos casos em que se costuma falar em prescrição, a qual obstará a invalidação do ato viciado. Esta é pois, uma primeira barreira à invalidação.

"Por sua vez, o princípio da boa-fé assume importância capital no Direito Administrativo, em razão da presunção da legitimidade dos atos administrativos, presunção esta que só cessa quando esses atos são contestados, o que coloca a Administração Pública em posição sobranceira com relação aos administrados.

"Ademais, a multiplicidade das áreas de intervenção do Estado moderno na vida dos cidadãos e a tecnicização da linguagem jurídica tornaram extremamente complexos o caráter regulador do Direito e a verificação da conformidade dos atos concretos e abstratos expedidos pela Administração Pública com o direito posto. Portanto, a boa-fé dos administrados passou a ter importância imperativa no Estado Intervencionista, constituindo, justamente com a segurança jurídica, expediente indispensável à distribuição da justiça material. É preciso tomá-lo em conta perante situações geradas por atos inválidos.

"Com efeito, atos inválidos geram conseqüências jurídicas, pois se não gerassem não haveria qualquer razão para nos preocuparmos com eles. Com base em tais atos certas situações terão sido instauradas e na dinâmica da realidade podem converter-se em situações merecedoras de proteção, seja porque encontrarão em seu apoio alguma regra específica, seja porque estarão obrigadas por algum princípio de Direito. Estes fatos posteriores à constituição da relação inválida, aliados ao tempo, podem transformar o contexto em que se originou, *de modo a que fique vedado à Administração Pública o exercício do dever de invalidar, pois fazê-lo causaria ainda maiores agravos ao Direito, por afrontar à segurança jurídica e à boa-fé*" (gn).

Desse entendimento participam outros juristas de nomeada, como Celso Antônio Bandeira de Mello (*Curso de direito administrativo*, 4ª ed., São Paulo, Malheiros Editores, 1993, p. 238) e, embora em relação aos contratos administrativos, e Lucia Valle Figueiredo (*Extinção dos contratos administrativos*, São Paulo, Ed. RT p. 92).

Por outro lado, em relação à matéria, é clássica a lição de Miguel Reale (*Revogação e anulamento do ato administrativo*, Rio de Janeiro, Forense, 1980, pp. 28-9), segundo a qual a doutrina e a jurisprudência vêm: "...admitindo, de um lado, a possibilidade de haver-se como legítimo um ato nulo ou anulável, em determinadas e especialíssimas circunstâncias, bem como a constituição, em tais casos, de direitos adquiridos, e, de outro, considerando-se exaurido o poder revisional *ex officio* da Administração, após um prazo razoável.

"No primeiro sentido, Olivier Dupeyroux, expondo e adotando a tese de De Soto, sobre os limites da revisão *ex officio* dos atos administrativos singulares, assim concluiu: A solução do Conselho de Estado consiste, em suma, em admitir, de um lado, que nenhum direito subjetivo pode, em princípio, nascer de uma decisão irregular da Administração, mas, de outro lado, que o decurso de certo tempo cria uma confiança legítima no espírito dos particulares e transforma uma situação de fato em uma situação jurídica, em direito subjetivo. Haveria, desse modo, uma espécie de prescrição aquisitiva de um direito subjetivo à manutenção do ato."

Para o jurista, na obra citada, "é impossível desconhecer o valor adquirido por certas situações de fato constituídas sem dolo, mas eivadas de infrações legais a seu tempo não percebidas ou decretadas".

Lucia Valle Figueiredo (*Extinção dos contratos administrativos*, ob. cit., pp. 78-79) anota que a invalidação deve ocorrer, em princípio, quando haja vício no ato administrativo. Haverá, porém, "hipóteses em que situações passadas não podem ser reconstituídas por obstáculo de outras normas jurídicas, não apanhando, de conseguinte, os efeitos já consumados".

### 4. *Os atos administrativos consumados e a jurisprudência*

Lembra Vitta (*Diritto Amministrativo*, 1949, v. I, p. 438) que o ordenamento jurídico não deixa de respeitar fatos ocorridos há tempo, muito embora não conformes à lei. Cabe ao operador jurídico, neste caso, decidir sopesando valores com vistas à produção de uma decisão justa. A questão do tempo decorrido, então, consiste, segundo Miguel Reale (ob. cit., p. 73) em "*matéria que se deve conter dentro dos critérios da prudência e da eqüidade, que devem nortear as decisões da autoridade administrativa e as da Justiça*".

O Judiciário brasileiro não vem descurando essa verdade. Cite-se, como exemplo, julgado do Egrégio Tribunal Regional Federal da 4ª Região (Apelação em Mandado de Segurança n. 89.04.00775-5-RS; rel. Juiz Passos de Freitas) com a seguinte ementa: "Direito administrativo. Concurso público. Fato consumado. Fim social da lei. Tendo sido assegurado por liminar no ano de 1987, confirmada por sentença, o direito da impetrante participar de concurso, no qual foi aprovada e nomeada para o cargo, inclusive depois tendo sido promovida, impõe-se confirmar a sentença que julgou procedente a ação mandamental, em obséquio à segurança das relações jurídicas e com vistas ao fim social da lei (Lei de Introdução ao Código Civil, art. 5º)".

Na mesma direção, aceitando as situações consumadas pelo tempo, cumpre citar, junto ao Colendo Superior Tribunal de Justiça, o Recurso Especial n. 5.720-RS (sessão de 20.5.91), onde figurou como relator o e. Ministro Hélio Mosimann, onde firmou-se o entendimento seguinte: "Mandado de Segurança. Ensino Superior. Exame vestibular. Matrícula. Fato consumado por força da concessão de liminar. Situação consolidada. Se a matrícula na Faculdade de Medicina, após exame vestibular prestado há mais de três anos, foi assegurada em cumprimento a decisão judicial, tornando o fato consumado pelo decurso do tempo, sem prejuízo de terceiros, merece respeito a situação já consolidada".

O Excelso Pretório, igualmente, em vários julgados tem-se mostrado sensível à questão do decurso do tempo. No Recurso Extraordinário n. 85.179 (Estado do Rio de Janeiro *versus* Lindalva Medeiros de Garrido e outros), onde atuou como Relator o saudoso Ministro Bilac Pinto, decidiu a Egrégia Corte que o decurso do tempo (e, no caso, tratava-se de pouco mais de dois anos) "pode consolidar nomeação feita em virtude de medida liminar em mandado de segurança". O precedente se ajusta com perfeição ao presente caso. Com efeito, concluiu o Supremo, no caso em tela, que "criou-se situação de fato, que o tempo acabou por consolidar". Aliás, em casos semelhantes o Supremo tem-se orientado no sentido de "atender a tais situações cuja excepcionalidade aconselha encarar o problema mais sob o aspecto da finalidade social das leis do que de uma severa interpretação literal dos textos" (RMS n. 17.444; *RTJ* 45/589).

Na mesma linha, mas também considerando outros valores constitucionais (boa-fé, inexistência de prejuízo para o Poder Público, paz jurídica, segurança jurídica etc.), decidiu o Superior Tribunal de Justiça em Mandado de Segurança envolvendo questão que pode ser aproveitada para o presente parecer (Recurso em Mandado de Segurança n. 407; *RDA* 184/113-118). O Acórdão, rico em doutrina e sopesando valores, deu provimento a recurso interposto para evitar desconstituição de concurso e das conseqüentes nomeações. No acórdão, aliás, ficou clara a impossibilidade de decretação da nulidade de ato administrativo quando inocorrente lesão ao patrimônio público.

Convém trazer à colação pequena parte da rica exposição desenvolvida pelo Ministro Gomes de Barros, digno Relator do caso em comento: "*Merece destaque no primoroso trabalho do e. Subprocurador da República, a segura reportagem, nele desenvolvida, da evolução doutrinária, em tema de revisão dos atos administrativos. Bastava a alegação de que o tal malsinado padecia de nulidade.*

"*Mais tarde, surgiu a preocupação de se compatibilizar o princípio da autotutela da Administração com aqueles outros relativos à segurança das relações jurídicas, no resguardo da boa-fé e do próprio interesse público.*

"*Envolvidas nesta preocupação, a doutrina e a jurisprudência desenvolvem constantes pesquisas, em busca da solução de compromisso, capaz de intaurar o equilíbrio, como bem observam* Erichsen e Martens:

"*O princípio da legalidade da administração constitui apenas um dos elementos do postulado do Estado de Direito. Tal postulado contém igualmente os princípios da segurança jurídica e da paz jurídica, dos quais decorre o respeito ao princípio da boa-fé do favorecido. Legalidade e segurança jurídica constituem dupla manifestação do Estado de Direito, tendo por isto, o mesmo valor e mesma hierarquia. Daí resulta que a solução para um conflito concreto entre matéria jurídica e interesses há de levar em conta todas as circunstâncias que o caso possa eventualmente ter*" (trad. do Prof. Gilmar F. Mendes, cf. fl. 361 destes autos).

Em outro julgado, onde mais uma vez figurou como Relator o digno Ministro Gomes de Barros (Recurso Especial n. 6.518. Recorrente: Estado do Rio de Janeiro; Recorrida: Ana Lúcia de Abreu Gomes), o Egrégio Superior Tribunal de Justiça reiterou seu caminhar nessa direção, definindo que "*a estabilidade da ordem jurídica depende de que se prestigiem entidades como a boa-fé e a segurança das relações jurídicas. Em lenta e segura evolução, a doutrina e a jurisprudência aproximaram-se de uma solução de equilíbrio entre aqueles valores simétricos*".

O Superior Tribunal de Justiça, nesse julgado, teve ocasião de definir – de maneira absolutamente feliz – pela voz do Eminente Ministro Relator que: "Em tema de nulidade do ato administrativo, é necessário temperar a rigidez do princípio da legalidade formal, para que ele se coloque em harmonia com outros valores essenciais à perpetuação do Estado de Direito".

Aliás, esse tipo de ponderação de valores, constitui também orientação professada pelo Colendo Supremo Tribunal Federal. Com efeito, no Recurso Extraordinário n. 122.202 (*RDA* 202/161-298), a Egrégia Corte decidiu que: "Recurso Extraordinário. Efeitos da declaração de inconstitucionalidade em tese pelo Supremo Tribunal Federal. Alegação de direito adquirido. Acórdão que prestigiou a lei estadual à revelia da declaração de inconstitucionalidade desta última pelo Supremo. Subsistência de pagamento de gratificação mesmo após a decisão *erga omnes* da Corte. Jurisprudência do STF no sentido de que a retribuição declarada inconstitucional não é de ser devolvida no período de validade inquestionada da lei de origem – mas tampouco paga após a declaração de inconstitucionalidade. Recurso extraordinário provido em parte".

Em caso em tudo semelhante ao acima transcrito (Recurso Extraordinário n. 105.789-MG, rel. Ministro Carlos Madeira, *RTJ* 118/300), o Supremo Tribunal Federal decidiu que: "Magistrado. Garantia constitucional da irredutibilidade de vencimento. A nova qualificação do tempo de serviço, anos depois de averbado e de haver produzido efeitos pecuniários em favor do magistrado, malfere a garantia constitucional da irredutibilidade de vencimentos, que torna intangível o direito que já nasceu e não pode ser suprido sem que sejam diminuídas as prerrogativas que suportam o seu cargo. Recurso conhecido e provido".

No caso referido pela ementa acima transcrita, tendo o Supremo Tribunal Federal declarado inconstitucional, em sede de controle abstrato (Representação n. 861, *RTJ* 61/592), determinado dispositivo da Constituição de Minas Gerais que autorizava, quanto aos magistrados, peculiar forma de cômputo do tempo de serviço anteriormente prestado, aceitou, depois, em sítio de processo subjetivo (mandado de segurança), que a garantia da irredutibilidade dos vencimentos dos beneficiários supera "*o efeito 'ex tunc' da declaração de inconstitucionalidade da norma, pois a averbação (de tempo de serviço) não se deu apenas para os efeitos de aposentadoria e disponibilidade, como previa o dispositivo da Constituição do Estado, mas para o de adição de vantagem pecuniária genérica por cada qüinqüênio de permanência no cargo*". Aqui, tendo o interessado formulado pedido, que foi indeferido pelo Presidente do Tribunal de Justiça de Minas Gerais, para que o tempo de serviço anteriormente prestado continuasse averbado, não obstante a decisão em ação direta proferida pelo Supremo Tribunal Federal, impetrou mandado de segurança que, em sede recursal, foi concedido pela Excelsa Corte.

Convém citar, por derradeiro, decisão do Tribunal de Justiça do Estado do Paraná que, em dois casos, reconhecendo a incidência de motivos suficientes para a consolidação de atos de provimento, especialmente o transcurso do tempo e a boa-fé dos beneficiados, concedeu *writ of mandamus* impetrado para impugnar decreto editado pelo Chefe do Executivo que, pretendendo dar cumprimento a decisão (de mérito) com efeitos *ex tunc* e *erga omnes*, proferida em ação direta de inconstitucionalidade, anulou os atos de provimento de cargos decorrentes da lei declarada inconstitucional. No Mandado de Segurança n. 54/87, de Curitiba, a Suprema Corte Paranaense considerou que o tempo de exercício dos cargos cujos provimentos os atos impugnados desfizeram, e a boa-fé dos impetrantes reconhecida pelo próprio Estado, constituem relevantes fundamentos para o acolhimento das pretensões deduzidas no *mandamus*. Do mesmo modo decidiu-se no Mandado de Segurança n. 2.368-5, de Curitiba. Em ambos figurou como relator o e. Desembargador Ronald Accioly.

As citadas decisões, a orientação da doutrina, os princípios constitucionais, tudo somado, conforme está-se a considerar, contribui para a demonstração da necessidade de serem consideradas outras razões, trazidas certamente pelos prejudicados, para efeito de desconstituição das situações jurídicas de vantagem criadas em face de relações mantidas pela Administração Pública com o particular, mesmo decorrentes de lei declarada inconstitucional em sede de controle abstrato.

Cumpre neste ponto, trazer à colação, as ricas considerações levantadas pelo Ministro Leitão de Abreu no Recurso Extraordinário n. 79.343 (*RTJ* n. 82:791-795), no qual figurou como relator: "Tenho que procede a tese consagrada pela corrente discrepante, a que se refere o *Corpus Juris Secundum,* de que a lei inconstitucional é de fato eficaz, ao menos antes da determinação de inconstitucionalidade, podendo ter conseqüências que não é lícito ignorar. A tutela da boa-fé exige que, em determinadas circunstâncias, notadamente quando, sob a lei ainda não declarada inconstitucional, se estabeleceram relações entre o particular e o Poder Público, se apure, prudencialmente, até que ponto a retroatividade da decisão, que decreta a inconstitucionalidade, pode atingir, prejudicando-o, o agente que teve por legítimo o ato e, fundado nele, operou na presunção de que estava procedendo sob o amparo do direito objetivo".

Se é certo que a tese do Ministro Leitão de Abreu não foi a vencedora, se é certo ademais que o Supremo Tribunal Federal tem como pacífico que a decisão que declara a inconstitucionalidade de uma lei, nomeadamente em sede de controle abstrato, implica a produção de efeitos *erga omnes* e *ex tunc*, é certo, igualmente, que o próprio Supremo Tribunal Federal entende que os efeitos do controle abstrato não implicam, no plano concreto, a imediata destruição de relações jurídicas constituídas sob a égide da lei inconstitucional, todavia com apoio na boa-fé, da segurança jurídica, na presunção de legitimidade do ato legislativo. Pelo contrário, deixou claro que, a atenuação dos efeitos da decisão, que em face do sistema constitucional atual não pode ser feita em sede de controle abstrato, pode, eventualmente, e caso a caso, ser feita, sim, em face de outro tipo de pronunciamento judicial. Afinal, se, no reino do controle abstrato, o Supremo se limita a verificar a compatibilidade da norma impugnada com a Constituição, por meio de outro processo, nomeadamente, por meio do processo subjetivo, caberá ao Judiciário e, inclusive, ao Supremo diante da interposição de recurso cabível (ordinário ou extraordinário), sopesar valores, conciliar princípios e normas constitucionais, para construir uma decisão judicial comprometida com a justiça, com a eqüidade e com a razão.

É preciso, então, neste ponto, deixar absolutamente transparente que a declaração de inconstitucionalidade não afeta todos os atos singulares praticados com fundamento na lei inconstitucional, destruindo-os desde logo. Sim, é verdade que o direito brasileiro aceita genericamente a idéia de que o ato fundado em lei inconstitucional está eivado, igualmente, de iliceidade (RMS n. 17.976, relator Ministro Amaral Santos, *RTJ* 55/744). Todavia, o direito brasileiro concede proteção ao ato concreto (*ato singular*) praticado com fundamento na lei nulificada, procedendo-se, como se tem argumentado neste parecer, à distinção entre *o efeito da decisão no plano normativo (abstrato)* e o *efeito da decisão no plano normado (concreto).* No primeiro plano, a decisão produz eficácia *ex tunc*. No segundo plano, em princípio, também sim. Há, todavia, que se proceder, quando possível (por vezes há fórmulas impeditivas*: a coisa soberanamente julgada* em matéria civil, por exemplo), a desconstituição do ato singular. Neste caso, a Administração deve providenciar a invalidação do ato singular de ofício. Outras vezes, criadas situações jurídicas de vantagem, há necessidade da instauração do devido processo legal (administrativo ou judicial), onde, com a garantia da ampla defesa e do contraditório, um juízo prudencial merece ser feito, atendendo-se a outros valores, regras e princípios constitucionais que não é lícito ao Poder Público descurar.

### *4.1 O controle abstrato e a processualidade administrativa*

Como foi, antes, demonstrado, o Supremo Tribunal Federal julgou procedente a ação direta de inconstitucionalidade aforada contra o art. 14 do ADCT da Constituição de Santa Catarina. No momento em que foi concluído o referido processo objetivo de tutela e guarda da Constituição, a norma constitucional estadual encontrava-se já com sua eficácia exaurida. Com efeito, tinha proporcionado já todos os efeitos a que se destinava. Sua carga eficacial encontrava-se esgotada, de modo que os titulares das situações de vantagem criadas pela referida norma já haviam, em face de ato do Poder Público, sido investidos nos cargos relativos às respectivas serventias.

O contencioso concentrado de inconstitucionalidade, como foi já insistentemente demonstrado, configura verdadeiro processo objetivo, de modo que os terceiros concretamente interessados, mesmo que venham a ser atingidos pela decisão judicial, estão impedidos de ingressar no feito, inclusive para produzir a defesa do ato impugnado, seja na qualidade de litisconsortes ou de assistentes. Por outro lado, encontram-se, os terceiros concretamente interessados, impedidos também de interpor recurso contra a decisão proferida pela Corte Suprema em matéria de controle abstrato. De modo que, impedidos de formular defesa, possuindo direito ao devido processo legal, não podem ser impedidos de, por ocasião da iniciativa da desconstituição dos atos administrativos decorrentes da lei inconstitucional que os investiu nas serventias que ora estão a ocupar, formular defesa dos interesses legítimos que possuem.

Não cabe, portanto, à Administração, no caso ao Poder Judiciário, como seria pensável a partir de um raciocínio menos elaborado, apenas baixar provimentos invalidando (declarando a nulidade dos) os atos singulares e concretos dos quais nasceram as relações jurídicas que ainda hoje se renovam envolvendo os serventuários beneficiados pela normativa constitucional impugnada e o Poder Público. Pelo contrário, (i) porque outras questões podem ser suscitadas, e que não têm lugar no controle abstrato e, mais, (ii) porque os interessados não puderam ainda produzir a defesa de suas posições, sendo certo que no Estado de Direito criado pela Constituição de 1988 (iii) o princípio do devido processo legal é um dos mais caros, incidindo inclusive sobre o território típico da Administração, mesmo quando exercitada pelo Poder Judiciário, a anulação dos atos singulares de investidura (nomeação) dos serventuários, praticados em decorrência do permissivo constitucional invalidado, não poderá ocorrer em face de manifestação unilateral do Poder Público, sendo indispensável a instauração do competente processo administrativo ou, então, a provocação da função jurisdicional típica por meio do órgão que representa judicialmente o Estado de Santa Catarina (Procuradoria-Geral do Estado). Nesta última hipótese, caberá ao Poder Judiciário/Administração encaminhar à Procuradoria-Geral do Estado expediente solicitando o aforamento da competente ação judicial perante o Poder Judiciário/Jurisdição.

Em obra que ainda não foi, por sua excelência, suficientemente louvada, Odete Medauar (*A processualidade no Direito Administrativo*, São Paulo, Ed. RT. 1993, pp. 81-82), discorrendo a respeito do princípio do devido processo legal, previsto na Constituição Federal no art. 5º, incisos LIV e LV, insiste, com inteira razão, em que ele incide também sobre o território administrativo. Não pensam de outro modo notáveis juristas como Carlos Roberto de Siqueira Castro (*O devido processo legal e a razoabilidade das leis na nova Constituição do Brasil*, Rio de Janeiro, Forense, 1989, pp. 39, 40 e 319), Ada Pellegrini Grinover

("Garantias do contraditório e ampla defesa", in *Jornal do Advogado*, secção de São Paulo, n. 175, nov./90, p. 9) e Ana Lúcia Berbert Fontes ("Garantia do devido processo legal – Princípio constitucional da Administração Pública", *Revista da Procuradoria-Geral do Estado da Bahia* 14, jul.-dez./90, p. 95).

Segundo esta última autora, o devido processo legal torna-se um princípio da Administração Pública: "na medida em que a Constituição instituiu um Estado Democrático de Direito e estendeu esse princípio aos processos administrativos. A partir da Constituição de 1988, esse postulado é, portanto, garantia do cidadão, do administrado e do servidor nas suas relações com a Administração Pública. Assim, estando essa garantia inserta no âmbito da Administração Pública, o que da essência dela se extrai vigora nessa esfera".

Comentando a passagem escrita por Ana Lúcia Berbert Fontes, Odete Medaur (ob. cit., p. 82) assevera que o inciso LIV no art. 5º da Constituição: "impõe a realização do processo administrativo, com as garantias do contraditório e ampla defesa, nos casos de controvérsia e ante a existência de acusado. No âmbito administrativo, desse modo, o devido processo legal não se restringe somente às situações de possibilidade de privação de liberdade e de bens, mas abrange as hipóteses de controvérsia ou conflito de interesses e de existência de acusados.

"No concernente aos sujeitos, o devido processo legal significa o conjunto de garantias que lhes são propiciadas para tutela de posições jurídicas ante a Administração. Sob o ângulo do poder público consiste na obrigatoriedade de atuar mediante processo em determinadas situações.

"A combinação dos incs. LIV e LV do art. 5º resulta na imposição de processo administrativo que ofereça aos sujeitos oportunidade de apresentar sua defesa, suas provas, de contrapor seus argumentos a outros, enfim, a possibilidade de influir na formação do ato final. O devido processo legal desdobra-se, sobretudo, nas garantias do contraditório e ampla defesa, aplicadas ao processo administrativo.

Convém, ainda, trazer à tona exposição a respeito da matéria feita pela mesma autora em outro lugar (*Direito administrativo moderno*, São Paulo, Ed. RT, 1995, pp. 191-2): "a leitura do citado inciso LV suscita a questão do significado do termo "litigantes" na perspectiva do processo administrativo. Diferentemente do passado, as correntes doutrinárias contemporâneas já trabalham com a idéia de multiplicidade de interesses, de diversidade de pontos de vista, de controvérsias a respeito de direitos no âmbito da atuação administrativa. Daí merecer acolhida a diretriz aventada por Ada Pellegrini Grinover ao examinar o sentido do termo "litigantes" na esfera administrativa: "O litigante surge em razão de uma controvérsia, em razão de um conflito de interesses... Haverá litingantes sempre que houver um conflito de interesses, sempre que houver uma controvérsia".

"A exigência de processo administrativo abrange, portanto, situações em que dois ou mais administrados apresentam-se em posição de controvérsia entre si, perante uma decisão que deva ser tomada pela Administração; p. ex: nas licitações, concursos públicos, licenciamento ambiental. *Abrange também os casos de controvérsias entre administrados (particulares ou servidores) e a Administração*; p. ex.: licenças em geral, recursos administrativos em geral, reexame de lançamento (processo administrativo tributário)" (gn).

Os dados doutrinários acima referidos são mais do que suficientes para demonstrar que, após a promulgação da Constituição de 1988, os cidadãos dispõem, em face da Administração Pública, de uma garantia constitucional de observância compulsória, qual seja a decorrente do princípio do devido processo legal (art. 5º, LIV e LV da Constituição Federal). De modo que, ocorrente situação de vantagem, o poder/dever da Administração Pública invalidar ato praticado com fundamento em lei inconstitucional, mesmo após a declaração da inconstitucionalidade em sede de controle abstrato pelo Supremo Tribunal Federal, deve ser exercitado, todavia, observando-se, inexoravelmente, o princípio constitucional do devido processo legal.

No que se refere concretamente à situação dos serventuários nomeados em virtude do disposto no art. 14 do ADCT da Constituição do Estado de Santa Catarina, a invalidação do atos singulares de investidura, assim como a desconstituição da relação jurídica envolvendo o serventuário e o Poder Público em decorrência daqueles atos, não pode ser feita de modo unilateral, exigindo-se antes a observância do devido processo judicial ou administrativo, onde poderá o serventuário atingido produzir a sua defesa, inclusive levantando pontos que, insuscetíveis de apreciação na ação direta de inconstitucionalidade, serão, eventualmente, suficientes para autorizar a restrição de alguns efeitos produzidos pela declaração de inconstitucionalidade em homenagem a outros valores e princípios também agasalhados no texto da Constituição Federal de 1988.

*4.2 Conclusões*

Do que foi exposto até aqui, é possível extrair as seguintes conclusões:

*1.* O Brasil experimenta o controle judicial da constitucionalidade das leis desde a primeira República. A Constituição de 1891 foi a primeira a aceitar o controle judicial sucessivo, incidental e difuso da constitucionalidade.

*2.* A ação direta interventiva, instituída pela Constituição de 1934, aperfeiçoada pela de 1946 e, mantida pela 1988, como instrumento de defesa dos *princípios constitucionais sensíveis*, configura a primeira aproximação do direito brasileiro com o modelo continental europeu de controle da constitucionalidade. Com efeito a ação direta interventiva constituiu o primeiro passo, adotado pelo direito brasileiro, no sentido de experimentar um controle concentrado da constitucionalidade das leis.

*3.* A partir da Emenda Constitucional 16/65, o Brasil adotou a ação direta de inconstitucionalidade, mecanismo de controle concentrado e abstrato da legitimidade das leis, cuja competência foi atribuída, privativamente, ao Supremo Tribunal Federal.

*4.* Desde então, não obstante as novidades trazidas pela Constituição de 1988 e pela Emenda Constitucional 3/93, o Brasil desenvolve um modelo complexo de controle de constitucionalidade dos atos normativos do Poder Público, que implica a convivência do controle difuso-incidental com o concentrado-principal.

*5.* Em face disso, o modelo brasileiro de controle da constitucionalidade, sobre ser um dos mais complexos, é também um dos mais completos do mundo. Deveras somas as vantagens de um modelo, com aquelas provenientes do outro.

*6.* Configura verdadeiro princípio constitucional implícito, no direito brasileiro, o dogma da nulidade dos atos inconstitucionais. Em face disso, encontra-se superada, hoje, no Brasil, a discussão a respeito dos efeitos da declaração de inconstitucionalidade.

*7.* Seja no controle difuso-incidental, seja no controle concentrado-principal, a decisão judicial implica a pronúncia da nulidade do ato inquinado, com a produção de efeitos *ex tunc* e *inter partes*, no primeiro caso, *ex tunc* e *erga omnes*, no segundo caso.

*8.* Compete ao Senado suspender a execução da lei declarada inconstitucional pelo Supremo Tribunal Federal, na forma do que especifica o art. 52, X, da Lei Fundamental da República. Hoje, todavia, está estabelecido que a competência do Senado é exercitada apenas em face da declaração da inconstitucionalidade de lei, pronunciada pelo Excelso Petrório, em matéria de controle difuso-incidental. Não obstante, conquanto a decisão do Supremo proferida no sítio do controle abstrato não fique da dependência de providência normativa tomada por outro Poder, incumbe ao órgão que promanou o ato normativo invalidado, tomar as providências necessárias para recompor a ordem jurídica objetiva. No caso em análise, esta providência deve ser tomada pela Assembléia Legislativa catarinense.

*9.* O controle abstrato de normas implica a emergência de um processo objetivo, no qual inexistem lide e partes (salvo num sentido meramente formal). Isto ocorre porque o Supremo Tribunal Federal exercitará nesse sítio uma atividade mais distante da jurisdicional típica e mais próxima da legislativa de caráter negativo. Neste caso, pode-se construir uma imagem segundo a qual o *Legislativo propõe e a Excelsa Corte revoga.*

*10. Os efeitos produzidos pela decisão no controle abstrato residem no plano normativo.* Por isso, os atos singulares praticados com fundamento direto na lei reputada inconstitucional, não são automaticamente desconstituídos pela decisão do Supremo Tribunal Federal. Os efeitos dessa sentença, reitere-se, repousam no plano na norma e não no plano do fato constituído pelo ato singular ou concreto praticado sob seu fundamento.

*11.* Por isso, os atos singulares, se após a decisão do Supremo em território de controle abstrato presumem-se ilegítimos, quando praticados pelo Poder Público, devem ser invalidados de ofício, na hipótese de inocorrência de situação ou de posição jurídica de vantagem (exemplo: servidor nomeado em virtude de lei inconstitucional) outorgada ao particular ou ao servidor. Neste último caso, há a necessidade da instauração do devido processo administrativo, exigido pela nova ordem constitucional, facultando-se a produção, pelo interessado, de ampla defesa com todos os seus consectários.

*12.* Porque no processo objetivo desenvolvido no Supremo Tribunal Federal em decorrência da ação direta de inconstitucionalidade, não há lugar para a produção de defesa pelo terceiro concretamente interessado, sendo certo que a nossa Constituição não tolera qualquer agressão a direito integrante do cidadão sem o devido processo legal, caberá à Administração, ocorrente ato singular de outorga de posição vantajosa ao particular, instaurar o competente processo administrativo para a sua invalidação, ou antes, se assim preferir, propor a conseqüente ação judicial anulatória.

*13.* A doutrina e o Judiciário brasileiro, mesmo o Supremo Tribunal Federal em determinadas hipóteses, admite, no juízo concreto, homenageando as situações consolidadas pelo tempo, a boa-fé, a aparência de legitimidade do ato impugnado e a ocorrência de injustiça ainda maior com a fulminação do ato singular ou concreto praticado em decorrência da norma inconstitucional, a possibilidade de restrição de alguns efeitos produzidos pela declaração de inconstitucionalidade.

*14.* Isto é possível na medida em que o dogma da nulidade dos atos inconstitucionais, tratando-se de princípio constitucional implícito, configura apenas um dos princípios plasmados da Constituição. Ora, a Lei Fundamental dispõe de outras normas, preceitos ou princípios, e valores que não podem ser descurados e que, em determinadas circunstâncias, podem prevalecer sobre a eficácia *ex tunc* do julgado. Afinal, como ninguém desconhece, a Constituição realiza um todo harmônico e sistêmico, exigindo interpretação holística e integral, razão pela qual nenhum princípio deve ser aplicado a qualquer custo, exigindo-se antes, em sede de manisfestação judicial concreta, o desenvolvimento de um juízo prudencial e harmonizador que leve em conta os efeitos e as conseqüências concretas historicamente inafastáveis pelo ato nulificado.

*15.* As questões referidas no item precedente, devem ser levantadas pelo particular no processo administrativo ou judicial instaurados com o objetivo de alcançar provimento invalidatório dos atos singulares. Tratando-se de questões de superlativa importância, e que não podem ser levantadas pelos implicados no processo objetivo desencadeado pela ação direta de inconstitucionalidade, e sendo certo que este país pretendeu erigir, com a nova Constituição, um Estado de Direito, não há dúvida que podem e devem ser levantadas, como matéria de defesa, pelos atingidos, no processo instaurado pelo Poder Público para desconstituir as situações jurídicas criadas por ato *singular e normado* praticado em decorrência de norma invalidada em sede de controle concretado.

*16.* Desatendendo, o Poder Público (no caso, o Poder Judiciário/Administração), esta elementar exigência constitucional, não há dúvida que podem os prejudicados provocar a atuação do Estado-Juiz (neste caso: Judiciário/Jurisdição), em face do *princípio da inafastabilidade da apreciação judicial*, insculpido no art. 5º, XXXV, da Lei Fundamental da República, segundo o qual "a lei não excluirá da apreciação do Poder Judiciário lesão ou ameaça a direito". Neste caso, importa advertir, a coisa julgada alcançada com o processo objetivo não impede a reconsideração da matéria, tendo em conta outros fundamentos, em sede de processo objetivo, exatamente porque sendo impossível ao prejudicado produzir defesa no instrumento de controle abstrato, poderá, em face da ordem constitucional, produzi-la em outra sede. Neste ponto, está fora de dúvida que haverá, satisfeitas as devidas condições, de ser pronunciado provimento judicial capaz de restringir alguns efeitos da inconstitucionalidade, especialmente com o propósito de, garantindo a observância de outros princípios e valores constitucionais, produzir sentença pautada pela racionalidade, justiça, e pelo respeito aos fatos que a invalidade da norma, e mercê da eficácia realizada, não foi capaz de impedir ingressassem, definitivamente, no curso da história.

### *4.3 Resposta aos quesitos*

Cumpre, neste ponto, responder aos quesitos objetivamente formulados pelo ilustrado consulente. *Ao primeiro quesito*, cumpre referir que a declaração de inconstitucionalidade proferida em sede de ação direta de inconstitucionalidade produz efeitos *ex tunc* e *erga omnes*. Os efeitos retrospectivos operados pela decisão da Excelsa Corte, neste ponto, é preciso lembrar, operam-se no plano dos atos normativos e, não, no plano dos atos singulares, concretos ou normados, a não ser indiretamente. De modo que, com esta observação cumpre responder ao *segundo quesito*. Se a decisão do Supremo Tribunal Federal é capaz de definir a iliceidade do ato singular praticado com fundamento em dispositivo invalidado, não é, por outro lado, suficiente para, desde logo, e por si só, desconstituir referidos atos singulares, que desafiam a edição de ato administrativo com essa finalidade. No caso em discussão no presente parecer, os atos singulares de nomeação não poderão ser revistos, salvo mediante a instauração do devido processo administrativo ou da provocação do Poder Judiciário, de sorte que estão a salvo de desconstituição sem a preliminar manifestação do direito de defesa dos implicados.

Este é o parecer, s.m.j.

Curitiba, 30 de maio de 1996

PARECERES

# DECISÃO DE TRIBUNAL DE CONTAS, NÃO CONFIRMADA POR DECRETO LEGISLATIVO, NÃO VINCULA ATUAÇÃO DA ADMINISTRAÇÃO

EROS ROBERTO GRAU

Professor Titular da Faculdade de Direito da Universidade de São Paulo – Professor Visitante da Faculdade de Direito da Universidade de Montpellier I (França)

Exmo. Sr. Procurador Geral do Estado de São Paulo, Dr. Márcio Sotelo Felippe, encaminhou-me a seguinte

## *Consulta*

O Tribunal de Contas do Estado de São Paulo julgou ilegal o edital de licitação para concessão da exploração do Sistema Rodoviário Anhanguera-Bandeirantes. À vista da decisão definitiva da Corte de Contas, o Superintendente do DER anulou o edital. Foi impetrado mandado de segurança contra essa decisão, sob o fundamento, a final acolhido, de que ficara prejudicado o direito constitucional de ampla defesa. A Administração não apelou e está dando cumprimento à r. sentença.

Pergunta-se:

*1.* O Superintendente do DER estava vinculado à decisão do Tribunal de Contas, ainda não confirmada por decreto legislativo?

*2.* Em caso de ser conferida resposta negativa à primeira questão, isso impede o Superintendente do DER de, agora, decidir no mesmo sentido do julgamento do Tribunal de Contas?"

## *Parecer*

*1.* A resposta a ser conferida ao primeiro quesito proposto na consulta há de ser extraída ao texto da Constituição, exclusivamente.

Permito-me, não obstante, observar que a circunstância de o artigo 1º da Lei Complementar Estadual n. 709, de 14 de janeiro de 1993, que dispõe sobre a Lei Orgânica do Tribunal de Contas do Estado, tê-lo referido como *auxiliar do Poder Legislativo* deu lugar a largo debate a respeito da sua configuração institucional.[1]

Duas linhas de argumentação foram então exploradas em defesa de uma alegada *independência* do tribunal:

[1ª] os Tribunais de Contas exercem funções jurisdicionais e não podem estar ligados ao Legislativo, atuando este como instância recursal de juízes com garantias de vitaliceidade, irredutibilidade de vencimentos e inamovibilidade;

[2ª] embora o artigo 71 da Constituição de 1988 afirme que "o controle externo, a cargo do Congresso Nacional, será exerci-

1. Sua *"natureza jurídica"*, diz-se, enfaticamente.

do *com o auxílio* do Tribunal de Contas da União" e o artigo 33 da Constituição do Estado de São Paulo diga que "o controle externo, a cargo da Assembléia Legislativa, será exercido *com o auxílio* do Tribunal de Contas do Estado", a qualificação, na lei complementar estadual, do Tribunal de Contas do Estado como *órgão auxiliar* do Poder Legislativo respeita ao que se tem chamado de *natureza* jurídica – e os Tribunais de Contas não estão vinculados a qualquer Poder, sendo dotados de prerrogativas de autonomia; daí porque seria adequado dissesse a lei complementar que a fiscalização financeira exercida pelo Poder Legislativo o seria *com a participação do Tribunal de Contas*; alegou-se ainda ser descabido o emprego da expressão *órgãos auxiliares* para referi-los, dado que estes seriam órgãos *subalternos*, *inferiores*, aos quais compete a manifestação da vontade secundária do Estado.

*2.* A primeira linha de argumentação acima indicada não guarda conformidade com a Constituição.

No Brasil, e no Estado de São Paulo, o Tribunal de Contas da União e o Tribunal de Contas do Estado de São Paulo estão ligados ao Poder Legislativo. Quem exerce o *controle externo* de que se cuida [artigos 70 e 71 da Constituição de 1988 e artigos 32 e 33 da Constituição do Estado de São Paulo] é o Poder Legislativo – o Congresso Nacional e a Assembléia Legislativa do Estado de São Paulo.

Investir contra isso é afrontar a Constituição, tanto a da República Federativa do Brasil quanto a do Estado de São Paulo – o que não impede a quem quer que seja debater o papel e as funções dos Tribunais de Contas, propondo o seu aprimoramento mediante reforma constitucional. Até então, contudo, prevalece a supremacia da ordem constitucional vigente.

*3.* A segunda linha de argumentação é francamente emocional.

O vocábulo *auxiliar,* em contextos diversos, *conota* sentidos distintos; desprendida do dicionário e usada em um texto, não é mais a sua carga *denotativa,* o seu espectro referencial possível, porém o sentido sob o qual no texto foi usada que conta; por isso é imprescindível, se desejarmos determinar qual o sentido *(intenção),* entre os inúmeros possíveis, sob o qual a palavra *auxiliar* está sendo usada, aqui ou ali, descobrirmos qual a sua *conotação* aqui ou ali, neste ou naquele contexto.[2] Importa, no caso – já que o papel da palavra *auxiliar* em cada *jogo de linguagem* não é captável mediante *uma* definição[3] – penetrarmos esse *jogo,* o que importa considerarmos o contexto do artigo 1º da Lei Complementar estadual n. 709/93, que, por sua vez, está inserido em um contexto mais amplo, da lei complementar estadual e das Constituições, federal e estadual.

*4.* Imprescindível neste passo relembrarmos que o *direito* interpreta-se e aplica-se por inteiro. Vale dizer: não se interpreta *textos de direito,* isoladamente, mas sim o *direito,* no seu todo.[4-5]

Dizendo-o de outro modo: não se interpreta o direito em tiras, aos pedaços. Por isso insisto em que um texto de direito

2. Vide meu *Direito, conceitos e normas jurídicas*, Ed. RT, São Paulo, 1988, pp. 56 e ss.

3. Idem, p. 60.

4. Meu *La doppia destrutturazione del diritto – Una teoria brasiliana sull'interpretazione*, Edizioni Unicopli, Milano, 1996, p. 80; referindo-me à interpretação da Constituição, meu *A ordem econômica na Constituição de 1988*, 3ª ed., Malheiros Editores, São Paulo, 1997, pp. 176-177

5. Santi Romano (*Fragmentos de un diccionario jurídico*, trad. de Santiago Santis Melendo y Marino Ayerra Redin, Ediciones Jurídicas Europa-América, Buenos Aires, 1964, p. 211) insiste em que a interpretação da lei é sempre interpretação, não de uma lei ou de uma norma singular [interpretação de *texto*, anoto; não de *norma* – a norma é o resultado da interpretação], mas de uma lei ou de uma norma [= texto] que é considerada em relação à posição que ocupa no todo do ordenamento jurídico; o que significa que o què efetivamente se interpreta é esse ordenamento, e, como conseqüência, o texto singular.

isolado, destacado, desprendido do sistema jurídico, não expressa significado normativo nenhum.[6]

*5.* Ora, procedida a análise do contexto mais amplo, no qual discernimos os preceitos do artigo 71 da Constituição da República Federativa do Brasil e do artigo 33 da Constituição do Estado de São Paulo [*o controle externo será exercido com o auxílio do Tribunal de Contas*], teremos que, na alusão a *auxílio dos Tribunais de Contas* ao Poder Legislativo, Constituições, federal e estadual, atribuem a esses órgãos a função de *participação,* precisamente, na atividade de *controle externo* de que se cogita.

O desconforto causado pelo uso da expressão no texto do artigo 1º e o debate que provoca faz-me recordar a observação de Tobias Barreto,[7] ao tratar do poder moderador, que o artigo 98 da Constituição de 1824 diz ser "delegado *privativamente* ao imperador, como chefe supremo da nação e seu primeiro representante" (grifei); aí, invectivando contra "a célebre questão que tem preoccupado altas cabeças, encanecidas, quanto à força do advérbio *privativamente*", averba: "Seja como fôr, o certo é que o monarcha é o único investido daquelle excelso poder; e isto, como chefe supremo da nação, e seu primeiro representante".

É evidente que *órgão auxiliar,* no enunciado do artigo 1º da lei complementar estadual, não desmerece o Tribunal de Contas do Estado de São Paulo. A expressão é plenamente adequada ao que dispõe o artigo 33 da Constituição do Estado de São Paulo.

E isso porque, no direito brasileiro, efetivamente, ainda que providos de garantias de *independência*[8] e *participem* da atividade de *controle externo* atribuída ao Poder Legislativo, os Tribunais de Contas são *órgãos auxiliares*[9] deste último.

*6.* A definição desse ponto [de que o Tribunal de Contas do Estado de São Paulo é *órgão auxiliar* da Assembléia Legislativa do Estado de São Paulo justa e precisamente porque, qual enuncia o artigo 33 da Constituição estadual, *auxilia* a Assembléia Legislativa, a cargo de quem está o controle externo da Administração], a definição desse ponto, dizia, assume importância relevante no encaminhamento da solução a ser dada ao primeiro quesito proposto na consulta.

Além disso, contudo, a alusão à Lei Completar n. 709/93 enseja ainda determinada observação, relevante.

É que o seu artigo 14 – ao afirmar *jurisdição privativa* do Tribunal de Contas do Estado de São Paulo – e o seu artigo 15 – na afirmação de que as pessoas nele arroladas *só por decisão dele podem liberar-se de sua responsabilidade* – agridem francamente o princípio da *universalidade de jurisdição*, que é conferida ao Poder Judiciário, consagrado no inciso XXXV do artigo 5º da Constituição de 1988.

A inconstitucionalidade desses preceitos é flagrante, dado que as decisões dos Tribunais de Contas são dotadas de cunho exclusivamente *administrativo,* não *jurisdicional.*[10-11]

6. As normas – afirma Bobbio (*Teoria dell'ordinamento giuridico*, Giappichelli, Torino, 1960, p. 3) – só têm existência em um contexto de normas, isto é, no sistema normativo.

7. *Estudos de Direito*, vs. II e VII das *Obras Completas*, Ed. do Estado de Sergipe, Rio de Janeiro, 1926, p. 103.

8. V. Manoel Gonçalves Ferreira Filho, *Curso de Direito Constitucional*, 19ª ed., Saraiva, São Paulo, 1992, p. 139 e Hely Lopes Meirelles, *Direito Administrativo brasileiro*, 17ª ed., Malheiros Editores, São Paulo, 1990, p. 602.

9. Cf. também Celso Antônio Bandeira de Mello, exposição no 15º Congresso dos Tribunais de Contas do Brasil, anais, 1º v., ed. do Tribunal de Contas do Estado de São Paulo, São Paulo, 1989, p. 194.

10. José Afonso da Silva (*Curso de Direito Constitucional Positivo*, 13ª ed., Malheiros Editores, São Paulo, 1997, p. 690) entende ser, o Tribunal de Contas, um órgão técnico, não jurisdicional.

11. A respeito da *natureza* das decisões dos Tribunais de Contas, veja-se A. J. Ferreira Custódio, "Eficácia das decisões dos Tribunais de Contas", in *RT* 685/7 e ss.

*7.* Para logo se vê, pois, que o aspecto a ser aprofundado, no tratamento da matéria de que cuidamos, é o da *eficácia* das decisões dos Tribunais de Contas.

Importa definirmos se essas decisões são imediatamente obrigatórias para a Administração, o que, como anotei inicialmente, há de ser questionado no âmbito da Constituição do Brasil, exclusivamente.

*8.* Quem exerce o *controle externo* da União e das suas entidades da Administração direta e indireta é o Congresso Nacional [artigos 70 e 71]. Esse controle será exercido *com o auxílio do Tribunal de Contas da União.*

O Tribunal de Contas *participa* – vimos – do controle, sem *subordinação* ao Congresso Nacional, mas sem superpor a ele, é óbvio.

A forma sob a qual essa participação se dá está delineada no artigo 71, que enuncia as competências do *órgão auxiliar,* e nos seus §§ 1º, 2º e 3º, nos quais se define a questão da eficácia de suas decisões.

Tem-se, assim, que o Tribunal de Contas aprecia e julga contas, realiza inspeções e auditorias e empreende fiscalizações [incisos I, II, IV, V e VI do artigo 71] para informar e fornecer subsídios ao Poder Legislativo, a quem incumbe o exercício do *controle externo.*

Além disso, no que ora importa considerarmos, o Tribunal de Contas aprecia, para fins de registro, a legalidade dos atos de admissão de pessoal e das concessões de aposentadorias, reformas e pensões [artigo 71, III]; aplica sanções aos responsáveis em caso de ilegalidade de despesa ou irregularidade de conta [artigo 71, VIII]; assina prazo para que o órgão ou entidade adote providências [artigo 71, IX]; e susta, se não atendido, a execução do ato impugnado [artigo 71, X].

As decisões tomadas pelo Tribunal de Contas na apreciação e no julgamento de contas, na realização de inspeções e auditorias e no empreendimento de fiscalizações [incisos I, II, IV, V e VI do artigo 71] *não obrigam imediatamente a Administração.* Elas apenas a vincularão após terem sido acolhidas pelo Poder Legislativo, titular do exercício do *controle externo.* Este, contudo, pode não acolhê-las.

Quanto às decisões tomadas na apreciação, para fins de registro, da legalidade dos atos de admissão de pessoal e de concessão de aposentadorias, reformas e pensões [artigo 71, III], importarão, se os atos forem tidos como ilegais, na estipulação de prazo para que o órgão ou entidade adote as providências necessárias ao exato cumprimento da lei, resolvendo-se como segue.

As decisões atinentes à estipulação de prazo para que o órgão ou entidade adote as providências necessárias ao exato cumprimento da lei, se verificada irregularidade [artigo 71, IX], a Administração pode não cumpri-las – daí *não serem imediatamente obrigatórias para ela* – o que, não obstante, poderá ensejar a sustação da execução do ato impugnado pelo Poder Legislativo.

Os §§ 1º, 2º e 3º do artigo 71 respeitam ao exercício das competências assinaladas nos seus incisos VIII e X.

*9.* No caso de contrato, diz o § 1º, "o ato de sustação será adotado diretamente pelo Congresso Nacional, que solicitará, de imediato, ao Poder Executivo as medidas cabíveis".

Vê-se, destarte, que a sustação do ato impugnado [artigo 71, X] é operada pelo Poder Legislativo, não pelo próprio Tribunal. E mais: vê-se ainda que apenas quando se tratar de contrato "o ato de sustação será adotado diretamente pelo Congresso Nacional".

A primeira leitura do § 2º do artigo 71 – sobretudo se o leitor ignora que esse preceito não pode ser lido isoladamente; repito: não se interpreta *textos de direito,* isoladamente, mas sim o *direito,* no seu todo

– a primeira leitura do § 2º, dizia, pode enredar o leitor em indesculpável confusão. É que o não iniciado poderia supor que o preceito atribui ao Tribunal o poder de decidir sobre a omissão do Congresso Nacional ou do Poder Executivo.

Diz o parágrafo: "Se o Congresso Nacional ou o Poder Executivo, no prazo de noventa dias, não efetivar as medidas previstas no parágrafo anterior, o Tribunal decidirá a respeito".

Lembro, a esta altura, o que em outra oportunidade[12] averbei: a interpretação é um processo intelectivo através do qual, partindo de *fórmulas lingüísticas* contidas nos *textos, enunciados, preceitos, disposições,* alcançamos a determinação de um *conteúdo normativo*; é atividade voltada ao discernimento de enunciados semânticos veiculados por *preceitos (enunciados, disposições, textos)*.

Ora, o enunciado semântico veiculado por esse § 2º [no contexto da Constituição do Brasil] só pode ser o seguinte: "se o Congresso Nacional ou o Poder Executivo, no prazo de noventa dias, não efetivar as medidas previstas no parágrafo anterior, *o Tribunal decidirá*" *sobre a legalidade ou não do contrato e da respectiva despesa*, já então no exercício da competência que lhe é atribuída pelo inciso II do artigo 71.

A propósito, a oportuna anotação de Luís Roberto Barroso:[13] "Não é razoável supor, à vista da partilha constitucional de competências vigente no direito brasileiro, que o Tribunal de Contas possa, *sobrepondo seu próprio juízo ao do administrador e ao do órgão ao qual presta auxílio,* sustar aquilo que o Executivo e o Legislativo entendem ser válido" (itálico no original).

Daí a verificação de que "a Administração não é diretamente alcançada pela decisão, do Tribunal, de sustação do contrato"; essa decisão apenas a vincula se assumida pelo Congresso Nacional.

Ainda assim, e mesmo assim, contudo, o preceito veiculado pelo § 2º admite que o Executivo não efetive as medidas que lhe tenham sido solicitadas pelo Legislativo, referidas no § 1º.

Quanto às decisões de sustação de outros atos impugnados, que não contratos, são, observado o texto do inciso X do artigo 71, dotadas de eficácia imediata. Devem tais decisões ser comunicadas à Câmara dos Deputados e ao Senado Federal.

*10.* Por fim, o § 3º do artigo 71 atribui eficácia de título executivo às decisões, do Tribunal, de que resultem imputação de débito e multa.

Note-se bem, contudo, que apenas as decisões que imputem a alguém a responsabilidade por débitos ou multas são dotadas dessa eficácia. E mais: para que sejam assim eficazes, é imprescindível que essas decisões identifiquem os responsáveis pelos débitos ou multas, no bojo de procedimento no âmbito do qual tenha sido assegurado aos responsabilizados o pleno exercício da garantia assegurada pelo artigo 5º, LV, da Constituição do Brasil.

*11.* Tudo sumariando, temos que, no Brasil, na vigência da sua Constituição, "apenas obrigam diretamente a Administração as decisões, do Tribunal de Contas da União, de sustação de atos por ele impugnados, que não sejam contratos".

As decisões de que resultem imputação de débito e multa não obrigam a Administração, mas os responsáveis por irregularidades, prejuízos ou danos causados à Administração.

Essa verificação, extraída à consideração do texto da Constituição do Brasil, é inteiramente adequada ao disposto no artigo 33 da Constituição do Estado de São Paulo, até por força do disposto do artigo 75 da primeira.

12. Meu *La doppia destrutturazione del diritto – Una teoria brasiliana sull'interpretazione*, cit., p. 59.

13. "Tribunais de Contas: algumas incompetências", in *RDA* 203/139.

Note-se que aos incisos I, II, IV, V e VI do artigo 71 da Constituição do Brasil correspondem, respectivamente, os incisos I, II, V, VI e VII do artigo 33 da Constituição do Estado de São Paulo. As decisões tomadas pelo Tribunal de Contas estadual, no exercício dessas competências, *não obrigam imediatamente a Administração*. No que tange à matéria a que respeita o inciso III desse artigo 33, tudo quanto acima dito a respeito daquela referida no inciso III da Constituição do Brasil a ela se aplica. Da mesma forma, o que também acima foi dito a respeito dos incisos VIII, IX e X do artigo 71 e de seus §§ 1º e 2º, da Constituição do Brasil, amolda-se, perfeitamente, aos incisos IX, X e XI do artigo 33 e a seus §§ 1º e 2º. Anoto contudo o fato de o § 3º do artigo 71 da Constituição do Brasil – que atribui eficácia de título executivo às decisões, do Tribunal de Contas da União, de que resultem imputação de débito e multa – não encontrar correspondente na Constituição estadual.

*12.* Daí a conclusão de que, no Estado de São Paulo, "apenas obrigam diretamente a Administração as decisões, do Tribunal de Contas do Estado, de sustação de atos por ele impugnados, que não sejam contratos".

Ora, a decisão, do Tribunal de Contas do Estado de São Paulo, que julgou ilegal o edital de licitação para concessão da exploração do Sistema Rodoviário Anhanguera-Bandeirantes, *não obriga diretamente a Administração*. Note-se bem que não se tratou, no caso, de *sustação do edital,* porém de julgamento que importou na atribuição de ilegalidade ao edital.

Assim, ao primeiro quesito proposto na consulta dou a seguinte resposta:

• *não*; o Superintendente do DER *não* estava vinculado à decisão, do Tribunal de Contas, ainda não confirmada por decreto legislativo.

*13.* Quanto ao segundo quesito, pode ser pronta e singelamente respondido, mesmo porque não me cabe considerar o mérito da decisão do Tribunal de Contas do Estado de São Paulo.

O que me é indagado, exclusivamente, é se a circunstância de o Superintendente do DER não estar vinculado à decisão, do Tribunal de Contas, ainda não confirmada por decreto legislativo o impede de decidir no mesmo sentido.

Por certo que não. A função na qual investida a autoridade administrativa não lhe confere *poderes*, porém *deveres* [= *dever-poder*], dos quais o mais relevante é o de curar no sentido de prover o *interesse público*, nos quadrantes da *legalidade*.

Se convencida, a autoridade administrativa, de que a decisão que mais se amolda à satisfação do *interesse público,* nos quadrantes da *legalidade,* é a afirmada pelo Tribunal de Contas, poderá – deverá – tomá-la.

*14.* Em face de todo o exposto dou as seguintes respostas aos quesitos propostos na consulta:

1. *não*; o Superintendente do DER *não* estava vinculado à decisão, do Tribunal de Contas, ainda não confirmada por decreto legislativo;

2. *não*; isso *não* impede o Superintendente do DER de, agora, decidir no mesmo sentido do julgamento do Tribunal de Contas.

É o que me parece

São Paulo, 8 de setembro de 1997

PARECERES

# PROCEDIMENTO ADMINISTRATIVO E INTERESSE PÚBLICO

## Concurso para provimento de cargo de Professor Titular junto ao Departamento de Música da ECA – Recurso contra o indeferimento de inscriçãom – Apreciação dos requisitos do concurso e o interesse da Universidade

Maria Paula Dallari Bucci
Assistente Jurídica da Universidade de São Paulo
– Mestre em Direito pela Universidade de São Paulo

***Parecer***

Senhor Procurador Chefe:

*1.* O interessado, Prof. Dr. Régis Duprat, inscreveu-se ao concurso para provimento de um cargo de Professor Titular, junto ao Departamento de Música da Escola de Comunicação e Artes, na área de Música (edital, fl. 8). Todavia, a Congregação da Unidade, em sessão ordinária realizada em 25.10.95, não aprovou o pedido de inscrição do interessado, "tendo em vista não ter sido cumprida e exigência contida no parágrafo 4º do edital de abertura do concurso" (fl. 10).

A decisão foi republicada, segundo informa o ofício de fl. 82, atendendo ao requerimento de fls. 13/14.

*2.* Essa omissão, segundo consta da informação de fl. 9, consistiria na falta de reconhecimento, pela USP, dos títulos de Doutor e de Livre-Docente obtidos pelo interessado na Universidade de Brasília e na Universidade Estadual Paulista "Júlio de Mesquita Filho", respectivamente.

*3.* Às fls. 16/26, o Prof. Duprat apresenta suas razões de recurso, as quais se resumem aos seguintes pontos:

a) a publicação da decisão denegatória no *DOE* (fl. 10) seria nula, por mencionar como motivação do ato o descumprimento de § que não é indicado no edital. Observo que essa nulidade teria sido sanada com a republicação da decisão (fl. 81);

b) haveria nulidade, ainda, na motivação do ato, por falta de identificação de qual exigência do edital não teria sido cumprida. Essa lacuna da motivação cercearia o direito de defesa assegurado ao recorrente pelo art. 52, LV, da Constituição Federal, ao impossibilitar que no recurso "fosse enfrentada a real e efetiva causa motivadora da decisão recorrida";

c) no mérito da questão, o interessado ataca a motivação que infere do ato. Aduz ao reconhecimento da equivalência do título de Livre-Docente, aprovada pela Comissão de Pós-Graduação em 23.10.95. Afirma que competiria ao candidato apenas solicitar o reconhecimento do título – o que foi feito – cabendo à Universidade cuidar do processamento do pedido;

d) considera o recorrente que com a aprovação do reconhecimento do título pela Comissão de Pós-Graduação da Unidade, deve-se ter por cumprido o requisito do edital, sendo, em conseqüência, nulo o indeferimento da inscrição;

e) refere-se, ainda, à existência de um "reconhecimento tácito" da condição de Livre-Docente do recorrente, que se expressa nas freqüentes indicações de seu nome para compor bancas examinadoras de defesa de teses e comissões julgadoras de concursos, "inclusive para provimento de cargo de Professor Titular junto ao Departamento de Música, na área de Música". Não reconhecer a equivalência dos títulos do recorrente, nesse momento, seria pôr em dúvida a validade daqueles concursos e defesas;

f) o recorrente invoca, ainda, sua condição de especialista de reconhecido valor, que poderia ter fundamentado o pedido de inscrição, nos termos do edital;

g) pede, finalmente, a reconsideração da decisão da Congregação que não aprovou sua inscrição ao concurso para provimento de cargo de Professor Titular junto ao Departamento de Música ou, caso ela seja mantida, o processamento do recurso para que se declare a nulidade do ato e que se acolha o pedido de inscrição ao concurso (fls. 28/29).

*4.* O recorrente instrui o recurso com os documentos de fls. 30/53.

Feita a solicitação de documentos de fls. 54/55, vieram aos autos as cópias de atas de fls. 56/66. Posteriormente, juntaram-se os documentos de fls. 67/82.

É o relatório. Passo a opinar.

*5.* Quanto aos itens "a" e "b", embora o despacho denegatório publicado no *Diário Oficial* não seja absolutamente claro quanto à motivação, das razões de recurso depreende-se a compreensão, pelo recorrente, dos motivos que levaram à não aprovação da inscrição.

Realmente, não há correspondência entre a linguagem do edital e a da decisão, com a menção, nesta última, de parágrafos que não constavam do primeiro. Ademais, a informação de fl. 9 não poderia ser tomada como motivação do ato, uma vez que o título de Doutor do candidato não teve qualquer relação com o indeferimento da inscrição, posto ser de validade nacional e não estar, portanto, sujeito a reconhecimento. A controvérsia se limita ao título de Livre-Docente.

Esses fatos, entretanto, não impediram a elaboração de peça de defesa completa, na qual se ataca o mérito da decisão da Congregação, o que se percebe na leitura da ata de fls. 67/80.

Pelas razões expostas, entendo estarem superadas as duas preliminares argüidas, especialmente levando-se em consideração a ausência de prejuízo para o exercício da defesa.

*6.* Quanto ao mérito, no que tange ao reconhecimento do título (item "e"), observe-se que a tramitação formal do pedido de reconhecimento ao título de Livre-Docente só se completa com a apreciação da equivalência pelo Conselho de Pós-Graduação, após manifestação da Congregação da Unidade, nos termos do art. 5º, § 2º da Resolução COPGr 3.724, de 16.8.90 (cópia inclusa).

Sob o ponto de vista estritamente formal, não foi cumprido pelo candidato o requisito previsto no edital; o recorrente não tem título reconhecido pela USP como equivalente ao seu título de Livre-Docente.

*7.* Todavia, contra essa linha de argumentos, deve-se levar em conta as seguintes circunstâncias:

a) o candidato cumpriu a providência que estava a seu cargo, no momento em que solicitou o reconhecimento do título. Indeferir o pedido de inscrição com base no não cumprimento de providências que incumbem à própria Universidade – regularmente requeridas – seria contrariar o princípio da razoabilidade, inscrito no art. 111 da Constituição do Estado de São Paulo.

"O princípio da razoabilidade foi adotado expressamente no art. 111 da Constituição do Estado de São Paulo. Embora não mencionado na Constituição Federal, está nela implícito, sendo hoje reconhecido pela doutrina e pela jurisprudência (...).

"Esse preceito constitucional (...) serve de baliza à discricionariedade da administração que, ao aplicar a lei aos casos concretos, decidindo com a liberalidade possível diante dos limites da lei, deve optar pela medida razoável, ou seja, que tenha alguma relação com o objetivo a atingir, sob pena de ilegalidade, passível de impugnação pelas vias administrativa e judicial. O que serve de medida da razoabilidade é o exame da correlação, da ligação, do vínculo, entre a decisão adotada e o objetivo a atingir" (Maria Sylvia Zanella Di Pietro, *Temas Polêmicos sobre Licitações e Contratos*, Malheiros Editores, 2ª ed., 1995, pp. 24-25).

b) o Regimento Geral não estabelece prazo para o pedido de reconhecimento, o mesmo ocorrendo com a Resolução COPGr 3.714/90;

c) o pedido de reconhecimento do título foi apreciado, quanto aos aspectos de mérito, pelas instâncias da Unidade.

As providências restantes, de competência da Congregação e do Conselho de Pós-Graduação, dizem respeito à homologação daquela apreciação, tendo em vista os aspectos meramente formais.

Ademais, segundo consta de fls. 67 e 80 da ata da Congregação o reconhecimento da equivalência do título estava em pauta na mesma sessão que julgou as inscrições, não tendo sido apreciado na oportunidade por inobservância de que aquela matéria seria prejudicial em relação à apreciação do pedido de inscrição;

Em relação a esses dois itens frise-se, ainda, que o ideal de todo procedimento – administrativo ou judicial – é ser instantâneo. Quando isso não ocorre, há um "iter procedimental" entre o pedido e a decisão final, que resulta numa dilação temporal.

Assim, se a Administração não pode, de pronto, proferir a sua decisão, porque depende da manifestação das várias instâncias competentes, essa delonga, vista como um "mal inevitável", não pode prejudicar terceiros. E assim, como regra geral, tem-se que a decisão que resulta de procedimento complexo gera direitos para o interessado desde o ato inicial, isto é, desde o pedido.

Por essa razão é que a sentença judicial – resultado do procedimento judicial – em regra, gera efeitos desde a data da citação. O mesmo ocorre, na esfera administrativa, por exemplo, em relação à aposentadoria. Independentemente do tempo que transcorra entre o requerimento e o deferimento do pedido, as verbas correspondentes serão calculadas a partir da data da solicitação.

E em assuntos universitários dá-se o mesmo, quando se toma como termo inicial para o pagamento da diferença de vencimentos de MS-2 ou MS-3 a data em que o docente, contratado ou efetivo (auxiliar de ensino ou assistente), obtém o título de Mestre ou Doutor, considerando-se o dia da defesa e não a data de homologação do concurso.

*8.* No que diz respeito ao "reconhecimento tácito" da qualificação do recorrente observe-se não está em questão, nesse momento, a sua capacidade acadêmica, que diz respeito às provas do concurso.

Nos termos do Regimento Geral e do edital, o candidato poderia pleitear sua inscrição como "especialista de reconhecido valor". Embora seja controvertida a possibilidade de alguém que tem títulos se inscrever nessa condição – possibilidade que, pessoalmente, entendo ser uma faculdade do candidato, que se submete ao julgamento prévio da Congregação – o fato é que a inscrição como especialista depende de requerimento expresso, a teor do art. 180, parágrafo único, do Regimento Geral da Universidade.

Essa obrigatoriedade de pedido expresso, em se tratando de candidato estranho aos quadros da Universidade (como necessariamente deve ser, nos termos do art. 80 do estatuto), também comporta relativização, uma vez que a norma restritiva não vem transcrita no edital, nem consta do Estatuto, mas apenas no art. 150, parágrafo único do Regimento Geral.

De qualquer forma, a admissão de qualquer candidato como especialista de reconhecido valor está sujeita à aprovação da Congregação pelo *quorum* qualificado de dois terços, o que não ocorreu na espécie.

*9.* A questão é complexa e sua solução necessariamente há de se pautar pelos princípios de direito público. Entre eles, notadamente o princípio da supremacia do interesse público, no dizer de Maria Sylvia Zanella Di Pietro, "um dos alicerces de todo o direito público e, conseqüentemente, também do direito administrativo" (*Discricionariedade Administrativa na Constituição de 1988*, Atlas, 1991, p. 153).

Embora, como anota a autora, o conceito de interesse público não comporte definição unânime e pronta, em matéria de concursos públicos o interesse público se identifica com a própria finalidade do concurso, que, segundo Oswaldo Aranha Bandeira de Mello, "é a prova de habilitação para a escolha dos melhores" (*Princípios Gerais de Direito Administrativo*, Forense, 1974, p. 398).

Cumpre lembrar a discussão judicial que se travou em caso semelhante na Universidade, no interesse do Prof. Silvano Raia, processo RUSP 80.1.22166.1.9, em que a 6ª Câmara Civil do Tribunal de Justiça de São Paulo (acórdão 10.380-1) assim concluiu: "Esse é o modo de dar ao concurso de provas e títulos o seu mais adequado caráter, pois à medida em que forem feitas exigências não básicas para a inscrição, estará gradativamente reduzido o caráter público do concurso" (fl. 403).

*10.* Para a apreciação da decisão recorrida, deve-se ter em conta que as formalidades do processo administrativo não são vazias, mas destinam-se a realização do seu fim. Veja-se a ponderação de Antonio Enrique Pérez Luño, em favor da manutenção do princípio da supremacia do direito, embora não mais da concepção formalista, vazia de conteúdo e eficácia do positivismo jurídico (citado por Maria Sylvia Zanella Di Pietro, *Indiscricionaridade Administrativa na Constituição de 88*, Atlas, 1991, p. 37).

Os procedimentos formais que disciplinam o concurso público destinam-se à seleção do melhor candidato, garantindo-se igualdade aos participantes. Todas as formalidades do concurso, as regras que o regem, estão subordinadas a esses princípios, o da supremacia do interesse público na seleção do melhor candidato e o da igualdade.

Carlos Ari Sundfeld é didático ao demonstrar a superioridade dos princípios jurídicos sobre as regras e o procedimento da integração de ambos: "O princípio jurídico é norma de hierarquia superior à das meras regras, pois determina o sentido e alcance destas, que não podem contrariá-lo, sob pena de pôr em risco a globalidade do ordenamento jurídico. Deve haver coerência entre princípios e regras, no sentido que vai daqueles para estas. Por isso, conhecer os princípios do direito é condição essencial para aplicá-lo corretamente. Aquele que só conhece regras, ignora a parcela mais importante do direito – justamente a que faz delas um todo coerente, lógico e ordenado;

logo, aplica o direito pela metade. Em outras palavras: aplicar as regras desconsiderando os princípios é como não crer em Deus mas preservar a fé em Nossa Senhora!

"Na aplicação do direito, os princípios cumprem duas funções: determinam a adequada interpretação das regras e permitem a colmatação de suas lacunas. Quanto à primeira, pode-se dizer que: a) é incorreta a interpretação da regra, quando dela deriva contradição, explícita ou velada, com os princípios; b) quando a regra admite logicamente mais de uma interpretação, prevalece a que melhor se afinar com os princípios; c) quando a regra tiver sido redigida de modo tal que resulte mais extensa ou mais restrita que o princípio, justifica-se a interpretação extensiva, para calibrar o alcance da regra com o princípio" (*Licitação e Contrato Administrativo*, Malheiros Editores, 1994, p. 19).

*11.* Finalmente, considere-se que o recorrente apresentava, desde a data da publicação do edital, as condições materiais para concorrer ao cargo de professor titular, uma vez que seu título de Livre-Docente da UNESP foi outorgado em setembro de 1988.

A omissão quanto ao pedido de reconhecimento, à toda evidência, deve ser tributada mais à falta de esclarecimento, que a eventual burla ou casuísmo. Deve-se lembrar que o direito administrativo prestigia, entre outros, o princípio da boa-fé, como anota Lucia Valle Figueiredo: "Enfatize-se a existência, como limite da discricionariedade, necessariamente, da proporcionalidade, da boa-fé, da lealdade e da igualdade". (*Curso de Direito Administrativo*, Malheiros Editores, 1995, p. 128, grifei).

Com essas considerações, que submeto à apreciação de V. Sa., concluo pela procedência das razões de recurso e sugiro o encaminhamento dos autos à comissão de legislação e recursos, para sua manifestação.

CJ., 7 de dezembro de 1995

# VALIDADE E EFICÁCIA DE LEGISLAÇÃO MUNICIPAL QUE IMPÕE REGIME DE GRATUIDADE AO ESTACIONAMENTO DE "SHOPPING CENTER" – PROIBIDA A COBRANÇA DE QUALQUER CEITIL DOS USUÁRIOS

A. L. CALMON TEIXEIRA
Advogado

***Consulta***

A Consulente indaga da validade e eficácia de legislação municipal que impõe regime de gratuidade ao estacionamento de *shopping center,* proibida a cobrança aos usuários de qualquer ceitil pela utilização.

***Parecer***

A questão submetida à consulta envolve, *ultima ratio,* a resposta à pergunta se o Município é competente para, intervindo no domínio econômico, instituir, legislativamente, tal restrição ao direito de propriedade, à liberdade de iniciativa e à atividade empresarial. É irrelevante que o estacionamento seja explorado pelo titular do domínio do imóvel ou por terceiro, a quem acaso incumba fazê-lo, porque habilitado por negócio jurídico de direito privado.

Para a perfeita compreensão da matéria, dando-lhe a solução correta, é imprescindível equacionar-lhe os termos com precisão, incursionando pelas diversas áreas às quais é necessário recorrer, para o desate exato da consulta, a principiar pelo Direito Constitucional.

Não poderia ser de outra forma. O país, na configuração política e jurídica atual, é um *Estado Democrático de Direito* (CF, *Prefácio* e art. 1º). Sua nota maior é a subordinação de tudo e de todos ao Direito, notadamente o Estado. Vale dizer, à lei, embora esta não o esgote. Tratando-se de Estado, de Administração Pública, ou seja, de direito público, ela assume posição proeminente, predominante, mesmo.

"O princípio do Estado de direito é, fundamentalmente, um princípio constitutivo, de natureza material, procedimental e formal (a doutrina alemã refere-se a *material-verfahrenmässiges Formprinzip*), que visa dar resposta ao problema de conteúdo, extensão e modo de proceder da atividade do Estado. Ao decidir-se (sic) por um Estado de direito a constituição visa conformar as estruturas do poder político e a organização da sociedade segundo a medida do direito" (José Joaquim Gomes Canotilho, *Direito Constitucional*, pp. 361 e 362, Almedina, Coimbra, 5ª ed., 2ª reimpressão, 92).

"A expressão Estado Democrático de Direito significa a subordinação do Estado à lei e à Constituição votada livremente pelo povo.

"Os termos Estado de Direito provêm da literatura jurídica alemã: *Rechtsstaat*. O que significa Estado de Direito?

"Significa o Estado subordinado ou submetido à legalidade constitucional, ao regime constitucional" (Pinto Ferreira, *Comentários à Constituição Brasileira*, 1º v., p. 32, Saraiva, 89).

Karl Schmit assinala que já na Grécia Antiga o vocábulo *Constituição* designava, indiferentemente, a fórmula política e a fórmula jurídica da *polis*, a Cidade-Estado (*Direito Constitucional*, p. 4, Ed. Rev. de D. Priv., Madrid), tão íntimos e indissociáveis são esses dois conceitos. Na vida real os fatos que os configuram transcorrem multifacetadamente, sem os compartimentos que a mente humana engendra, com a finalidade de discipliná-los, sob mais de uma ótica (a moral, a jurídica etc.), para possibilitar a vida em sociedade.

O *Estado*, o engenho mais formidável que o ser humano concebeu, é uma ficção jurídica, inclusive do ponto de vista político. Para atuar, utiliza-se da ficção jurídica denominada *Administração Pública*, que se materializa através das pessoas físicas que lhe constituem os *órgãos*.

"A administração pública é o conjunto de decisões e operações mediante as quais o Estado e outras entidades públicas procuram, dentro das orientações gerais traçadas pela Política, diretamente ou mediante estímulo, coordenação e orientação das atividades privadas, assegurar a satisfação regular das necessidades coletivas de segurança e bem-estar dos indivíduos, obtendo e empregando racionalmente para esse efeito os recursos administrativos" (Marcello Caetano, *Manual de Direito Administrativo*, t. I, p. 5, Forense, 70).

A definição engloba, com rara felicidade, os misteres da administração pública, vale dizer, do Estado, que, na *República Federativa do Brasil*, distribui-se em *União, Estado, Distrito Federal* e *Município* (CF, art. 18).

A realidade cotidiana não separa o jurídico do político. Um fato é, ao mesmo tempo, político e jurídico. É inimaginável um Estado neocapitalista sem propriedade privada dos bens de produção, ainda que sob feição, política e jurídica, distinta da anterior. É igualmente inconcebível um regime comunista com propriedade privada de bens de produção. A atividade do Estado, regrada pelo direito, decorre de sua matiz política, tomada a palavra *sem* a conotação político-partidária.

"Temos afirmado que a Constituição agasalha, basicamente, uma opção capitalista, na medida em que assenta a ordem econômica na livre iniciativa e nos princípios da propriedade privada e da livre concorrência (art. 170 *caput* e incs. II e IV). O princípio da propriedade privada envolve, evidentemente, a propriedade privada dos meios de produção, e o fato mesmo de conceituar empresa (art. 171), de admitir investimentos de capital estrangeiro, ainda não sujeito à disciplina da lei, de reconhecer o poder econômico como elemento atuante no mercado (pois só se condena o abuso desse poder) e a excepcionalidade da exploração direta da atividade econômica pelo Estado (art. 173), bem mostra que a Constituição é capitalista" (José Afonso da Silva, *Curso de Direito Constitucional*, p. 671, Ed. RT, 7ª ed., revista e ampliada de acordo com a nova Constituição, 91).

"A Constituição económica apresenta-se moderadamente nacionalista e prevalecentemente liberal (mas com abertura ao pluralismo de sectores de propriedade)" (Jorge Miranda, *Manual de Direito Constitucional*, t. I, p. 240, "O sistema constitucional brasileiro", Coimbra, 4ª ed., revista e atualizada, 90).

A menção a essas duas modalidades de regime, de exacerbado contraste, política e juridicamente, é proposital. Acentua os fundamentos jurídicos alinhados no parecer, conformes ao bom Direito aplicável ao caso.

A administração pública, por definição legal, está inexoravelmente vinculada à lei. Só lhe é lícito o que a lei lhe autoriza.

"Devendo a Administração Pública atuar sob a lei e com o fito único de implemento dos objetivos dela, é viciado todo e qualquer comportamento administrativo que a ofenda, que a desconheça ou que se desencontre com as finalidades por ela traçadas" (Celso Antônio Bandeira de Mello, *Elementos de Direito Administrativo*, p. 214, Ed. RT, 1ª ed., 4ª tiragem).

O ato administrativo ao arrepio da lei, particularmente da Constituição, é absolutamente inválido. A nulidade, de pleno direito, impõe-se irresistivelmente. O poder da autoridade pública, verdadeiro poder-dever, contém-se nas lindes da Constituição e da lei.

"As leis administrativas são, normalmente, de ordem pública e seus preceitos não podem ser descumpridos, por acordo ou vontade conjunta de seus destinatários, uma vez que contêm verdadeiros poderes-deveres" (Hely Lopes Meirelles, *Direito Administrativo Brasileiro*, p. 55, Ed. RT, 2ª ed.).

O autor explica porque é assim: "A natureza da administração é a de um *munus* público para quem a exerce, isto é, de um encargo de defesa, conservação e aprimoramento dos bens, serviços e interesses da coletividade. Como tal, impõe-se ao administrador público a obrigação de cumprir fielmente os preceitos de direito e da moral administrativa que regem sua atuação" (ob. e ed. cits., p. 53).

A doutrina deixa a cavaleiro de dúvida que a atuação da administração pública à margem da lei, ou em desacordo com a Constituição, vicia, insanavelmente, o ato administrativo.

"A lei estabelece a amplitude dentro da qual se deve movimentar a autoridade pública no desempenho de suas atribuições. Se esta excede estes limites, sua ação se torna ilegal" (M. Seabra Fagundes, *O Controle dos Atos Administrativos pelo Poder Judiciário*, p. 70, Forense, 4ª ed.).

Há, aqui, nulidade *de pleno jure*, por causa da matéria versada, como leciona a doutrina, incluída a estrangeira. É dever da autoridade pública, de ofício, proclamá-la. O ato nulo não gera qualquer efeito.

"O regime, mais severo, da nulidade encontra o seu fundamento teleológico em motivos de interesse público. As anulabilidades fundam-se na infração de requisitos dirigidos à tutela de interesses particulares" (Carlos da Mota Pinto, *Teoria Geral do Direito Civil*, p. 470 Coimbra, 80).

"Negócio nulo é o que se pratica com a infração de preceito legal de ordem pública ou de normas imperativas. Sua ineficiência é intrínseca, no sentido de que ocorre sem necessidade de prévia impugnação" (Orlando Gomes, *Introdução ao Direito Civil*, p. 400, Forense, 8ª ed., 86).

Não prospera eventual alegação que seriam conceitos jurídicos de direito privado. São definições jurídicas aplicáveis a todo e qualquer ramo do direito. Como toda uma série de conceitos jurídicos de uso generalizado, nos mais variados ramos do direito, contêm-se na parte propedêutica do direito civil, o direito comum. O único, inicialmente. Encontram-se em sua parte geral por questões histórica e metodológica, em suma. Mas aplicam-se a Direito como um todo, e em particular, em cada área em que ele se reparte.

As coisas não se passam diferentemente no campo do direito público ou quando está em jogo lei inconstitucional.

"Buzaid acha que toda lei, adversa à Constituição, é absolutamente nula, não simplesmente anulável. Ruy Barbosa, calcado na doutrina e jurisprudência norte-americanas, também dissera que toda medida, legislativa ou executiva, que desrespeite preceitos constitucionais, é, de sua essência, nula. Francisco Campos sustenta que um ato ou uma lei inconstitucional é inexistente" (José Afonso da Silva, ob. e ed. cits., p. 51).

A legislação ordinária tem de ser consentânea com a Constituição Federal, a norma jurídica maior do país, segundo a qual *ninguém é obrigado a fazer ou deixar de fazer alguma coisa senão em virtude de lei* (art. 5º, II). Para obrigar a fazer ou deixar de fazer alguma coisa, há de haver uma lei prévia, que, a seu turno, há de ser *constitucional*.

"O Estado de Direito surge como o oposto do Estado de Polícia. É da sua essência, pois, a submissão da atuação do Estado ao direito, do que defluirá a liberdade individual, e o repúdio à instrumentalização da lei e da administração a um propósito autoritário" (Celso Ribeiro Bastos e Ives Gandra Martins, *Comentários à Constituição do Brasil*, 1º v., p. 421. Saraiva, 88).

Não mais paira dúvida que à legislação ordinária do país, federal, estadual e municipal, não é dado afrontar a Constituição Federal. Quando isso ocorre, a lei é *inconstitucional,* vale dizer, írrita de pleno direito. A administração pública pode proclamá-la, de ofício, quando flagrante, assim como a do ato administrativo calcado nela. É o teor da Súmula do E. Supremo Tribunal Federal (ns. 346 e 473), a Corte Constitucional, à qual compete dizer, definitivamente, em derradeira instância, da constitucionalidade das leis e dos atos, privados ou públicos.

Estão estabelecidas as premissas iniciais a partir das quais resolver-se-á a consulta *sub examen:* a Constituição brasileira é capitalista, economicamente, ainda que a diga neocapitalista, democrática, politicamente, e instituiu em Estado de Direito; legislação inconstitucional é nula *de pleno jure;* o Estado, isto é, a administração pública, só atua validamente segundo a Constituição e a lei, que *tem* de ser *constitucional.*

A propriedade privada é um dos esteios da Constituição Federal, erigida que o foi por *cláusula pétrea,* denominação utilizada, contemporaneamente, pela doutrina e pela jurisprudência, para designar os preceitos constitucionais que disciplinam direito ínsito ao ser humano. Integra *o direito de personalidade* e de *cidadania.* Figura entre os *Direitos e Garantias Fundamentais* (Título II), entre os *Direitos e Deveres Individuais e Coletivos* (Capítulo I, art. 5º, *caput* e seu inciso XXII). É título antecedido apenas pelo que institui os *Princípios Fundamentais* do país (Título I). *Garante-se aos brasileiros e aos estrangeiros residentes no país, a propriedade,* ao lado da *vida,* da *liberdade,* da *igualdade* e da *segurança* (CF, art. 5º, *caput),* os bens *maiores* da pessoa física.

"O direito brasileiro continua a ver a propriedade como um dos pontos fundamentais da organização econômico-social e, porque não dizê-lo, política do Brasil. Por isso a Constituição declara a propriedade uma das bases fundamentais de todo o sistema dos direitos e garantias individuais (art. 5º, *caput*).

"**1) Conceito de propriedade** (destaque do original): Quem se dispõe a interpretar o texto em epígrafe tem como problema inicial o de determinar o que significa, nele, propriedade. A primeira inclinação é a de dar ao termo o sentido com que o toma o direito civil: direito de usar, gozar e dispor de uma coisa. Entretanto, se essa definição fosse verdadeira, os demais direitos patrimoniais, os créditos por exemplo, não seriam constitucionalmente protegidos, podendo ser expropriados sem indenização. Ora, isso seria absurdo, na medida em que a propriedade imóvel não é mais a única fonte de riqueza almejada e em que créditos constituem a fortuna de muitos ricos e o pecúlio de alguns pobres. Daí ser lição corrente na doutrina que, referindo-se à propriedade, quis o constituinte dizer direito de conteúdo econômico, direito patrimonial. Assim, no texto em exame, a Constituição consagra o direito fundamental de não ser alguém despojado de seu patrimônio sem justa indenização. Esse é, aliás, o entendimento pacífico da jurisprudência" (Manoel Gonçalves Ferreira Filho, *Comentários à Constituição Brasileira de 1988*, v. 1, p. 46, Saraiva, 90).

É lição de longa data. Pontes de Miranda já a consagrara, décadas antes.

"**2) Conceito de propriedade** (destaque do original): "Propriedade", no sentido do texto, exige a realidade do direito; ou "propriedade", no sentido da Constituição brasileira de 1946 (Constituição alemã de Weimar, art. 153), abrange todos os bens patrimoniais? A questão é mais grave do que se pensa. ... A verdadeira interpretação é a que vê em propriedade, no art. 141, § 16, propriedade individual, no mais largo sentido; e de modo nenhum se exclui a desapropriação dos bens que não consistam em direitos reais. O limite único à desapropriação é a imperdibilidade" (*Comentários à Constituição de 1946*, v. IV, pp. 210-1, Max Limonad, 2ª ed., revista e aumentada, 53).

É constitucionalmente inadmissível a ofensa à propriedade, noção cuja amplitude a Constituição Federal conceituou, ressalvadas as hipóteses, instituídas por ela, nas quais Estado pode intervir na propriedade, ainda que por legislação ordinária. Assim, ela salvaguarda a propriedade de investida do poder público, mesmo quando aparenta constitucionalidade: a lei invocada é *inconstitucional*.

A Constituição Federal garante a *livre iniciativa* (art. 1º, IV) e assegura o exercício da atividade econômica pelo setor privado (art. 170). Ambas comungam da natureza jurídica de *cláusula pétrea*. A primeira figura entre os *Princípios Fundamentais da República Federativa do Brasil*, junto com o *trabalho*, qualificados, os dois, *valores sociais* (art. 1º, IV). O segundo inclui-se na liberdade de profissão (art. 5º, XIII).

"A liberdade de profissão não é somente a liberdade de exercer determinada profissão, pois também cabe às pessoas jurídicas. Assim sendo, o preceito constitucional é amplo e abrangente, para assegurar a liberdade de escolha de profissão ou tipo de trabalho, indústria ou comércio, extensivo às pessoas jurídicas.

"O exercício da atividade mercantil baseia-se destarte no preceito constitucional da liberdade de profissão (*RT* 306/767)" (Pinto Ferreira, *Comentários à Constituição Brasileira*, 1º v., p. 88, Saraiva, 89).

"Passemos em revista mais detidamente cada um dos quatro fundamentos da nossa ordem econômica. ... Em segundo lugar surge a liberdade de iniciativa. Na verdade é uma manifestação dos direitos fundamentais ... A liberdade de iniciativa e de empresa pressupõe o direito de propriedade da mesma sorte que é de certa forma uma decorrência deste" (Celso Ribeiro Bastos e Ives Gandra Martins, ob. e ed. cits., 7º v., pp. 15 e 16).

Nesse mesmo sentido manifestam-se inúmeros outros, dentre os quais destaca-se José Afonso da Silva, cujo trecho sobre o assunto está transcrito linhas atrás, num excerto maior. Mas não é demasia repisar o que interessa especificamente a este tópico: "O princípio da propriedade privada envolve, evidentemente, a propriedade privada dos meios de produção" (ob., ed. e p. cits.).

Mais três premissas acrescem às anteriores, a saber: a propriedade, a liberdade de iniciativa e o livre exercício da atividade econômica privada, ou empresarial, são institutos jurídicos *fundamentais*, constitucionalmente; como institutos *fundamentais* estão acima da ingerência do poder público, incluída a legislativa, excetuadas as hipóteses de lavra da própria Constituição Federal, as quais podem ter lugar mediante a legislação ordinária.

A propriedade, a liberdade da iniciativa e de exercício da atividade econômica privada, empresarial, submete-se à disciplina do Estado. Mas *tão-só* nos moldes previstos pela Constituição. É *inconstitucional* ultrapassar-lhe os limites. Sempre foi assim, como se depreende de Pontes de Miranda:

"***Intervenção legislativa na economia.*** (destacado no original): Segundo a Constituição de 1946, como aliás, desde a Constituição de 1934, a liberdade econômica não é *a priori*. A Constituição só a garante até onde não exijam que seja restringida os princípios de justiça social – digamos distributiva – e o interesse nacional. Duas raias, uma de ordem social, ligada ao bem do povo, e outra de ordem nacional" (ob. e ed. cits., v. IV, p. 467 –, o mesmo é dito nos *Comentários à Constituição de 1969*, t. VI, p. 34, Ed. RT, 2ª ed., 2ª tiragem, revista, 74).

O preceito inspirava-se nos valores políticos e jurídicos então em vigor. Hoje, as crenças modificaram-se. Vige o neoliberalismo, predominantemente, mormente no denominado mundo desenvolvido. A intervenção do Estado no domínio econômico privado, isto é, na atividade da empresa minguou.

As atribuições do Estado, como poder público, a serem reguladas por lei, foram estabelecidas pela Constituição Federal: "Art. 174. Como agente normativo e regulador da atividade econômica, o Estado exercerá, na forma da lei, as funções de fiscalização, incentivo e planejamento, sendo este determinante para o setor público e indicativo para o setor privado".

Há, outrossim, o artigo 173, § 4º (cento e setenta e três, parágrafo quarto), que autoriza reprimir, por lei, o abuso do poder econômico, afora a legislação de defesa do consumidor. São hipóteses diversas deste caso. Tampouco se trata da atribuição constitucional *fiscalizatória* do Estado. O planejamento, além de não ser o caso, é meramente *indicativo,* para o setor privado da economia. Supérfluo, fastidioso, até, aflorar todas essas situações, diversas da indagação *sub examen.*

Resta a atuação do Estado, na qualidade de poder público, como agente normativo e regulador da atividade econômica privada, sobre a qual o parecer debruçar-se-á, ato contínuo, calcado na melhor doutrina, aplicada diuturnamente pelos tribunais. A nota predominante, mesmo quando é examinada a intervenção do Estado, como poder público, no domínio econômico, é o resguardo constitucional da propriedade, da livre iniciativa e da liberdade da atividade empresarial.

"Observe-se que não é feita referência nenhuma aos princípios de planejamento e de intervenção no domínio econômico, o que torna lícito afirmar que de princípios não se trata. José Afonso da Silva observa, com muito acerto: "De fato, se a liberdade de empresa, a liberdade de iniciativa, são princípios dela, o que contraria ou restringe estes (como a participação, o planejamento, a intervenção, enfim) não o pode ser. Se a constituição econômica, traduzida no direito constitucional positivo, é essencialmente capitalista, fundada na livre iniciativa e na livre concorrência (art. 160, I e V), a faculdade de intervenção e participação estatal no domínio econômico constitui apenas um modo de temperamento sistema. É certo, no entanto, que outros princípios são previstos que orientam o sistema para a realização dos fins de desenvolvimento e justiça social. Por outro lado, o princípio pertinente à participação estatal na economia é o do subsidiariedade" (*Curso de direito constitucional positivo*, 2ª ed., Ed. RT, p. 506). O autor refere-se à Constituição de 1967 com a Emenda de 1969. Suas considerações, entretanto, afiguram-se-nos plenamente ajustadas à Constituição atual.

"A liberdade de iniciativa e de empresa pressupõe o direito de propriedade da mesma sorte que é de certa forma uma decorrência deste. O seu exercício envolve uma liberdade de mercado, o que significa dizer que são proibidos os processos tendentes a tabelar os preços ou mesmo a forçar sua venda em condições que não sejam as resultantes do mercado. A liberdade de iniciativa exclui a possibilidade de um planejamento vinculante. O empresário deve ser o senhor absoluto na determinação do que produzir e porque preço vender. Esta liberdade, como todas as outras de resto, não pode ser exercida de forma absoluta. Há necessidade sim de alguns temperos. O importante, contudo, é notar que a regra é a liberdade. Qualquer restrição a esta há de decorrer da própria Constituição ou de leis editadas com fundamento nela" (Celso Ribeiro Bastos e Ives Gandra Martins, ob. e ed. cits., 7º v., pp. 16-7).

"O princípio genérico é da liberdade de iniciativa, superado em alguns pontos pela intervenção do Estado ... O Estado aparece como agente normativo e também regulador da economia exercendo, na forma da lei, as funções de fiscalização, incentivo e planejamento, sendo o planejamento obrigatório para o Poder Público e mero indicativo para o setor privado" (Pinto Ferreira, *Curso de Direito Constitucional*, p. 577, Saraiva, 5ª ed., ampliada e atualizada, 91).

José Afonso da Silva analisa a atividade do poder público, enquanto Estado, como a instituiu a Constituição: "fundada no art. 174, em que o Estado aparece como agente normativo e regulador da atividade econômica, que compreende as funções de fiscalização, incentivo e planejamento, caracterizando o Estado regulador, o Estado promotor e o Estado planejador da atividade econômica" (ob. e ed. cits., p. 677).

Ele sintetiza a doutrina e a jurisprudência, ao apontar o móvel da intervenção estatal, como poder público, no domínio econômico: "A intervenção por via de regulamentação da atividade econômica surgiu como uma pressão do Estado sobre a economia para devolvê-la à normalidade" (ob., ed. e p. cits.).

O autor coloca o dedo na ferida. A intervenção do Estado, como poder público, como é feita há algum tempo, é uma função nova, decorrente do término da crença liberal de auto-regulação do mercado, do equilíbrio, por si só, das forças econômicas privadas. Praticava-se, na feliz expressão de Fábio Konder Comparato, a *economia política* (*Ensaios e Pareceres de Direito Empresarial*, p. 463, "O Indispensável Direito Econômico", Forense, 1ª ed., 78).

Constatada a falácia desse entendimento, já neste século, o direito, como a Constituição, passou a ter nova função, reduzida com o advento do neoliberalismo: "agora passa a instrumentar, também, a atuação do Estado, seja para o exercício de sua influência, sob o pretexto de superação das crises, nos processos de mercado, seja tendo em vista a realização de certos objetivos de política social" (Eros Roberto Grau, *A Ordem Econômica na Constituição de 1988 – Interpretação e Crítica*, p. 32, Ed. RT, 2ª ed., 91). Retornando a Fábio Konder Comparato, é o período da *política econômica* (ob., art., p. e ed. cits.).

É importante anotar a mudança, radical, ainda que atenuada no neoliberalismo, porque imprescindível à exegese correta da Constituição e da lei decorrente dela, como assinala Eros Roberto Grau: "A definição dos fins das políticas públicas implementadas é enunciada em normas jurídicas – normas objetivo – que passam a determinar os processos de interpretação do Direito" (ob. e ed. cits., p. 34).

Gerard Farjat explica que a nova concepção de constituição e de direito, um conjunto de medidas impostas pelo Estado, destina-se a organizar as relações econômicas do país (*Droit Economique*, pp. 49-50, P. Univ. de France, 1ª ed., 71).

Está assentada mais uma premissa: a motivação constitucional da intervenção estatal, como poder público, no domínio econômico privado, é reparar as distorções do mercado, corrigindo as anomalias do domínio econômico privado e os objetivos sociais expressamente indicados (função social da propriedade etc.).

A alternativa de interesse nacional ou relevante interesse coletivo, subordina-se a legislação federal prévia, que a defina, mas *não* existe, e é gritantemente inaplicável, *in casu.*

Encerrada, *quantum satis,* a análise, sob o enfoque do Direito Público, da questão em consulta, incumbe examiná-la sob o crivo do Direito Privado. Então, e só então, poder-se-á atingir o final do parecer e responder à consulta, conforme o Direito, a Constituição e a lei.

Trata-se da exploração da atividade de estacionamento de veículo de terceiro, num *shopping center,* em área com essa destinação, conforme projeto aprovado pelo Município, quando da edificação da construção. É óbvio que a gratuidade ou onerosidade do uso do estacionamento não se inseria, como não se insere, entre os requisitos legais para aprovação do projeto.

As sociedades que contrataram o negócio jurídico que possibilitou à Consulente explorar o estacionamento estão constituídas regularmente. O objeto social de ambas é lícito, os sócios são pessoas *sui juris.* O negócio jurídico entre elas é válido e perfeito. O Município não o contesta.

O negócio jurídico é estritamente de direito privado. Sejam as relações negociais entre a sociedade e a Consulente, pelas quais incumbe-lhe explorar o estacionamento, sejam as desta com os usuários do estacionamento. A titularidade da Consulente para explorar o serviço é tranqüila. O Município não a impugna. Seria imiscuir-se em área jurídica alheia à dele.

A relação jurídica entre quem explora um estacionamento (proprietário ou outrem a quem foi repassado o direito de exploração) e seu usuário não se contém no âmbito da competência legislativa do município, seja ele qual for. É legislação privativa da União Federal (CF, art. 22, I). Compete-lhe, com exclusividade, legislar sobre direito civil e direito comercial, os quais regem, necessariamente, a relação jurídica entre o usuário do estacionamento de *shopping center* e quem o explora.

A gratuidade compulsória não tem o condão de converter em relação jurídica de outra natureza o negócio jurídico de direito privado entre o usuário do estacionamento de *shopping center* e quem o explora ou o deste com o *shopping.* A transferência da exploração de estacionamento insere-se no elenco dos direitos do proprietário.

"Art. 524. A lei assegura ao proprietário o direito de usar, gozar e dispor de seus bens, e de reavê-los do poder de quem quer que injustamente os possua" (Código Civil).

Comentando o instituto, diz o saudoso Mestre Orlando Gomes:

"**70. Conceito** (destacado no original): "O direito de propriedade é o mais amplo dos direitos reais – "plena in re potesta"..." (*D. Reais*, p. 85, Forense, 10ª ed., 88) com o que tem-se a derradeira premissa: o negócio jurídico entre a Consulente o *shopping center* não se inclui na esfera da atribuição legislativa municipal, como tampouco o negócio jurídico do usuário do estacionamento do *shopping center* com quem o explora. São relações jurídicas de direito privado, direito civil e comercial.

Retorna, então, a indagação: é constitucional a gratuidade imposta por lei municipal, considerando que recai sobre um empreendimento privado, envolvendo entre pessoas de direito privado?

Causa espécie, convém o registro, que a gratuidade seja, tão-só, para estacionamento em *shopping center.* A violar o princípio constitucional da isonomia. Justifica, por si só, a proclamação da inconstitucionalidade da malfadada lei municipal.

A Constituição é clara: a *propriedade,* a *livre iniciativa* e a *ordem econômica* são *invioláveis,* ressalvadas as hipóteses em que está autorizada a intervenção do Estado, como poder público. A *República Federativa do Brasil* é um *Estado Democrático de Direito,* por dicção constitucional. Qualquer atentado a esse princípio maior é nulo de pleno direito. É dever do juiz, ao qual a pretensão do particular for submetida, proclamar a inconstitucionalidade de toda e qualquer intervenção estatal espúria.

A Constituição igualmente dispõe que ao Estado, como poder público, só é dado intervir no domínio econômico (na propriedade, da livre iniciativa e na atividade empresarial) para reprimir distorção ou abuso do poder econômico privado ou do mercado e para os objetivos sociais previstos por ela.

É do mais comezinho bom senso que não se trata, aqui, de matéria que envolve objetivo social. Nem se pode cogitar de regulação de mercado, distorção ou abuso de poder econômico, por quem for explorar, com ônus para o usuário, estacionamento em *shopping center*. A haver abuso ou distorção, de quem explora o estacionamento, a autoridade pública competente, constitucionalmente, para reprimi-lo seria a Sunab, o Cade ou o sistema de defesa do consumidor. Nenhum dos quais tem atribuição legislativa. Só um é órgão municipal, na estrutura nacional de defesa do consumidor.

A afronta ao direito de propriedade, à livre iniciativa e à ordem econômica ficou comprovada claramente. Um simples negócio jurídico entre partes privadas *não* pode dar lugar a uma lei municipal impondo a uma parte celebrar com a outra um contrato gratuito, quando a parte obrigada à gratuidade arca com despesa avultada, não só para implantar o empreendimento, como para mantê-lo, e não tem outra fonte de renda.

Impor gratuidade, num negócio jurídico privado, é atentar contra os princípios mais elementares do neocapitalismo, cuja proteção é um dos princípios maiores da Constituição, tanto que abriga a livre iniciativa entre os *Princípios Fundamentais* do país.

O Estado, ou a Administração Pública, só pode atuar, mesmo legislativamente, quando a Constituição ou a lei, esta conforme aquela, lho autorize, especialmente quando for intervenção no domínio econômico, sob o pálio de *princípios constitucionais fundamentais*. A intervenção está disciplinada por artigos constitucionais, simplesmente. Não padece de dúvida a mais-valia do *princípios constitucionais fundamentais*, ou mesmo dos princípios constitucionais, se se os coteja com artigos constitucionais. Aqueles são superiores a estes, na hierarquia jurídica, legislativa. No confronto entre eles, prevalecem os *princípios*.

Cobrar preço do usuário do estacionamento, em *shopping center*, *não* é distorção de mercado, abuso de poder econômico nem atentar contra a função social da propriedade. A gratuidade tampouco tem finalidade social. O usuário do estacionamento é proprietário de veículo, pessoa com recurso em pecúnia suficiente para adquirir um bem cujo custo é elevado, além da bolsa da maioria esmagadora dos cidadãos. A classe média é quem freqüenta o *shopping center*, ou seja, é o usuário do estacionamento, segundo perfil resultante de inúmeros levantamentos efetuados, amplamente divulgados pela imprensa.

Não é permitido ao Estado, mesmo por lei, cercear a *atividade econômica* privada. É curial que não pode haver atentado maior à *livre iniciativa* que impor-lhe a gratuidade num empreendimento em que serão investidos recursos de vulto e empregado equipamento de última geração. Não há sequer possibilidade do *shopping center* repassar os custos para os lojistas, terceiros no negócio. A gratuidade, na realidade, inviabiliza a exploração do estacionamento pela Consulente. Nem ao menos haveria a reposição dos custos.

Todos os autores, inclusive os privatistas, são unânimes em afirmar que é ilícita a intervenção do Estado na propriedade, na livre iniciativa e na ordem econômica, a menos que o móvel seja reprimir abuso ou distorção, atender à função social da propriedade ou a um objetivo social. É impossível dizer que insere-se numa dessas hipóteses a gratuidade num estacionamento de *shopping center,* cujo usuário é, no mínimo, pessoa de poder aquisitivo razoável.

A Constituição brasileira, como as constituições capitalistas, *só* visou resguardar o *capitalismo,* ao permitir a intervenção na propriedade e na ordem econômica.

"No desempenho do seu novo papel, o Estado, ao atuar como agente de implementação de políticas públicas, enriquece suas funções de integração e de modernização e de legitimação do capitalista. Essa sua atuação, contudo, não conduz à substituição do sistema capitalista por outro. Pois é justamente a fim de impedir tal substituição – seja pela via da transição para o socialismo, seja mediante a superação do capitalismo e do socialismo – que o Estado é chamado a atuar sobre e no domínio econômico.

"O sistema capitalista é assim preservado, renovado sob diverso regime. O modo de produção, os esquemas de repartição do produto e os mercados capitalistas, no âmbito interno e no quadro internacional, são mantidos em sua integridade" (Eros Roberto Grau, ob. e ed. cits., p. 61).

Assim, a Constituição Federal não iria propiciar uma agressão tão funda (e gratuita, essa sim), a um empreendimento que, em reta razão, é incompatível com a gratuidade. Há de se atentar a que está em jogo não apenas a gratuidade em estacionamento de *shopping center,* mas um princípio que, se vingar, firmará um precedente de conseqüências imprevisíveis e devastadoras, ao arrepio da Constituição.

A Consulente, ao enveredar pela exploração de estacionamento em *shopping center,* fê-lo na convicção de estar amparada pelas normas constitucionais que lhe asseguravam, como asseguram, cobrar ao usuário preço pela utilização do estacionamento. Era, como é, e certamente há de ser, uma *segurança* garantida pela Constituição de um país de economia neocapitalista, cuja conseqüência é a decretação, judicial, se preciso, da inconstitucionalidade da malfadada lei municipal em tela.

No quadro capitalista contemporâneo, a previsão e a calculabilidade, que traduzem *segurança* (sempre meta maior do Direito), são fundamentais. Por isso, foram acolhidas pela Constituição, como demonstra Eros Roberto Grau, aludindo, inclusive, a outros doutos: "Outra peculiaridade, ainda, promove essa adequação (do direito ao capitalismo): o desenvolvimento capitalista reclama previsão e calculabilidade e à racionalidade do mercado corresponde esse Direito, como forma de domínio racional. A circunstância do Direito, nas sociedades capitalistas, apresentar qualidades formais típicas, que asseguram a calculabilidade reclamada pelo capitalismo, já a apontou Max Weber, de modo percuciente" (ob. e ed. cits., p. 24).

É compreensível que o Direito, ou seja, a Constituição, propicie *segurança* à ordem econômico (previsão e calculabilidade). Sem ela implantar-se-á o caos, seja qual for a atividade humana.

O Professor Milton Santos, nome que dispensa apresentação, condena, nessa linha de raciocínio, as investidas do Estado, seja o prejuízo moral ou patrimonial.

"E os Estados nem sempre coincidem com a sociedade civil, mas, ao contrário, lhes refreiam os impulsos, e freqüentemente desrespeitam os indivíduos, sob as justificativas e disfarces os mais diversos. (...) Não pode o cidadão ser empobrecido – nem enriquecido – por uma decisão não legalmente motivada, quando se vive num Estado que se proclama Estado de direito. O direito à integridade se inclui entre as prerrogativas inalienáveis do cidadão e se estende do campo biológico aos da cultura, da política e da moral, isto é, inclui o patrimônio material e o imaterial" (*O Espaço do Cidadão*, pp. 8 e 21, Nobel, 87).

É dele o alerta para o absurdo que ocorreria, se a gratuidade vingasse: o usuário do estacionamento *enriquecer-se-ia ilicita-*

*mente,* às custas do empobrecimento da Consulente. Proprietário de um veículo, seu padrão de vida não exige que o Estado lhe conceda, de mão beijada, tal gratuidade, até porque num momento de lazer sofisticado. Supérfluo, portanto.

Esse estado de coisas, que é anômalo, não pode existir, porque, num "Estado Democrático de Direito há valores materiais vinculantes, como a verdade, o direito, a moral ou a moralidade. Dito por outra forma: essa forma de democracia se eleva sobre seus próprios limites e responde a uma ordem vital e de valores que reúne uma totalidade pessoal" (Gerhard Leibholz, *Problemas Fundamentales de la Democracia Moderna*, p. 254, Inst. de Est., Madrid, 71).

O fato do Município ter a atribuição de aprovar o projeto *shopping center,* por ser construção, nem desnatura a jurídica entre as partes, a qual permanece de direito privado, nem confere, ao Município, competência para instituir gratuidade para o usuário que utilizar-lhe o estacionamento.

Se, inicialmente, como efetivamente sucedeu, inicialmente, o estacionamento foi gratuito, nem por isso o Município tem competência para, intervindo na ordem econômica, compelir o *shopping center* a mantê-lo assim. Se isso fosse possível, não haveria necessidade de lei; tanto não era, que houve necessidade de recorrer ao *artifício* da lei, escancaradamente *inconstitucional.*

O Município aprova todos os projetos de construção urbana em seu território. Nem por isso converte-se em pública a relação jurídica entre quem a utiliza e quem a construiu ou quem é titular de direito sobre ela. Ele tampouco pode impor, porque licencia a construção, sua utilização gratuita, mesmo as destinadas à locação, comercial ou residencial. Embora até possa derrubar o que for edificado contra as normas municipais que disciplinam a construção. O mesmo ocorre em estacionamento, pois é idêntica a natureza jurídica da relação jurídica entre o usuário do estacionamento e quem o explora. A circunstância de o ser num *shopping center* é acessório. Não desfigura o arquétipo do instituto jurídico, dos princípios jurídicos e dos artigos jurídicos envolvidos na consulta.

O Município pode impor as normas, no tocante aos detalhes técnicos e a questões de urbanismo, ecologia, saúde, segurança etc., na construção e no uso, mas lhe é defeso interferir no preço a ser cobrado, assunto da economia interna da empresa. Não é demasiado rememorar a lição dos doutos: se a propriedade, a livre iniciativa e a ordem econômica são princípios *fundamentais* da Constituição, a intervenção do Estado nesses institutos é disciplinada em artigos no bojo dela. Pela hierarquia jurídica, eles estão além dela, intervenção, que há de amoldar-se, rigorosamente, à permissão constitucional, inexistente *in casu.*

Se a Constituição não contempla a possibilidade de intervenção do Estado, nesse caso, e se ele, *vel dire,* a Administração Pública, está jungido ao que ela lhe consente, sendo nulo de pleno direito o ato e/ou a lei *inconstitucional,* porque este é um *Estado de Direito,* não demanda esforço concluir que *a lei em apreço é inconstitucional,* porque não se acomoda em qualquer hipótese constitucional e impõe-se proclamá-la (a inconstitucionalidade). De outra parte, é a mesma Constituição Federal que assegura a propriedade, a livre iniciativa e a ordem econômica (em que se situa a atividade empresarial), garantindo àquele que explorar estacionamento em *shopping center* cobrar preço adequado ao usuário do estacionamento.

Era o que cabia dizer.

PARECERES

# DOAÇÃO DE BEM IMÓVEL MUNICIPAL À EMPRESA PRIVADA

HÉLCIO DE ABREU DALLARI JÚNIOR
Advogado

*Interessado*: Prefeitura Municipal de Cotia – Departamento de Assuntos Jurídicos

*Assunto*: Doação de bem imóvel municipal à empresa privada

***Consulta***

A Prefeitura Municipal estuda atualmente a possibilidade de doar um bem imóvel municipal, sem utilização até o presente momento, para uma empresa privada fabricante de produtos elétricos que manifestou interesse em construir uma unidade de fabricação em Cotia. A referida empresa não somente ampliaria as oportunidades de emprego dentro do próprio Município, mas também contribuiria sensivelmente para o aumento da receita municipal.

Fomos questionados sobre os aspectos jurídicos quanto a estar ou não evidenciado o interesse público no caso em tela, bem como, quanto à hipótese de dispensa de licitação, e, ainda, quanto à existência de um "aparente conflito de normas" (Lei n. 8.666/93 e Lei Orgânica do Município).

***Parecer***

Primeiramente compete abordarmos a questão do chamado "interesse público".

Todo aquele que estiver exercendo ou que vier a exercer alguma função administrativa deve visar à satisfação dos interesses públicos, ou seja, dos interesses coletivos como um todo, conforme determinar o ordenamento jurídico instituído com o atributo de bem zelar pelo interesse de toda coletividade. O poder deve estar adstrito à finalidade estabelecida legalmente como interesse de todos, e não como interesse daquele que exerce o poder. Compreenda-se que a Administração Pública, no desempenho de suas funções de dever alcançar uma dada finalidade que interesse a coletividade, tem prerrogativas intimamente ligadas aos "deveres-poderes", estando seus poderes subordinados aos deveres, com destaque ao seu aspecto finalístico.

Em síntese, o ordenamento jurídico, destacando-se a Lei Orgânica, na esfera municipal, discrimina qual vem a ser o interesse coletivo, ou seja, o que é de interesse público.

Lembremos o preceito da Constituição Federal, *caput* do art. 29, quando diz que o Município reger-se-á através de Lei Orgânica, votada, aprovada e promulgada pela Câmara Municipal, atendidos os princípios estabelecidos na própria Constituição Federal, na Constituição do respectivo Estado e os preceitos contidos nos incisos do artigo supracitado. Ademais, devemos observar o que estabelece o artigo subseqüente da Constituição Federal: "Art. 30. Compete aos Municípios: I – legislar sobre assuntos de interesse local; II – suplementar a legislação federal e a estadual no que couber".

A autonomia do Município é outorgada constitucionalmente para que este componha seu governo e proveja sua Administração segundo o ordenamento jurídico em vigor (CF, art.18). Esta autonomia é prerrogativa política facultada e restrita aos estritos limites da Constituição Federal. Inclua-se aí a competência municipal para organizar seus serviços públicos locais e ordenar seu território, gerindo seus próprios bens.

Observemos o que preceitua a Lei Orgânica de Cotia, sobre o interesse público, no capítulo que trata da competência do Município. Transcreva-se seu artigo 4º, com ênfase ao inciso V:

"Artigo 4º. Ao Município de Cotia compete prover a tudo quanto respeite a seu interesse local, tendo como objetivo o pleno desenvolvimento de suas funções sociais e garantindo o bem-estar de seus habitantes, cabendo-lhe privativamente, entre outras, as seguintes atribuições: (...) V – dispor sobre a administração, utilização e alienação de seus bens".

Vale lembrar, ainda, que compete privativamente ao Prefeito Municipal o exercício da direção superior da administração do Município, sendo auxiliado por seus Secretários Municipais (inc. II do art. 106 da Lei Orgânica de Cotia), obedecendo sempre as limitações que lhe são impostas pela lei.

Ou seja, a Lei Orgânica de Cotia estabelece que à Administração Municipal, na figura do Prefeito, compete buscar a satisfação dos interesses públicos como um todo, quais sejam dos objetivos de "pleno desenvolvimento de suas funções sociais e garantindo o bem-estar de seus habitantes", e, inclusive, dispondo sobre "a administração, utilização e alienação de seus bens".

A alienação de bens municipais, visando este desenvolvimento de funções sociais com o asseguramento do bem-estar da população, faz parte do interesse público que compete ao Município zelar.

Com este pressuposto, em princípio, a alienação do imóvel municipal, que atualmente não apresenta forma alguma de utilização, é de interesse público, posto que aumentará as oportunidades de colocação profissional, bem como da principal receita do Município, qual seja, repasse do ICMS.

Todavia, a doação do referido bem imóvel à empresa privada interessada só poderá ocorrer diretamente, caso não ofenda aos princípios constitucionais da Administração Pública (art. 37 da CF), dentre eles, os princípios da legalidade e da impessoalidade.

O princípio da legalidade orienta a atuação da Administração Pública. Cabe à Administração Pública atuar juridicamente em função de uma finalidade que deve atingir, finalidade essa que é sempre algo que a lei previamente qualificou como de interesse público.

A atuação administrativa se caracteriza como uma "função", ou seja, o desempenho obrigatório de certas atividades, em benefício da coletividade. Por isso se pode dizer, com mais exatidão, que a Administração Pública tem deveres/poderes, dado que as prerrogativas são sempre instrumentais e lhe são conferidas exclusivamente em função do fim a atingir, e, por isso mesmo, não é dado ao administrador escolher entre fazer ou não fazer aquilo que a lei determina. O comando legal é sempre obrigatório, pois o interesse público (assim qualificado pela lei) é indisponível para o administrador público.

Por sua vez, ressalte-se o princípio da impessoalidade, que institui a obrigatoriedade da Administração Municipal tratar todos os administrados sem qualquer forma de segregação, de diferenciação. Faça-se referência ao Mestre Celso Antônio Bandeira de Mello ao abordar este princípio:

"Nele se traduz a idéia de que a Administração tem que tratar a todos os administrados sem discriminações, benéficas ou detrimentosas. Nem favoritismo nem perseguições são toleráveis. Simpatias ou animosidades pessoais, políticas ou ideológicas não podem interferir na sua atuação administrativa e muito menos interesses sectários, de facções ou grupos de qualquer espécie. O princípio em causa não é senão o próprio princípio da igualdade ou isonomia. Está consagrado explicitamente no art. 37, *caput*, da Constituição. Além disso, assim como 'todos são iguais perante a lei' (art. 5º, *caput*) *a fortiori* teriam de sê-lo perante a Administração".

Assim, duas hipóteses se apresentam.

Na primeira delas, uma lei seria elaborada, disciplinando genericamente o assunto, no sentido de possibilitar a doação de bens imóveis municipais à empresas privadas cuja instalação seja interessante à coletividade de Cotia, desde que estas preencham certos requisitos. Tal lei também deverá estabelecer as condições da doação, bem como cláusulas de retrocessão.

Outra possibilidade seria a de elaboração de lei específica autorizando uma determinada doação, como no caso da consulta formulada. Esta lei também deverá conter as condições da doação e cláusulas de retrocessão, sob pena de nulidade. Neste caso, resta passarmos a examinar o texto constitucional e a legislação pertinente, para averiguarmos ser ou não possível a dispensa de licitação.

Cabe evidenciarmos o que determina a Constituição Federal acerca da competência privativa da União para estabelecer normas gerais a respeito de licitação e contratação para a administração pública direta ou indireta.

"Art. 22. Compete privativamente à União legislar sobre: (...) XXVII – normas gerais de licitação e contratação, em todas as modalidades, para a administração pública, direta e indireta, incluídas as fundações instituídas e mantidas pelo Poder Público, nas diversas esferas de governo, e empresas sob seu controle".

Em continuidade, devemos observar o que preceitua o artigo 37, inciso XXI, da Constituição Federal, no tocante a ser exigida a realização de licitação. "Art. 37. A administração pública direta, indireta ou fundacional, de qualquer dos Poderes da União, dos Estados, do Distrito Federal e dos Municípios obedecerá aos princípios de legalidade, impessoalidade, moralidade, publicidade e, também, ao seguinte: (...) XXI – *ressalvados os casos especificados na legislação*, as obras, serviços, compras e alienações serão contratados mediante processo de licitação pública que assegure igualdade de condições a todos os concorrentes, com cláusulas que estabeleçam obrigações de pagamento, mantidas as condições efetivas da proposta, nos termos da lei, o qual somente permitirá as exigências de qualificação técnica e econômica indispensáveis à garantia do cumprimento das obrigações" (grifo nosso).

Assim sendo, em um primeiro momento, poderíamos afirmar que os casos de dispensa, inexigibilidade e vedação de licitação estão previstos em legislação própria vigente, qual seja, a Lei n. 8.666/93, regulamentando o art. 37, inciso XXI, da Constituição Federal, no tocante a instituir normas para licitações e contratos da Administração Pública, seja no âmbito da União, dos Estados, do Distrito Federal ou dos Municípios.

O artigo 17, inciso I, alínea "b", desta lei trata especificamente da alienação de bens imóveis da Administração Pública, através de doação. Cite-se: "Art. 17. A alienação de bens da Administração Pública, subordinada à existência de interesse público devidamente justificado, será precedida de avaliação e obedecerá às seguintes normas: I – quando imóveis, dependerá de autorização legislativa para órgãos da administração direta e entidades autárquicas e fundacionais e, para todos, inclusive as entidades paraestatais, dependerá de avaliação prévia e de licitação na modalidade de concorrência, dispensada esta nos seguintes casos: (...) b) *doação, permitida exclusivamente para outro órgão ou entidade da Administração Pública, de qualquer esfera de governo*" (grifo nosso).

Logo, não se exige licitação. Porém, a lei é taxativa. Só poderá ser beneficiário de uma doação de bem imóvel público um outro órgão ou entidade da Administração Pública, qualquer que seja sua esfera de governo.

Entretanto, ao analisarmos o conteúdo do artigo 30 da Constituição Federal, com ênfase aos seus incisos I e II, tendo em mente a autonomia municipal, podemos perceber que *compete à legislação local estabelecer normas mais detalhadas sobre a matéria prevista no artigo 22, inciso XXVII, da Constituição Federal*, qual seja, a respeito de normas de licitação e contratação.

Por sua vez, dando cumprimento ao que ordena o texto constitucional, a Lei Orgânica do Município de Cotia, em seu artigo 8º, inciso I, alínea "a", estabeleceu o quanto segue: "Art. 8º. A alienação de bens municipais, subordinada existência de interesse público devidamente justificado, será sempre precedida de avaliação e obedecerá as seguintes regras: I – quando imóveis, dependerá de autorização legislativa e concorrência, dispensada esta nos seguintes casos: a) doação, constando da lei e da escritura pública os encargos do donatário, o prazo de seu cumprimento e a cláusula de retrocessão, sob pena de nulidade do ato".

Podemos notar que a Lei Orgânica Municipal de Cotia também inexige licitação, diferenciando-se da legislação federal por não prever a permissão de doação exclusivamente para um órgão ou entidade da Administração Pública, de qualquer esfera governamental.

No tocante a haver um "aparente conflito de normas", vale esclarecer que tal conflito inexiste, uma vez que a Constituição Federal estabelece as competências de cada esfera de governo.

Cite-se o entendimento do Professor Celso Antônio Bandeira de Mello: "A competência para legislar sobre licitação assiste às quatro ordens de pessoas jurídicas de capacidade política, isto é: União, Estados, Municípios e Distrito Federal. Entretanto, compete à União editar 'normas gerais' sobre o assunto, conforme prescreve o art. 22, XXVII, da Constituição. Com efeito, o tema é estritamente de direito administrativo, dizendo, pois, com um campo de competência próprio das várias pessoas referidas, pelo que cada qual legislará para si próprio em sua esfera específica. Sem embargo, todas devem acatamento às 'normas gerais' legislativamente produzidas com alcance nacional, conforme 'supra' anotado" (*Curso de Direito Administrativo*, Malheiros Editores, 8ª ed., 1996, pp. 316 e 317).

Some-se aqui parte do voto proferido pelo Sr. Ministro Carlos Velloso, Relator na ADIn. 927-3, cujo requerente foi o Governador do Estado do Rio Grande do Sul, tendo como requeridos o Presidente da República e o Congresso Nacional: *"Registre-se, entretanto, que a competência da União é restrita a normas gerais de licitação e contratação. Isto quer dizer que os Estados e os Municípios também têm competência para legislar a respeito do tema: a União expedirá as normas gerais e os Estados e Municípios expedirão as normas específicas. Leciona, a propósito, Marçal Justen Filho: 'como dito, apenas as normas 'gerais' são de obrigatória observância para as demais esferas de governo, que ficam liberadas para regular diversamente o restante'* (*Comentários à Lei de Licitações e Contratos Administrativos*, Aide, Rio, 1993, p. 13)" (grifo nosso).

E prossegue seu voto expondo sua posição sobre o que efetivamente vêm a ser "normas gerais", com o devido embasamento: "A formulação do conceito de 'normas gerais' é tanto mais complexa quando se tem presente o conceito de lei em sentido material – norma geral, abstrata. Ora, se a lei, em sentido material, é norma geral, como seria a lei de 'normas gerais' referida na Constituição? Penso que essas 'normas gerais' devem apresentar generalidade maior do que apresentam, de regra, as leis. *Penso que 'norma geral', tal como posta na Constituição, tem o sentido de diretriz, de princípio geral*. A norma geral federal, melhor será dizer nacional, seria a moldura do quadro a ser pintado pelos Estados e Municípios no âmbito de suas competências. Com propriedade, registra a professora Alice Gonzales Borges que as *'normas gerais', leis nacionais, 'são necessariamente de caráter mais genérico e abstrato do que as normas locais*. Constituem normas de leis, direito sobre direito, determinam parâmetros, com maior nível de generalidade e abstração, estabelecidos para que sejam desenvolvidos pela ação normativa subseqüente das ordens federadas', pelo que '*não são normas gerais as que se ocupem de detalhamentos, pormenores, minúcias, de modo que nada deixam à criação própria do legislador a quem se destinam, exaurindo o assunto de que tratam'*. Depois de considerações outras, no sentido da caracterização de 'norma geral', conclui: '*são normas gerais as que se contenham no mínimo indispensável ao cumprimento dos preceitos fundamentais, abrindo espaço para que o legislador possa abordar aspectos diferentes, diversificados, sem desrespeito a seus comandos genéricos, básicos*'" (Alice Gonzales Borges, "Normas Gerais nas Licitações e Contratos Administrativos", *RDP* 96/81).

"Cuidando especificamente do tema, em trabalho que escreveu a respeito do Dec.-lei n. 2.300/86, Celso Antônio Bandeira de Mello esclareceu que 'normas que estabelecem particularizadas definições, que minudenciam condições específicas para licitar ou para contratar, que definem valores, prazos e requisitos de publicidade, que arrolam exaustivamente modalidades licitatórias e casos de dispensa, que regulam registros cadastrais, que assinalam com minúcia a *iter* e o regime procedimental, os recursos cabíveis, os prazos de interposição, que arrolam documentos exigíveis de licitantes, que preestabelecem cláusulas obrigatórias de contratos, que dispõem até sobre encargos administrativos da administração contratante no acompanhamento da execução da avença, que regulam penalidades administrativas, inclusive quanto aos tipos e casos em que cabem, evidentissimamente sobre não serem de Direito Financeiro, menos ainda serão normas gerais, salvo no sentido de que toda norma – por sê-lo – é geral'. E acrescenta o ilustre administrativista: 'Se isto fosse norma geral, estaria apagada a distinção constitucional entre norma, simplesmente, e norma geral..." ("Licitações", *RDP* 83/16) (grifos nossos).

Evidenciado está que tudo o que não for norma geral, não merece aplicação, posto que esgota completamente o assunto que deve ser pormenorizado pelo legislador local competente.

Por fim, ainda em seu voto nesta importantíssima ADIn, de 3 de novembro de 1993 – onde foi deferida a medida cautelar suspendendo, até decisão final da ação, no tocante a todos Estados, Municípios e ao Distrito Federal, a eficácia da expressão "permitida exclusivamente para outro órgão ou entidade da Administração Pública, de qualquer esfera de governo", incluído na letra *b* do inc. I do art. 17 da Lei Federal n. 8.666/93 –, o Sr. Ministro Carlos Velloso encara de frente a questão da inconstitucionalidade do citado trecho. Diz ele: "O *caput* do art. 17 veicula, sem dúvida, norma geral, ao subordinar a alienação de bens públicos ao interesse público devidamente justificado e ao exigir a avaliação. O inc. I do mesmo artigo contém, também, norma geral, ao estabelecer que a alienação de imóveis públicos dependerá de autorização legislativa, de avaliação prévia e de licitação na modalidade de concorrência, dispensada esta nos casos que enumera nas alíneas *a* até *d*. Não veicularia norma geral, na alínea *b*, que cuida da doação de imóvel, se estabelecesse que a doação somente seria permitida para outro órgão ou entidade da Administração Pública. No ponto, a lei trataria mal a autonomia estadual e a autonomia municipal, se interpretada no sentido de proibir a doação a não ser para outro órgão ou entidade da Administração Pública. *Uma tal interpretação constituiria vedação aos Estados e Municípios de disporem de seus bens, a impedir, por exemplo, a realização de programas de interesse público*, (...) *Empresto, pois, interpretação conforme a Constituição ao citado dispositivo – art. 17, I, "b": a expressão – 'permitida exclusivamente para outro órgão ou entidade da Administração Pública, de qualquer esfera de governo' – somente tem aplicação no âmbito do governo central, vale dizer, no âmbito da União Federal*" (grifos nossos).

Desta forma, frente ao exposto, cumpre esclarecermos de uma vez por todas que, "consoante entendimento do STF até o presente momento, a letra *b* do inc. I do art. 17 da Lei Federal n. 8.666/93 está com sua eficácia suspensa, sendo inaplicável, no presente caso, ao âmbito municipal".

Destarte, há que se aplicar a Lei Orgânica de Cotia, que simplesmente tratou de especificar o que lhe competia sobre a matéria – consoante suas necessidades e conveniências pertinentes à própria localidade –, respeitando as normas gerais, as diretrizes e as bases estabelecidas pela União.

Assim, a Lei Orgânica do Município determina que a alienação de um bem municipal será sempre precedida de avaliação, ficando subordinada a existência de interesse público devidamente justificado. E determina ainda mais: em se tratando de bens imóveis, ficará na dependência de autorização legislativa e concorrência, sendo que a concorrência poderá ser dispensada quando for o caso de uma doação, que conste da lei autorizadora e da escritura pública os encargos do donatário, a cláusula de retrocessão, o prazo de cumprimento, sob pena de nulidade do ato. Estas condições são inequivocamente obrigatórias.

Logo, não há conflito de normas de qualquer espécie.

Destarte, fica evidenciada a permissividade da realização da pretendida doação de bem imóvel municipal à empresa privada, desde que atendidos os requisitos aqui elencados.

É o parecer.

São Paulo, 24 de abril de 1997

# PELA INSTITUIÇÃO DA OBRIGATORIEDADE DAS SÚMULAS DE JURISPRUDÊNCIA

JUARY C. SILVA
Juiz de Direito

*Nota de apresentação. I – Intróito. II – Princípios diretivos para a construção dogmática do tema. III – Ilogismo da facultatividade das Súmulas e conseqüências nocivas desta. IV – A sociedade de massas e a massificação dos litígios. V – A massificação e a aceleração legislativas. VI – Notas históricas sobre as Súmulas. VII – Síntese e conclusões.*

## *Nota de apresentação*

Apraz-me, imensamente, apresentar, por meio desta nota, um trabalho organizado, fundamentado e denso, no qual o eminente jurista e magistrado, Dr. Juary C. Silva, defende a instituição da obrigatoriedade das súmulas de jurisprudência, como já revela o título deste opulento ensaio.

Concordo com o eminente autor quando, num passo do terceiro capítulo desta monografia, escreveu que "salta aos olhos que se o sistema jurisdicional fica envolvido em causas repetitivas e consome seu tempo e seus escassos recursos em solucioná-las, para que elas logo retornem, ele não está respondendo às necessidades da Nação". Esse, sem qualquer dúvida, o preocupante estado da administração da justiça no Brasil, cuja crise muito aguda torna impositivas soluções profundas, malogradas as contemporizações tentadas pela legislação e pelos tribunais, ainda quando inspiradas dos melhores propósitos.

A obrigatoriedade das súmulas de jurisprudência, de cuja adoção sou adepto convicto, se apresenta, alvissareiramente, como a única solução possível na realidade brasileira. Isso é extensamente demonstrado pelo autor insigne, neste estudo, que se revela fruto da mais demorada reflexão, feita à luz da vasta cultura jurídica e da longa experiência do Dr. Juary C. Silva, que fundamentou as suas idéias do modo mais vigoroso.

Pode-se divergir da idéia nuclear desta obra, como não faço, ou discordar-se de soluções específicas, que ela propõe. Entretanto, não será admissível negar ao ensaio, pela riqueza do seu conteúdo, o mérito de abordar com profundidade e amplitude inéditas, na doutrina brasileira, um tema que se impõe à consideração de todos.

Deixo consignado, aqui, o mais vivo aplauso a esta iniciativa do autor, que realizou a proeza de escrever, em pouco tempo, sem se descuidar das suas assoberbantes tarefas de magistrado diligente, um estudo sério e exaustivo, no qual examinou cada argumento que se poderia levantar, tanto em prol das suas idéias quanto em desfavor delas, convencendo o leitor de que a instituição da obrigatoriedade das súmulas de jurispridência avantaja qualquer outra solução que se pudesse conceber.

Rio de Janeiro, abril de 1997

Sergio Bermudes
Professor de Direito Processual Civil
da PUC-RJ. Advogado

### *I – Intróito*

Uma das questões mais polêmicas em voga atualmente nos meios jurídicos é a das chamadas "súmulas vinculantes", ou seja, a da obrigatoriedade da jurisprudência sumulada para os órgãos jurisdicionais em geral. Pela força da inércia, já que se trata de inovação radical, parece gozar de posição majoritária a corrente contrária à força vinculante.

Na verdade, uma vinculação limitada das súmulas já existe no Direito Positivo, no âmbito da Lei 8.038/90, e não apenas regimentalmente, sabido que as súmulas surgiram através de emenda ao regimento interno do STF em 1963, e por certo tempo permaneceram como *interna corporis* desta Corte e do extinto TFR, até serem acolhidas pelo Código de Processo Civil de 1973, no âmbito geral dos julgamentos nos Tribunais.

Consoante o art. 38 da Lei 8.038/90, no STJ e no STF o Relator negará seguimento a pedido ou recurso que contrariar, nas questões predominante de Direito, súmula do respectivo Tribunal da decisão cabendo agravo para o órgão competente, de acordo com o art. 39 do mesmo diploma. O dispositivo é categórico, à vista do verbo no futuro ("negará"), ao invés de instituir mera faculdade relatorial. A cláusula "nas questões predominantemente de Direito", todavia, abre ensancha a certa flexibilidade na decisão do Relator. Em face desse texto entendemos que as súmulas são obrigatórias no processo perante o STJ e o STF, de onde a sua quase-obrigatoriedade no processo em geral.

Antes das súmulas um sistema desconcentrado de uniformização da jurisprudência era previsto no Código de Processo de 1939, com o recurso de revista e o pré-julgado. Esse sistema nunca foi eficaz, malgrado o acerto técnico de sua concepção, porque na realidade ele se desenvolvia sob o influxo da álea que preside às decisões judiciais, dentro do *iter* recursal, em que o ganho de causa de um litigante corresponde necessariamente à perda do outro. Por isso, os Julgadores desses meios recursais analisavam menos a solução jurídica a ser adotada do que o desfecho da causa. A par desses meios, o recurso extraordinário, desde 1891, e o recurso especial, desde 1988, representam outras fórmulas empíricas de uniformização do Direito Federal.

Por outro lado, s.m.j. dos doutos, não parece que a uniformização de jurisprudência predisposta para os Tribunais locais possa ter operacionalidade efetiva, se o Brasil é uma Federação, e não Estado unitário. Assim, mesmo que corrigidas pelos Tribunais Superiores da Federação (STF e STJ), nos casos concretos, interpretações dissonantes dos Tribunais, outros entendimentos, talvez até mais anômalos, poderão continuar a existir, em outros órgãos judiciários.

Na realidade, não há como dissociar o processo, instrumento para atuação das leis materiais editadas pela União, do sistema federativo. Se não existir um mecanismo federativo de padronização da jurisprudência, e pouco a pouco as leis federais passam a sofrer interpretações divergentes nas diversas unidades da Federação, em virtude de peculiaridades locais e das diferenças sócio-econômicas regionais, sabido que o Brasil é um País-continente. Daí se observa, a toda obviedade, que a sistemática dos recursos extraordinário e especial não conduz a qualquer padronização, por isso que, sem vinculação dos Tribunais locais aos entendimentos firmados pelos Tribunais da Federação, aqueles continuam a proferir as decisões contrastantes, pelo menos entre si.

Promulgada a Constituição de 1988, o problema assumiu proporções inéditas, extremamente preocupantes. A chamada "Constituição-cidadã" reformulou pela raiz o ordenamento jurídico, adentrando praticamente todas as províncias do Direito e criando extenso cabedal de direitos subjetivos, alguns de contorno bastante impreciso, carentes de aferição judicial. Destarte as situações conflituais cresceram sobremodo, máxime de particulares contra órgãos públicos, que não costumam cumprir de moto próprio suas obrigações.

A essa situação pré-processual acresceu a reorganização dos órgãos de cúpula da Federação, desdobrados entre o STF e o STJ, aquele como Corte Constitucional, e este como Corte infraconstitucional, a par da criação dos Tribunais Regionais Federais, no plano da Justiça da União. Em tema de recursos essa sistemática se reveste de notável lógica, porém na prática nem sempre as coisas se passam sem dificuldades, em especial porque, tendo a Carta Política de 1988 disposto amplamente sobre tópicos antes confiados à legislação ordinária, muitas questões pertinentes aos diversos ramos do Direito passaram a assumir feição formalmente constitucional, ganhando assim ádito do STF. Como disse aliás Kelsen, da mesma maneira que o lendário Rei Midas transformava em ouro tudo o que ele tocasse, tudo aquilo em que o Direito incide se torna jurídico e, por via de conseqüência, tudo o que a Constituição absorve adquire natureza constitucional.

Por último, há que observar que, devido à redemocratização do País, o acesso à Justiça voltou a significar expressivo fator de cidadania, agora magnificado com a facilidade de ações transindividuais, como próprio das sociedades desenvolvias (Leis 7.347/85, 8.069/90 e 8.078/90).

Em vista da conjugação de todos esse fatores as pautas dos Tribunais da Federação só podem estar sobrecarregadas. Decerto, contudo, situação ainda pior enfrenta a Índia, de cuja Suprema Corte já se afirmou que, mesmo sem receber novos processos, levaria 326 anos para zerar suas pautas.[1]

Parece óbvio que, sendo a pletora de processos resultante de um amálgama de causas, tanto estruturais como conjunturais, o problema é multidimensional e por isso não será resolvido com uma só providência e de um jato. Aliás, a influência das normas jurídicas sobre fatores sociais e psicológicos não é, o mais das vezes, senão superficial, porém não resta dúvida de que algo precisa ser feito, pois a inércia só pode implicar no agravamento do problema.

A solução das Súmulas vinculantes não representa uma panacéia, porém ostenta a vantagem de não atuar apenas no plano processual, mas já desde o embasamento pré-processual, dissuadindo partes e advogados da propositura de ações ao desamparo dos enunciados sumulares. O Direito sumulado tende a adquirir coesão e prestígio, imprimindo segurança jurídica às relações sociais e reduzindo, ainda que em pequeno percentual, o número de litígios.

No plano processual o princípio da obrigatoriedade das Súmulas contribuiria, sem dúvida, para agilizar e simplificar o trabalho, não apenas dos magistrados e ser-

1. "Even if the Indian Supreme Court took no new cases, the backlog, is so great that at current rates, it would take 326 years to clear the docket" (John Naisbitt, autor de "Megatrends", *Time Magazine*, 10.2.97).

ventuários como também dos próprios advogados. Para a sociedade civil e os órgãos da Administração Pública a inovação igualmente traria vantagens, em especial pela redução do tempo necessário a dirimir os litígios.

Como este trabalho não se propõe a exaurir o tema, julgamos conveniente não refutar de expresso os argumentos albergados pela corrente antagônica à vinculação das Súmulas. De argüir apenas que se até agora o sistema sumular semi-obrigatório não imobilizou o Direito brasileiro, muito menos o esclerosou, não é provável que a adoção das Súmulas vinculantes possa vir a ter tais efeitos deletérios. Ao reverso, imanente ao sistema sumular está o dinamismo da jurisprudência, sempre em devir, por força de seu imediatismo com os fatos trazidos a julgamento, que se modificam sem cessar. Esse sistema dispõe do mecanismo de revisão deslanchado pelos próprios Membros do Tribunal que institui a Súmula, a par da possibilidade e revogação do entendimento sumulado através de lei do Congresso (não, obviamente, por meio de Medida Provisória). As Súmulas não são criação *ex nihilo* dos tribunais, porém tão-somente a cristalização do entendimento firmado pelos Tribunais no atinente a deteminadas questões de Direito, sendo esse aliás o sentido do vocábulo: breve resumo, sinopse. Significando um epítome mutável e contingente da jurisprudência de um Tribunal, as Súmulas se inserem naturalmente no caráter histórico e social do Direito Positivo, sotopondo-se necessariamente às modificações de pontos de vista experimentados no Legislativo e no próprio Judiciário, no que tange aos tópicos sumulados.

Mercê da obrigatoriedade, as Súmulas passam a inserir-se dentre as fontes do Direito, o que de resto não constitui inovação, para os doutrinadores que já vêem a jurisprudência como fonte, tema de maior envergadura, de regra trabalhado na teoria geral do Direito.[2]

Entre os leigos, por certo há quem pense que o sistema das Súmulas vinculantes implicaria em atribuir função legiferante ao Poder Judiciário, como sucedia na França absolutista e que o Código Napoleão aboliu peremptoriamente, em seu art. 5º.[3] Nas Súmulas não há nenhuma criação de normas, porém tão-só fixação de entendimentos reiterados em diversos julgamentos, caso a caso. Após certa iteração de decisões no mesmo sentido, a discussão de causas idênticas pode e deve ser abreviada pelo Tribunal a respeito da espécie. Por isso, seria sobremodo equivocada uma aproximação entre o sistema das Súmulas vinculantes e o dos *arrêts de reglèment* baixados pelo Parlamento (isto é, o Judiciário da época) na França pré-revolucionária, que se destinavam a regular hipóteses idênticas no futuro.[4] No moderno Estado de Direito, informado conceptualmente pelo dogma da separação dos Poderes, a função de editar regras gerais e abstratas reside no Legislativo, com a cooperação do Executivo, não no Judiciário. Logo, o sistema das Súmulas, ainda que a elas se imprima generalidade, só encontra aplicação no âmbito do Judiciário, qual *interna corporis* deste, não importando, de nenhuma forma, em comistão das funções jurisdicional e legislativa. Do que deflui ser a obrigatoriedade das Súmulas operante tão-só no âmbito do Poder

2. Miguel Reale, exímio jusfilósofo, preleciona: "Se uma regra é, no fundo, a sua interpretação, isto é, aquilo que se diz ser o seu significado, não há como negar à Jurisprudência a categoria de *fonte do Direito*, visto que como ao Juiz é dado armar de obrigatoriedade aquilo que declara ser "de Direito", no caso concreto" (*Lições Preliminares de Direito*), 1973, p. 197). No particular, porém, nem sempre a discussão se trava dentro do desejável rigor terminológico, dada a polissemia dos vocábulos "fonte" e "Direito", e da própria expressão, que os reúne.

3. "Il est défendu aux juges de prononcer par voie de disposition générale et réglementaire sur les causes qui leur sont soumises."

4. Claude du Pasquier, *Introduction à la Théorie Générale et à la Philosophie du Droit*, 3ª ed., p. 62.

Judiciário, não repercutindo no Executivo, nem, *a fortiori,* no Legislativo, em obséquio ao princípio republicano da separação dos Poderes, insculpido no art. 2º da Constituição.

Impende observar, por outro lado, que a aplicação de Súmula superveniente, isto é, editada depois da ocorrência dos fatos submetidos à função jurisdicional no caso concreto, não implica, como observação superficial poderia supor, em aplicação retroativa do enunciado sumular. Pretender tal vale o mesmo que identificar Súmula e leis, o que é de todo inexato. A lei qualifica juridicamente fatos do universo fenomênico, daí incidir, em princípio, apenas sobre os fatos sucedidos após sua vigência. A Súmula, ao reverso, não qualifica diretamente fatos, senão apenas determina o entendimento legal incidente na espécie. No trâmite de uma causa é comum que esse entendimento se modifique diversas vezes, pelo que a parte não pode se considerar titulada a que se julgue o feito de acordo com a jurisprudência vigorante à data da propositura da ação, menos ainda pretender que a decisão encampe o entendimento da época em que ocorreram os fatos da causa. Logo, a interpretação do órgão jurisdicional sobre a causa, órgão monocrático ou colegiado, é aquela do dia em que entregue a prestação jurisdicional.

Em nossa opinião esse problema encontra nítida solução no art. 462 do CPC, que firma o princípio do agasalho, pelo órgão jurisdicional, do *ius superveniens,* determinando ao Juiz que o tome em conta ao proferir a sentença, sendo igualmente aplicável nos Tribunais, conforme jurisprudência cediça. Vale dizer, consoante já se externou o Eg. Superior Tribunal de Justiça, que "a prestação jurisdicional há de compor a lide como ela se apresenta no momento da entrega.[5] Malgrado o dispositivo diga respeito a fatos, admite-se que o princípio abrange também, por força de compreensão, o Direito objetivo, como se observa de acórdãos que adentraram o tema. Para o Direito italiano, por exemplo, preleciona o Prof. Sergio Costa que "a lei nova, sobrevinda durante o processo, deve ser aplicada pelo Juiz".[6]

Ora, se conceptualmente a lei nova pode ser aplicada no curso do processo, não se compreende por que a Súmula superveniente não o poderia ser. Pelo expendido, temos para nós que o problema da irretroatividade não se coloca em relação às Súmulas, que não são leis (i.e., normas gerais e abstratas), mas apenas entendimentos firmados por uma Corte de Justiça a propósito de questões decididas iterativamente. Logo, a lei aplicada pode ser a de época dos fatos da causa, tão-só a interpretação é que é nova. Como o entendimento dos Tribunais não nasce com a lei, mas se forma passo a passo, à proporção que os casos abrangidos pelas leis são levados a juízo, a retroatividade é impossivel de ocorrer, aprioristicamente.

### *II – Princípios diretivos para a construção dogmática do tema*

Para a construção dogmática do tema impende partir de certos princípios diretivos, sem o que o labor teórico remanesce fragmentário e dominado pelo empirismo. Aliás, em qualquer pesquisa que se impregne de rigor metódico cumpre distinguir entre princípios, que são colocações teóricas de maior abrangência, dotadas de organicidade, e meras regras, que são proposições mais restritas, muitas vezes retirando sua validade dos princípios. Ambos os conceitos se posicionam numa relação de superposição (os princípios) e de subordinação (as regras).

5. 4ª T., REsp 2.041-RJ, rel. Min. Sálvio de Figueiredo, *DJU* 7.5.90.

6. *Novíssimo Digesto Italiano*, 3ª ed., 1957, verbete *ius superveniens*, v. IX, p. 392.

A nosso aviso são esses os princípios nucleares, que fundamentam a tese das Súmulas vinculantes:

a) o problema não deve ser situado no âmbito do Processo, e sim no da Jurisdição, visto que se entende com o próprio exercício dessa função estatal; por conseguinte, sua disciplina cabe ontologicamente na Constituição pertencendo ao Direito Processual a subministração de detalhes;

b) inexiste obrigação, em abstrato, para o Judiciário, de decidir cada causa de per si, ou de propiciar a toda parte que postula a prestação jurisdicional o curso completo do *iter* recursal, desde a primeira instância até os Tribunais Superiores da Federação; isso depende de natureza da causa, do sistema recursal e até da habilidade dos advogados; por via de conseqüência, o Direito objetivo pode predeterminar que uma espécie de causa se encerre logo na Instância inferior, sem que isso implique em inconstitucionalidade, por limitação do acesso à Justiça;

c) a independência jurídica do juiz – produto histórico da implosão do absolutismo europeu nos séculos XVIII e XIX – não é absoluta (o que, aliás, significaria na prática algo parecido com o antigo absolutismo), porém relativa, isto é, regulada pelo Direito Positivo; assim, o Juiz está adstrito a instruções normativas dos órgãos judiciários a que subordinado, não apenas em matéria disciplinar, senão também em questões de procedimento; por isso a obrigatoriedade das Súmulas, desde que instituída no Direito Positivo, não afeta a independência do Juiz;

d) como o Poder Judiciário, no sistema constitucional brasileiro, tem caráter nacional[7] ao que promana até da própria colocação feita pelo art. 92 da Constituição, para que a obrigatoriedade das Súmulas não padeça de contradições internas (em relação, por exemplo, a temas disciplinados tanto na Constituição quanto em lei ordinária), faz-se necessário conferir o poder de editar Súmulas vinculantes apenas a uma Corte, que deve ser o Supremo Tribunal Federal.

Vejamos, conquanto perfunctoriamente, cada um desses princípios.

Parece evidente que a obrigatoriedade das Súmulas não é de ser prevista apenas numa codificação processual, ou em lei ordinária. Com efeito, a matéria se entrosa antes com o exercício do poder jurisdicional do que com o processo. Limitar, em tese, a capacidade de decisão do Juiz é mais do que disciplinar o processo, que é tão-só o meio predisposto em lei para a atuação das pretensões individuais, ou, se se preferir, para o do Direito objetivo. Sendo o processo apenas instrumento, não lhe cabe regular a jurisdição, que se situa no plano constitucional. Destarte, é no âmbito da Carta Política que se deve inserir o princípio da obrigatoriedade das Súmulas relegados os detalhes atinentes à matéria para a legislação comum, codificada ou avulsa.

Por outro lado, tampouco se compreende que a obrigatoriedade das Súmulas só possa existir no que respeita à jurisdição cível, por isso que o tema da massificação dos julgamentos exsurge outrossim no procedimento penal e no trabalhista. Por conseguinte, recomendável que a normação da matéria não se localize na codificação adjetiva civil.

Quanto ao segundo tópico, assume caráter acaciano que nem a parte que reclama a tutela jurisdicional pode exigir sentença de determinado teor, nem existe, para o Judiciário, obrigação de lhe propiciar sentença de conteúdo tão aprofundado quanto a parte o postula, se não, à obviedade, não poderia haver indeferimento da inicial, ou tampouco extinção do processo sem exame do mérito. Para adentrar a apreciação do mérito o litigante precisa pagar as custas, confiar o patrocínio da causa a advogado inscrito na OAB, atender aos

7. José Frederico Marques, *Manual de Direito Processual Civil*, 2ª ed., 1974, pp. 90-91.

pressupostos processuais e às condições da ação, comparecer às audiências etc.

Se as partes não fazem jus a provimento judicial de conteúdo determinado, não é menos exato, outrossim, que o Judiciário não está adstrito a lhes proporcionar o *iter* recursal completo, que se define por aquilo que a codificação processual dispuser, sob a égide da Constituição. Daí nada obsta que uma causa seja encerrada peremptoriamente na 1ª Instância, pela limitação da alçada, dela cabendo apenas o recurso de Embargos para o próprio Juiz. *Aliter* em se tratando de feito criminal, porque isso implicaria em inadmissível cerceio ao direito de defesa.

Pelo visto o *iter* recursal completo não passa de uma exceção; a expressão, correntia entre advogado, "nesta causa eu vou até o Supremo" constitui simples figura de retórica. Ao reverso, a regra estatística é que uma causa não suba ao STF ou ao STJ. A multiplicidade dos recursos e a ampliação do acesso aos Tribunais Superiores são anseios dos advogados, não do Judiciário, nem tampouco da sociedade civil, que geralmente não compreende o tecnicismo processual e até lhe é infensa.

Disso se infere, lógica e juridicamente, que uma causa pode ser decidida apenas em 1ª Instância, desde que o ordenamento jurídico o faculte, reportando-se à prévia solução da espécie, já definida por Tribunal Superior, que tiver sumulado a jurisprudência correlativa. Nesse caso a prestação jurisdicional consistirá na aferição dos dados fáticos[8] da causa, na decisão sobre os pressupostos processuais e as condições da ação e no juízo de que a matéria incide na disciplina de Súmula. Isso, se o tema sumulado disser respeito ao *meritum causae*, porque às vezes ele se cinge a simples questão processual, área em que, com maior força de razão, deve imperar o entendimento albergado em Súmula. Pelo conseguinte, a Súmula obrigatória não substitui o convencimento do magistrado monocrático, porém o delimita, harmonizando-o com a posição previamente firmada no Tribunal Superior, porquanto no Brasil o Judiciário tem caráter nacional e o Juiz de 1ª Instância não julga *ex se*, mas sim como componente da estrutura do Judiciário.

No que se refere ao tópico da independência jurídica do Juiz de aduzir que o conceito só pode ser compreendido à luz do contexto histórico em que adveio, a época da Implosão do Absolutismo europeu e da formação dos modernos Estados constitucionais. Sob o *Ancien Régime* os Juízes não eram independentes, mas também ninguém o seria, pois a autoridade do Monarca se estendia irrestritamente à pessoa e bens de todos os súditos, inexistentes que eram os direitos e garantias individuais e os direitos públicos subjetivos. Não havia estranhar, portanto, que o Rei revogasse uma sentença, ou até que prendesse algum Juiz, esquivo em relação à Corte e aos amigos do Rei. Curioso, todavia, que mesmo então os Juízes não podiam ser demitidos, por serem proprietários dos cargos, colocados à venda pelo Rei, para fazer dinheiro vivo, de acordo com a técnica financeira da época.

Nesse contexto histórico a teoria da independência jurídica do Juiz teve por finalidade mais resguardar os interesses dos litigantes do que o livre convencimento dos magistrados, por isso que, não estando imunes a influência por parte do poder monárquico e dos cortesãos, os Juízes poderiam prejudicar certos litigantes. Por ou-

8. Em verdade, nos julgamentos fatos e Direito comumente se entrelaçam, tanto assim que um dos maiores juristas brasileiros, e aliás Ministro do STF, teve ocasião de dizer: "Se o recurso extraordinário é admitido, força é examinar a matéria de fato, sem o que seria impossível declarar o direito, e o Supremo Tribunal, quando conhece do recurso, julga a demanda" (Orozimbo Nonato, *Revista Forense* 117-63). O renomado Santiago Sentis Mellendo proclamou que "el derecho puro, desconectado de los hechos, no existe. El derecho que se aplica al hecho, el hecho que se subsume en el derecho, son no fenómenos recíprocos, sino el mismo fenómeno" (*RT* 462/19).

tras palavras, a independência jurídica do Juiz constitui mais um meio para assegurar a imparcialidade das sentenças de que um apanágio próprio da magistratura.

Não há confundir a independência jurídica com as garantias de independência dos órgãos judiciários em geral, que são a vitaliciedade, a inamovibilidade e a irredutibilidade de vencimentos. A independência apresenta-se conatural à função de julgar, de modo que nem precisa ser explicitada no ordenamento jurídico. Quando o é, aparece de maneira retórica, como princípio programático, enunciando-se sob construção negativa, já que impossível normatizar suas múltiplas facetas. Fazem-no, em fórmulas lapidares, as Constituições da Itália e da Alemanha:

– *I giudici sono soggetti soltanto alla legge* (art. 101, 2ª parte, da Constituição da República Italiana).

– *Die Richter sind unabhaengig und nur dem Gesetze unterworfen* (Os juízes são independentes e submetidos apenas à lei; art. 97, 1ª parte, da Lei Básica, isto é, da Constituição, em alemão *Grundgesetz*, para a República Federal da Alemanha).

O princípio, a bem dizer, enuncia tão-só uma obviedade, de tal sorte que, mesmo se não fosse explícito, não deixaria de operar no moderno Estado de Direito, onde impossível existir um Juiz sem independência jurídica.

O alcance desse princípio tem por limite o ordenamento jurídico objeto de legislação, motivo por que ele não é absoluto, senão relativo, já que implica em subordinação à lei. Aliás, de forma genérica Cícero já proclamava, versando a liberdade individual, que "todos somos escravos da lei, para que possamos ser livres" (*servi sumus legum ut liberi esse possumus*). Apenas, nos modernos Estados de Direito, sendo os Juízes agentes da soberania estatal, as restrições à sua independência jurídica precisam vir expressas na Constituição, não bastando que figurem na simples lei ordinária.

Por isso entendemos que a obrigatoriedade das Súmulas não infringe a independência dos Juízes, contanto que seja instituída na Constituição, a fim de espancar eventual argüição de inconstitucionalidade. Fosse absoluta a independência jurídica dos Juízes, aí não poderia ter lugar a obrigação de observar as Súmulas, mas também os Tribunais não poderiam exigir dos Juízes, seus subordinados, a observância dos provimentos e instruções, que normatizam a organização judiciária e o funcionamento em concreto do Judiciário no primeiro grau de jurisdição.

Oportuno rememorar, por outro lado, que a independência do Juiz tem origem documental política, e não de direito. Demonstra-o sua inclusão na Declaração de Independência dos 13 Estados Unidos da América, de 4 de Julho de 1776, quando os Representantes daqueles Estados, em indiciação e repulsa ao Rei da Grã-Bretanha, afirmaram que "ele fez os juízes dependentes apenas de sua vontade para a permanência nos seus cargos e o valor e pagamento dos seus salários" (*He has made judger dependent on his will alone, for the tenure of their offices, and the amount and payment of their salaries*).

### *III – Ilogismo da facultatividade das Súmulas e conseqüências nocivas desta*

Sendo o processo meio para atuação do Direito substantivo, óbvio que os órgãos jurisdicionais existem com o objetivo de dirimir questões substantivas, não para solucionar questões processuais, que precisam ser decididas, não ontologicamente, porém teleologicamente, isto é, como veículo para a decisão do mérito. Todavia, a proliferação de milhares de causas idênticas nos Pretórios significa que está havendo uma inversão de valores, ou melhor, um baralhamento de finalidades, tudo se passando como se o objetivo do processo fosse afinal a solução de questões processuais, num estranho paradoxo lógico.

Dito de outra forma, a reiteração de julgados no mesmo sentido não constitui senão o mesmo julgamento padrão, reiterado milhares de vezes, que onera todo o mecanismo judiciário, desde a 1ª Instância até o topo do sistema, que reside no Supremo Tribunal Federal. Sem a obrigatoriedade das Súmulas não pode ocorrer uniformização de jurisprudência, porém, necessariamente, tão-só repetição de julgados idênticos, *ad infinitum*. Claro que nem todos os enunciados sumulados são pertinentes a questão de Direito material, isto é, versam sobre o mérito, mas, em o sendo, o tema meritório, é sempre o mesmo, só variando os de processo, vale dizer, os pressupostos processuais e as condições da ação.

Mal comparando, nesse contexto as questões de Direito material ficam enredadas por questões (e até questiúnculas) de processo, assim como, na floresta tropical, os cipós enlaçam as árvores de grande porte, formando um emaranhado quase impenetrável. E, muitas vezes, as lianas e vegetais sem tronco terminam por sufocar as árvores, como é de sabença correntia.

Na sistemática do Processo isso ocorre porque a repetição dos julgamentos é realimentada (*feed back*) através dos recursos num cansativo devir, até o exaurimento das vias recursais. E a cada recurso, como óbvio, sóem advir novas questões processuais, em decorrência exatamente do *feed back* que permeia todo o sistema. A proliferação de questões processuais em torno da mesma tese de Direito material torna o processo oco e o afasta de sua finalidade precípua, que não é a de dirimir matérias processuais, mas sim de mérito.

Verifica-se com isso um contra-senso, como se a finalidade do processo fosse a de decidir sobre si próprio. O preclaro jurista germânico Wilhelm Sauer já criticou essa distorção do Processo que se alimenta de questões processuais, chamando-o de doente (*Kranker*) e comparando-o a uma sociedade política, que só debate o seu regimento interno.[9]

Ante a ilogicidade dessa prática, fica-se a pensar porquê os Tribunais precisam decidir dezenas de milhares de vezes a mesma questão, repetindo inocuamente, qual Sísifo, o mesmo labor, se a lei pode emprestar caráter vinculante às decisões finais estabilizadas, o que é de bom senso e altamente benéfico para a economia.

Na verdade a atual dispersão da atividade jurisdicional não atinge apenas o Poder Judiciário, os advogados e as partes, senão também a própria atividade econômica da Nação. Um País desenvolvido necessita, como é óbvio, de um Judiciário eficiente e ágil, porém um País ainda em vias de desenvolvimento carece mais ainda de um aparelho judicial de primeira linha, já que seu Direito material de ordinário ainda não se acha perfeitamente estabilizado e, pelo contrário, experimenta mutações bruscas e nem sempre racionais. Não apenas a economia, mas a própria sociedade civil necessita de um mecanismo judiciário forte e célere, para que possa florescer e desenvolver-se organicamente, a salvo tanto quanto possível de fenômenos de patologia social.

No caso do Brasil, que reúne em harmonia admirável segmentos sociais desenvolvidos e em desenvolvimento – daí a expressão "os dois Brasis", do conhecido jurista e sociólogo francês Jacques Lambert, que polariza os contrastes, porque na verdade os "Brasis" são vários – ainda maior se afigura a necessidade de aparato judiciário presto e produtivo, dada a multiplicidade dos litígios no inter-relacionamento social e à contínua luta pela adaptação do Direito à desigualdade social e econômica, a par de regional.

Ora, salta aos olhos que se o sistema jurisdicional fica envolvido em causas repe-

9. *Allgemeines Prozessrechtslehre*, 1951, pp. 232-233.

titivas e consome seu tempo e seus escassos recursos em solucioná-las, para que elas logo retornem, ele não está respondendo às necessidades da Nação como um todo, porquanto país que está em desenvolvimento não pode malbaratar tempo e recursos. O problema, pelo conseguinte, adentra a própria essência do Direito material, que sofre da ineficiência, porquanto o seu instrumento de atuação concreta, o Processo, padece de anacronismo e inadaptação à nova sociedade pós-industrial, dita também sociedade da informação, que fez surgir maior massa de litígios, sem excogitar melhor técnica jurídica para dirimi-las.

E, sem Direito material sofisticado e célere, nenhuma sociedade consegue desenvolver-se, ou sustentar a etapa de desenvolvimento já alcançada. Logo, a questão não se reveste tão-só da conotação jurídica, penetrando fundo nos objetivos nacionais, que só podem ser alcançados mediante adaptação do Direito, material ou processual, à realidade do país.

## *IV – A sociedade de massas e a massificação dos litígios*

Desde quando, na década de 20, o filósofo, espanhol José Ortega y Gasset escreveu *A Rebelião das Massas* – provavelmente o mais notável livro de filosofia social do séc. XX – os processualistas poderiam ter notado que o advento das massas ao "proscênio da História" viria trazer fundas transformações ao mecanismo de aplicação judicial do Direito. O "homem-massa" passou a litigar e com isso os litígios cresceram numa proporção geométrica, ao posto que o número de órgãos jurisdicionais permaneceu mais ou menos estabilizado, ou cresceu apenas em proporção aritmética.

Antes da "era das massas" o cidadão comum só participava de processos quase que exclusivamente na qualidade de réu em feitos criminais, já que as codificações de Direito Privado, centradas na propriedade, não lhe garantiam senão poucos direitos. As codificações monolíticas foram substituídas, em grande parte, pela legislação casuística, voltada para a regulação transitória de problemas emergentes da guerra e da intervenção estatal no domínio da economia.[10] No Brasil o intervencionismo estatal, após tentativas empíricas no setor cafeeiro, sedimentou-se mercê da Revolução de 30, que fez derruir a República Velha, ocasionando a reformulação de quase todo o ordenamento jurídico, de cunho individualista, para regular o *novus ordo* econômico, sob uma concepção claramente intervencionista e assistencial do Estado.

Em vista do crescimento populacional, da maior mobilidade social, da industrialização e da urbanização, evidentemente os litígios se multiplicaram, sinalizando o advento de uma sociedade dinâmica, ao contrário da sociedade estática, simbolizada no Código Civil de 1916, rematado produto da *Belle Époque* jurídica, e mais propício a uma sociedade agrária do que industrial.

Em nosso contexto histórico dois movimentos políticos são importantes para o Direito, não apenas pelas modificações legislativas que introduziram, se não pelas reações que suscitaram, em seu término: o Estado Novo e o Movimento de 1964. Ao findarem, esses regimes de exceção deslancharam uma contra-reação individualista em face do Poder Público, de onde aumentar o número de litígios de particulares contra as pessoas jurídicas de Direito Público.

O crescimento genérico dos litígios chegou ao paroxismo em decorrência da Constituição de 1988 e de seu compacto sistema de direitos, notadamente na seara do Direito Público. Observou o eminente De-

10. O fetichismo da lei codificada havia produzido a célebre declaração do professor Bugnet: "Je ne connais pas le droit civil, je n'énseigne que le Code Napoléon" (cit. nas *Leçons de Droit Civil*, de Mazeaud).

sembargador Jorge Uchôa de Mendonça, Presidente do Instituto dos Magistrados do Brasil, que de 1988 para cá os processos aumentaram em número mais de dez vezes, enquanto o número de juízes nem ao menos duplicou.[11]

Ademais, os litígios tornaram-se padronizados, repetitivos, a refletir, no plano processual, a massificação da sociedade, tão bem analisada por Ortega y Gasset: repetem-se infinitamente as mesmas causas contra a União e o INSS, muitas delas ascendendo até os Tribunais Superiores da Federação. Nesse contingente avultam outrossim as causas movidas por servidores públicos, represadas de fato durante o regime de exceção findo em 1985, e que ganharam sensível impulso com a Carta Política de 1988.

À vista desse quadro estrutural, nos quadrantes de uma sociedade que se uniformiza e se massifica cada vez mais, não se sabe como o Judiciário, munido apenas de um sistema artesanal de solução de litígios, possa dar vazão ao ingente número de feitos que adentram incessantemente os seus órgãos. Mal comparando, o Judiciário fica em situação semelhante ao "ascendedor de lampiões", da conhecida alegoria de Saint Exupéry, *O Pequeno Príncipe*: a princípio, esse trabalhador dava conta facilmente de sua tarefa, mas à proporção, que o seu planeta passou a aumentar muito sua velocidade de rotação, ele não teve mais êxito.

O aperfeiçoamento da técnica processual, segundo nos parece, ao invés de aliviar o *deficit* operacional do Judiciário, poderá até contribuir para agravar a situação. Se o problema é estrutural, ou seja, ínsito na tessitura do Poder Judiciário e na própria urdidura da sociedade civil, simples mudanças de rito procedimental não serão hábeis a solucioná-lo, visto que agirão apenas sobre a forma, não sobre a substância da prestação jurisdicional. Além disso, sempre que baixadas novas leis processuais costumam advir outras dúvidas e incertezas quanto à interpretação e aplicação, e que se superpõem, às já existentes, qual camadas geológicas formadas em épocas diversas.

De resto, em substância o que aumenta não é somente o número de feitos, senão ainda a própria demanda por justiça, que não se situa no plano jurídico, mas sim naqueles psicológico e sócio-econômico. Sob o influxo de uma concepção militante da cidadania as pessoas procuram a Justiça tanto para a restauração de seus direitos como para testar o próprio mecanismo do Poder Judiciário, dentro da difundida cosmovisão de reinvidicar sempre, seja lá o que for. De resto, Cícero já dizia que a ignorância do Direito causa mais processos do que o conhecimento do Direito.[12]

## *V – A massificação e a aceleração legislativas*

Outro incontestável fator do incremento de processos deriva da aceleração da atividade legiferante, mercê das Medidas Provisórias, baixadas pelo Executivo, consoante o disposto no art. 62 da Constituição. Lê-se na Imprensa que o número de MPs aumentou de 438 em 1995 para 644 em 1996.[13]

Certamente os Constituintes não previram a utilização exagerada das Medidas Provisórias, o que se verificou na prática, em decorrência do jogo de poder do Executivo *versus* Legislativo, e não por construcionismo jurídico. No entanto, a forma usual de legislar no Brasil hodierno é através das MPs, e não por lei do Congresso, o

11. "Perspectivas para o Futuro", no *Boletim Informativo do Tribunal de Justiça do Estado do Rio de Janeiro*, janeiro de 1997, p. 11.

12. "Potius ignoratio ius litigiosa est quam scientia" (De Legibus, Livro Primeiro, VI, 18).

13. *Jornal do Brasil*, 3.2.97.

que ocasiona sensível aceleração da atividade legiferante.

Com efeito, enquanto a lei do Congresso passa por um período relativamente longo de elaboração, as MPs já aparecem prontas no *Diário Oficial*, às vezes editado, excepcionalmente aos sábados para divulgação extraordinária. Ademais, a não aprovação de uma MP pelo Congresso no prazo pertinente não obsta que ela continue a viger, mercê da reedição pelo Executivo, que não encontra limitação temporal, temática ou numérica.

É possível que o escopo do Executivo ao valer-se do permissivo previsto no art. 61 da Constituição seja apenas o de resolver questões urgentes, que não seriam objeto da legislação congressual em curto prazo, porém juridicamente não padece dúvida que no mais das vezes cria-se uma normatização açodada e efêmera, que gera maior número de problemas de interpretação e aplicação do que os emergentes da simples demora de projetos de lei no Congresso. Efetivamente, toda lei nova costuma gerar, primeiro, certa perplexidade nos meios jurídicos e, depois, litígios, até mesmo pelas incertezas que ela de ordinário costuma encerrar, ainda que redigida dentro de boa técnica.

Essa causa de aumento dos feitos judiciais é absolutamente alheia ao Judiciário, que nada pode fazer para aboli-la, ou pelo menos para minorar as suas conseqüências.

## *VI – Notas históricas sobre as Súmulas*

As Súmulas surgiram em 1963, idealizadas pelo eminente jurista Ministro Victor Nunes Leal, mediante emenda ao Regimento Interno do STF. A denominação completa, nem sempre usada, é de "Súmula da Jurisprudência Predominante do Supremo Tribunal Federal", o que indica, com perfeita logicidade, a essência do instituto: compilação dos temas em relação aos quais a Corte fixou sua jurisprudência, que não necessita ser unívoca, bastando ser preponderante. Por uma espécie de sinédoque, os enunciados singulares da Súmula, assinalados numericamente, passaram a ser conhecidos como "súmulas" (com inicial minúscula), embora essa designação, a rigor, só caiba à coletânea editada pelo Tribunal. Pela publicação no *Diário da Justiça* os verbetes da Súmula comprovam, através de mera remissão numérica, o teor da jurisprudência, em torno dos tópicos neles tratados.

Embora o escopo declarado pela Súmula fosse o de sistematizar e agilizar o trabalho dos Ministros do STF e dos próprios advogados, não se compreendendo no seu âmbito a criação de princípios ou normas – porque a Súmula não cria, porém apenas compila o que já existe no acervo de jurisprudência do Tribunal – na realidade a Súmula do STF significou quase uma revolução no pensamento jurídico brasileiro.

Em primeiro lugar a Súmula tornou conhecida, de um jato, a jurisprudência predominante do STF, que antes só era sabida por poucos advogados, em geral os que atuavam junto aos Tribunais, seja em Brasília, seja nas capitais dos Estados, numa época em que ainda não se falava em computadores e as telecomunicações eram muito mais precárias do que hoje. Ocorreu em razão da Súmula, por assim dizer, uma democratização do conhecimento da jurisprudência do mais alto Tribunal do País, dado que, poucos anos antes, nem mesmo as conclusões dos acórdãos do STF eram publicados no órgão oficial, o que só começou a ser feito em 1961, salvo engano de nossa parte.

Em segundo lugar a publicação da Súmula trouxe a lume as controvérsias em torno da interpretação e aplicação de muitos dispositivos de leis, pois para se chegar à jurisprudência predominante há que primeiro ultrapassar a etapa de jurisprudência oscilante. Daí o debate e a crítica construtiva, desses temas jurídicos controversos, em todos os quadrantes do País, em busca de soluções alternativas, a benefício do Direito legislado. Além disso, como a Súmula não vincula o legislador, nada obsta que os advogados proponham a edição de lei em sentido contrário a verbete da Súmula, com o que este fica revogado.

Logo, ao contrário do que muitos apregoam, a edição da Súmula foi benéfica para o pensamento jurídico brasileiro e importou em melhoria da técnica hermenêutica, doravante sob o influxo da mais alta Corte de Justiça do País. Malgrado o pessimismo de diversos juristas críticos da Súmula, de modo algum nós a consideramos como fator de engessamento (e muito menos de esclerosamento) do Direito Positivo, na experiência histórica do período em que o STF editou os verbetes da Súmula, entre 1963 e 1984.

Com a acepção de verbete objeto de Súmula, o instituto foi acolhido na codificação processual civil de 1973, em liame com a uniformização de jurisprudência, mas a esse propósito temos a impressão que o sucesso dessa inovação foi pequeno, a começar por que só visa à uniformização no âmbito de cada Tribunal. Como o Brasil é uma Federação não faz muito sentido pretender uniformizar o Direito legislado a partir das Cortes estaduais, razão pela qual o sistema das Súmulas parece ter experimentado certo retrocesso desde o novo Código de Processo Civil.

A par disso cumpre lembrar que a Constituição de 1988 efetuou amplo remanejamento da competência dos Tribunais Superiores da Federação, bipartindo-a em matéria constitucional, deferida ao STF, e infraconstitucional, ao STJ, o que ocasiona algumas dificuldades práticas, visto como a Constituição regula diretamente questões antes afetas à lei ordinária, e isso praticamente com relação a todos os ramos do Direito. Daí que, segundo pensamos, ter-se tornado mais difícil a sumulação do Direito federal, pois a mesma questão em tese pode vir a ser objeto simultaneamente de sumulação pelo STF e pelo STJ, talvez em sentidos opostos.

Óbvio que a instituição da força vinculante das Súmulas implicará necessariamente em alterar-se o sistema recursal, que padece de grande complexidade e até certo grau de ilogicidade, não se harmonizando com a moderna tecnologia da computação, e mesmo com o dinamismo da vida moderna, que imprime velocidade a fenômenos sócio-econômicos que antes andavam a passo de tartaruga. A própria filosofia da prestação jurisdicional carece de revisão, com o escopo de dotar-se de mais racionalidade, porquanto não parece corresponder ao bom senso que a mesma causa seja apreciada diversas vezes: pelo juízo monocrático, em apelação, em embargos infringentes, em recurso especial e em recurso extraordinário, para não falar dos incidentes processuais que no trâmite do feito possam verificar-se e na seqüência de recursos na execução.

À toda evidência essa pletora de reapreciações acerca da mesma questão sotoposta a juízo, com supedâneo em variações de enfoque, dentro do trinômio processo, ação e mérito, se prende à filosofia do individualismo, que começou a se eclipsar no mundo ocidental desde os primórdios da Primeira Guerra Mundial. O sistema recursal não funciona a benefício do ordenamento jurídico, mas sim em favor do sucumbente, isto é, *secundum eventum litis*, razão pela qual o sistema de recursos não busca o aperfeiçoamento do Direito objetivo, senão a hipotética restauração do direito deduzido na petição inicial, que muitas vezes não existe, na realidade fática, sabido, como renomado jusperito já falou, que não há absurdo para o qual não se encontre o parecer favorável de algum jurista.

Já se observou, por outro lado, que toda a obra de James Goldschmidt parte da premissa de que o processo pode dar direitos a quem não os tenha. Aliás, segundo Goldschmidt, em seu texto básico, o objeto do processo civil é unicamente a pretensão de tutela jurídica por parte do autor, sem que corresponda ao réu uma pretensão independente.[14] Em pura lógica, no caso de improcedência do pedido, por conseguinte, mecanismo judiciário terá atuado no vácuo, em torno de algo que depois se revelou fantasmagórico, admitida tal concepção. É possível, por via de conseqüência, que buscando a perfeição procedimental mercê de diversos recursos, com a finalidade de alcançar a tutela perfeita do direito subjetivo material, os processualistas não estejam perseguindo senão uma miragem. Ou, até mesmo a própria morte do Processo, pois, como disse o Poeta, "a perfeição é a morte".

### *VII – Síntese e conclusões*

*1.* Na década de 90 o Brasil ingressou na "era dos litígios massificados", decorrente do advento da sociedade pós-industrial ou da informação, e estimulada pela inserção maciça de direitos no texto da nova Constituição.

*2.* Em conseqüência os órgãos jurisdicionais enfrentam congestionamento inédito, impossível de superar mediante mera reformulação da técnica processual, pois não é apenas esta que se torna obsoleta, mas também a própria jurisdição, idealizada para atender a composição artesanal de pretensões individuais.

*3.* Pertencendo, como o Direito, ao mundo histórico-cultural, o Processo precisa acompanhar não só a evolução do Direito substantivo como ainda as mutações sociais e econômicas, porquanto sua finalidade é a atuação do Direito material, que disciplina a vida social e econômica, e que, tornado inoperante, deixa de contribuir para o desenvolvimento, convertendo-se num óbice à consecução dos objetivos nacionais.

*4.* Já existe no Direito Positivo a obrigatoriedade das Súmulas, prevista no processo perante o STF e o STJ (art. 38 da Lei 8.038/90). Por isso, constitui um paradoxo lógico sustentar a independência jurídica absoluta dos Juízes de 1º grau, se a dos eminentes Ministros dos Tribunais Superiores da Federação é legalmente limitada.

*5.* A dogmática das Súmulas Vinculantes é dominada por quatro princípios:

a) o problema é essencialmente de jurisdição, cabendo dispor sobre ele no plano constitucional, relegados os detalhes sobre o processo para a lei ordinária;

b) a obrigatoriedade das Súmulas para todos os órgãos jurisdicionais é conceptualmente admissível porque o Estado-Juiz não se obriga a entregar a prestação jurisdicional do conteúdo pleiteado pelas partes, nem a propiciar a estas o "*iter* recursal"; assim torna-se legítimo o encerramento dos feitos massificados logo na 1ª Instância;

c) a independência do juiz, como produto histórico, é contingente a circunstâncias de lugar e de tempo, podendo ser regulada pelo Direito Positivo, no plano constitucional;

d) como o Judiciário no Brasil tem caráter nacional (art. 92 da CF), logicamente o poder de editar Súmulas Vinculantes deve residir no STF, ainda mais porque a Carta Política de 1988 interfere em toda a legislação infraconstitucional, tornando a Constituição síntese de todos os ramos do Direito.

*6.* Em relação à Teoria do Processo a obrigatoriedade das Súmulas significa que o juiz de 1ª Instância decidirá sobre o processo e a ação, enquanto o mérito (se estiver em causa) passa a se determinar pelos enunciados das Súmulas.

*7.* Embora qualquer matéria decidida iterativamente possa ser sumulada, recomenda-se que as Súmulas se destinem de preferência a disciplinar as questões de processo, as de Direito Econômico, as de Direito Tributário e, genericamente, as repetitivas.

14. *Derecho Procesal Civil,* tradução por Leonardo Prieto Castro e adições por Niceto Alcalá Zamora y Castillo, 1936, p. 3.

# A ADMINISTRAÇÃO PÚBLICA, OS CONTRATOS E AS OBRIGAÇÕES DE PAGAMENTO

EURICO DE ANDRADE AZEVEDO
Professor e Consultor Jurídico em São Paulo – Ex-Secretário de Planejamento do Estado e Presidente da EMPLASA (entidade responsável pelo planejamento metropolitano da Grande São Paulo)

## *I – Introdução*

*1.* Os doutrinadores costumam distinguir os contratos administrativos em *contratos de colaboração* e *contratos de atribuição*. Estes últimos destinam-se a conferir certas vantagens ao particular, como no caso da concessão de uso de um bem público; já os primeiros são firmados no interesse específico da Administração, para facilitar o cumprimento dos fins do Estado. O setor privado é chamado a "colaborar" com o Poder Público, executando uma "prestação" que tem por objetivo a satisfação das necessidades de interesse geral.[1] Este aspecto assume maior relevo em nossos dias, porque o Estado moderno está empenhado em transferir à iniciativa privada tarefas a que antes fora obrigado a assumir, ao longo dos anos.

*2.* Como lembra o atual Presidente da República, "cabe agora ao setor privado atender à convocação para recolocar o Brasil na trilha do crescimento econômico sustentado", assumindo "o papel de agente executor dos serviços públicos", mantendo o Governo a sua missão de regulamentar e fiscalizar tais serviços, na defesa dos usuários e dos interesses da sociedade.[2] Aliás, a importância da colaboração do setor privado nas atividades do setor público vem sendo ressaltada há décadas por alguns juristas. Em artigo publicado em 1951, Marcel Waline já se referia a uma mudança de "clima" nas relações entre o Poder Público e seus contratados. Estes, que antes eram considerados antagonistas, passaram aos poucos a ser vistos como colaboradores da Administração.[3]

*3.* Estas considerações iniciais têm por finalidade acentuar que se a Administração deseja a colaboração do setor privado, na consecução de seus fins, deve cumprir suas

1. Fernando Garrido Falla, *Tratado de Derecho Administrativo,* Madrid, 3ª ed., 1966, II/52; Miguel S. Marienhoff, *Tratado de Derecho Administrativo,* Buenos Aires, tomo III-A, s/d, 4ª ed., p.113; Hely Lopes Meirelles, *Direito Administrativo Brasileiro,* Malheiros Editores, 1996, 21ª ed. atualizada por Eurico de Andrade Azevedo e outros, p. 196.

2. Fernando Henrique Cardoso, *Prefácio* ao livro de Arnoldo Wald, Luiza Rangel de Moraes e Alexandre Wald, O *Direito de Parceria e a Nova Lei de Concessões,* Ed. RT, 1996.

3. Cit. por Antonio Carlos Cintra do Amaral, *Ato Administrativo, Licitações e Contratos Administrativos,* Malheiros Editores, 1995, p. 127.

obrigações contratuais com rigorosa obediência aos princípios que norteiam sua atividade, especialmente os da legalidade e moralidade. Ora, não é o que tem ocorrido em nosso País em muitos setores, já que a falta de pagamento às contratadas tem sido uma constante em todos os níveis da Administração Pública: federal, estadual e municipal. Tal situação tem gerado uma série de graves conseqüências, como falências, concordatas, liquidações, elevação indesejável de custos e preços, além de desrespeito às leis orçamentárias.

*4.* A ocorrência desses fatos é agravada pela necessidade constante de revisão e recomposição de preços, além da correção monetária da dívida. A Lei Geral de Licitações e Contratos, apesar de suas muitas falhas, teve o mérito de introduzir, no art. 5º, a obrigatoriedade do pagamento pelo fornecimento de bens, realização de obras e prestação de serviços na estrita ordem cronológica da sua exigibilidade, salvo quando presentes relevantes razões de interesse público e mediante prévia justificativa da autoridade competente. Não obstante, esse dispositivo nem sempre tem sido respeitado, sendo difícil a exigência de seu cumprimento por parte dos contratados.

*5.* É imprescindível, portanto, criar uma disciplina legal que possa assegurar o efetivo pagamento dos débitos decorrentes dos contratos administrativos e ao mesmo tempo impedir a contratação e execução de novas obras e serviços sem que os anteriormente tenham sido pagos. Os benefícios que adviriam para a Administração seriam evidentes, bastando destacar: a) o respeito à disciplina das leis orçamentárias por parte do próprio Executivo; b) o restabelecimento da eficácia dos contratos como relação bilateral, sem embargo dos poderes exorbitantes da Administração relacionados com a execução do objeto do ajuste; c) o barateamento dos preços propostos para o fornecimento de bens e serviços; d) a eliminação do mais forte instrumento de corrupção no País.

A fim de poder sugerir algumas alterações à legislação vigente, examinemos primeiramente os princípios da Administração Pública e as características dos contratos administrativos.

## *II – Os princípios básicos da Administração Pública*

*6.* Quatro são os princípios básicos da Administração Pública expressos no art. 37 da Constituição Federal: *legalidade, impessoalidade, moralidade e publicidade,* princípios que conformam toda a atividade administrativa brasileira, em qualquer dos seus níveis de Governo. No caso, interessa-nos especialmente os princípios da legalidade e moralidade.

*7.* O *princípio da legalidade* significa que o administrador público deve conformar toda sua ação à lei, dela não podendo afastar-se sob pena de praticar ato inválido e expor-se a responsabilidade disciplinar, civil e penal, conforme o caso.[4] A posição de supremacia do Poder Público nas suas relações com os particulares é contrabalançada pela exigência de que o administrador só pode fazer o que estiver autorizado por lei. A lei, como norma geral e abstrata, deve assegurar que a atuação do administrador seja impessoal e imparcial, voltada para o bem comum.

*8.* Como observa Celso Antônio Bandeira de Mello, o princípio da legalidade é corolário do Estado de Direito. Ele consagra a idéia de submissão do Poder Público às regras jurídicas estabelecidas pelo Poder Legislativo. Ele nada mais é do que "*tradução jurídica* de um propósito político: o de submeter os exercentes do poder concreto – o administrativo – a um quadro nor-

4. Hely Lopes Meirelles, ob. cit., p. 82.

mativo que embargue favoritismos, perseguições ou desmandos".[5]

*9.* Mas, além do princípio da legalidade, o administrador há de observar também o princípio da *moralidade administrativa.* Este princípio, que antes era defendido apenas por alguns doutrinadores, passou agora a ter embasamento jurídico por força do citado art. 37 da Constituição Federal. Significa que, no trato dos assuntos administrativos, o agente público deve pautar sua conduta também pelos princípios éticos. Não basta decidir entre o legal e o ilegal, o justo e o injusto, o conveniente e o inconveniente, o oportuno e o inoportuno, mas também entre o honesto e o desonesto, conforme dispõe o Código de Ética do Servidor Público Federal (Decreto 1.171, de 22.6.94).

*10.* É inegável que a *moralidade administrativa* integra o direito como elemento indissociável de sua aplicação, de tal sorte que o E. Tribunal de Justiça de São Paulo já decidiu que é possível a anulação de ato administrativo pela só infringência do princípio da moralidade administrativa (*RJTJSP* 138/31), o mesmo ocorrendo com uma lei de efeitos concretos (*RT* 673/51). De igual modo, foi a moralidade administrativa incluída como fundamento da ação popular que vise a anulação de ato lesivo ao patrimônio público (CF, art. 5º, LXXII).

*11.* Em obediência ao princípio da *moralidade administrativa,* o administrador deve proceder sempre com *lealdade* e *boa-fé,* sendo-lhe vedado qualquer comportamento astucioso ou enganoso, quer com relação aos administrados em geral, quer com relação aos seus colaboradores em particular, como ressalta o conceituado publicista espanhol Jesus Gonzales Peres, em excelente monografia a respeito da matéria.[6] Isto significa que a contratação de obras, serviços e compras sem a previsão de recursos orçamentários suficientes para pagamento, ou sem o pagamento de contratos já concluídos anteriormente, contraria o princípio da moralidade administrativa, pois a Administração está assumindo compromisso que sabe não poder cumprir, agindo deslealmente perante o particular contratado.

### *III – O contrato administrativo: as prerrogativas da Administração e os direitos do contratado*

*12.* A supremacia do interesse público sobre o privado e a indisponibilidade dos interesses públicos conferem à Administração uma posição privilegiada nos contratos administrativos, em relação ao particular contratado. Estas prerrogativas da Administração concretizam-se nas chamadas *cláusulas exorbitantes* do direito comum, porque não seriam lícitas em um contrato privado, por desigualar as partes contratantes. Nos contratos administrativos, contudo, elas se justificam como instrumentos de realização dos fins do Estado.

*13.* Por esse motivo, os privilégios da Administração, nos contratos administrativos, giram sempre em torno da execução do seu objeto, podendo aumentar ou diminuir quantidades, alterar o projeto ou suas especificações, impor sanções ao contratado pela inexecução, e até mesmo rescindir o ajuste quando houver interesse público relevante. Mas daí não passam. Tais prerrogativas não chegam ao arbítrio de pagar quando puder, ou quando quiser...

*14.* Deveras, paralelamente aos privilégios da Administração nos contratos administrativos, estão os direitos do particular

5. Celso Antônio Bandeira de Mello, *Curso de Direito Administrativo*, Malheiros Editores, 1996, 8ª ed., p. 57.

6. Jesus Gonzales Peres, *El Principio General de la Buena Fé en el Derecho Administrativo,* Madrid, 1983.

contratado. *E o primeiro direito do contratado é o de receber o preço ajustado; e de recebê-lo com base na equação inicial estabelecida pela proposta vencedora.* A garantia do pagamento nas condições efetivas da proposta constitui hoje norma constitucional:

"Art. 37. A Administração Pública Direta, Indireta ou fundacional, de qualquer dos Poderes da União, dos Estados, do Distrito Federal e dos Municípios obedecerá aos princípios de legalidade, impessoalidade, moralidade, publicidade e, também, ao seguinte: (...)

"XXI – ressalvados os casos especificados na legislação, as obras, serviços, compras e alienações serão contratadas mediante processo de licitação pública que assegure igualdade de condições a todos os concorrentes, *com cláusulas que estabeleçam obrigações de pagamento mantidas as condições efetivas da proposta*, nos termos da lei, o qual somente permitirá as exigências de qualificação técnica e econômica indispensáveis à garantia do cumprimento das obrigações."

*15.* É preciso observar que a Constituição pretende não somente garantir o equilíbrio econômico-financeiro do contrato, de forma a proteger o particular contratado contra quaisquer alterações determinadas pela Administração, ou resultantes de causas estranhas ao ajuste. Ela vai mais longe: *ela determina que os contratos administrativos contenham cláusulas que estabeleçam obrigações de pagamento nas condições efetivas da proposta.* Isto significa que a determinação constitucional não se restringe a assegurar a equação econômico-financeira estabelecida inicialmente, mas também a *garantia do seu efetivo pagamento.*

*16.* Assim, dentre as obrigações da Administração, a principal é a de *pagar o preço estabelecido, e pagá-lo no lugar, no tempo, na forma e nas condições fixadas no contrato.* Por isso, o preço deve ser satisfeito em seguida à realização do serviço, à entrega da coisa, ou à medição da obra. Daí porque se diz que o princípio fundamental que rege o preço nos contratos administrativos é o da sua *intangibilidade*, ou seja, ele só pode ser alterado mediante novo acordo das partes, não sendo possível sua modificação unilateral pela Administração (salvo os reajustes já previstos no contrato). De igual modo, a falta de pagamento no momento oportuno importa em mora, arcando a Administração com as respectivas conseqüências.[7]

## *IV – O quadro legal brasileiro*

*17.* A atual legislação brasileira de licitações e contratos (Lei 8.666/93, com as modificações introduzidas pela Lei 8.882/94), precisamente para impedir as situações ocorrentes de falta de pagamento por parte da Administração condicionou a abertura da licitação à "previsão de recursos orçamentários que assegurem o pagamento das obrigações decorrentes de obras ou serviços a serem executados no exercício financeiro em curso, de acordo com o respectivo cronograma" (art. 7º, § 2º, III). E mais: limitou a duração do contrato à vigência dos respectivos créditos orçamentários (art. 57), salvo com relação aos projetos que estejam contemplados nas metas estabelecidas no Plano Plurianual, aos serviços executados de forma contínua, e ao aluguel de equipamentos e programas de informática (itens I, II e IV do citado art. 57).

*18.* A previsão de recursos orçamentários, contudo, não garante o efetivo pagamento da prestação efetuada pelo contratado. Uma coisa é a existência da dotação orçamentária – que é pressuposto da contratação – e outra a efetiva disponibilidade de

7. José Roberto Dromi, *Derecho Administrativo*, Buenos Aires, 1995, 4ª ed., p. 355.

recursos no caixa da entidade administrativa contratante. E do ponto de vista estritamente jurídico, entendem os doutrinadores não ser necessária a existência de recursos financeiros disponíveis no momento da licitação.[8] Mesmo porque a Administração vai realizando a receita no decorrer do ano fiscal.

*19. Durante a execução do contrato*, a falta de recursos para pagamento das obras ou serviços executados pelo contratado pode dar margem a algumas alternativas: a primeira é a exceção do contrato não cumprido. A discussão doutrinária existente sobre a aplicação da *exceptio non adimpleti contractus* aos ajustes administrativos foi afastada diante de disposição expressa da nova lei, que assegura ao contratado "o direito de optar pela suspensão do cumprimento de suas obrigações até que a Administração regularize os pagamentos que estejam em atraso há mais de 90 (noventa) dias, ressalvados os casos de calamidade pública, grave perturbação da ordem ou guerra (art. 78, XV).

*20.* Outra alternativa é a própria Administração suspender a execução do contrato. Se esta suspensão for por tempo superior a 120 (cento e vinte) dias, corridos ou intermitentes, pode também o particular contratado optar pela *exceptio non adimpleti contractus,* ou então pela rescisão do ajuste, conforme seu interesse, ressalvados os mesmos casos de calamidade pública, grave perturbação da ordem ou guerra (art. 78, XIV).

*21.* De qualquer forma, nenhuma das alternativas assegura ao contratado o efetivo recebimento das quantias devidas pela Administração. O único direito que a legislação lhe concede é a exigência de que os pagamentos sejam feitos *na estrita ordem cronológica das datas de sua exigibilidade, salvo quando presentes relevantes razões de interesse público e mediante prévia justificativa da autoridade competente, devidamente publicada* (art. 5º). Marçal Justen Filho entende que a alteração da ordem cronológica ofende o princípio da isonomia, não podendo a Administração beneficiar determinados particulares em detrimento de outros.[9] Já Carlos Ari Sundfeld considera que podem ocorrer situações excepcionalíssimas que justifiquem aquela inversão, alertando, porém, que a publicação do despacho da autoridade competente, destinada ao controle da legalidade do ato, deve preceder o pagamento, pois, do contrário, seria inócua.[10]

*22.* Releva notar, ainda, que o art. 92 da Lei 8.666/93 pune com pena de detenção de 2 (dois) a 4 (quatro) anos, e multa "o *servidor que pagar fatura com preterição da ordem cronológica de sua exigibilidade*", nos termos do citado art. 5º. Assim, sanção penal para o descumprimento da seqüência legal obrigatória dos pagamentos já existe. O que ocorre é que os fornecedores, construtores e prestadores de serviços ao Estado – geralmente dependentes de contratações públicas – não têm condições de afrontar as autoridades do momento. O que a legislação positiva há de buscar, portanto, é uma forma objetiva de assegurar o pagamento sem o envolvimento pessoal dos interessados.

*23. Após a execução do contrato*, a situação é pior ainda. O ajuste já foi cumprido e a *exceptio non adimpleti contractus* perdeu sua razão de ser. O contratado fica com seus créditos dependentes da existência de dotações orçamentárias e da boa vontade dos governantes. O recurso ao Po-

8. Marcia Walquiria Batista dos Santos, *Temas Polêmicos sobre Licitações e Contratos*, Malheiros Editores, 1995, 2ª ed., p. 40.

9. Marçal Justen Filho, *Comentários à Lei de Licitações e Contratos*, Aide Editora, 1993, p. 44.

10. Carlos Ari Sundfeld, *Licitação e Contrato Administrativo*, Malheiros Editores, 1995, 2ª ed., p. 235.

der Judiciário de pouco adianta, visto que o máximo que poderia assegurar ao credor, além do reconhecimento judicial de seu crédito, é a sua inclusão na ordem cronológica da apresentação dos precatórios, como determina o art. 100 da Constituição Federal. Ora, em face da situação pré-falimentar em que se encontram Estados e Municípios em nosso País, com dezenas de pedidos de intervenção pendentes, muito antes do pagamento dos precatórios, as empresas fornecedoras do Estado ver-se-ão em condições muito difíceis.

*V – Novas regras contratuais*

*24.* No Brasil atual, a escassez de recursos das entidades estatais vem exigindo da Administração a busca de novas soluções que viabilizem o pagamento de obras e a prestação de serviços já executados e a executar. No primeiro caso, tem-se conseguido, depois de ingentes esforços, a securitização da dívida, com a expedição de títulos de reconhecimento do débito e circulação no mercado. No segundo caso, tem-se buscado parcerias com o setor privado, principalmente quando o serviço admite o pagamento pelo usuário, utilizando-se dos institutos da concessão e permissão.

*25.* Neste momento, contudo, em que o Governo Federal se empenha em reformas administrativas que tornem mais eficiente a máquina burocrática estatal, o aprimoramento da execução dos contratos administrativos é indispensável, não só com a flexibilização das regras do processo licitatório como também com dispositivos que assegurem aos contratados o pagamento de seus créditos nos prazos e condições fixados no contrato.

*26.* Sem dúvida nenhuma, a estabilização da moeda obtida após o Plano Real já representou enorme progresso nas relações contratante/contratado, visto que as expressões monetárias constantes do contrato passaram a ter a indispensável consistência jurídica e negocial, o que antes não ocorria, em face do processo inflacionário vivido: a reserva da dotação orçamentária era apenas uma ficção; o orçamento apresentado pelo licitante também, pois eram inevitáveis os reajustes decorrentes da desvalorização da moeda ou do aumento dos insumos utilizados, tornando os custos das obras e serviços uma verdadeira babel.

*27.* Como a Constituição determina *que os contratos administrativos contenham cláusulas que estabeleçam obrigações de pagamento nas condições efetivas da proposta* (art. 37, XXI), é indispensável que a lei ordinária assegure força executiva ao crédito do contratado pelas obras, serviços e fornecimentos efetuados à Administração. Neste ponto, convém distinguir entre os contratos celebrados pela Administração Direta e os realizados pelas empresas governamentais.

*28.* Quando o contrato é celebrado por empresa governamental (sociedade de economia mista ou empresa pública), poder-se-ia admitir que o contratado, uma vez reconhecido o seu crédito pela contratante (recebimento provisório, atestado de medição etc.) pudesse expedir, com a fatura, uma *duplicata (de serviço, de obra pública, ou de fornecimento), como título de crédito, circulável à ordem, sujeito ao rigor formal e às regras do direito cambiário*. Essa duplicata – com a necessária regulamentação específica – poderia dispensar o aceite e admitiria o processo executivo contra o devedor, desde que comprovada a sua origem contratual.

*29.* A Lei das Sociedades Anônimas (Lei 6.404, de 15.12.76), no art. 242, estabelece que as *sociedades de economia mista não estão sujeitas à falência, mas seus bens são penhoráveis e executáveis*, respondendo a pessoa controladora, subsidiariamente, por suas obrigações. Os doutrinadores,[11] contudo, procuram distinguir entre as empresas que exploram atividade econômica e aquelas que prestam serviço público. As primeiras estariam sujeitas ao regime correspondente às empresas privadas, por força do que dispõe o art. 173, § 1º, da Constituição Federal. As segundas não poderiam sofrer penhora dos bens vinculados ao serviço por elas prestado, em razão do *princípio da continuidade do serviço público;* a penhorabilidade de suas rendas, contudo, tem sido admitida pela jurisprudência.

*30.* A lei que viesse a regular a possibilidade da emissão de duplicata nos contratos administrativos deveria cuidar de todos esses aspectos, inclusive com relação aos prazos e condições para que a *entidade contratante confirme o crédito do contratado* (efetue o recebimento ou aprove a medição). Neste caso, havendo um terceiro gerenciador da obra ou serviço, ou um consultor-fiscal da execução do objeto do contrato, a aprovação deste poderia ser suficiente para a expedição da fatura e respectiva duplicata. O que importa é assegurar a plena eficácia da duplicata como título de crédito e bancário, de maneira a possibilitar aos colaboradores do Poder Público a utilização de seus créditos na atividade comercial de suas empresas.

*31.* A mesma solução seria inviável quando o contratante fosse algum órgão ou entidade da Administração Direta. Isto porque os bens públicos (da União, Estados e Municípios e suas autarquias) são impenhoráveis. A execução contra a Fazenda pública ou autárquica só pode fazer-se mediante a apresentação dos precatórios, como determina o art. 100 da Constituição Federal. Daí porque seria inútil a emissão de um título de crédito contra uma entidade que não pudesse ter seus bens executáveis. Neste caso, outro teria que ser o instrumento adequado.

*32.* Para os contratos de obra pública, o direito argentino prevê a expedição de um *certificado de obra pública,* como um instrumento público que prova a existência de um crédito contra a Administração. Destina-se, precipuamente, a tornar certo, líquido e exigível o crédito do contratado, de forma a lhe assegurar o recebimento da quantia ali fixada, nos prazos e condições estabelecidos. Como qualquer crédito, pode ser cedido a terceiros, na forma do Código Civil, mas não possui características cambiais, com circulação literal e autônoma.[12]

*33.* O *certificado de obra pública* poderia ser introduzido na legislação brasileira, conferindo-lhe a lei maiores predicados do que o direito argentino. Sendo um título que torna líquido e certo o crédito do contratado, poderá ter poder liberatório para *pagamento de tributos devidos ao Poder Público contratante* (impostos, taxas e contribuições); *ou de contas e faturas das entidades prestadoras de serviços por ele controladas; ou ainda para outros fins* (como moeda utilizável no Programa Nacional de Desestatização).

*34.* Evidente que essas disposições deverão adequar-se à legislação relacionada com o controle da dívida pública, prevista no art. 163, II, da Constituição Federal, o que permitirá inclusive a aplicação de sanções administrativas ao agente público que determinar a celebração de novos contratos sem o pagamento dos débitos anteriores. Os *contratos de gestão,* que ora estão em estudo pela Administração Federal, para a designação da diretoria de entidades governamentais, poderão prever mecanismos que assegurem o cumprimento rigoro-

11. Hely Lopes Meirelles, ob. cit., p. 336; Celso Antônio Bandeira de Mello, ob. cit., pp. 11-2.

12. José Roberto Dromi, "Certificado de Obra Pública", in *Contratos Administrativos,* Ed. Astrea, 1988, t. I, p. 73.

so dos contratos administrativos celebrados, principalmente no que diz respeito ao pagamento das obras e serviços efetuados.

*35.* É preciso lembrar, a esse propósito, que o primeiro dever da Administração, nos contratos administrativos, é cumprir as obrigações assumidas, obrigações estas que correspondem aos direitos do particular contratado. A despeito das prerrogativas e privilégios outorgados à Administração, a força obrigatória dos contratos permanece incólume. O princípio *pacta sunt servanda* continua aplicável, ainda que de forma atenuada pelas cláusulas exorbitantes. Daí a arguta observação de Escola, haurida em mais de trinta anos de experiência em altos cargos da Administração argentina: "El cocontratante particular tiene el derecho de reclamar que la administración pública cumpla con sus obligaciones tal como resulten del contrato, *siempre dentro de un plano de buena fe que es inexcusable en las relaciones con quien actúa como un colaborador en la obtención de finalidades que son de interés público. Tiene también el derecho a percibir el precio fijado en el contrato*, cualquiera sea su forma y la denominación que se haya atribuido, con arreglo a las modalidades y condiciones que hayan sido espuladas, debendo la administración respetar su intangibilidad, sin afectarla por medio de actitudes o decisiones que, directa o indirectamente, concurran a variarlo en perjuicio del cocontratante particular."[13]

No mesmo sentido preleciona Marienhoff: "Nada corresponde decir acerca de que *el cocontratante tenga derecho a que la Administración Pública cumpla sus obligaciones de "buena fe"*. Decir esto sería incurrir en una redundancia, porque va de suyo que la buena fe es el alma de todo contrato, por lo que va ínsita en éstos. Quienes carezcan de buena fe, sea el Estado o los particulares, no pueden ni deben contratar: para ellos el ámbito convencional está vedado".[14]

*36.* Fala-se muito, hoje, no direito do contratado à manutenção do equilíbrio econômico-financeiro do contrato, ou seja, na imutabilidade da equação financeira estabelecida na proposta vencedora, durante toda a execução contratual. *Mas de pouco vale tal direito se não se forem assegurados, paralelamente, meios adequados de pagamento do preço ajustado.* Note-se que a Constituição não se refere apenas à garantia do equilíbrio econômico-financeiro do contrato, mas também à inserção de cláusulas contratuais que estabeleçam obrigações de efetivo pagamento, nos termos da lei (art. 37, XXI). *Isto quer dizer que a lei ordinária poderá criar títulos jurídicos representativos dos créditos decorrentes dos contratos administrativos, de forma a garantir aos contratados senão o recebimento direto de suas faturas, ao menos a possibilidade de deles se utilizar no giro comercial ou na liquidação de seus débitos.*

*37.* Em conseqüência, todas as regras que visem a garantir os contratados contra os atrasos ou a falta de pagamento por parte da Administração, outorgando-lhes títulos de crédito que tenham poder liberatório para quitação de tributos e outros encargos, não podem ser vistas como privilégios indesejáveis, mas como forma de amenizar o descumprimento de uma obrigação fundamental da Administração, que é a de pagar o preço do serviço contratado. Com essa providência, tentar-se-ia preservar a saúde financeira de numerosos setores da esfera privada da economia, que têm no Poder Público o único – ou quase único – contratante. E que, ao fim e ao cabo, são colaboradores da Administração.

13. Héctor Jorge Escola, *El Interés Público como Fundamento del Contrato Administrativo*, Buenos Aires, Ed. Depalma, 1989, p. 177, grifos nossos.

14. Miguel S. Marienhoff, ob. cit., p. 451, grifos nossos.

*38.* Já vimos que *o primeiro dever da Administração Pública, nos contratos administrativos, é cumprir as obrigações pactuadas com lealdade e boa-fé. Pagar o preço ajustado é a mais importante delas, por ser o contraponto indispensável à manutenção do equilíbrio econômico do particular contratado.* Na impossibilidade de se efetuar esse pagamento por razões conjunturais de natureza financeira, nada mais justo que a lei assegure ao contratado títulos jurídicos de seus créditos, com poder liberatório de tributos e outras finalidades. Norma legal que viesse a estabelecer regras nesse sentido não só estaria fundamentada no princípio da moralidade administrativa, já antes examinado, como também na determinação expressa do preceito constitucional do art. 37, XXI, que fixa as diretrizes básicas dos contratos administrativos.

## *VI – Conclusões*

*39.* Há suficiente embasamento moral, constitucional e político para se estabelecer uma disciplina legal, objetivando pontualidade e cronologia nos pagamentos dos débitos da Administração Pública com os seus contratados. As regras que vierem a ser estabelecidas nesse sentido têm apoio em dispositivo expresso da Constituição Federal, que determina contenham os contratos administrativos cláusulas que estabeleçam obrigações de pagamento nas condições efetivas da proposta (art. 37, XXI). O instrumento jurídico para essa finalidade é a lei ordinária, ou a Medida Provisória com força de lei, se o Presidente da República entender seja a matéria de relevância e urgência (CF art. 62).

*40.* A lei ordinária poderá dispor sobre a possibilidade da emissão de uma *duplicata* da fatura expedida pelo contratado (de serviço, de obra ou de fornecimento), com as características de título cambial, quando a contratante for empresa governamental. Quando a contratante for entidade da Administração Direta, a lei poderá determinar a expedição pela contratante de um *certificado* que torne líquido e certo o crédito do contratado, com poder liberatório para pagamento de tributos devidos ao Poder Público contratante (impostos, taxas e contribuições); ou de contas e faturas das entidades prestadoras de serviços por ele controladas; ou ainda para outros fins, como moeda utilizável no Programa Nacional de Desestatização. Tais títulos poderiam ter por objeto créditos parciais, de acordo com as condições de pagamento constantes do contrato, como também seriam passíveis de cessão a terceiros.

*41.* A lei ordinária poderá prever ainda sanções penais e administrativas para o descumprimento dos prazos estabelecidos para a aprovação das medições da obra, ou para o recebimento (provisório ou definitivo) do objeto do contrato, assim como para a expedição do *certificado* anteriormente mencionado. O art. 92 da Lei 8.666/93 pune com pena de detenção e multa o agente público que pagar fatura com preterição da ordem cronológica de sua exigibilidade. Sanção assemelhada poderá ser estatuída para a violação daquelas obrigações contratuais. De igual modo, a norma legal poderá determinar, como sanção administrativa, o afastamento ou a perda da função ou emprego público exercido pela autoridade contratante que violar as regras asseguradoras do efetivo pagamento devido ao contratado.

São Paulo, 2 de dezembro de 1996

# A REFORMA DO ESTADO E O JUDICIÁRIO: EM BUSCA DA "EFICÁCIA SOCIAL" DA PRESTAÇÃO JURISDICIONAL – UMA REFLEXÃO SOBRE O CONTROLE EXTERNO DO JUDICIÁRIO E O EFEITO VINCULANTE DAS SÚMULAS DOS TRIBUNAIS SUPERIORES*

JOÃO ROBERTO EGYDIO PIZA FONTES

Advogado – Ex-Presidente da Ordem dos Advogados do Brasil-Secção de São Paulo – Conselheiro Federal da Ordem dos Advogados do Brasil

ROBERTO ARMELIN

Advogado – Professor de Direito Processual Civil da Pontifícia Universidade Católica de São Paulo – Mestre e Doutorando em Direito Processual Civil pela Pontifícia Universidade Católica de São Paulo

*1. Introdução. Diagnóstico do problema. 2. Das causas de ineficácia social da prestação jurisdicional. 2.1 Das causas de natureza social. 2.2 Das causas de natureza técnico-jurídica. 2.3 Das causas de natureza econômico-administrativa. 3. As propostas do Poder Legislativo para a solução do problema. 3.1 O projeto de Emenda à Constituição Federal n. 112/95 de autoria do deputado federal José Genoino. 3.2 O projeto substitutivo à proposta de Emenda à Constituição Federal n. 96/92 de autoria de comissão especial relatado pelo deputado federal Jairo Carneiro. 4. O projeto substitutivo à proposta da Comissão de Estudos Constitucionais da Ordem dos Advogados do Brasil acerca da questão. 5. Críticas ao controle externo do Judiciário como vem sendo concebido. 6. Uma abordagem histórica da moderna concepção de Estado Democrático de Direito. 7. Do Estado Democrático de Direito brasileiro. Uma reflexão sobre a necessidade de controle dos Poderes do Estado como expressão de democracia. 8. Reflexões sobre o controle externo do Judiciário, e uma proposta equilibrada: a verdadeira Corte Constitucional. 9. Crítica ao poder vinculante das Súmulas dos Tribunais Superiores. 10. À guisa de conclusão.*

* As idéias básicas do trabalho dos autores foram adotadas como declaração de voto da bancada paulista no Pleno do Conselho Federal da OAB, no processo que versa sobre a Reforma do Poder Judiciário.

## 1. *Introdução. Diagnóstico do problema*

A questão da eficácia social da prestação jurisdicional vem merecendo reiteradas manifestações, não só dos setores da sociedade que operam diretamente com o Poder Judiciário, mas, recentemente, também por aquela parcela da sociedade que necessita da tutela jurisdicional, e que sofre os efeitos concretos dessa tutela, ultimamente pouco eficaz para atingir sua finalidade política, social e jurídica.

Por finalidade política da tutela jurisdicional entendemos o exercício da função típica do Poder Judiciário concebida por Montesquieu, quando da proposta de tripartição dos poderes do Estado como a solução dos conflitos de interesses intersubjetivos eventualmente emergentes entre jurisdicionados. Por objetivo social da tutela jurisdicional entendemos a efetiva capacidade de compor civilizadamente os conflitos de interesses levados ao conhecimento do Judiciário. Através da solução desses conflitos o Estado colima manter a paz da sociedade que organiza. Finalmente, o desiderato jurídico da tutela jurisdicional transcende a mera solução de conflitos de interesses, restaurando a paz social, mas implica, verdadeiramente, nas eternas palavras de Chiovenda, aludindo ao processo como instrumento dessa finalidade: "*o processo* deve proporcionar, na medida do possível, àquele que tem um direito, tudo aquilo, e precisamente aquilo que se tem direito de obter".[1]

Ocorre que a morosidade com que o Judiciário tem prestado a tutela jurisdicional, bem assim como a qualidade da tutela prestada tem deixado muitos jurisdicionados desprovidos da própria guarida a que o Estado se obriga – por monopolizar a função – e lhes promete fornecer. O não atingimento desses objetivos da função jurisdicional do Estado implica a própria ineficiência do Estado, ou, em outras palavras, implica em colocar a Democracia numa vitrine, apenas para ser apreciada; porém, não para ser vivenciada.

Impende ressaltar que não é só a morosidade da máquina do Judiciário que contamina a prestação jurisdicional. Esse fenômeno – o mais explorado pela mídia, e mais conhecido pelos jurisdicionados – é apenas resultado das falhas existentes no Judiciário enquanto *serviço público.* Aliás, nunca é demais relembrar que a prestação jurisdicional também é serviço público, embora não seja exclusivamente serviço público, porquanto sua relevância é essencial à própria manutenção do Estado Democrático de Direito. Nesse diapasão, ainda, mister se faz lembrar que o Judiciário existe pelas partes, e para as partes. Todavia, enquanto serviço público, a prestação jurisdicional sofre dos inúmeros males dos quais padece a máquina do Estado, inadmissivelmente inchada e sucateada. E assim como todo serviço público cuja prestação não atinge o nível mínimo de satisfação dos usuários do serviço, busca-se, como alternativa para o problema, a *privatização* desse serviço; ou, no caso em tela, a privatização da função jurisdicional do Estado através, exemplificando, da arbitragem, que recentemente ganhou nova disciplina legal. Por conseguinte, a demora da prestação jurisdicional é conseqüência do caráter de serviço público de que se reveste, por um lado, a função jurisdicional.

Por outro lado, todavia – e o que é mais grave –, não é só a morosidade da máquina que afeta a eficácia social da prestação jurisdicional. O que mais gravemente tem falhado, ultimamente, é a prestação jurisdicional enquanto manifestação de Poder do Estado. Como expressão do Poder do Estado cabe ao Judiciário o papel de efetivamente solucionar os conflitos de interesses intersubjetivos que lhe submetem os jurisdicionados. E quando se diz efetivamente,

1. "Il processo deve dar per quanto à possibile praticamente a chi ha un diritto tutto quello e proprio quello ch'egli ha diritto di conseguire" (cfr. *Instituizioni di diritto procesuale civile,* Milão, CEDAM).

não se quer dizer com efetividade, expressão que tem sido utilizada como representação de celeridade da prestação jurisdicional; quando se alude a efetivamente, está-se referindo à aptidão concreta da tutela jurisdicional em solucionar a lide, substituindo a vontade das partes e *restabelecendo a paz social*. Opõe-se a esse desiderato teleológico do próprio Estado Democrático de Direito que, se infirmado, põe por terra os pilares sobre os quais se assentam esse Estado, um vírus que vem se alastrando nos órgãos componentes do Judiciário pátrio, contaminando seriamente a magistratura: o vírus da *denegação de justiça*.[2] Tem sido pródigo o Judiciário em encontrar meios de denegação de justiça, principalmente de cunho processual (melhor expressando: formalístico), que impedem o efetivo enfrentamento da questão de fundo, única forma de solucionar a lide, e exercer a função jurisdicional enquanto expressão de Poder do Estado. Diversamente, têm-se apegado os magistrados a obstáculos formais impeditivos de apreciação da lide, num exercício burocrático (no enfoque weberiano da definição de burocracia)[3] da função de serviço público do Judiciário, em detrimento de sua nobre missão de zelar pela liberdade, pela cidadania, e pela democracia, enquanto expressões indissociáveis de um verdadeiro Estado Democrático de Direito, nos moldes apregoados pelo artigo 1º da vigente Lei Maior.

Várias, portanto, são as causas do *problema* assim como colocado. Umas de natureza social; outras de cunho estritamente técnico-jurídico (formalista); e, ainda, por incrível que pareça, muitas de caráter econômico-administrativo.

## 2. *Das causas da ineficácia social da prestação jurisdicional*

### 2.1 *Das causas de natureza social*

Antes de nos embrenharmos propriamente na análise das causas de natureza social do fenômeno aqui diagnosticado, cabe uma incursão no campo da sociologia jurídica, a fim de melhor situarmos o fenômeno. Em função disso, trazemos, para iniciar o raciocínio a ser desenvolvido, a advertência de Marx, que afirmou, *in verbis:* "Não é a consciência dos homens que determina seu ser, mas, ao contrário, é o seu ser social que determina a sua consciência".[4]

Devemos considerar que o arcabouço jurídico de um país não é somente reflexo de sua estrutura de classe num determinado tempo e espaço, nem mesmo – de forma simplificada – um instrumento superestrutural de opressão de uma classe sobre a outra. Certos institutos (mandado de segurança, *habeas corpus* etc.) transcenderam sua origem de classe e passaram a ser valores aceitos pela totalidade da população

2. O fenômeno denominado *denegação de justiça,* cuja notícia nos foi trazida por Norberto Bobbio (*O positivismo jurídico – Lições de filosofia do direito,* tradução e notas de Márcio Pugliesi, Edson Bini e Carlos E. Rodrigues, São Paulo, 1995, Editora Ícone, pp. 73-74) foi previsto pelo artigo 4º do Código de Napoleão, que preconizava, *in verbis*: "O juiz que se recusar a julgar sob o pretexto do silêncio, da obscuridade ou da insuficiência da lei, poderá ser processado como culpável de justiça denegada".

3. Cfr., sobre o tema, Max Weber (*Parlamentarismo e governo numa Alemanha reconstruída,* tradução de Maurício Tragtenberg, coleção *Os Pensadores.* São Paulo, 1974, Ed. Abril Cultural). Segundo o autor, "Num Estado moderno (...) a burocracia realmente governa, pois *o poder* não *é exercido* por discursos parlamentares nem por proclamações monárquicas, mas *através da rotina da administração*" (destaques nossos). E o que é pior, nesses sistemas, consoante o diagnóstico do autor é que "o juiz como no Estado burocrático com suas leis racionais, é um autômato cumpridor de parágrafos: os documentos legais, juntamente com as custas e emolumentos, são colocados na entrada na esperança de que a decisão emerja na saída juntamente com argumentos mais ou menos válidos, ou seja, trata-se de uma máquina, cujo funcionamento, de modo geral, é calculável ou prognosticado" (cfr. pp. 22 e 24).

4. Cfr., a respeito, Karl Marx, "Para a crítica da economia política", in *Manuscritos econômico-filosóficos e outros textos escolhidos,* tradução de Edgar Malagodi, coleção *Os Pensadores.* São Paulo, 1978, Abril Cultural, p. 130.

(pluriclassistas ou aclassistas), positivados tanto em nível global na Declaração dos Direitos do Homem, quanto na própria Constituição Federal.

Todavia, admitimos, menos verdade não é, consoante intuído por Marx, que o sistema jurídico de uma nação também reflete a realidade objetiva da etapa da luta de classes sociais num determinado tempo e espaço (o determinismo histórico e a dialética de sua evolução).

Portanto, se por um lado o sistema jurídico não é somente um instrumento de opressão da elite sobre a maioria da população, conforme intuía Marx, é também isso, porquanto a concretude da realidade mostra que a hegemonia (aqui concebida no conceito gramsciano,[5] aliada à noção de bloco histórico, introduzida pelo mesmo autor)[6] existente numa sociedade, reflete-se no seu Órgão de Estado incumbido de exercer a função legislativa (entre nós, precipuamente as Casas do Congresso Nacional) e, por via de conseqüência, na legislação por esse mesmo órgão produzida.

Além desse reflexo no âmbito da função legislativa do Estado, propaga-se o efeito social aqui referido – e agora de forma indesejável, conquanto humana – nos corações e nas mentes dos magistrados, o que de certa forma, e ao arrepio do princípio geral de direito da imparcialidade do juiz, sujeita suas decisões à hegemonia existente na sociedade e a sua origem de classe (já se disse – e com razão – que "*eu sou eu e minhas circunstâncias*").[7]

Nesse sentido, aliás, inclusive, as reflexões de Sua Santidade o Papa João Paulo II em sua mui comentada – conquanto pouco lida – Carta Encíclica *Laborem Exercens* (*Sobre Trabalho Humano*), promulgada em homenagem ao 90º aniversário da Carta Encíclica *Rerum Novarum*, e que estabelece, de forma absolutamente clara, a posição da doutrina social da Igreja no que tange às críticas ao materialismo *latu sensu*, seja na sua manifestação *vulgar* (capitalista ou neoliberal), ou na sua expressão *dialética*,[8] que deu ori-

5. Conforme adverte Maria-Antonietta Macciocchi, aludindo à origem do conceito de hegemonia: "O conceito de hegemonia deriva do grego *eghestai*, que significa "conduzir", "ser guia", "ser chefe", e do verbo *eghemoneuo*, que significa "ser guia", "preceder", "conduzir", e por derivação "ser chefe", "comandar", "dominar". *Eghemonia*, no grego antigo, era a designação para o comando supremo das Forças Armadas. Trata-se, portanto, de um termo militar. O *eghemon* era o *condottieri*, o guia e também o comandante do exército. Na época da guerra do Peloponeso, falava-se em cidade *eghemon* para designar aquela que dirigia a aliança das cidades gregas em luta". Após esse prévio esclarecimento a autora ingressa no conceito de hegemonia propriamente gramsciano, qual seja: "A teoria gramsciana nos permite através do exame do que deve ser a hegemonia do proletariado, compreender as razões pelas quais lá (na antiga URSS) o consenso agoniza, o econômico separado do político é às vezes predominante, e a sociedade civil está em oposição à sociedade política; daí, conseqüentemente, e como Gramsci temia desde 1926, uma dominação das estruturas coercitivas do Estado sobre a direção ideológica, em detrimento da hegemonia" (cfr. *A favor de Gramsci*, Rio de Janeiro, Editora Paz e Terra, 1977, 2ª ed., pp. 146 e 182). *Hegemonia*, portanto, é o "controle de determinada classe social sobre o bloco histórico que exerce o poder político na perpetuação dos interesses dessa mesma classe".

6. Cfr. Maria-Antonietta Macciocchi, ob. cit., p. 112.

7. Cfr. Ortega y Gasset.

8. Indispensável a reprodução das próprias palavras de Sua Santidade, *in verbis:* "O erro de pensar segundo as categorias do 'economismo' caminhou a *pari passu* com o formar-se da filosofia materialista e com o desenvolvimento de tal filosofia, desde a fase mais elementar e mais comum (também chamada materialismo vulgar, porque pretende reduzir a realidade espiritual a um fenômeno supérfluo), até à fase do que se denominou materialismo dialético. Parece, no entanto, que – no âmbito das presentes considerações – para o problema fundamental do trabalho humano e, em particular, para aquela separação e contraposição entre 'trabalho' e 'capital', como entre dois fatores da produção considerados naquela mesma perspectiva 'economicista' acima referida, o *'economicismo' teve uma importância decisiva* e influiu exatamente sobre este modo não humanista de pôr o problema, antes do sistema filosófico materialista. Contudo, é evidente que o materialismo, mesmo sob a sua forma dialética, não está em condições de proporcionar à reflexão sobre o trabalho humano bases suficientes e definitivas, para que o primado do

gem, dentre outros, ao chamado socialismo real.[9]

Para Sua Santidade, tanto um como outro sistema de abordagem do conflito capital e trabalho pecam pela instrumentalização do homem a determinados modos ou sistemas de produção, ou formas de desenvolvimento econômico. No primeiro, é a busca do lucro o motivo maior e o motor da história; no segundo, ainda o homem se encontra – como no primeiro – numa posição acessória, a partir do conceito de que a história caminha através da luta de classes, e alcançará seu ponto culminante a partir da abolição das diferenças entre as diversas classes sociais (comunismo). Conquanto o materialismo dialético introduza esse viés ético nas relações do trabalho, o homem continua sendo considerado apenas como parte de determinada classe, mas ainda simplificando a amplitude da natureza humana e do trabalho produzido pelo homem, negando, peremptoriamente, a importância intrínseca ao conceito de liberdade (livre-arbítrio), ou a abordagem antropocêntrica do trabalho e de seus frutos.

Para Sua Santidade "*não se vêm outras possibilidades de superação radical desses erros, a não ser que intervenham mudanças adequadas, quer no campo da teoria, quer no campo da prática, mudanças que se atenham a uma linha de firme convicção do primado da pessoa sobre as coisas, e do trabalho do homem sobre o capital, entendido como conjunto de meios de produção*"[10] (grifos no original).

Decorre, portanto, do raciocínio desenvolvido, uma coincidência de interpretação sobre a influência da infra-estrutura sócio-econômica de determinada sociedade, sobre a natureza das normas e dos sistemas jurídicos existentes.

Emerge, destarte, como corolário desse raciocínio, a inafastável conclusão pela superioridade, em termos de resultado social da prestação jurisdicional, dos sistemas jurídicos positivados (*civil law*) sobre aqueles que adotam os primados da *commom law,* eis que a norma posta de alguma forma limita influências não desejadas pelo legislador nas decisões do magistrado. É certo, entretanto, que dessa forma não se resolve o problema (máxime se considerarmos que também o legislativo é contaminado pelos efeitos da hegemonia); reduz-se, porém, os efeitos detrimentais desse fenômeno social na prestação da tutela jurisdicional.

Daí porque não se pode concordar com a existência do *movimento,* nascido no seio do Estado-Membro do Rio Grande do Sul, que pugna pelo *Direito Alternativo*, em que se defende exatamente o oposto do que aqui sustentamos, isto é: liberdade para o magistrado prestar a tutela jurisdicional, transcendente dos limites do ordenamento jurídico positivado. Admitida essa *liberdade* (espectro de discricionariedade do magistrado na prestação da tutela jurisdicional), os efeitos da hegemonia aqui aludidos, que inexoravelmente atingem os magistrados (e também influenciam aqueles defensores do *Direito Alternativo,* porque o fenômeno é social, não pessoal, e atinge o ser humano, não o profissional), viciará a tutela jurisdicional prestada, em grau mais acentuado – e ensejando mais graves resultados – do que na hipótese de contenção da tutela jurisdicional nos limites da norma positivada.

homem sobre o instrumento-capital aí possa encontrar uma adequada e irrefutável *verificação* e um *apoio*. Mesmo no materialismo dialético não é o homem que, antes de tudo o mais, é o sujeito do trabalho humano e a causa eficiente do processo de produção; mas continua a ser compreendido e tratado na dependência daquilo que é material, como uma espécie de 'resultante' das relações econômicas e das relações de produção, predominantes numa época determinada" (cfr. *Carta Encíclica Sobre o Trabalho Humano – Laborem Exercens*, de 14 de setembro de 1981, pp. 31-32).

9. Adotado, entre outros países, pela União Soviética, China e Cuba.

10. Cfr. *Encíclica Laborem Exercens*, p. 32.

### 2.2 *Das causas de natureza técnico-jurídicas*

Iniciamos este subitem transcrevendo princípio geral de direito que, transcendendo sua origem de classe (Revolução Francesa, sob hegemonia burguesa), positivou-se na *Declaração dos Direitos do Homem,*[11] em nível global, vindo a ser acolhido pela Constituição Federal em seu artigo 5º. Assim dispõe o artigo VIII da *Declaração dos Direitos do Homem, in verbis:* "Toda pessoa tem direito a receber dos tribunais nacionais competentes recurso efetivo para os atos que violem os direitos fundamentais que lhe sejam reconhecidos pela Constituição ou pela lei".[12] No mesmo diapasão, a vigente Lei Maior consagra expressamente esse princípio geral de direito ao dispor, no inciso LV do artigo 5º que adverte: "aos litigantes, em processo judicial ou administrativo, e aos acusados em geral são assegurados o contraditório e a ampla defesa, com os meios e recursos a ela inerentes". Ainda prevê a Carta Magna, no mesmo artigo 5º, mas no § 2º: "Os direitos e garantias expressos nesta Constituição não excluem outros decorrentes do regime e dos princípios por ela adotados, ou dos tratados internacionais em que a República Federativa do Brasil seja parte".

Dessa forma, portanto, é direito fundamental do cidadão brasileiro o disposto no artigo VIII da *Declaração dos Direitos do Homem,* consoante a exegese de Bobbio, acerca da aplicabilidade dos princípios no ordenamento jurídico positivado, de que extraímos o seguinte trecho: "Os princípios gerais são, a meu ver, normas fundamentais ou generalíssimas do sistema, as normas mais gerais. O nome de princípios induz a engano, tanto que é velha questão entre juristas se os princípios são ou não são normas. Para mim não há dúvida: os princípios gerais são normas como todas as outras". Mais adiante complementa: "os princípios gerais são pura e simplesmente (...) normas *fundamentais* ou normas de base do sistema ou *traves mestras*, como se tem dito metaforicamente, na acepção de que sem eles o sistema não poderia subsistir como ordenamento efetivo das relações de vida de uma determinada sociedade"[13] (realces do original). A respeito, arremata o Professor Paulo Bonavides, com a clarividência que lhe é peculiar: "São momentos culminantes de uma reviravolta na região da doutrina, de que resulta para a compreensão dos princípios jurídicos importantes mudanças e variações acerca do entendimento de sua natureza: admitidos definitivamente como normas, são normas valores com positividade maior nas Constituições do que nos Códigos; e por isso mesmo providos, nos sistemas jurídicos, do maior peso, por constituírem a norma de eficácia suprema. Essa norma não pode deixar de ser princípio".[14]

Na esteira do mesmo entendimento, Cármen Lúcia Antunes Rocha acrescenta: "Os princípios constitucionais são predeterminantes do regramento jurídico. As decisões políticas e jurídicas contidas no ordenamento constitucional obedecem a diretrizes compreendidas na principiologia informadora do sistema de Direito estabelecido pela sociedade organizada em Estado. (...) Em sua natureza jurídica, os princípios constitucionais têm normatividade incontestável, quer dizer, contêm-se nas normas jurídicas do sistema fundamental. Estas normas, nas quais residem os princípios constitucionais, são superiores a quaisquer

11. Aprovada pela Assembléia Geral das Nações Unidas, em 10 de dezembro de 1948, através da Resolução n. 217A3 subscrita pelo Brasil e pelos países do Leste Europeu.

12. Cfr., a respeito, *Direitos humanos: um novo caminho,* São Paulo, 1994, Secretaria da Justiça e da Defesa da Cidadania e Conselho Estadual dos Direitos da Pessoa Humana, p. 16.

13. Cfr., *Teoria dell'Ordinamento Giuridico,* Turim, Giappichelli Editore, s/d, pp. 181 e 182, referido por Paulo Bonavides em seu *Curso de Direito Constitucional,* São Paulo, Malheiros Editores, 1996, 6ª ed., pp. 236 e 237.

14. Cfr. *Curso,* cit., p. 248.

outras, em razão do conteúdo expressa ou implicitamente nelas formalizado. (...) Sendo a Constituição uma lei,[15] não se pode deixar de concluir que todos os princípios que nela se incluem, expressa ou implicitamente, são leis, normas jurídicas postas à observância insuperável e incontrolável da sociedade estatal".[16]

Por conseguinte, é lícito concluir que ações ou medidas que visem impor obstáculos (via meios regimentais e quejandos – não legais *stricto sensu*) ao conhecimento do mérito das demandas submetidas à apreciação do Poder Judiciário, ou mesmo decisões que deixam de apreciar a lide por força de entraves não impostos pelo legislador,[17] são flagrantemente inconstitucionais, por negar indevidamente a tutela jurisdicional a que se obrigou o Estado a prestar, na forma do preconizado no artigo VIII da *Declaração dos Direitos do Homem,* e positivado na Constituição Federal nos incisos LV e XXXV do artigo 5º.[18]

Demais disso, isto é, não bastasse a inconstitucionalidade de medidas desse jaez, implicam tais procedimentos em verdadeira *denegação de justiça,* na forma preconizada no artigo 4º do Código de Napoleão.[19]

15. Melhor seria norma fundamental que positiva os princípios gerais norteadores do sistema jurídico de um determinado Estado.

16. Cfr. *Princípios constitucionais da administração pública,* Belo Horizonte, Livraria Del Rey, 1994, pp. 25 e 26.

17. Evidentemente que aqui não se insurge contra os requisitos de admissibilidade das pretensões deduzidas em Juízo estabelecidos pelo legislador.

18. Dispõe o inciso XXXV do artigo 5º da Constituição Federal: "a lei não excluirá da apreciação do Poder Judiciário lesão ou ameaça a direito". Ora, se à lei (*strictu sensu*) é vedado, pela Lei Maior excluir da apreciação do Judiciário *lesão ou ameaça a direito* com maior razão veda-se tal procedimento a qualquer instrumento normativo hierarquicamente inferior (*v.g.*, norma regimental). Este posicionamento, todavia, não implica a ausência total de limites do direito constitucional de ação. Ressalva-se as naturais e legítimas limitações de adimplemento das condições da ação e pressupostos processuais.

19. Cfr. Bobbio, ob. cit., pp. 73-74.

E não se argumente que as decisões judiciais ou as previsões regimentais apenas balizam o exercício do direito de ação em toda sua amplitude; ao contrário, o que temos visto é que atinge o âmago desse próprio princípio geral de direito, pois entre a Justiça e a forma, têm-se optado pela forma.

Tudo a justificar-se pela lógica burocrática interna do Poder Judiciário que, à míngua de outras soluções para o problema do acúmulo dos processos, prefere o modo mais fácil, porém ilegal e inconstitucional, de negar vigência à *Declaração Universal dos Direitos do Homem* e à Constituição Federal.

Lembremos, nesse sentido, as recentes decisões que vêm tomando o Supremo Tribunal Federal e o Superior Tribunal de Justiça relativamente à admissibilidade do Agravo de Instrumento tirado contra decisão que inadmite Recurso Extraordinário e Recurso Especial (ressalvada, evidentemente, a competência de cada Corte). Conquanto disponha o artigo 544, § 1º, do Código de Processo Civil, que são peças obrigatórias para instrução do referido agravo, sob pena de não conhecimento: "...cópia do acórdão recorrido, da petição de interposição do recurso denegado, das contrarazões, da decisão agravada, da certidão da respectiva intimação e das procurações outorgadas aos advogados do agravante e do agravado", os Eminentes Ministros têm exigido, para conhecimento do recurso, além dos elementos cogentemente impostos pela lei, a comprovação da tempestividade do recurso cujo seguimento fora denegado.

Ora, à guisa do texto legal, a parte que diligencia para cumprir o preceito da norma positivada é punida com a não prestação da tutela a que tem direito por esbarrar em óbice formalista *criado* (porquanto não consta de norma posta alguma) ou *legislado* pelos ilustres Senhores Ministros.

E outros exemplos não faltam. Veja-se a questão da não admissão de embargos de declaração opostos para suprir vícios em decisões interlocutórias (que têm de ser fundamentadas sob pena de nulidade, consoante preconiza expressamente a Constituição Federal, em seu artigo 93, inciso IX). A pretexto de interpretação literal do dispositivo legal (artigo 535 do Código de Processo Civil), deixam, muitos magistrados, de prestar a necessária tutela jurisdicional de integração ou aclaramento da decisão proferida, à causa de ausência de norma expressa nesse sentido. É verdadeira denegação de justiça, podendo implicar, ainda – dependendo do caso concreto – violação ao princípio constitucional da ampla defesa, eis que a incompreensão do teor da decisão proferida impede uma regular defesa contra os efeitos dessa mesma decisão, porquanto não terá a parte elementos objetivos claros a serem impugnados através do recurso cabível à espécie.

É bem verdade, por outro lado, que se pode antever o abuso desse instrumento processual de extrema relevância para correta prestação da tutela jurisdicional. Todavia, a possibilidade dessa malversação não pode justificar sua vedação, máxime se previstos no próprio sistema processual em que se insere instrumentos hábeis a coibir esse fenômeno, quais sejam, a multa prevista no parágrafo único do artigo 538 do Código de Processo Civil e a imposição de pena por litigância de má-fé, igualmente regulada pelo Código de Processo Civil, em seus artigos 16 *usque* 18.

Outro caso típico e reiterado de denegação de justiça que vem perpetrando os Tribunais – ressalvadas as exceções merecidas – é a teimosia de muitos magistrados em não conhecer embargos de declaração que possam vir a ter efeito infringente do julgado, sob a justificativa de que essa não é a finalidade do recurso. Com a devida vênia, cabe ao magistrado sanar o vício – se existente, evidentemente – na r. decisão embargada. Não pode deixar de fazê-lo sob pretexto de efeito infringente do julgado, pois estará confessadamente deixando de prestar a tutela jurisdicional regularmente instada, no bojo do procedimento adequado, por discordar dos efeitos que essa tutela possa vir a gerar. Ora, demonstrado o vício na decisão recorrida através do recurso adequado à correção desse vício, deixar de saná-lo é deixar de prestar uma tutela jurisdicional necessária e adequada, o que implica indisfarçável denegação de justiça, nos mesmo moldes, como já dito reiteradas vezes, do artigo 4º do Código de Napoleão.

Uma última prática pretoriana merecedora de crítica é o velado não enfrentamento expresso de dispositivos de lei e ou da Constituição Federal nos v. acórdãos prolatados em Tribunais, o que obsta à parte a via excepcional dos Tribunais Superiores, por ensejar a ausência do requisito constitucional do prequestionamento da questão federal ou constitucional do acórdão recorrido. Em alguns casos, nem mesmo a oposição de embargos declaratórios tem sido capaz de suprir essa falha, o que tem motivado a prática de embargos declaratórios opostos contra acórdãos proferidos em embargos declaratórios que não supriram a omissão, contradição ou obscuridade apontadas na primeira oposição do recurso.

Em suma, tratamos neste item, ainda que perfunctoriamente, dos obstáculos técnico-jurídicos e formalistas à eficácia social da tutela jurisdicional, eis que os obstáculos aqui, exemplificativamente apontados, impedem indevidamente o enfrentamento do mérito, e a conseqüente pacificação definitiva do conflito de interesses existentes entre as partes, que perturba a paz social colimada com a organização da sociedade moderna.

### 2.3 *Das causas de natureza econômico-administrativas*

Cumpre-nos, ainda, explorar o que chamamos de causas de natureza econômico-administrativas que enfraquecem a eficácia social da tutela jurisdicional. Referimo-nos, aqui, predominantemente a atos de governo que, sistematicamente, violando direitos e garantias fundamentais do cidadão brasileiro – consagrados no artigo 5º da Constituição Federal e outros dispositivos – provocam uma verdadeira avalanche de demandas no Judiciário, motivada pela crescente consciência de cidadania do brasileiro, que cada vez menos se curva diante dos abusos dos Poderes Executivos, e bate às portas do Judiciário na busca de tutela e preservação de seus caros direitos e garantias fundamentais.

Decorre, ainda, desse fenômeno de motivação reiteradamente econômica (lembremos os inúmeros *planos econômicos: Cruzado, Cruzado II, Collor, Verão, Real...*), um agravante de ordem eminentemente administrativa, qual seja a "diretriz" Estatal (*rectius:* dos Poderes Executivos) de esgotamento das vias judiciais em suas insensatas insistências na postergação dos efeitos detrimentais à máquina administrativa decorrentes das ilegalidades e inconstitucionalidades perpetradas pelos próprios Poderes Executivos em suas diversas esferas de atuação (federal, estadual e municipal).

A respeito desse procedimento manifesta-se Pedro Aurélio Rosa de Faria, adjetivando de *chicana processual* essa prática *dos próprios agentes do Estado*, com vistas à sustentação dos *planos econômicos urdidos nos gabinetes refrigerados da burocracia governamental*.[20] É plenamente sabido – quase fato notório – que essas esferas de poder político assim agem, no mais das vezes, com o claro objetivo de postergar o cumprimento de obrigações a que já foram condenadas pelas decisões judiciais que impugnam, beneficiando-se do efeito suspensivo de vários recursos, e até mesmo ajuizando medidas de urgência para o mesmo desiderato de procrastinar o cumprimento de julgado. Não temos ciência, todavia, de decisões que tenham imposto a essas pessoas condenações por litigância de má-fé, por se valerem de recursos manifestamente procrastinatórios.

É indisfarçável, destarte, que quem provoca avalanches de demandas no Judiciário são as várias esferas políticas do Poder Executivo, que, também, insistem em utilizar de todos os meios possíveis (principalmente recursos) para postergar o cumprimento da decisão judicial. Não raro – diríamos: freqüentemente – não basta o trânsito em julgado da decisão condenatória constitutiva de título executivo judicial para possibilitar à parte receber efetivamente a tutela que já lhe foi prestada pelo Judiciário. Restará, ainda, a necessidade de incoar procedimento executivo contra as Fazendas Públicas, e suportar todos os privilégios legais conferidos a esses devedores contumazes, especialmente a submissão ao procedimento de expedição de ofício precatório requisitório, a inclusão da respecti-

20. Convém reproduzirmos a integralidade do pensamento do magistrado do Tribunal de Justiça do Distrito Federal a respeito: "Há situações em que as partes, mesmo sabendo que os Tribunais já tomaram posição definida em um determinado sentido doutrinário acerca de um tema, teimam em acionar a pesada, cara, ineficiente e antiquada máquina judiciária visando simplesmente procrastinar a decisão final da questão, evitando por intermédio de expedientes judiciais o cumprimento de uma simples obrigação. E isso nada mais é do que chicana processual, com a utilização inadequada de expedientes legais previstos em lei para a solução dos conflitos, e que existem para a promoção e solução dos conflitos entre as partes e não para a eternização das lides. A cada novo plano econômico do governo federal, a cada investida feita no patrimônio dos cidadãos, a cada medida criada pelos economistas estatais visando ao aumento da arrecadação, muitas vezes nitidamente inconstitucionais, como ocorreu com o confisco feito pelo Plano Collor, e milhares de ações idênticas são propostas nos Tribunais visando a sua correção, só que na esmagadora maioria das vezes quem pratica a chicana são os próprios agentes do Estado, que através de medidas visivelmente procrastinatórias procuram ganhar tempo e assim evitar qualquer modificação dos planos econômicos urdidos nos gabinetes refrigerados da burocracia governamental" (cfr. "A súmula vinculante e a litigância de má-fé", in *Revista da Escola Superior da Magistratura do Distrito Federal* 2, pp. 231 e ss.) (grifos nossos).

va verba no orçamento do exercício seguinte. O efetivo pagamento, com sorte, dispensará a necessidade de se pedir seqüestro de verba, ou até intervenção federal ou estadual. Se não tiver sorte a parte, então mais procedimentos terá o Judiciário que processar e julgar. Tudo isso para obrigar o Estado a cumprir uma obrigação já mais do que líquida e certa, que transcende as raias do direito, e invade o campo da ética e da moral. Esse cediço procedimento das Administrações é, além de injurídico, aético e, acima de tudo, imoral.

Destarte, é claramente o Estado quem mais contribui para o desenfreado aumento da demanda da prestação jurisdicional do próprio Estado, conforme já diagnosticou o próprio Ministro Sepúlveda Pertence, MD. Presidente do Supremo Tribunal Federal.

Diante dessa situação indisfarçável, opta-se pela solução mais simplista, qual seja: limitar o jurisdicionado, em lugar de reeducar o próprio Estado. Assim, pugna-se pela adoção do efeito vinculante das súmulas dos Tribunais Superiores que, como em seguida discorreremos, além de não resolver o problema – embora possivelmente contribua para minimizá-lo – violará os princípios gerais de direito sobre os quais se alicerça o Estado Democrático de Direito brasileiro, insuscetível de limitações na forma como expressamente dispõe a Constituição Federal.

Essa pretensão não passa de tentativa de tratar os sintomas, sem atacar as causas da doença, o que, cediçamente, não curará o doente: a eficácia social da prestação jurisdicional.

## 3. *As propostas doPoder Legislativo para a solução do problema*

Não é de hoje que aventa-se, todavia, como proposta para equacionamento da questão, qual estandartes da salvação do Judiciário, o chamado *controle externo do Judiciário,* e o *efeito vinculante das súmulas,* pretendendo-se o estreitamento dos mecanismos de acesso aos Tribunais Superiores.

Mais uma vez comete-se o erro de tentar remediar o mal atacando suas conseqüências, ao invés de focalizar-se as investidas às causas. Como a corda arrebenta sempre do lado mais fraco, novamente quem vai ser prejudicado com essas medidas serão os jurisdicionados, que, ao revés, deveriam ser os beneficiários de uma consciente e cidadã Reforma do Estado.

### 3.1 *O projeto de Emenda Constitucional Federal n. 112/95, de autoria do deputado federal José Genoíno*

Recentemente o deputado federal José Genoíno apresentou proposta de Emenda à Constituição, pretendendo incluir na Lei Maior o "Sistema de Controle do Poder Judiciário". Justifica sua iniciativa na constatação de incapacidade do Judiciário em "reduzir conflitos e minorar as incertezas dos sistemas político e econômico",[21] máxime diante da coletivização dos conflitos de interesse intersubjetivos, decorrentes – acrescentamos – da massificação da sociedade contemporânea.

Pretende o parlamentar, através do projeto em tela, "criar um sistema de controle do Poder Judiciário, com a finalidade de exercer a fiscalização externa de suas atividades".[22] Essa fiscalização, todavia, adverte o próprio autor do projeto, não se imiscuirá na atividade jurisdicional do Poder Judiciário, como forma de preservar sua autonomia, e limitando-se, por conseguinte, ao âmbito estritamente administrativo.

Para a execução desse mister, propõe o deputado a criação de Conselhos de Justi-

21. Cfr. Justificativa da *Proposta de emenda à Constituição Federal* n. 112, de 1995.

22. Cfr. Justificativa do *Projeto*, cit.

ça, sendo um Federal, um Distrital, e tantos Estaduais quantas unidades possui a Federação. Comporão esses Conselhos cinco (5) magistrados, um (1) representante do Ministério Público, um (1) advogado, e três (3) cidadãos eleitos pelo respectivo Poder Legislativo – vedada a indicação de parlamentar.

A competência desses conselhos restringe-se a: a) pronunciamento sobre (i) proposta orçamentária anual, (ii) aquisição de vitaliceidade, (iii) criação e extinção de varas judiciárias e tribunais, (iv) criação e extinção de cargos da magistratura e dos serviços auxiliares, (v) aferição do merecimento para efeitos de promoção, e (vi) perda do cargo de magistrado; b) fiscalizar o serviço judicial, supervisionar os atos administrativos, e receber denúncias e reclamações contra membros da magistratura e funcionários dos serviços auxiliares.

### *3.2 O projeto substitutivo à proposta de Emenda à Constituição n. 96/92, de autoria de comissão especial, relatado pelo deputado federal Jairo Carneiro*

O deputado Jairo Carneiro relata projeto substitutivo à proposta de emenda à Constituição Federal n. 96/92, alterando praticamente todo o Capítulo III ("Do Poder Judiciário") do Título IV ("Da Organização dos Poderes") da Constituição Federal de 1988. Dentre as inúmeras modificações propostas, destacamos para comentar, por estarem afetas ao objetivo deste ensaio, aquelas pertinentes ao *efeito vinculante das súmulas,* e ao *controle externo do Judiciário.*

Relativamente ao *controle externo do Judiciário,* propõe o deputado Jairo Carneiro incluir na composição do Judiciário pátrio o "Conselho Nacional de Justiça", composto por dois (2) Ministros do Superior Tribunal de Justiça; por dois (2) Ministros do Tribunal Superior do Trabalho; um (1) Ministro do Superior Tribunal Militar; um (1) Juiz representante dos Tribunais Regionais Federais; um (1) Juiz representante dos Tribunais Regionais do Trabalho; três (3) Desembargadores representantes dos Tribunais de Justiça; um (1) advogado representante da Ordem dos Advogados do Brasil; um (1) membro do Ministério Público; e dois (2) magistrados representantes da entidade máxima representativa da magistratura nacional, reconhecida pelo Supremo Tribunal Federal. Presidirá o Conselho o Ministro Presidente do Supremo Tribunal Federal como membro nato.

A extensa competência desse "Conselho Nacional de Justiça" envolve, além de atribuições meramente administrativas pertinentes ao próprio Conselho: a) processar e julgar as reclamações contra membros ou órgãos do Poder Judiciário, inclusive contra seus serviços auxiliares, sem prejuízo da competência disciplinar e correicional dos Tribunais, podendo avocar processos disciplinares e determinar a perda do cargo, a disponibilidade, aposentadoria, suspensão, remoção, e outras sanções administrativas; b) fiscalizar a observância das normas constitucionais sobre os limites de remuneração; c) exercer o acompanhamento e a fiscalização orçamentários, manifestar-se de ofício ou mediante consulta, sobre os planos e programas de investimentos dos órgãos do Poder Judiciário.

Já quando se refere ao efeito vinculante das súmulas dos Tribunais Superiores, atingirá, segundo o *substitutivo,* todos os órgãos do Poder Judiciário submetidos à jurisdição do Tribunal que editar a súmula, bem assim como toda a administração pública direta ou indireta, da União, Estados, Distrito Federal e Municípios.

Prevê, ainda, o crime de responsabilidade para o juiz que contrariar o enunciado da súmula, ou a perda do cargo para o agente da Administração, sem prejuízo de "outras sanções".

### 4. *O Projeto substitutivo à proposta da Comissão de Estudos Constitucionais da Ordem dos Advogados do Brasil acerca da questão*

A Ordem dos Advogados do Brasil, através de seu Conselho Federal, posicionou-se pela rejeição total do assim chamado *Projeto Jairo Carneiro,* não só pela proposição de adoção do efeito vinculante das súmulas dos tribunais superiores, mas também pelo "alargamento do poder de iniciativa legislativa dos tribunais", bem assim como pela tentativa de "restauração de instrumentos geradores de acromegalia do judiciário (*verbi gratia*, as avocatórias)".

Já relativamente ao projeto elaborado pelo deputado José Genoíno, a Ordem dos Advogados do Brasil, novamente através de seu Conselho Federal, propõe *Substitutivo,* procurando aproveitar os aspectos positivos, especialmente os Conselhos de Justiça, acrescentando outras propostas, como o efeito vinculante de súmulas restrito aos procuradores de entidades da administração direta, indireta ou fundacional de qualquer dos Poderes da União, Estados, Municípios e Distrito Federal. Propõe, ainda, aludido *substitutivo,* alteração da competência do Supremo Tribunal Federal, a fim de conferir-lhe *status* de verdadeira Corte Constitucional, transferindo para o Superior Tribunal de Justiça, parte da competência que, hoje, lhe é atribuída pela Constituição Federal. Segundo essa proposta, caberia ao Supremo Tribunal Federal principalmente: a) dirimir conflitos de competência eventualmente havidos entre as cúpulas dos três Poderes do Estado (Presidência da República [Executivo], as Casas do Congresso Nacional [Legislativo], e a própria Corte [o STF] e os Tribunais Superiores [Judiciário]); e b) julgar as ações diretas de inconstitucionalidade de lei ou de ato normativo federal ou estadual.

### 5. *Críticas ao controle externo do Judiciário como vem sendo concebido*

Já há algum tempo vem sendo aventada a questão do *controle externo do Judiciário* como um processo de democratização do próprio Poder Judiciário. Isso porque vem-se deitando sobre esse poder de nobres funções, e papel decisivo na preservação do Estado de Democrático de Direito brasileiro, uma inaceitável pecha de indiferença para com a necessidade de se melhorar a prestação jurisdicional.

A questão vem sendo, senão levianamente tratada, ao menos indevidamente colocada por alguns, como fruto de emoções. Coloca-se o *controle externo do Judiciário* como único ou principal remédio para os males que assolam a eficácia social da prestação jurisdicional.

O *problema* da aptidão da prestação jurisdicional em atingir seus fins mais necessários ao pleno exercício da cidadania é muito mais complexo do que a simples criação de um *outro órgão* para controlar, externamente, o Judiciário. Com certeza, esses mecanismos de controle não devem ser entendidos como uma panacéia para todos os males do Poder Judiciário. Não basta o controle externo. É mister que além de um possível controle responsável, outras medidas sejam tomadas, ao menos de cunho econômico e legislativo.

No que pertine às medidas econômicas necessárias à melhoria da prestação jurisdicional, destaca-se a imperiosidade (mais que necessidade!) de incremento do aparato operacional e instrumental do Judiciário, sequer, ainda, satisfatoriamente informatizado (salvo raras e honrosas exceções), o que, diante da gigantesca demanda de processos, agilizaria sobremaneira muitos serviços judiciários, acoimados (com justiça, é preciso reconhecer) de excessivamente morosos. Aqui, entretanto, estaremos enfrentando o problema exclusivamente no que tange à natureza de serviço público da prestação jurisdicional.

Louve-se, todavia, que o aludido crescimento da demanda da prestação jurisdicional resulta não só do crescimento vegetativo da população e seu adensamento demográfico, mas principalmente do aprimoramento da consciência de cidadania, e, mais importante ainda, do efetivo exercício da cidadania, através da esperança no próprio Poder Judiciário, que tem sido fundamental na construção de nossa jovem democracia.

Já relativamente à questão legislativa, constitui-se o problema na inquestionável necessidade social de atualização das leis vigentes, trazendo seu conteúdo e objetivo à realidade e à modernidade da sociedade contemporânea. Lembremos que o Estado de Direito brasileiro se estrutura sob a égide do direito positivo, não permitindo ao Judiciário julgar *contra legem,* apenas para preservar uma situação de fato cujos costumes da sociedade alteraram-se com o passar dos tempos.

É certo, por um lado, que o magistrado não se coloca infenso a essas questões. Todavia, não nos organizamos sob um sistema de *commom law,* em que se presta uma tutela específica para o *case*; o sistema da *civil law* estrutura-se a fim de aplicar a lei ao caso concreto, de sorte que ao juiz cabe aplicar a lei posta, independentemente de ser essa lei boa, ou má; justa ou injusta; certa ou errada. Conveniente ou não, esta é a estrutura sistêmica que organiza a lógica do nosso Poder Judiciário.

O controle da qualidade das leis deve ser efetuado pelo órgão de Estado constitucionalmente competente para esse mister: o Legislativo. Cabe ao Legislativo editar leis que atendam à necessidade da sociedade; revogar leis que não mais denotem os costumes da sociedade; alterar leis que se desatualizaram com a modernização dos costumes e interesses da sociedade. Isto é curial. Todavia, nunca é demais relembrar, devido às conseqüências daí advindas.

É muito fácil criticar o juiz quando este tão-somente aplica a lei posta ao caso concreto (*e.g.* quando permite que determinado criminoso – já "condenado" pela mídia e pela opinião pública, em seu peculiar *processo sem defesa*[23] – responda ao inquérito em liberdade). Entretanto, se a lei não mais responde aos clamores da sociedade, não cabe ao juiz mudá-la (pois não é sua função; não tem competência para tal), mas incumbe ao Legislativo sensibilizar-se pelas necessidades da sociedade, e fazê-lo.

Sem embargo, há casos em que o juiz, movido, às vezes, não pelo direito posto, mas mais pelo clamor social do caso concreto, termina por incursionar indevidamente na seara do Poder Legislativo, incidindo, portanto, até mesmo, em crime de usurpação de função.

Não se critica, aqui, a motivação do ato, muitas das vezes de indiscutível relevância social. Lembre-se, entretanto, que não é possível qualquer *simbiose* entre os sistemas da *civil law,* e da *common law,* a fim de lastrear as decisões *casuísticas* proferidas esporadicamente pelo Judiciário, assemelhadas aos *cases* norte-americanos e anglo-saxões. Para a prestação jurisdicional não vale a máxima o *fim justifica os meios*, porquanto o Estado Democrático de Direito brasileiro está estruturado sobre o pilar do *due process of law,* e do princípio constitucional da legalidade, inexoravelmente afrontados por essas decisões *alternativas,* que chegaram até a legitimar a existência de um *movimento* pelo *Direito Alternativo.*

Assim é porque todo o arcabouço jurídico de qualquer sociedade democrática se caracteriza por um sistema intrinsecamente equilibrado e coerente. Portanto, não se

23. Lembre-se, por sua notoriedade, os episódios de acusação de assédio sexual às crianças da Escola de Base em São Paulo, e de negligência da Clínica Santé, que realizou a cirurgia de lipoaspiração na modelo Cláudia Liz. Em ambos os casos a mídia *"condenou"* os acusados antes que os meios de defesa constitucionalmente garantidos a todo cidadão demonstrassem sua inocência.

pode modificar a base do sistema, ou, como diria Bobbio, a *trave mestra* do sistema, sem que, obrigatoriamente, se comprometa, por reação em cadeia, a sua coerência e efetividade intrínsecos. Repetimos: a intenção é nobre; o resultado, conquanto, perigoso, e principalmente inconstitucional!

Além dessas questões aqui colocadas, o chamado *controle externo* do Judiciário deve ser implantado, mas não sob um espírito inquisitor e punitivo, mas de aprimoramento; nem tampouco submetendo o Judiciário a controle na órbita jurisdicional, nem, ainda, sob a responsabilidade de resolver o problema da *eficácia social* da prestação da tutela jurisdicional.

O *controle externo* do Judiciário deve ter por diretriz principal, senão única, equilibrar o Estado Democrático de Direito brasileiro sobre a estrutura de separação dos poderes do Estado, concebida por Montesquieu como postulado de liberdade política. O próprio filósofo francês, nos idos do século XVII, já admitira diferenças, quanto à função exercida na composição do Estado liberal concebido, entre os Poderes Legislativo e Executivo de um lado, e Judiciário de outro. Nas palavras de Paulo Bonavides: "São poderes essencialmente políticos o poder legislativo e o poder executivo. Já o poder judiciário é, segundo Montesquieu, de certo modo, um *poder nulo*. Poderes políticos por excelência, vivem o executivo e o legislativo no sistema representativo um drama de equilíbrio, solicitando nas suas relações mútuas um conjunto de mecanismos constitucionais que impeçam a absorção de um pelo outro, em ordem a torná-los efetivamente separados e harmônicos entre si"[24] (destaques no original).

Dessa forma, no sistema elaborado por Montesquieu, legislativo e executivo controlam-se reciprocamente – tendo em vista os limites na fixação de sua competência –, somando-se a esse controle aquele exercido pelo judiciário, no que respeita à legalidade da atuação dos dois poderes, bem assim como o principal controle existente nos Estados democráticos: *o voto*.

Entretanto, há uma lacuna nesse admirável sistema concebido por Montesquieu: por considerar o poder judiciário um *poder nulo* – ou, como diríamos, avalorativo – não cuidou o lustre filósofo de prover-lhe, também, o necessário controle por órgão alheio a sua estrutura, para fortificação dos postulados da separação dos poderes. Não há esse controle que historicamente vem sendo exercido pelo próprio Judiciário: um autocontrole.

Ocorre, todavia, que o Poder Judiciário não é avalorativo, como entendia Montesquieu. É, também, um poder político, que decide politicamente (consoante a hegemonia então considerada); sempre, entretanto, dentro dos limites da legalidade.

Deve-se buscar, destarte, com o *controle externo,* apurar a prestação jurisdicional, conferindo-lhe a indispensável transparência e credibilidade, preservando-lhe, todavia, a independência e aproximando-a das necessidades prementes, urgentes e impostergáveis da sociedade, buscando evitar o fenômeno de não-justiça diagnosticado por Rui Barbosa no início do século: *justiça tardia não é justiça, senão que injustiça.*

O *controle externo,* conseguintemente, em nossa concepção, deverá ser realizado por um *órgão de Estado,* desvinculado do Poder Judiciário, a ser adredemente criado para essa e outras finalidades ainda mais nobres. A desvinculação, todavia, desse *órgão de Estado,* do Poder Judiciário, é imprescindível à perfeita consecução do objetivo aqui delineado, porquanto, nas palavras de J. J. Calmon de Passos, "...é verdade sabida que todo poder não submetido a controles se degenera em abuso e opressão. Deixar que o Poder se autocontrole, é arriscar-se a que nenhum controle exista, insti-

24. Cfr., "Montesquieu e o pensamento de liberdade do século XVIII", in *Teoria do Estado*, pp. 160-161.

tuindo-se, destarte, um sistema fechado de mútua proteção e geral impunidade".[25]

Esse referido *órgão de Estado* terá papel mais nobre na sedimentação do Estado Democrático de Direito brasileiro, não se cingindo a empreender o *controle externo* do Judiciário. Terá esse órgão a competência indispensável de julgar os conflitos de competência entre os Poderes do Estado, comuns no dia-a-dia de nossa jovem democracia, bem como será investido da competência exclusiva de exercer o controle concreto de constitucionalidade de leis, a ser provocado através da Ação Declaratória de Inconstitucionalidade, evitando-se, dessa forma, o excessivo acúmulo de processos no Supremo Tribunal Federal.

### 6. *Uma abordagem histórica da moderna concepção de Estado Democrático de Direito*

Vale, aqui, uma relembrança da moderna concepção de Estado Democrático de Direito, a fim de supedanear o *órgão de Estado* a que aludimos.

A consagração da democracia moderna foi deflagrada pelas sérias críticas dirigidas ao absolutismo por Locke, em seus tratados datados de meados do século XVII. Passou, ainda, pela concepção da tripartição de poderes proposta por Montesquieu, em sua obra prima *Do Espírito das Leis*, e culminou com o *Contrato Social* de Rousseau.[26]

Foi a partir das contribuições reflexivas científicas desses ousados pensadores, notadamente de Montesquieu, que se delineou o ordenamento constitucional do Estado liberal. Essa estrutura de Estado surgiu nos idos do século XVIII, em oposição ao que a história nos mostrou como sistema absolutista de Estado. O absolutismo, todavia, não sucumbiu na esteira da concepção do Estado democrático; ainda hoje existe em alguns países do mundo moderno, além de ser, esporadicamente, ressuscitado em outras nações, através de *golpes* de Estado. Sem sombra de dúvidas, todavia, é um espécime em extinção.

Ensina-nos Paulo Bonavides, sobre Montesquieu: "...duas camadas profundas (...) compõem o pensamento desse filósofo político: a primeira, eminentemente política, serviu ao liberalismo puro, deu-lhe o substrato de idéias com a formulação de um conceito de liberdade, junto da melhor técnica de ampará-la – a divisão de poderes, o sistema representativo, as formas lícitas de governo...".[27]

O visionário filósofo francês, em lúcidas reflexões, adverte: "...a experiência eterna mostra que todo homem que tem poder é tentado a abusar dele; vai até onde encontra limites. Quem diria! A própria virtude tem necessidade de limites. Para que não se possa abusar do poder, é preciso que pela própria disposição das coisas, o poder freie o poder".[28] Propõe, portanto, o chamado sistema de freios e contrapesos, através do qual um poder estaria constantemente vigiando e limitando a atuação dos demais poderes.

Essa concepção de Estado, em que o poder se divide em três órgãos estatais reciprocamente atuantes e vigilantes, cada qual com competência específica[29] e distinta dos demais é corolário da liberdade política.

25 Cfr. *O poder judiciário e a Constituinte.*

26. Veja-se, a respeito, Paulo Bonavides, "Montesquieu e o pensamento de liberdade do século XVIII", in *Teoria do Estado,* pp. 138 e ss.

27. Cfr. ob. cit., p. 142.

28. Cfr. *O Espírito das Leis,* Livro Décimo Primeiro, Capítulos III e IV, "O que é a liberdade?", pp. 155 e 156.

29. Previa Montesquieu a existência dos seguintes *poderes*: o "...poder legislativo, o poder executivo das coisas que dependem do direito das gentes (executivo), e o poder executivo das coisas que dependem do direito civil (judiciário). Ao poder legislativo compete elaborar as leis, corrigir ou ab-rogar as que se fizeram. O poder executivo tem na sua esfera de competência a política externa e a promoção da segurança. O poder judiciário incumbe-se de punir os crimes e julgar as pendências entre particulares" (cfr. *O espírito das leis,* citado por Paulo Bonavides, ob. cit., p. 158).

Não se trata do conceito de liberdade preconizado pelos antigos gregos, resumido na "...participação ativa do cidadão como agente criador da vontade coletiva, da lei, da regra de conduta, em cuja formação atuava soberanamente, para depois sujeitar-se à mesa, de modo já todo incondicional".[30] A liberdade que levou Montesquieu a conceber o sistema tripartite de separação de poderes do Estado moderno é a liberdade individual, decorrente do momento histórico de levante contra a experiência contemporânea do absolutismo, em que a esfera de autonomia pessoal era absurdamente cerceada pelo próprio Estado.

O estandarte da modernização do Estado foi a "...liberdade individual, que tem por sede o homem, a sua personalidade inviolável; a liberdade, elevada ao grau de direito natural".[31]

A liberdade individual assumia, portanto, no pensamento de Montesquieu, dois aspectos, a saber: filosófico e político. No campo filosófico, a liberdade consiste no *exercício da vontade* ou consagração jurídica do livre arbítrio. Já sob o prisma político, imbrica-se a liberdade à cidadania e à Constituição.

Relativamente à cidadania, a liberdade política resume-se à liberdade e ao direito de fazer tudo aquilo que as leis permitam ou não impeçam. No tocante à Constituição, "...há liberdade quando a organização do poder se faz à base de certa distribuição dos três poderes...".[32]

O auge da aplicação dessa doutrina em sede constitucional leva à noção de que a organização tripartite do Estado implicará em que *nenhum cidadão temerá outro cidadão*.

Por outro lado, tudo estaria perdido – conclui Montesquieu, segundo Paulo Bonavides – "...se o mesmo homem ou órgão eletivo enfeixasse os três poderes – o de fazer as leis, o de executá-las e o de julgar os crimes e dissídios entre as pessoas".[33]

A lição de Montesquieu difundiu-se pela Europa da época, influenciando os mais diversos Estados, no processo histórico de apodrecimento do Estado Totalitário, e concomitante busca de contrução de Estado Democrático de Direito, consagrando-se nas constituições da França, Alemanha, Holanda, Espanha, Áustria, Itália, Dinamarca e Noruega.[34]

A separação dos poderes, alçada a postulado primário de liberdade política foi encampada, quando da Revolução Francesa, pela *Declaração dos Direitos do Homem e do Cidadão*, em seu artigo 16, que dispõe, *verbis*: "toda sociedade, onde a garantia dos direitos não esteja assegurada nem a separação dos poderes determinada, não possui Constituição".[35] Esse artigo é importante reflexo de que certos valores que motivaram a Revolução Francesa e a eclosão da Democracia transcenderam a classe social – em sua conceituação histórico-estrutural – empreendedora da revolução (a burguesia), e foram absorvidos pe-la *Declaração dos Direitos do Homem*.[36] Hoje, ademais, é aceito praticamente unanimemente por todas as concepções político-filosóficas.[37]

30. Cfr., a respeito, Paulo Bonavides, ob. e loc. cits.

31. Idem, ibidem.

32. Idem, ibidem, p. 159.

33. Idem, ibidem.

34. Veja-se, a respeito, Paulo Bonavides, ob. cit., p. 157.

35. Cfr. Paulo Bonavides, ob. cit., pp. 156-157.

36. Cfr. Resolução n. 217A3, de 10 de dezembro de 1948 da Organização das Nações Unidas.

37. Esse primado do Estado liberal e do Estado Democrático de Direito, outrossim, tem sido implantado pelas Constituições das nações modernas. Podemos citar, exemplificativamente, as Constituições vigentes da *Argentina* (cfr. German J. Bidart Campos, "El sistema constitucional argentino", in *Los sistemas constitucionales iberoamericanos,* coordenado por D. Garcia Belaunde, F. Fernandez Segado e R. Hernandez Valle, Madrid, 1992, Editorial Dykinson, que nos ensina: "La triada de poderes. A cada uno de los tres Poderes la Constituición les agrupa su cúmulo de competencias en sendas normas: al Congresso en el artículo 67, as Ejecutivo en el 86, al Poder Judicial en los artículos 100 v 101"). *Espanha* (cfr. Francisco Fernandez Segado, "El sistema constitucional espanol", in *Los sistemas constitucionales*

Criaram-se, então, instrumentos de preservação e garantia desses valores, como o *Habeas Corpus* e o Mandado de Segurança, que hoje, todavia, juntamente com a iniciativa popular – *referendum* e plebiscito – não podem mais ser entendidos, sob pena de perder suas características superestruturais, apenas como instrumentos de opressão de uma classe sobre a outra, posto que de há muito transcenderam sua origem histórica.

O que se busca, pois, é a efetivação prática de princípios (normatizados ou não) desta transcendência, o que importa um realinhamento dos Poderes da República, para que se materialize essa própria transcendência e se transforme em valores gerais.

*iberoamericanos,* para quem já é "velho", conquanto atual, a concepção de Estado de Montesquieu: "Nuestra Constituición ha recepcionado el viejo principio de la separación de poderes, o lo que es igual, aquella técnica que a través de la división del poder entre titulares diversos pretende garantizar más eficazmente la liberdad de los ciudadanos"), *México* (cfr. Jorge Carpizo e Jorge Madrazo, "El sistema constitucional mexicano", in *Los sistemas constitucionales iberoamericanos,* que nos mostram: "El princípio general de la división de poderes se encuentra en el artículo 49 que indica: El Supremo Poder de la Federación se divide, para su ejercício en Legislativo Ejecutivo y Judicial. No podrán reunirse dos o más de estos Poderes en una sola persona o corporación, ni depositarse el Legislativo en un indivíduo..."), e *Uruguai* (cfr. Eduardo G. Esteva Gallicchio, "El sistema constitucional uruguayo", in *Los sistemas constitucionales iberoamericanos,* que nos revela, concisamente: "La Constituición estructura los tres Poderes clásicos del Gobierno des Estado"). Outros Estados modernos há, todavia, que não consagram a tripartição de poderes como estrutura de Estado, revelando-nos não só seu passado golpista e autoritário, mas seu presente despótico e supressor da liberdade política do cidadão, como corolário do cerceamento da liberdade individual do cidadão. A hipertrofia do Poder Executivo é a característica desses Estados totalitários. Uma triste história que, entretanto, para alegria dos que clamam o direito natural de liberdade, vem sendo paulatinamente revertido, sem embargo de algumas recaídas (lembre-se do "golpe" aplicado pelo presidente eleito do Peru, Alberto Fujimori).

### 7. *Do Estado Democrático de Direito brasileiro. Uma reflexão sobre a necessidade de controle dos Poderes do Estado como expressão de democracia*

Sabemos todos que a República Federativa do Brasil, enquanto Estado Democrático de Direito, é composta por três "Poderes", *independentes e harmônicos entre si* (há quem diga que tal harmonia tangencia a promiscuidade...): o Legislativo, o Executivo e o Judiciário (artigos 1º, *caput,* e 2º, do Título I – *Dos Princípios fundamentais* – da Constituição Federal). Essa é a estrutura de Estado adotada pelos países modernos que se organizam de forma democrática, na busca de "construir uma sociedade livre, justa e solidária; garantir o desenvolvimento nacional; erradicar a pobreza e a marginalização e reduzir as desigualdades sociais e regionais; promover o bem de todos, sem preconceitos de origem, raça, sexo, cor, idade e quaisquer outras formas de discriminação".[38]

Como já aludido, a vigente Lei Maior brasileira positiva a tripartição dos poderes em seu primeiro artigo, alçando essa estrutura à categoria de princípio geral fundamental do Estado brasileiro, insuscetível, destarte, quer de alteração, quer de supressão, seja por poder constituinte derivado, seja até mesmo por poder constituinte originário, elevado que está à categoria de cláusula pétrea da Constituição, e princípio geral de direito.

Não basta, todavia, que exista a tripartição estrutural dos poderes do Estado, para que se possa bradar a existência de um Estado Democrático de Direito, na sua noção mais pura. É mister que o controle a ser exercido sobre esses três poderes seja efetivo e eficaz, a fim de conferir-lhes a aura preconizada por Montesquieu, suprin-

38. Cfr. artigo 3º, incisos I a IV da Constituição Federal, em que se elencam os objetivos fundamentais da República Federativa do Brasil.

do-lhe a lacuna identificada relativamente ao controle do Poder Judiciário.

Com efeito, é oportuna a repetição da lição de J. J. Calmon de Passos "...é verdade sabida que todo poder não submetido a controles se degenera em abuso e opressão. Deixar que o Poder se autocontrole, é arriscar-se a que nenhum controle exista, instituindo-se, destarte, um sistema fechado de mútua proteção e geral impunidade".[39]

Ora, como já demonstrado, ao conceber a separação dos poderes como primado do Estado liberal, provendo o desenvolvimento do Estado Democrático de Direito, Montesquieu criou o sistema de freios e contrapesos com o fito de propiciar o recíproco controle dos três poderes do Estado: legislativo, executivo e judiciário. Todavia, partindo da premissa que o poder judiciário seria um *poder nulo,* deixou o ilustre filósofo de estabelecer um sistema de controle desse poder, sem embargo de submeter os demais poderes a duplo controle.

Pouco se falou acerca dessa lacuna, até que a história recente do país fez nascer o clamor social de um *controle externo do judiciário,* como estandarte de uma pretensão – menos racional e técnica, mais emocional – de correção das falhas da prestação jurisdicional que vêm sendo imputadas ao Judiciário, seja enquanto serviço público, seja na qualidade de Poder de Estado.

O Poder Judiciário, portanto, em última análise, realiza seu próprio controle – que é, portanto, interno.

### 8. *Reflexões sob o controle externo do Judiciário, e uma proposta equilibrada: a verdadeira Corte Constitucional*

A preocupação a que aqui nos referimos já fora externada pelo genial jurista italiano Mauro Cappelletti, quando da edição de sua obra entitulada *Juízes Irresponsáveis?*.[40]

Dentre os modelos de responsabilização judicial sintetizados por Cappelletti estão: a) o modelo *repressivo* ou *da sujeição;* b) o modelo *autônomo-corporativo* ou *do isolamento;* e c) modelo *concebido em função dos consumidores,* ou *da responsabilização social.*[41]

O modelo *repressivo,* ou *da sujeição,* caracteriza-se por consistir em um sistema em que o controle do Judiciário é efetuado pelo executivo, na pessoa do que o autor chama de *ruler*, ou: o próprio governante. Dessa forma, além da situação de sujeição ou dependência do Judiciário (bem assim como do próprio juiz singular), tem-se uma forma de controle (ou responsabilidade, como coloca o autor) verdadeiramente política dos juízes.[42]

Duas são as formas de atuação desse sistema, levando-se em conta a potencialidade da opressão que essa forma de controle traz em seu âmago. A uma, transformando-se esse elemento potencial (opressor) em realidade, estaremos diante de verdadeiro regime autoritário. A duas, essa potencial opressão pode remanescer em estado de letargia, o que, "longe de representar necessariamente uma real ameaça à independência e imparcialidade dos juízes, pode exercer sobre eles uma sã 'força admoestadora' e agir como válida salvaguarda contra a tendência da magistratura de

39. Cfr. *O poder judiciário e a Constituinte.*

40. Título original *Giudici irresposabili?*. Tradução para o português por Carlos Alberto Álvaro de Oliveira, publicado por Sergio Antonio Fabris Editor, em 1988, Porto Alegre.

41. Cfr. ob. cit., pp. 79-91.

42. A respeito da natureza do controle nesse sistema Max Rheinstein assevera: "pode-se considerar como uma das primeiras características do despotismo o fato de que o controle da função jurisdicional seja um privilégio do *ruler*, antes que um direito do povo" (cfr. *Who watches de watchmen? – Interpretations of modern legal philosophies. Essays in honor of Roscoe Pound,* New York, Oxford University Press, 1947, p. 14, citado por Mauro Cappelletti, ob. cit., pp. 80 e 81).

muitos países de isolar-se demasiadamente do restante da organização estatal, organização da qual o judiciário, deseje-o ou não, não pode deixar de fazer parte".[43]

Já o modelo *autônomo-corporativo,* ou *do isolamento*, sendo as próprias palavras de Cappelletti, "é o oposto exato do primeiro. Ele representa exatamente o outro extremo, ou seja, a absolutização da independência, a ponto de fazer do judiciário um *corps séparé*, totalmente isolado do resto da organização estatal da sociedade".[44]

Esse sistema, ao conferir uma independência exacerbada do magistrado, produz, em verdade, um Judiciário em cada magistrado, insuscetível de controle, quer interno quer externo, resultando no que Cappelletti denominou de *"anarquia individual"*.[45] Sua avaliação desse sistema, comparativamente ao sistema antes referido, culmina com a seguinte opinião: "Embora reconhecendo que esse sistema pode ser bem menos perigoso às liberdades fundamentais dos cidadãos do que o sistema de sujeição do judiciário ao poder político, não estou seguro, porém, seja ele necessariamente menos danoso na sociedade moderna, que necessita de uma administração da justiça razoavelmente ordenada e eficiente".[46]

O terceiro e último modelo dissecado por Cappelletti é aquele concebido *em função dos consumidores*, ou *da responsabilização social.* Esse modelo busca, acima de tudo, encontrar um ponto de equilíbrio entre a independência e a responsabilidade do magistrado, e assim o faz considerando o raciocínio por nós desenvolvido quando da constatação que o sistema tripartite de Montesquieu falha no que tange ao controle do Poder Judiciário. A esse respeito, indispensável a transcrição das próprias palavras de Cappelletti: "esse terceiro modelo reflete a idéia central de todo sistema democrático de governo, idéia que freqüentemente aparece sob a fórmula de 'checks and balances': isto é, que o poder, para não degenerar, nunca deve ser deixado sem controle, e que, igualmente, quem tem o poder de controle não deve ser irresponsável no exercício de tal poder. Este terceiro modelo aspira ser, em suma, a resposta moderna à famosa e antiga questão posta por Juvenal: *sed quis custodiet et ipsos custodes?*"[47]

O mérito das reflexões de Cappelletti está exatamente no destinatário da prestação jurisdicional, que não é nem o Estado, nem qualquer *soberano.* O destinatário da prestação jurisdicional, como sabemos, e assim coloca o autor, é aquele que depende da eficácia social dessa tutela, isto é, o usuário ou o consumidor da prestação jurisdicional.

Cappelletti reconhece nessa sua proposta de equilíbrio um tônus de vaguidão, bem assim como de esperança e idealismo. Relativamente à esperança e ao idealismo, a par da sólida fundamentação utilizada pelo autor para atingimento dessas conclusões – o que, por si só, confere-lhe todo o respaldo científico – acresça-se o componente de admirável pensador e pesquisador, de que ousamos partilhar para sintetizar as presentes reflexões. Já a vaguidão do modelo proposto pretendemos excutir do estudo desse ilustre jurista com o delineamento da Corte Constitucional aqui proposta.

Inolvidável a lição de Piero Calamandrei: "O que pode constituir perigo para os magistrados não é a corrupção: de casos de corrupção por dinheiro, em cinqüenta anos de experiência, deles vi tantos que se contam nos dedos de uma só mão; e sempre os vi descobertos e golpeados com punições exemplares. E tampouco podem ser consideradas ameaças muito graves à independência dos magistrados as interferências

43. Cfr. Mauro Cappelletti, ob. cit., p. 81.
44. Cfr. ob. cit., p. 87.
45. V. ob. cit., p. 89.
46. Cfr. ob. e loc. cits.
47. Cfr. ob. cit., p. 91.

políticas: são freqüentes, mas não irresistíveis. O magistrado de espinhaço reto não as leva a sério, e raríssimo é que suceda algum dano pela sua inflexibilidade. O verdadeiro perigo não vem de fora: é um lento exaurimento da consciência, que a torna aquiescente e resignada: uma crescente preguiça moral (...) Na minha longa carreira nunca me encontrei, face a face, com juízes corruptos, mas conheci não raramente juízes indolentes, desatentos, aborrecidos (...) Acontece (...) que (os) magistrados se reduzem a constituir entre si uma espécie de ermo isolado (...) E, no entanto, desejar-se-ia no magistrado, sobretudo, largueza de idéias: a despreconceituosa experiência do mundo, a cultura que permite entender os fomentos sociais que fervem sob as leis (...) Sob a ponte da Justiça passam todas as dores, todas as misérias, todas as aberrações, todas as opiniões políticas, todos os interesses sociais. E seria de desejar fosse o juiz capaz de reviver em si, para os compreender, cada um desses sentimentos (...) Justiça é compreensão: isto é, tomar em conjunto e adaptar os interesses opostos: a sociedade de hoje e a esperança de amanhã; as razões de quem a defende e as de quem a acusa (...)".[48]

A discussão do controle externo no Brasil está no caminho certo, no sentido de construção de um modelo de sistema equilibrado de responsabilização do magistrado individualmente quanto às decisões ou posturas que tragam prejuízo à parte: o controle administrativo deste Poder, num sistema misto, que afasta os modelos *repressivo ou de sujeição,* e *autônomo-corporativo ou de isolamento* preconizados por Mauro Cappelletti. Tenta-se, pois, um modelo equilibrado que condense em seu âmago a responsabilização social do magistrado (reflexo da característica de Poder do Estado) e concebido em função dos consumidores (reflexo da característica de serviço público), a fim de garantir a eficácia social da prestação jurisdicional.

Nesse sentido, entendemos que a Corte Constitucional enquanto órgão de Estado, enfeixando, no âmbito de sua competência, dentre outras, o controle administrativo do Poder Judiciário, com certeza indica o caminho para que se consagre este modelo equilibrado de fiscalização que se propõe.

Porém não se encerra neste item a relevância do quadro de competência atribuído ao presente modelo de Corte Constitucional. Some-se a isso o deslocamento da competência para declaração de inconstitucionalidade da lei em tese do Supremo Tribunal Federal para este, bem como, a resolução de conflitos de competência entre os Poderes da República. Neste ponto ousamos divergir do posicionamento da Ilustre Comissão de Estudos Constitucionais do Egrégio Conselho Federal da Ordem dos Advogados do Brasil, porquanto enfeixamos em um único órgão de Estado o controle externo e a Corte Constitucional.

## 9. *Crítica ao poder vinculante das Súmulas dos Tribunais Superiores*

A pretensão de se inserir no ordenamento jurídico o efeito vinculante das súmulas dos Tribunais Superiores não só viola a garantia constitucional do devido processo legal, na medida que cerceia o livre convencimento motivado do magistrado, como também acentua o nível de burocratização do Poder Judiciário, transformando os Juízes das instâncias inferiores em meros *carimbadores*, ou, como definia Weber, *"um autômato cumpridor de parágrafos"*.[49]

Agrava-se esse fenômeno de violação de garantias fundamentais do cidadão, a influência da hegemonia gramsciana no Estado brasileiro, que também se reflete na radicalização da harmonia das cúpulas dos

48. Cfr. *Elogio dei giudici da un avvocato,* 3ª ed., Firenze, Le Monnier, 1955, pp. 269 e ss., citado por Mauro Cappelletti, ob. cit., p. 93.

49. Cfr. ob. cit., p. 24.

Poderes da República, tangenciando à promiscuidade, o que transformará, se adotado o efeito vinculante da súmulas dos Tribunais Superiores, em instrumento de política econômica *latu sensu*, priorizando-se seu aspecto tributário fiscalista.

Não bastassem todas essas graves implicações do efeito vinculante das súmulas dos Tribunais Superiores, acresça-se a esse rol a tipificação penal do *crime de hermenêutica* em que incorrerá o magistrado que ousar divergir do enunciado das súmulas vinculantes.

Essa inadmissível excrescência já fora veementemente criticada por Rui Barbosa no início do século, quando de sua atuação no célebre caso do magistrado gaúcho, Dr. Alcides de Mendonça Lima, denunciado e processado criminalmente pelo Superior Tribunal do Rio Grande por ser acusado de praticar o referido *crime de hermenêutica*.[50] Contratado para proceder a defesa do magistrado, pronunciara-se o advogado Rui Barbosa, com sua habitual eloqüência, em seu memorial dirigido ao Colendo Tribunal: "Para fazer do magistrado uma impotência equivalente, criaram a novidade da doutrina, que inventou para o juiz os *crimes de hermenêutica*, responsabilizando-o penalmente pelas rebeldias da sua consciência ao padrão oficial no entendimento dos textos"[51] (realces no original). Mais adiante acrescenta: "Não há delitos de interpretação".[52] E arremata, veemente: *"Mas os grandes debates de hermenêutica em assuntos de lei ordinária e lei constitucional, se travam, por via de regra, no domínio de relações, onde o direito não pode cristalizar-se nessas fórmulas lineares e incisivas, onde a solução das dificuldades suscitadas impõe confrontos, analogias, inferências, deduções, onde o processo da interpretação é complexo, lida com elementos técnicos, e obriga a raciocínios delicados. Dessa complexidade resulta o dissídio entre os julgadores já no mesmo tribunal, já de um para outro. A teoria do Superior Tribunal do Rio Grande converte esse dissídio crime, para os membros da minoria vencida, ou para os magistrados inferiores, na escala da autoridade judicial. E o delito então, resulta simplesmente do estar em minoria a opinião estigmatizada, ou exercer o acusado a sua jurisdição numa instância menos alta. Nunca se atribuiu, em parte alguma, à magistratura, esse gênero de responsabilidade"* (destaques nossos).[53]

50. A origem desse caso, noticia-nos Rubem Nogueira (*O advogado Rui Barbosa. Momentos culminantes de sua vida profissional*, Belo Horizonte, Nova Alvorada Edições, 1996, 4ª ed.) remonta aos idos de 28 de março de 1896, data em que, pela primeira vez após a promulgação da Carta Constitucional do Rio Grande do Sul, reunia-se o júri popular da cidade de Rio Grande, sob a presidência do Juiz Alcides de Mendonça Lima. Antes, porém, de comporse o Conselho de Sentença o Ilustre Magistrado "declarou que os dois processos destinados àquela sessão não poderiam ser julgados de conformidade com a lei de organização judiciária do Estado, de 16 de dezembro de 1895, em virtude de sua inconstitucionalidade". Assim dispunham os dispositivos acoimados de inconstitucionais pelo magistrado acusado aqui sublinhados: "Art. 65. As sentenças do júri serão proferidas pelo *voto a descoberto* da maioria. § 1º. As sentenças poderão ser motivadas; e, neste caso, os seus fundamentos serão exarados em seguida a cada resposta afirmativa ou negativa do júri às propostas pelo presidente do tribunal. Art. 66. *Os jurados não podem ser recusados*". Tomando ciência do fato por notícia jornalística, o Presidente do Tribunal local, Dr. Júlio de Castilho oficiou ao Procurador-Geral do Estado, Dr. Antônio Antunes Ribas, solicitando que promovesse "com a brevidade possível, a responsabilidade do juiz delinqüente e faccioso". Inobstante a razão que assistia ao magistrado tendo em vista que esses dispositivos violavam o artigo 72, § 31 da Constituição então vigente (que mantinha a instituição do júri com votação secreta e a admissão da recusa peremptória) foi ele denunciado pelo Procurador-Geral do Estado por proceder com *alta prevaricação* incidindo na conduta típica do artigo 207, inciso I do Código Penal então vigente, que dispunha: "Art. 207. Cometerá crime de prevaricação o empregado público que, por afeição, ódio, contemplação ou para promover interesse seu: I – julgar, ou proceder contra literal disposição de lei. Penas: de prisão celular por seis meses a um ano, perda de emprego com inabilitação para exercer outro e multa de 200$ a 600" (cfr. a respeito, ob. cit. pp. 212-214).

51. Cfr. ob. cit., pp. 227 e 228.

52. Ob. cit., p. 231.

53. Ob. cit., p. 232.

Evidentemente absolvido o magistrado pelo Colendo Supremo Tribunal Federal, restou registrada a indignação da sociedade, que não podia estar representada por melhor mandatário do que o advogado Rui Barbosa, com a pretensão de parcela do Judiciário em sustentar a existência, no ordenamento jurídico pátrio então vigente, do malfadado *crime de hermenêutica,* verdadeiro e inadmissível grilhão do livre convencimento motivado do magistrado, princípio insculpido na garantia constitucional do devido processo legal, direito fundamental do cidadão brasileiro.

E não fosse suficiente a repulsa de outrora, pretendem alguns repristinar essa mácula na história deste País, ao arrepio do levante da parcela mais consciente da sociedade em defesa do Estado Democrático de Direito brasileiro, na forma como preconizado na Constituição Federal.

Por outro lado, e ainda em abono da legítima repulsa ao efeito vinculante das súmulas dos Tribunais Superiores, convém ressaltar que a superioridade da *civil law,* demonstrada à saciedade neste ensaio, no sentido de limitar a exegese da decisão judicial à lei posta não significa anular o espectro de livre convencimento motivado imposto pela interpretação do magistrado. Esse resultado indesejado, todavia é produzido pelo efeito vinculante das Súmulas dos Tribunais Superiores, verdadeiro instrumento owelliniano[54] de petrificação das mentes dos magistrados e anulação, por "decreto" da dialética intrínseca ao movimento do direito e da história.

## *10. À guisa de conclusão*

Uma conclusão, ainda que provisória, do resultado destas breves reflexões não pode deixar de ressaltar que a preocupação com a preservação do livre convencimento motivado do magistrado, através do posicionamento assumido firmemente contrário à adoção do efeito vinculante das súmulas dos Tribunais Superiores, não infirma a proposição do controle externo do Poder Judiciário na forma como aqui defendida, isto é, através da Corte Constitucional estruturada consoante os fundamentos esboçados neste estudo.

Pelo contrário, solidificam-no, no sentido de preservar-se dos maléficos efeitos da discricionariedade sem limites submetida às influências dos conceitos de hegemonia, burocracia e transcendência para, através de um sistema codificado, intrinsecamente coerente, corrigir os desequilíbrios hoje diagnosticados entre os Poderes do Estado, garantindo-se, dessa forma, aos jurisdicionados, a eficácia social da prestação jurisdicional.

54. Cfr. George Orwell, *1984.*

## *Bibliografia*

Bobbio, Norberto. *O positivismo jurídico – Lições de filosofia do direito,* tradução e notas de Márcio Pugliesi, Edson Bini e Carlos E. Rodrigues, São Paulo, 1995, Editora Ícone.

Bonavides, Paulo. *Curso de Direito Constitucional,* São Paulo, 1996, Malheiros Editores, 6ª ed.

_______. "Montesquieu e o pensamento de liberdade do século XVIII", in *Teoria do Estado,* São Paulo, 1996, Malheiros Editores.

Calmon de Passos, J. J. *O poder judiciário e a Constituinte.*

Campos, German J. Bidart. "El sistema constitucional argentino", in *Los sistemas constitucionales iberoamericanos,* coordenado por D. Garcia Belaunde, F. Fernandez Segado e R. Hernandez Valle, Madrid, 1992, Editorial Dykinson.

Cappelletti, Mauro. *Juízes Irresponsáveis?* Tradução para o português por Carlos Alberto Álvaro de Oliveira, publicado por Sergio Antonio Fabris Editor, em 1988, Porto Alegre.

Carpizo, Jorge e Madrazo, Jorge. "El sistema constitucional mexicano", in *Los sistemas constitucionales iberoamericanos,* coordenado por D. Garcia Belaunde, F. Fernandez Segado e R. Hernandez Valle, Madrid, 1992, Editorial Dykinson.

Chiovenda, Giuseppe. *Instituizioni di diritto processuale civile,* CEDAM.

Gallicchio, Eduardo G. Esteva. "El sistema constitucional uruguayo", in *Los sistemas constitucionales iberoamericanos,* coordenado por D. Garcia

Belaunde, F. Fernandez Segado e R. Hernandez Valle, Madrid, 1992, Editorial Dykinson.

Farias, Pedro Aurélio Rosa de. "A súmula vinculante e a litigância de má-fé", in *Revista da Escola Superior da Magistratura*. Brasília, 1996. Coeditada pelo Tribunal de Justiça do Distrito Federal e Territórios e pela Associação dos Magistrados do Distrito Federal. Volume 2.

João Paulo II, Papa. *Carta Encíclica sobre o trabalho humano – Laborem Exercens,* de 14 de setembro de 1981. Tradução para o português e edição Edições Loyola, São Paulo, s/d.

Macciocchi, Maria-Antonietta. *A favor de Gramsci.* Rio de Janeiro, 1977, Editora Paz e Terra, 2ª ed.

Marx, Karl. "Para a crítica da economia política", in *Manuscritos econômico-filosóficos e outros textos escolhidos,* tradução de Edgar Malagodi, coleção *Os Pensadores.* São Paulo, 1978, Ed. Abril Cultural.

Montesquieu, *O espírito das leis,* tradução de Fernando Henrique Cardoso e Leôncio Martins Rodrigues, coleção *Os Pensadores*, v. XXI, São Paulo, 1973, Ed. Abril Cultural.

Nogueira, Rubem. *O advogado Rui Barbosa. Momentos culminantes de sua vida profissional.* Belo Horizonte, 1996, Nova Alvorada Edições.

Rocha, Cármen Lúcia Antunes. *Princípios constitucionais da administração pública,* Belo Horizonte, 1994, Livraria Del Rey.

Segado, Francisco Fernandez. "El sistema constitucional español", in *Los sistemas constitucionales iberoamericanos,* coordenado por D. Garcia Belaunde, F. Fernandez Segado e R. Hernandez Valle, Madrid, 1992, Editorial Dykinson.

Weber, Max. *Parlamentarismo e governo numa Alemanha reconstruída*, tradução de Maurício Tragtenberg, coleção *Os Pensadores.* São Paulo, 1974, Ed. Abril Cultural.

# AMPLITUDE DO CONCEITO DE "DEFICIENTE"

MARIA LUCIA JORDÃO ORTEGA
Advogada militante e Professora de Direito Administrativo
da Pontifícia Universidade Católica de São Paulo

Apesar dos esforços despendidos pelo Constituinte de 1988 para estabelecer garantias e direitos aos deficientes como meios indispensáveis à sua integração social, continuam eles, por razões meramente conceituais ou, talvez, preconceituosas, sendo discriminados principalmente pela Administração Pública.

Com o objetivo de minimizar as dificuldades postas aos deficientes relativamente à possibilidade de amplamente exercerem o direito de trabalho, indiscriminadamente a todas as pessoas garantido, e indispensável, aliás, a própria sobrevivência do homem, a Constituição Federal estabelece que lhes seja legalmente reservado um percentual dos cargos públicos (art. 37, inciso VIII) postos em concurso.

Seguindo essa orientação, a Lei 8.112, de 11 de dezembro de 1990, no § 2º do seu art. 5º estabelece que até 20% das vagas oferecidas no concurso serão reservadas às pessoas portadoras de deficiência.

Contudo, o acesso aos cargos públicos pelos deficientes tem sido obstado por barreiras que se apresentam quando da realização de perícia médica para verificar a "qualificação" do candidato como "deficiente ou não" e também para avaliar o grau de sua deficiência, obviamente, para verificar se ela obsta, ou não, o desenvolvimento das atribuições do cargo por ele pretendido.

Isto porque, nos termos do § 2º do art. 5º da Lei 8.112/90, "às pessoas portadoras de deficiência é assegurado o direito de se inscrever em concurso público para provimento de cargo *cujas atribuições sejam compatíveis com a deficiência de que são portadoras*:..." (grifamos).

Contudo, induzida pelo conceito popular entre nós consolidado de que pessoa deficiente é aquela que apresenta uma anomalia em sua forma física ou mental e, quando muito, nos sentidos da audição ou visão, a Administração Pública de forma contumaz e arbitrária exclui dessa categoria os portadores de outras deficiências não aparentes, limitando, assim, o campo de incidência das garantias postas.

Aliás, é comum encontrarmos editais de concurso público onde, expressamente, é destinado um percentual dos cargos a serem preenchidos aos portadores de deficiência "física".

Saliente-se que, na Constituição Federal e na legislação específica que dispõe sobre os direitos e garantias das pessoas portadoras de deficiência não encontramos a expressão *deficiente físico* mas, apenas, *deficiente*.

O que, aliás, pode ser constatado, na Constituição Federal nos arts. 7º, XXXI; 23, II; 24, XIV; 37, VIII; 203, IV e V e 208, III; na Lei 8.112, de 11 de dezembro de 1990, no § 2º do seu art. 5º e na Lei 7.853, de 24 de outubro de 1989 que dispõe sobre o apoio às pessoas portadoras de deficiências, sua integração social, sobre a Coordenadoria Nacional para Integração da Pessoa portadora da Deficiência-CORDE, e institui a tutela jurisdicional de interesses coletivos ou difusos dessas pessoas, disciplina a atuação do Ministério Público, define crimes e dá outras providências, em seus diversos artigos; e do Decreto 914 de 9 de setembro de 1993 que a regulamenta e institui a Política Nacional para Integração de Pessoa Portadora de Deficiência.

E, nem poderia ser de outra forma, porque as deficiências compreendem variadas formas e não apenas as físicas. A deficiência física é apenas uma das várias formas de deficiência.

Bem por isso é que o Decreto 914/93 ao conceituar a pessoa portadora de "deficiência" preocupou-se em dentre elas incluir todas aquelas que apresentam, em caráter permanente, perdas ou anormalidades de sua estrutura ou função psicológica, fisiológica ou anatômica, que gerem incapacidade para o desempenho de atividade, dentro do padrão considerado normal para o ser humano.

Deficiência não é uma "doença". É uma "insuficiência", uma falha, um defeito que apenas cria limitações ao seu portador, sem contudo, torná-lo absolutamente incapaz para o desempenho de determinadas atividades laborativas.

O corpo humano, como qualquer máquina, está sujeito a falhas, defeitos, imperfeições, insuficiências, que, apesar de não impedirem o seu funcionamento, acarretam uma diminuição de sua potencialidade e produtividade.

O defeito pode ser congênito ou adquirido, mas sua presença não converte a máquina em "sucata", pois ela poderá, independentemente de seu funcionamento "insuficiente", continuar em plena atividade, embora em ritmo menos acelerado.

A insuficiência gera, obviamente, ao seu portador uma "deficiência", visto impor-lhe limitações em sua capacidade produtiva, porém, não o torna irremediavelmente incapaz. Um paraplégico está impossibilitado apenas de se locomover com as próprias pernas, porém, continua com todas as outras funções intactas. É um indivíduo produtivo, embora sem capacidade para andar, locomovendo-se de forma diversa e não tão ágil como aquele que não tem a mesma "insuficiência", não podendo, só por esta razão, ser alijado da sociedade.

Os indivíduos com insuficiência cardíaca em decorrência de revascularização miocárdica com implantação de pontes de safena, assim como os portadores de insuficiência pancreática endócrina (diabetes) estão incluídos na categoria de deficientes.

Isto porque, como bem salientado pelo ínclito professor doutor Marcos de Almeida, da Escola Paulista de Medicina – em resposta aos quesitos que lhe formulamos para instruir ação por nós patrocinada –, no primeiro caso ocorreu, em caráter permanente, perda de tecido muscular cardíaco e de células beta das ilhotas de Langerhans do pâncreas, no segundo caso. E, em seqüência, acrescenta: "Estes elementos não se refazem. Há portanto que se restringir ações que exijam mais do que é capaz o músculo cardíaco que sobrou e ministração de medicação de reforço para as células beta que sobraram".

Tais pessoas, portanto, são deficientes, mas, também, são plenamente capazes de desempenhar diversas atividades, embora não dentro do padrão considerado normal para o ser humano, visto estarem sujeitas a constantes acompanhamentos médicos, muitas vezes com períodos de internação hospitalar, além de dependerem de medicações específicas e controladas, de exercícios físicos e dietas alimentares rígidas.

Tais sujeições, contudo, não lhes retira a capacidade laborativa, mas, apenas, limita seu grau de produtividade, gerando discriminação social.

Por outras vezes, é certo, a deficiência apresentada impede indiscutivelmente o exercício das atribuições inerentes ao cargo pretendido. Em tais casos, sob pena de praticar ato eivado de nulidade, conseqüentemente, passível de anulação pelo Judiciário, a Administração Pública deverá, em despacho amplamente motivado, demonstrar a incompatibilidade existente entre as limitações apresentadas pelo deficiente e as exigências impostas para o exercício das atribuições próprias do cargo.

Assim, porém, não vem agindo a Administração Pública que, quando diante de pessoa portadora de deficiência não aparente, laconicamente, afirma não ser ele "portador de deficiência nos termos da legislação em vigor" ou que, simplesmente, é "inapto" para o exercício das funções inerentes ao cargo pretendido, alijando-o sumariamente da sociedade, em total desrespeito às normas constitucionais e legais em vigor.

# CAPITAL FINANCEIRO E PROTEÇÃO À CONCORRÊNCIA

CRISTIANE DERANI
Professora Doutora da Faculdade de Direito da Universidade de São Paulo

*1.* A Lei 8.884/94, conhecida como "lei da defesa da concorrência" ou "lei antitruste", tem na verdade um objeto muito mais amplo do que a manutenção da concorrência ou a coerção de práticas de cartéis, como bem declara o seu art. 1º: "Esta lei dispõe sobre a prevenção e a repressão às infrações contra a ordem econômica, orientada pelos ditames constitucionais de liberdade de iniciativa, livre concorrência, função social da propriedade, defesa dos consumidores e repressão ao abuso do poder econômico".

*2.* Portanto, é necessário considerar a aplicabilidade deste instrumento normativo como uma implementação dos princípios da ordem econômica da Constituição de 1988, considerados em toda sua extensão.

*3.* A produção econômica procura se concentrar. É de Adam Smith a primeira constatação de que ao concorrente não agrada a concorrência. Corroborando com esta afirmação do século XVIII, assistimos à prática da necessária concentração empresarial em determinados mercados para incremento da produção – especialmente naqueles mercados que se põe no centro de toda atividade econômica: siderurgia, química, tecnologia, instituições financeiras. Este imperativo, apresentado inclusive para que a empresa atenda ao mercado globalizado, não pode ser realizado sem uma orientação, fiscalização e intervenção estatal na prática empresarial de concentração de mercado, sob pena de se negar praticamente os ditames constitucionais vigentes.[1]

*4.* Por ser uma lei ordinária a que deve seu conteúdo à competência material fornecida pela Ordem Econômica constitucional, a Lei 8.884/94 submete a apreciação das vantagens privadas aos efeitos que provocam ou possam provocar na economia nacional, ou seja, na Ordem Econômica a que se refere o art. 170 da Constituição Federal.[2] Portanto, a microeconomia subme-

1. O atual presidente do Conselho Administrativo de Defesa Econômica-Cade, Gesner J. de Oliveira Filho, no início de seu mandato apresentava à *Gazeta Mercantil* a sua visão sobre a concentração necessária. Segundo ele, "temos que aceitar com naturalidade o processo mundial de concentração econômica em vários setores". Segue a esta entrevista artigo por Vera Brandimarte que apresenta a seguinte conclusão: "A definição da política industrial do País acaba sendo um fator-chave para acerto dos julgamentos do Cade" (*GM*, 22.7.96, A-9).

2. Sobre o sentido da expressão Ordem Econômica na Constituição Federal ver Eros Grau, *A Ordem Econômica na Constituição de 1988 – Interpretação e crítica*, 2ª ed., SP, Ed. RT, 1991, pp.70 e ss.

"A leitura do art. 170, que introduz aquele Título VII, o deixará, entretanto – se tiver ele o cuidado de refletir a propósito do que lê – no mínimo perplete-se à macroeconomia na interpretação da Lei 8.884, porque esta lei não protege os concorrentes mas a concorrência. Da mesma forma que o direito econômico não protege os capitalistas mas o capitalismo.[3] E, pela mesma lógica, também posso afirmar que esta lei não protege a manutenção da taxa de lucro do agente econômico, mas a reprodução de valor de uma sociedade.[4]

*5.* A relação entre microeconomia e macroeconomia é avaliada por economistas e não pode passar despercebida neste estudo jurídico que trabalha estreitamente com elementos e análises econômicas. Ao se tratar dos elementos da Ordem Econômica, "ser" e "dever ser" se intercambiam de modo que as afirmações deontológicas não se desvinculam de seu conteúdo ontológico.[5]

*6.* A aproximação que promove Kregel entre microeconomia e macroeconomia é salutar, não obstante ainda subordine macroeconomia a ditames microeconômicos – onde a taxa de lucro comanda o procedimento da teoria da distribuição. Um avanço, contudo, se consideramos a teoria neoclássica sintetizada por Posner. Segundo ele, a economia funciona sob três princípios fundamentais: a relação entre preço e procura; a maximização da utilidade; alocação de recursos que tende ao ótimo da eficiência. Produz uma avassaladora simplificação do conceito de valor, esvaziando-o de conteúdo, reduzindo-o à sua aparência: o preço. Ainda segundo o autor, valor econômico de algo é quanto alguém está disposto a pagar por ele ou, se já o detém, quanto de dinheiro ele requer para entregá-lo. Para honrar o que apresenta como terceiro princípio fundamental da economia, esclarece que a eficiência adquirida para se obter um valor maior por algo – *allocation of resources in which value is maximizes*[6] – só encontra limite no que chama de "critérios éticos das tomadas de decisões". Continua: "Although no effort will be made in this book to defend efficiency as the only worthwhile criterion of social choice, the

xo. E isso porque neste art. 170 a expressão é usada não para conotar o sentido que supunha nele divisar (isto é, sentido normativo), mas sim para indicar o modo de ser da economia brasileira, a articulação do econômico, como fato, entre nós (isto é, "ordem econômica" como conjunto das relações econômicas).

"Analisando porém com alguma percuciência o texto, o leitor verificará que o art. 170 da Constituição, cujo enunciado é, inquestionavelmente, normativo, assim deverá ser lido: as relações econômicas – ou atividade econômica – deverão ser (estar) fundadas na valorização do trabalho humano e na livre iniciativa, tendo por fim (fim delas, relações econômicas ou atividade econômica) assegurar a todos existência digna, conforme os ditames da justiça social, observados os seguintes princípios..."

3. Afirmação de Eros Grau em aulas e conferências.

4. Reprodução de valor numa sociedade pode ser avaliada pelo processo de formação do Produto Nacional Bruto e sua taxa de crescimento anual.

5. Considero remarcável a preocupação de Kregel que, neoclássico, aponta a questão da riqueza social como um fator a ser considerado, a despeito da surpresa dos teóricos fiéis à doutrina da eficiência alocativa.

"There is any primary causal significance to be attached to the rate of profits in relation to economic theory in general or to the problems of distribution theory and theoretical long-run growth models specifically. The direction of casuality can be shown to run from the effect of the rate of profits on distribution and, in turn, the effect of distribution on the analysis of long-run growth. From this view, therefore, until the question of profits is settled, there can be a determinate theory of distribution. Thus the key variable that has been chosen for analysis in this study is the dynamic property of profits, the rate of profits.

"When applied to long-run dynamic models of economic development in free capitalist economies, the conceptualisation of the rate of profits will set the type of distribution mechanism that rules in such models and will thereby affect both the variables selected for inclusion and the method of analysis of those variables in the theoretical construction. In questions of growth the economist must not only be concerned with various methods of attaining an increase in whatever output aggregate is chosen, but he must also pay sufficient attention to who receives the benefit of this increased production, and finally whether this division is conducive to the stability of the model as formulated (J. A. Kregel, *Rate of Profit, Distribution and Growth: two views*, Aldine-Atherton, Chicago, 1971, p. 1).

6. R. Posner, *Economic Analysis of Law*, Little, Brown and Company, Boston, 1992, p. 13.

book does assume, and most people probably would agree, that it is an important criterion of social choice. In many areas of interest to econonic analyst of law, such as antitrust, it is, as we shall see, the main thing that students of public policy worry about".[7]

*7.* A afirmação de que a maximização da eficiência alocativa, presente especialmente na escola de Chicago, seria o único critério compensatório da *social choice,* entrega ao decisionismo privado toda possibilidade distributiva na sociedade, ignorando uma conformação macroeconômica do processo produtivo e distributivo. Este amesquinhamento da reflexão econômica é estendido expressamente para o campo do direito, quando Posner afirma ser o critério da busca da eficiência alocativa de extrema importância no direito antitruste. Tal afirmação, contudo, se adotada na interpretação da lei antitruste brasileira, revela uma perfeita inutilidade porque não é esta abordagem dada pela Ordem Econômica constitucional da qual este instrumento normativo deriva.

*8.* Vantagens privadas, resultantes da eficiência da atividade produtiva, revelam processos microeconômicos aptos a orientar o agente econômico investidor, mas não é o que deve imperar na interpretação da lei antitruste – embora não afaste sua consideração – uma vez que ela não tem o agente econômico e seu processo de investimento como objetivo. Seu objetivo é a preservação da concorrência, por se tê-la como princípio básico, fundamental à manutenção da ordem econômica do país.

7. Ibidem. "Embora não se fará esforço neste livro para defender eficiência como o único critério compensatório da *social choice*, o livro assume, e a maioria das pessoas concordará, que isto é um importante critério. Em várias áreas de interesse para a análise econômica do direito, como antitruste, ela é, como veremos, a coisa mais importante com que se preocupam os estudantes de política pública".

*9.* Ao se tomar como fundamento da análise do antitruste a perspectiva microeconômica fundada na eficiência alocativa identificada na relação de preços no mercado, afasta-se da consideração a taxa de lucro como expressão da reprodução de valor – lucro como capital *resultante da* e *destinado à* produção. A partir dessa análise, toma-se a taxa de lucro como mera expressão da relação de preços no mercado, o que acaba por desconsiderar os elementos da produção que formaram e influenciaram a mercadoria inseridos no sistema de preços do mercado. Por esta perspectiva, a identificação da ocorrência ou não de concorrência desleal, concentra-se na relação de preços no mercado. Por este caminho, a identificação das infrações previstas pelo artigo 20 da Lei 8.884/94 são constatadas a partir de alterações de preço, sem necessariamente se abordar os aspectos produtivos que informam a expressão numérica preço. Independente dos meios utilizados para verificação da infração à ordem econômica, a constituição do preço da mercadoria depende sobremaneira do processo produtivo – seus elementos, suas condicionantes.

*10.* A presença efetiva dos elementos da produção (insertos numa dinâmica complexa de apreensão), como constituidores do valor do produto expresso no seu preço, torna-se evidente ao se observar as análises sobre abuso de poder econômico. Este abuso só pode ser verificado quando ocorre uma efetiva perda para a concorrência e não necessariamente para o concorrente, o que pode simplesmente demonstrar uma vantagem competitiva. A vantagem competitiva torna-se abuso de poder econômico quando esta vantagem, que é um poder de mercado, traz efeitos na diminuição de valor em termos de perda da renda nacional.[8]

8. Sendo a renda nacional o produto nacional menos encargos indiretos das empresas, transferências, posso defini-la como o valor da riqueza circulante num determinado mercado nacional (RN = Produto Nacional Líquido – Impostos + Subsídios).

Para a determinação, é necessário fixar-se um ambiente de avaliação que contenha o mercado relevante inserido na rede produtiva que, de alguma forma, sofre influências da posição do agente econômico, ou daquele mercado relevante considerado.

*11.* Tais práticas não podem ser consideradas em si. A tipificação da infração à ordem econômica decorre de análise de ordem político-econômica, onde são considerados os instrumentos utilizados para a consecução dos objetivos da ordem econômica previstos no art. 170 da CF. Logo, é pelo desacordo da prática com os objetivos da Ordem Econômica e os instrumentos escolhidos para sua implementação que se define a infração.

*12.* A tensão entre concorrência perfeita e monopólio é sustentada com o emprego difundido de uma determinada combinação de fatores de produção (capital, técnica, trabalho e recurso natural). Discrepando-se muito a oferta desses elementos entre os concorrentes, diminuindo-se portanto a taxa de lucro para alguns e aumentando-se muito para outros, ocorre a crescente eliminação de agentes do mercado justamente pela diminuição do poder de reinvestir. Em determinados setores da economia, estão sendo apontadas como estratégicas e necessárias as concentrações. As concentrações representariam, em determinados casos, meios mais hábeis para se alcançarem fins políticos e econômicos mais favoráveis.

*13.* O mercado é um ambiente de produção para troca. Não é simplesmente o ambiente de troca. A produção compõe o mercado. O mercado relevante, portanto, como fatia específica do mercado global não é o lugar de troca, mas é uma fatia da teia de produção influenciada por determinados comportamentos de determinadas empresas. É pelo funcionamento deste mercado global que se pode avaliar o crescimento econômico de um país, e portanto, a sua condição econômico-financeira de realizar políticas econômicas distributivas. Neste sentido, as considerações sobre vantagens competitivas e abuso de poder econômico, são considerações políticas, mas que têm em vista a base econômica de aumento da produção e da renda nacional.

*14.* Assumindo-se que a formação de preços no mercado não está restrita à prática individual de confrontação de mercadorias, mas que depende de considerações sobre os elementos da produção e sobre o processo produtivo adotado, fica possível identificar porque a alteração no mercado financeiro pode alterar o conjunto das relações de troca de mercadoria – a oferta, o preço, as relações de poder entre empresas. Pois, a produção de mercadorias foi alterada com a alteração da situação de um de seus fatores, o capital financeiro.

*15.* Aquilo que se designa por alocação de recursos não pode ser entendido como resultado de eficiência do agente. Trata-se de um processo desempenhado com base no conjunto de características produtivas relacionadas à maior ou menor eficiência, somadas à variação das condições de acesso do objeto a ser alocado. *É o processo alocativo que determina o preço, não a resultante alocação de um determinado bem de mercado.*

*16.* Considerando o preço uma exteriorização monetária do processo de produção, não é surpreendente que uma alteração no mercado de capitais desemboque num realinhamento dos poderes estabelecidos entre os agentes econômicos que produzem para o mercado de bens e serviços. O capital é um elemento essencial à produção material, a falta dele, e o conseqüente aumento do seu valor (juro), promove uma reviravolta nestas relações entre concorrentes – que são relações de poder –, reconfigurando o quadro de forças no mercado.

*17.* Quando o mercado se reconhecia como internacional, podia-se visualizar junto com o alinhamento entre empresas um entrelaçamento entre países. Esta identificação entre unidade de produção e unidade nacional terminou com a consolidação do que se chamou de processo de globalização. As economias nacionais tornaram-se dependentes do mercado mundial.

*18.* O que se chama de mercado material globalizado foi possível e é possível realizar-se graças a uma prévia globalização do mercado de capitais. A possibilidade de entrada de investimentos nos países, tornou o globo um grande mercado. É o mercado de capitais que se encarrega de identificar mercados materiais mais vantajosos, num jogo de investimento e especulação, onde não se consegue distinguir as intenções dos capitais financeiros entrantes. Decorre dos fatos que o mercado relevante da mercadoria capital financeiro é o mundo todo.

*19.* O capital para investimento pode ser buscado pelo mundo todo, o poupador pode buscar em qualquer país as melhores oportunidades de investimentos que ofereçam os retornos mais elevados do mundo. Esta mercadoria entra e sai dos países numa situação de quase total desregulamentação estatal, imperando uma regulação do próprio mercado. Os agentes econômicos do mercado financeiro situados em todos os cantos do planeta concorrem pelo mesmo objeto, que viaja – graças ao avanço da tecnologia e telecomunicações – à velocidade dos impulsos eletrônicos. O detentor desta mercadoria procura melhores ambientes para investi-la, ou seja, o país que lhe garanta um maior retorno do seu investimento – uma maior taxa de lucro. O mercado de capitais, embora seja essencial para o mercado material, automatizou-se, independentemente do fato de ainda promover o avanço do mercado material. Por este motivo, o mercado material se submeteu ao mercado de capitais. A produção de produtos materiais necessita do capital como investimento – fator da produção –, contudo a reprodução de capital tornou-se independente dos resultados obtidos na troca dos bens materiais produzidos.[9]

*20.* Com o fenômeno da globalização do mercado de capitais, os instrumentos tradicionalmente utilizados para identificação do abuso de poder econômico passam a ter um valor relativo, pois as ordens jurídicas nacionais não são capazes de ordenar este movimento mundial, conformando-se com medidas normativas restritivas, mas que não garantem uma efetiva organização. Esta constatação apresenta maior gravidade quando se propõe analisar a conexão imanente entre o mercado de capitais com o desenvolvimento do mercado de bens e serviços. A partir do apresentado, chego à conclusão de que a defesa da ordem econômica pelo equilíbrio das forças no mercado é uma tarefa a ser implementada pela efetividade da ordem normativa complementada por posicionamentos político-econômicos referente ao papel a ser desempenhado pelo mercado de capitais na economia nacional.

*21.* Presenciamos o fenômeno de que a cifra astronômica transacionada no mercado de capitais[10] não reflete necessariamente um crescimento do nível de investimento das empresas. Entretanto, a fuga de capitais de um determinado mercado, repica por todo o globo e atinge, no fim da queda, os agentes do mercado de bens e serviços que vêem alterada a relação entre os capitais no globo. Juros e câmbio se reorgani-

9. A independência do setor financeiro do mercado material é exposta na queixa do vice-presidente da CIESP, Mario Bernadini: "É uma pena que, para combater os especuladores, o governo tenha de atuar contra os que trabalham". *O ESP*, 2.11.97, B7.

10. Há uma década, cerca de US$ 190 bilhões passavam todos os dias pelas mãos dos operadores de câmbio em Nova York, Londres e Tóquio. Até 1995, o giro diário chegara a quase US$ 1,2 trilhão. *GM*, 29.10.97, B-20 (*The Economist*).

zam reconfigurando todo cenário mundial de produção e consumo de bens.[11]

*22.* Nesta época de turbulência do mercado financeiro, o fator capital emerge, destruindo a mística da formação de valor pela relação de preços no mercado. A eficiência alocativa do capital para a produção não pode ser invocada num momento de restrição brusca ao acesso do dinheiro para investimento. Nem tampouco pode ser levantada a hipótese de que o valor das ações de determinadas empresas tenham se depreciado por ineficiência das mesmas.[12] Fato é que, pelos conceitos neoclássicos apontados, não se pode analisar devidamente o fenômeno da restrição monetária por uma queda nas bolsas de valores e seus efeitos na concorrência. Uma nítida manifestação de como a concorrência se localiza não na superfície do processo produtivo, os preços, mas nas *possibilidades* de acesso aos elementos da produção é explicitada pelo Dirigente da FIESP-CIESP, Boris Tabacof, "(as empresas) terão como opção, por enquanto, taxas entre 40% e 50% ao ano, para competir com concorrentes estrangeiros que obtêm recursos em bem melhores condições, a um custo entre 6% e 7%".[13]

*23.* Se, por hipótese, considerar que a disponibilidade de capital para dispensar taxas de juros ou arcar com sua exorbitância representaria uma vantagem competitiva, ou uma eficiência alocativa, terei de admitir que a concentração de capital, em qualquer ramo do mercado, é *per si* boa atingindo de frente os princípios de salvaguarda da concorrência e da livre iniciativa. Pois, concentração de capital e concentração de mercado caminham na maior parte das vezes juntas. E, quando não é o caso, a concentração de capital facilita o processo de concentração de mercado.

*24.* O preço da aquisição do capital necessário ao investimento na produção material altera a concorrência, porque é o seu custo que será expresso no final do processo num aumento de preço do produto. Quem tem condições de adquirir dinheiro a um custo mais baixo não exerce uma vantagem competitiva, no sentido que é empregado pela legislação antitruste, mas usufrui de um posicionamento geográfico que lhe permite conquistar uma posição dominante quando os dois agentes levarem mercadorias de um mesmo mercado relevante ao mercado. O mercado financeiro está globalizado no aspecto do consumo. Isto é, o consumidor do mercado financeiro acessa qualquer bolsa e dispõe das melhores condições sem se deslocar no espaço. O mesmo não ocorre com o consumo de bens e serviços.

*25.* Considerando a alocação um processo, cujas etapas irão refletir no preço final da mercadoria, considerando que a alocação do capital é dependente de movimentos financeiros, que independem de vantagens materiais próprias do agente

11. Apresentando este fenômeno de deriva do mercado material, à mercê das marés especulativas do mercado de capitais, trago o noticiário recente que nos inunda com exemplos e alarmes.

Taxas de juros elevadas ameaçam a sobrevivência da indústria, segundo empresários. Crédito a 50% ao ano, ou acima disso, num cenário no qual a inflação anual é de 5%, anula as condições mínimas de concorrência, declaram.

A combinação de câmbio valorizado e juros elevados cria uma situação adversa para as empresas do setor produtivo e deverá agravar o desequilíbrio da balança comercial. Esses são alguns dos fatores que levam esses empresários a acrescentar que o governo só deverá manter a atual política pelo tempo necessário para combater a fuga de capitais.

"O encarecimento do crédito ao consumidor e a retração do mercado são questões menores, diante do impacto dos efeitos financeiros na produção, afirma o diretor do Departamento de Economia, da Federação e Centro das Indústrias do Estado de São Paulo (FIESP-CIESP)", Boris Tabacof, *O ESP* 2.11.97, B7 "Juro anula concorrência, diz empresário".

12. Supra, Posner e os elementos relação entre preço e procura; a maximização da utilidade; alocação de recursos que tende ao ótimo da eficiência.

13. Ibidem.

econômico voltado à produção no mercado de bens e serviços; deve este agente resignar-se ao valor do capital (juro) e às condições oferecidas nos mercados de capital a que tem acesso. Neste caso, não há de se falar em eficiência alocativa do agente. Trata-se de avaliar as *condições de alocação apresentadas no mercado*. O agente econômico não é onipotente, e não conta apenas com as suas possibilidades. É forçoso admitir.

*26.* Embora o mercado material seja globalizado, o consumidor, adquirente do produto da produção, está fundado num determinado território rodeado por determinada ordem jurídica e se vale de uma moeda específica e de um crédito específico. Além destes fatores, a sua liberdade de escolha enfrenta restrições geográficas, ainda não superadas pela tecnologia, sobretudo ao se considerar o consumidor de restrito poder aquisitivo. A liberdade de escolha deste consumidor não é tão ampla como querem os neoclássicos. *A produção globalizou-se, mas o consumo não*. Crédito dificultado pelo aumento de juros impõe uma retração do consumo, e contra isto não há liberdade de iniciativa que possa se insurgir. O resultado é a busca de novos mercados pelos produtores, que, se tiverem competitividade exportarão, do contrário sucumbirão, e, com eles, empregados, investimentos e produtos.[14] É evidente como produção e consumo, portanto produtor e consumidor, estão envolvidos numa relação intrínseca.[15]

*27.* A preservação da concorrência como um princípio básico da ordem econômica constitucional não pode perder de vista estas considerações. O mercado financeiro é propulsor da produção porque fornece crédito ao investimento e atinge diretamente o patrimônio das empresas pela valorização e desvalorização de ações. O mercado financeiro influi no consumo, seja quando atinge o custo do produto, seja quando restringe o crédito por meio do aumento de juros ao consumidor. Apesar desta forte influência na produção e, portanto, na concorrência, este mercado não tem limites geográficos e não sofre uma efetiva regulamentação.

*28.* Concorrência não é um bem em si a ser preservado, nem tampouco obtém seus elementos da aparente relação de troca. Ela está envolvida nas relações de produção e consumo, influenciada pelas alterações do crédito e dos investimentos.

*29.* Pode-se imaginar uma situação de equilíbrio num determinado mercado relevante a partir da observação da relação entre preços competitivos. No entanto, o preço é a aparência de um processo complexo de produção. Portanto, a análise pela aparência só pode acarretar uma conclusão de uma verdade aparente. Afirmando-se a existência de concorrência ótima, este ótimo será aparente.

*30.* Preços competitivos num mercado de baixa competição não reflete necessariamente uma atividade concorrencial satisfatória, quando a prática econômica dos agentes expulsou ou impediu de formar uma teia mais complexa de produtores, capazes de oferecer melhores produtos aos consumidores e facilitar-lhes o acesso a produtos.

14. Não se deve esquecer que qualidade do produto é apenas um elemento da competitividade e não o único elemento. Portanto, não seria descabido afirmar que, com a retirada de uma parcela de agentes econômicos de um mercado consumidor pauperizado, corre-se um verdadeiro risco de sucateamento do consumo, isto é, para um país em que o consumo é restrito, acorrem tendencialmente a este mercado produtos de baixo preço e possivelmente qualidade reduzida.

15. No mundo atual, do império de perspectivas neoliberais da globalização, as enormes alterações sociais ocorrentes resultam em uma marginalização impiedosa de parte da sociedade. Pelo fato dos efeitos das práticas econômicas expandirem-se não raro para além de fronteiras, este processo designado por globalização em si considerado tende a criar maiores possibilidades de conflitos inter e intranações.

A prática destes agentes evidentemente não revela uma infração à ordem econômica. Contudo, a atividade financeira que expulsou outros agentes, restringiu mercado consumidor e impediu investimentos e presença de novos agentes revela-se nefasta à concorrência como princípio competitivo que estimula a atividade econômica. Isto porque não há estímulo à produção. Há portanto, uma restrição à formação da riqueza nacional por insuficiente incremento nas relações de produção e consumo. Por conseguinte, uma prática concorrencial avaliada pela aparência dos preços como satisfatória, pode se mostrar em profundidade prejudicial à Ordem Econômica.

*31.* O problema localizado a ser enfrentado pela prática jurídica de "prevenção e repressão às infrações contra a ordem econômica, orientada pelos ditames constitucionais de liberdade de iniciativa, livre concorrência, função social da propriedade, defesa dos consumidores e repressão ao abuso do poder econômico" (art. 1º da Lei 8.884/94) pode ser formulado a partir da indagação proposta por Habermas: "Como as funções alocadoras e inovadoras dos mercados podem ser aproveitadas, sem ter de se aceitar os custos sociais de uma tendência à desigualdade distributiva incorporada ao capitalismo?"[16] As respostas a esta questão passam, indubitavelmente, por decisões políticas e econômicas que envolvem necessariamente uma prática jurídica de construção e aplicação dos textos normativos.

*32.* Finalizando, devo esclarecer que o escopo deste artigo é iniciar um debate sobre a relação entre mercados, a prática concorrencial e a faticidade da Lei 8.884/94 considerando mercado de capital globalizado, mercado material e elementos sociais da ordem econômica, todos integrantes do que é designado pela Constituição Federal como Ordem Econômica. Não pretendo encerrar com uma conclusão que cerceia a expansão de novas considerações que sinto necessárias à complementação do tema, espero tão-somente abrir caminho para um dos problemas mais críticos da Ordem Econômica: a definição da posição do capital financeiro perante as necessidades materiais da sociedade.

16. Entrevista com J. Habermas, *FSP*, 26.10.97, Mais, p. 8.

# O PRINCÍPIO CONSTITUCIONAL DO CONTRADITÓRIO E DA AMPLA DEFESA NAS LICITAÇÕES[1]

EDGAR ANTÔNIO CHIURATTO GUIMARÃES
Mestrando em Direito Administrativo
pela Pontifícia Universidade Católica de São Paulo

*"...el ideal de evitar error es un ideal pobre; si no tenemos la osadia de abordar problemas dificiles en los que el error sea casi inevitable, el conocimiento no aumentará. De hecho, son las teorias más audaces,* incluso las erróneas, *las que enseñan. Nadie está libre de cometer errores; lo grande es apreender de ellos."* (Karl R. Popper)

*1. Introdução. 2. Princípios – Conceito, finalidade. 3. Princípios constitucionais da Administração Pública e as licitações: 3.1 Princípio de legalidade – 3.2 Princípio da impessoalidade – 3.3 Princípio da moralidade ou da probidade – 3.4 Princípio da publicidade – 3.5 Princípio da supremacia do interesse público sobre o privado – 3.6 Princípio da motivação – 3.7 Princípio da razoalidade – 3.8 Princípio da economicidade. 4. Licitação: 4.1 Conceito – 4.2 Finalidade. 5. Outros princípios enunciados expressamente na legislação infraconstitucional e de aplicabilidade obrigatória nas licitações: 5.1 Princípio da igualdade – 5.2 Princípio da vinculação ao instrumento convocatório – 5.3 Princípio do julgamento objetivo. 6. O princípio constitucional do contraditório e da ampla defesa nas licitações: 6.1 Considerações iniciais – 6.2 O princípio constitucional do contraditório e da ampla defesa nas licitações – 6.3 O posicionamento da doutrina – 6.4 O posicionamento da jurisprudência. 7. Síntese conclusiva.*

## 1. *Introdução*

As licitações, bem como os contratos administrativos, são assuntos de concreta e inequívoca importância para todos aqueles que se encontram ligados com a Administração Pública, direta ou indiretamente.

Vale dizer, para todos aqueles que a compõem, para todos os que com ela contratam e para todos os cidadãos, indistintamente, eis que muitas vezes é através do particular que se dá condições ou diretamente se efetiva a prestação de um serviço público, indispensável ao atingimento de um determinado interesse público.

O Poder Público, visando satisfazer interesses coletivos, estabelece diversas relações jurídicas, tendo por objeto obras, serviços, compras e bens de várias naturezas.

1. Por ocasião do XI Congresso Brasileiro de Direito Administrativo realizado em Vitória, Espírito Santo, Brasil, foi outorgado a esta monografia, pelo Instituto Brasileiro de Direito Administrativo-IBDA o prêmio A.B. Cotrin Neto.

É sabido que o Estado não produz todos os bens de que necessita para atender as suas demandas, como também, por vezes, carece de profissionais de formações diversas, essenciais à execução de serviços de natureza comum, técnicos especializados ou de alta especialização.

Desta forma, com vistas à satisfação dos interesses públicos qualificados, a Administração vale-se da iniciativa privada e com ela contrata para obter o que precisa. A celebração de contratos no âmbito da Administração Pública é regulado pelo ordenamento jurídico, o qual impõe a observância de uma série de requisitos e exigências para a sua concretização.

Consideraremos neste trabalho, para efeito de análise, os princípios jurídicos de maior relevância incidentes nas contratações da Administração Pública, esclarecendo a sua aplicabilidade no campo das licitações. A abordagem tem como pontos de referência a Carta Constitucional e ainda a legislação infraconstitucional regedora da matéria – a Lei Federal 8.666/93.

Antes de tratarmos da incidência do princípio do contraditório e da ampla defesa nos procedimentos licitatórios, necessária se faz uma abordagem dos princípios constitucionais norteadores da atuação da Administração Pública, notadamente os consignados na Carta Magna de 1988.

Inobstante o fato de que nosso texto constitucional apenas alude – expressamente – a quatro princípios (legalidade, impessoalidade, moralidade e publicidade, conforme art. 37 *caput*) quando trata da Administração Pública, vários são os princípios implícitos e explícitos que orientam "a ação do administrador público na prática dos atos administrativos e que garantem a "boa administração",[2] conforme bem externado pelo Prof. José Afonso da Silva.

E, na esteira desse doutrinador, para os fins aqui colimados, há necessidade também de tecermos algumas considerações acerca dos princípios da licitação pública, inseridos em legislação infraconstitucional e de observância obrigatória quando da instauração, processamento e julgamento de competitórios licitacionais.

## 2. *Princípios – Conceito, finalidade*

Princípio constitui-se em mandamento de hierarquia superior a das meras normas e regras. Carateriza-se como um alicerce, posto como sustentáculo de todo o ordenamento jurídico vigente, sendo possível, através dos princípios, extrair-se uma maior eficácia da norma jurídica.

Os princípios constitucionais, na lição da Profa. Cármen Lúcia Antunes Rocha "são os conteúdos primários diretores do sistema jurídico normativo fundamental de um Estado. Dotados de originalidade e superioridade material sobre todos os conteúdos que formam o ordenamento constitucional, os valores firmados pela sociedade são transformados pelo Direito em princípios. Adotados pelo constituinte, sedimentam-se nas normas, tornando-se, então, pilares que informam e conformam o Direito que rege as relações jurídicas no Estado. São eles, assim, as colunas-mestras da grande construção do Direito, cujos fundamentos se afirmam no sistema constitucional".[3]

Os princípios funcionam como uma linha vetora direcional do trabalho hermenêutico. Nenhuma solução, em caso algum, será juridicamente sustentável quando colidente com qualquer dos princípios norteadores da questão. Havendo dúvida sobre um determinado caminho a adotar, o intérprete deverá recorrer à questão principio-

2. *Curso de Direito constitucional positivo*, Malheiros Editores, São Paulo, 12ª ed., 1996, p. 569.

3. Cármen Lúcia Antunes Rocha, *Princípios Constitucionais da Administração Pública*, Del Rey, Belo Horizonte, 1ª ed., 1994, p. 25.

lógica, buscando, dentre as diversas soluções possíveis, a mais compatível com os princípios, devendo rejeitar, de plano, as que eventualmente se apresentem como violadoras ou ofensivas.

Para o Prof. Américo Plá Rodrigues princípios seriam as "líneas directivas que informan algunas normas y inspiran directa o indirectamente una serie de soluciones por lo que pueden servir para promover y encauzar la aprobación de nuevas normas, orientar la interpretación de loas existentes y resolver los casos no previstos".[4]

J. J. Gomes Canotilho assinala que "... os princípios são multifuncionais. Podem desempenhar uma função argumentativa, permitindo, por exemplo denotar a *ratio legis* de uma disposição... ou revelar normas que não são expressas por qualquer enunciado legislativo, possibilitando aos juristas, sobretudo aos juízes, o desenvolvimento, integração e complementação do direito".[5]

Para o Prof. Celso Antônio Bandeira de Mello "princípio é, por definição, mandamento nuclear de um sistema, verdadeiro alicerce dele, disposição fundamental que se irradia sobre diferentes normas, compondo-lhes o espírito e servindo de critério para sua exata compreensão e inteligência, exatamente porque define a lógica e a racionalidade do sistema normativo, conferindo-lhe a tônica que lhe dá sentido harmônico".[6]

Os princípios têm sua fonte nascedoura na Constituição, lei fundamental do país que contém normas alusivas à organização básica do Estado, ao reconhecimento e à garantia dos direitos fundamentais do ser humano e do cidadão, às formas, aos limites e às competências do exercício do Poder Público. A propósito, a Profa. Maria Helena Diniz assinala que "é da essência da Constituição ser limitadora dos poderes públicos, que não podem agir senão de acordo com ela. As normas constitucionais restringem a sua órbita de ação". E, mais adiante arremata "... a Constituição tem por escopo, privilegiando o princípio da constitucionalidade e o da legalidade, controlar a ação do Poder Público, não podendo, portanto, outorgar competências incontroláveis, que desequilibrem o uso dos poderes, que sirvam à opressão, aos interesses dos governantes, que sejam instrumento de desordem e anarquia".[7]

A Constituição Federal é impositiva ao estabelecer que aplica-se à Administração Pública, dentre outros que indica, os princípios da *legalidade*, *impessoalidade*, *moralidade* e *publicidade*.[8] A compreensão destes princípios é essencial para que se possa entender a licitação como parte integrante de um sistema normativo.

Todavia, diga-se uma vez mais, "os princípios constitucionais não se encontram todos expressos, havendo e obrigando igualmente os princípios implícitos do sistema constitucional. Portanto, não apenas os princípios arrolados sobre o tema da Administração Pública devem ser acatados quando da aplicação do Direito a esta atividade".[9]

Desta forma, pode-se concluir que os princípios da Administração Pública não se encontram exauridos no art. 37 da Constituição da República, existindo outros, de aplicação e obediência obrigatória, como por exemplo, o do contraditório e da ampla defesa, princípio este insculpido no inciso LV, do art. 5º do Texto Constitucional e também, com a mesma forma e intensi-

4. *Los principios del Derecho del Trabajo*, Montevidéu, 1ª ed., 1975, p. 17.

5. *Direito Constitucional*, Almedina, Coimbra, 5ª ed., 1992, p. 173.

6. *Ato administrativo e direitos dos administrados*, Ed. RT, 1980, p. 87.

7. *Norma constitucional e seus efeitos*, Saraiva, São Paulo, 2ª ed., 1992, pp. 12-3.

8. Conforme se desprende da redação do *caput* do art. 37.

9. Cf. Cármen Lúcia Antunes Rocha, ob. cit., p. 66.

dade, consignado no § 3º do art. 49 e parágrafo único do art. 78, ambos os dispositivos da Lei Federal 8.666/93.

Os princípios cumprem, em síntese, duas funções: *determinam a adequada interpretação das regras e permitem a colmatação de suas lacunas.*[10]

Sendo a licitação um sistema de normas que disciplina as contratações levadas a efeito pelo Poder Público, é inafastável a aplicação de princípio de ordem pública, além daqueles tipicamente a ela inerentes.

A Lei de Licitações impõe a obrigatoriedade de serem os certames licitacionais instaurados, processados e julgados em estrita conformidade com os princípios básicos da *legalidade, da impessoalidade, da moralidade, da igualdade, da publicidade, da probidade administrativa, da vinculação ao instrumento convocatório, do julgamento objetivo* e de outros que lhe são correlatos.

## 3. *Princípios constitucionais da Administração Pública e as licitações*

### *3.1 Princípio da legalidade*

Marco crucial do Estado de Direito e, por conseguinte, do nosso regime jurídico-administrativo, o princípio da legalidade, decorrente do arts. 5º, inciso II e 37, *caput*, garante que a ninguém será imposta uma obrigação (de fazer ou de não-fazer) sem prévia cominação legal, ou seja, a atuação estatal ficará circunscrita às possibilidades legalmente constituídas.

Karl Engish nos ensina que "...na vida moderna é efectivamente a lei que em primeira linha nos informa competentemente sobre o concreto dever-ser jurídico".[11]

O administrador público jamais poderá agir *contra legem* ou *praeter legem*, mas apenas *secundum legem*, de modo que a amplitude e o alcance desse princípio fazem da atividade do agente (público) uma estrita submissão à manifestação volitiva do legislador. Na sempre valiosa lição do mestre Seabra Fagundes, "administrar é atuar a lei, de ofício". Daí ser o princípio da legalidade um vetor de induscutível princípio geral do Direito Administrativo.

Assim, "o ato administrativo só é válido quando atinge o seu fim legal, ou seja, o fim submetido à lei".[12]

Ao administrador público só é lícito fazer o que a lei determina. O princípio da legalidade vincula os agentes à lei, impedindo comportamentos a ela ofensivos ou por ela não autorizados. Esta é a orientação constitucional.

Em matéria de licitação, obriga que os certames se desenvolvam com a observância da Lei 8.666/93 (ou apenas de suas normas gerais, na hipótese de licitações estaduais, distritais e municipais), das leis estaduais, distrital ou municipais aplicáveis à espécie, bem assim das normas regulamentares.

### *3.2 Princípio da impessoalidade*

Este princípio, de fundamental importância, determina ao gestor da coisa pública uma conduta pautada, sem favoritismos, sem privilégios, sem direcionismos de qualquer ordem.

Os atos praticados devem conter, como finalidade única, o atingimento de um determinado interesse público, e não o favorecimento pessoal ou até mesmo de terceiros estranhos ao Poder Público.

Assim sendo, qualquer favoritismo ou privilégio em matéria de licitação é inconstitucional e, em conseqüência, não pode ser

10. Cf. Carlos Ari Sundfeld em sua obra *Licitação e contrato administrativo*, Malheiros Editores, 1ª ed., 1994, p. 19.

11. *Introdução ao pensamento jurídico*, Fundação Calouste Gulbenkian, 6ª ed., 1983, p. 77.

12. José Afonso da Silva, ob. cit., p. 570.

sustentado pela Administração, muito menos mantido pelo Judiciário.

Da exege desse princípio, consubstanciado no *caput* dos art. 5º e 37 da Constituição Federal, extrai-se, por fim, a obrigatoriedade – para a Administração Pública – de tratar a todos os administrados sem favoritismos ou perseguições, ou seja, a todos da mesma maneira indistintamente (ressalvadas suas indiscutíveis dissimilitudes).

Na verdade, esse seria o próprio princípio da isonomia descrito de outro modo, porém com o mesmo conteúdo axiológico-normativo, através do qual "tratar-se-ão os iguais igualmente e os desiguais desigualmente".

Como a própria Lei de Licitações o prevê (art. 3º, *caput*, primeira parte), o objetivo da licitação – e, portanto, de todos os seus atos – é dar cumprimento ao princípio constitucional da isonomia e selecionar a proposta mais vantajosa para a Administração.

### 3.3 *Princípio da moralidade ou da probidade*

O princípio constitucional da moralidade expresso e constante dos arts. 5º, LXXIII, 37, *caput* e 85, V, tem a propriedade de tornar inválidos os atos administrativos se não pautados nos *princípios da boa-fé e da lealdade*, conforme lição de Jesus Gonzales Peres.[13]

Assim, deve sempre o administrador público agir com sinceridade e honestidade, não lhe sendo possível atuar com ardil, malícia ou qualquer intuito escuso, através do qual seriam maculados os direitos ou exercício de qualquer desses direitos pelos cidadãos.

Este princípio, ao incidir sobre a matéria licitacional, obriga licitador e licitantes a observarem pautas de conduta honesta e civilizada, interditando conluios para afastar disputantes, acordos para aumentos de preços, decisões desleais etc.

### 3.4 *Princípio da publicidade*

Referido princípio tem por escopo garantir a transparência da atividade administrativa pública, de maneira a possibilitar a todos plena ciência dos atos dela emanados, ciência essa para que – em se discordando da providência adotada – sejam os órgãos competentes acionados para sua apreciação e convalidação ou nulificação, conforme o caso.

É uma garantia imposta pelo Estado Democrático de Direito, constitucional e expressamente prevista nos arts. 5º, incisos XXXIII, "b" e 37, *caput*.

Em matéria de licitação, a Lei 8.666/93 determina em várias passagens que certos atos somente produzirão a eficácia desejada se observada a necessária publicidade na forma e intensidade imposta pela lei. Deve ser observado, por exemplo, por ocasião do início da fase externa do certame, oportunidade em que é dado conhecimento, através da publicação do aviso da licitação ou da expedição do convite, da pretensão da Administração.

Para J. J. Gomes Canotilho "... o princípio da publicidade dos actos jurídicos (...) exige que, no caso de ser reconhecida eficácia externa a esse actos, eles sejam notificados aos interessados, quando não tenham de ser oficialmente publicados (...). Atrás do princípio da publicidade, está a exigência de segurança do direito, a proibição da *arcana praxis* (política de segredo), a defesa dos cidadãos perante os actos do poder público".[14]

### 3.5 *Princípio da supremacia do interesse público sobre o privado*

Como princípio geral de direito, implícito e fundado na própria idéia de Estado,

13. *Apud* Celso Antônio Bandeira de Mello, loc. cit., p. 59.

14. Ob. cit., p. 177.

tem por escopo garantir que na atuação estatal será sempre observado o interesse coletivo (público) como fim maior a ser alcançado, de sorte que, na contraposição entre o público e o privado, aquele haverá sempre de prevalecer, notadamente como condição de sobrevivência e asseguramento do último.

Tanto isso é verdade que até mesmo pode a Administração constituir terceiros em obrigações através de atos unilaterais, modificar ou rescindir unilateralmente relações já previamente estabelecidas, sempre com amparo na lei e objetivando o atingimento de um fim de interesse para toda a coletividade.

Assim, a noção de interesse público apareceria, "ao mesmo tempo, como fundamento, limite e instrumento do poder, configurando medida e finalidade da função administrativa".[15]

E por função administrativa haveríamos de conceber a atuação de alguém (agente público) assujeitada "ao 'dever' de buscar, 'no interesse de outrem', o atendimento de certa finalidade".[16]

### 3.6 *Princípio da motivação*

Através deste impinge-se ao administrador público a obrigação – inafastável – de expor as razões fáticas e jurídicas que sustentam a adoção de qualquer providência.

Compete-lhe, portanto, fundamentar todo o ato que pratica, notadamente nas hipóteses em que houver um mínimo de discricionariedade, para que se possa avaliar seu comportamento segundo os princípios anteriormente expostos.

Ademais, "a ausência de motivação torna o ato inválido, sempre que sua enunciação, prévia ou contemporânea à emissão do ato, seja requisito indispensável para proceder-se a tal averiguação".[17]

Ato discricionário não motivado, portanto, é ato nulo. E mesmo o ato vinculado, no qual – em regra – bastaria a menção do fato e da norma respectiva para sua validação, pode ser perquirido em juízo, razão pela qual sua motivação é sempre um dever e uma garantia para o bom administrador.

É princípio decorrente do comando normativo existente nos arts. 1º, inciso II e parágrafo único e 5º, inciso XXXIV, da Carta vigente.

Trata-se de princípio geral do direito administrativo a que a Lei 8.666/93 dá especial relevo, ao exigir reiteradamente que as decisões sejam acompanhadas de exposição de motivos que a justifiquem.

### 3.7 *Princípio da razoabilidade*

Descendente também do princípio da legalidade (e da finalidade, portanto), o princípio implícito da razoabilidade proíbe que a Administração atue de modo desarrazoado, ilógico ou incongruente ainda que haja mínima discricionariedade na sua atuação concreta quando da aplicação da lei.

Conclui-se então que, em havendo mais de uma possível providência a ser adotada, somente uma poderá efetivamente sê-la: aquela que melhor atender ao interesse público, observada a finalidade constante do preceito constitucional ou legal respectivo.

Deste modo, se não razoável a decisão adotada, terá a mesma infringido o princípio da finalidade, razão bastante para sua fulminação pela própria Administração *ex-officio* ou pelo Poder Judiciário, a pedido do interessado.

Pelas mesmas razões que não pode a Administração agir imotivadamente, não pode agir desarrazoadamente. A gestão da

15. Odete Medauar, *O Direito administrativo em evolução*, pp. 176-7

16. Celso Antônio Bandeira de Mello, ob. cit., p. 45.

17. Celso Antônio Bandeira de Mello, ob. cit., p. 28.

coisa pública impõe condutas razoáveis. Em outras palavras, o ato administrativo pressupõe razões de ordem pública que lhe dêem legitimidade e sustentação, sem o que poderá ser fulminado de nulidade. É inadmissível na seara pública, e também em certames licitatórios, qualquer ação desarrazoada, notadamente em função da natureza dos interesses entregues à gestão dos agentes públicos.

### *3.8 Princípio da economicidade*

Como já visto anteriormente, todos os atos e condutas do gestor da coisa pública devem objetivar única e exclusivamente o interesse público. O princípio da economicidade determina que todo e qualquer interesse coletivo seja atingido com um mínimo de dispêndio. Há que se estabelecer uma perfeita e harmoniosa relação entre o custo e o benefício alcançado.

## *4. **Licitação***

### *4.1 Conceito*

É cediço que a Administração Pública não é auto-suficiente no sentido de atender as suas próprias necessidades, tendo, na maioria das vezes, que buscar no mercado, pessoas físicas ou jurídicas, capazes de suprir as suas demandas.

Diferentemente dos particulares que gozam de total liberdade quando pretendem adquirir, alienar, locar bens, ou ainda contratar a execução de determinada obra civil, ou a prestação de determinado serviço, o Poder Público necessita, por força não apenas de dispositivo consignado em lei ordinária, mas também, e principalmente, em razão de mandamento constitucional, instaurar procedimento administrativo prévio, denominado licitação.

Licitação é uma sucessão de atos desencadeados pela Administração Pública que visam a seleção da melhor oferta, em razão de um determinado contrato que pretende celebrar. Neste sentido, a licitação é um dos procedimentos hábeis a proporcionar à Administração a concretização de suas pretensões contratuais. Trata-se, portanto, de procedimento prévio ao contrato. Vale registrar que o procedimento licitatório não é o único procedimento para se contratar, já que a legislação contempla a possibilidade da dispensa e inexigibilidade de licitação, igualmente como meios do Poder Público obter os seus contratos.

De acordo com o magistério do Prof. Celso Antônio Bandeira de Mello, "licitação é o procedimento administrativo pelo qual uma pessoa governamental, pretendendo alienar, adquirir ou locar bens, realizar obras ou serviços, segundo condições por ela estipuladas previamente, convoca interessados na apresentação de propostas, a fim de selecionar a que se revele mais conveniente em função de parâmetros antecipadamente estabelecidos".[18]

O Prof. José Afonso da Silva atribui tamanha importância ao instituto da licitação, a ponto de erigi-la a princípio instrumentalizador de outros princípios, conforme pode-se constatar de sua lição, nestes termos registrada: "...licitação é um procedimento administrativo destinado a provocar propostas e a escolher proponentes de contratos de execução de obras, serviços, compras ou de alienações do Poder Público. O princípio da licitação significa que essas contratações ficam sujeitas, como regra, ao procedimento de seleção de propostas mais vantajosas para a Administração Pública. Constitui um princípio instrumental de realização dos princípios da moralidade administrativa e do tratamento isonômico dos eventuais contratantes com o Poder Público".[19]

Na verdade, "o princípio da licitação é uma realidade categórica que conforma,

18. Ob. cit., pp. 292-3.
19. Ob. cit., p. 618.

em nosso país, o sistema jurídico das contratações administrativas. E, como tal, obteve ele expressa consagração no inciso XXI do art. 37 da Constituição Federal".[20]

*4.2 Finalidade*

O procedimento licitatório conjuga basicamente dois interesses: de um lado interesse público a ser satisfeito, de outro o interesse dos particulares em celebrar um contrato com a Administração.

García de Enterría e Fernández destacam que, através do processo licitatório, "*pretende garatizarse tanto la igualdad de los particulares como la obtención por la Administración, a través de la competencia, de las condiciones más ventajosas para el interés público*".[21]

Por seu turno, o Prof. Celso Antônio Bandeira de Mello leciona que "a licitação visa alcançar duplo objetivo: proporcionar às entidades governamentais possibilidade de realizarem o negócio mais vantajoso (pois a instauração de competição entre ofertantes preordena-se a isto) e assegurar aos administrados ensejo de disputarem a participação nos negócios que as pessoas governamentais pretendam realizar com os particulares".[22]

Destaca, por fim, o eminente Professor que através da licitação "atendem-se três exigências públicas impostergáveis: proteção aos interesses públicos e recursos governamentais – ao se procurar a oferta mais satisfatória; respeito ao princípio da isonomia e impessoalidade (previstos nos arts. 5º e 37, *caput*) – pela abertura de disputa do certame e, finalmente, obediência aos reclamos de probidade administrativa, imposta pelos arts. 37, *caput* e 82, V, da Carta Magna brasileira".[23]

Em conclusão particular, a finalidade do procedimento da licitação é prestar total obediência ao princípio da isonomia, atender ao princípio da competitividade e selecionar a melhor oferta, em razão de um contrato pretendido pela Administração Pública. O procedimento da licitação se dá através do desencadeamento de uma série de atos, disciplinados em lei, com observância de prazos e outras exigências de natureza formal e procedimental.

### 5. *Outros princípios enunciados expressamente na legislação infraconstitucional e de aplicabilidade obrigatória nas licitações*

A licitação está sujeita a determinados princípios irrelegáveis no seu procedimento, sob pena de se descaracterizar o instituto e invalidar o seu resultado seletivo.

A Lei Federal 8.666/93, de 21.6.1993, que regulamenta o art. 37, inciso XXI da Constituição Federal e institui normas para licitações e contratos da Administração Pública, consigna em seu art. 3º o seguinte comando normativo: "A licitação destina-se a garantir a observância do princípio constitucional da isonomia e a selecionar a proposta mais vantajosa para a Administração e será processada e julgada em estrita conformidade com os princípios básicos da legalidade, da impessoalidade, da moralidade, da igualdade, da publicidade, da probidade administrativa, da vinculação ao instrumento convocatório, do julgamento objetivo e dos que lhes são correlatos".

Da inteligência do dispositivo transcrito, subtrai-se que o rol de princípios ali elencados não é taxativo, mas meramente exemplificativo. Desta forma, outros princípios, mesmo não elencados expressamente,

20. Sérgio Ferraz e Lucia Valle Figueiredo. *Dispensa e inexibilidade de licitação*, Malheiros Editores, São Paulo, 3ª ed., 1994, p. 15.

21. *Curso de Derecho administrativo*, v. I, Civitas, 1977, p. 487.

22. Ob. cit., p. 293.

23. Ob. cit., p. 293.

poderão ser aplicados nos certames licitacionais, como por exemplo, da motivação dos atos, da participação ou fiscalização popular, dentre outros.

Dos princípios constantes do dispositivo em questão, teceremos alguns comentários acerca de apenas três deles – o da igualdade, da vinculação ao instrumento convocatório e do julgamento objetivo – em virtude de que os demais já foram objeto de estudo no título 3 deste trabalho.

### *5.1 Princípio da igualdade*

O princípio da igualdade ou da isonomia tem seu sustentáculo na Constituição Federal, visto que a Carta maior proclama que todos são iguais perante a lei. Na concepção de J. J. Gomes Canotilho "a afirmação todos os cidadãos são iguais perante a lei significava, tradicionalmente, a exigência de igualdade na aplicação do direito. Numa fórmula sintética, sistematicamente repetida, e que pertence a Anschütz: "as leis devem ser executadas sem olhar às pessoas". Esta continua a ser uma das dimensões do princípio da igualdade constitucionalmente garantido e, como se irá verificar, ela assume particular relevância no âmbito da aplicação igual da lei (do direito) pelos órgãos da administração e pelos tribunais".[24]

Assim sendo, em matéria licitacional, a Administração Pública, uma vez adstrita à observância de todo um sistema normativo, deve necessariamente proporcionar igualdade de tratamento a todos os particulares que participam do competitório.

A observância deste princípio constitui-se em pressuposto de validade das licitações; sua afronta ou desrespeito tornaria o procedimento licitatório uma farsa, onde a Administração Pública estaria apenas buscando dar uma roupagem de legalidade à contratação pretendida.

24. Ob. cit., p. 575.

### *5.2 Princípio da vinculação ao instrumento convocatório*

Princípio característico da licitação, determina que uma vez fixadas no instrumento convocatório as condições, as regras do certame e iniciada a sua fase externa com a devida publicidade, fica a Administração Pública licitadora estritamente vinculada aos seus termos, não podendo estabelecer exigências ou condições não previstas, nem tampouco praticar ato sem respaldo em lei ou no próprio ato convocatório.

É pacífica, tanto na doutrina, quanto na jurisprudência, a assertiva de que o instrumento convocatório é a lei interna da licitação. É no instrumento convocatório que a Administração, com supedâneo na legislação e ainda, no interesse público a ser satisfeito, estabelece as regras do certame. E, com base nestas regras e condições estabelecidas, é que o procedimento licitacional deve ser levado a efeito.

Com efeito, a Lei Federal 8.666/93 em seu art. 41, estabelece de forma muito clara: "A Administração não pode descumprir as normas e condições do edital, ao qual se acha estritamente vinculada".

O comando estabelecido pelo artigo supracitado nada mais é do que decorrência do princípio da vinculação ao instrumento convocatório, consubstanciado no art. 3º do mesmo diploma legal. É mister ressaltar, todavia, que a vinculação atinge não apenas a Administração, mas também os licitantes.

Na visão do Prof. Carlos Ari Sundfeld, "a vinculação ao instrumento convocatório cumpre triplo objetivo. De um lado, aferra a Administração ao Direito, na medida em que a sujeita ao respeito de seus próprios atos. De outro, impede a criação de etapas *ad hoc* ou a eleição, depois de iniciado o procedimento, de critérios de habilitação ou do julgamento destinados a privilegiar licitantes. Por fim, evita surpresas para estes, que podem formular suas propostas com inteira ciência do que deles pretende o licitador. Após o início da licitação, a única surpresa para os licitantes deve ser quanto ao conteúdo das propostas de seus concorrentes".[25]

*5.3 Princípio do julgamento objetivo*

O julgamento de uma licitação será objetivo quando fixado através de parâmetros e critérios concretos, precisos e mensuráveis, sem qualquer dose de subjetivismo que se possa atribuir à comissão de licitação. Por outro lado, o julgamento será subjetivo quando a classificação das propostas se dá com base em critérios de ordem pessoal, imensuráveis igualitariamente num mesmo grupo de pessoas.

O legislador, com a intenção de espancar todo e qualquer subjetivismo por ocasião do julgamento das propostas, optou, por óbvio, pelo primeiro critério – o objetivo, conforme pode-se constatar no inciso VII do art. 40 da Lei 8.666/93, assim disposto:

"Art. 40. (...)

"VII – critério de julgamento, com disposições claras e parâmetros objetivos."

Por fim, se outra fosse a opção do legislador, o próprio procedimento licitatório perderia o seu sentido, na medida em que o julgamento das propostas ficaria sujeito a valores de natureza pessoal, o que convenhamos, são, em grande parte, absolutamente diversos num grupo de pessoas que compõem uma comissão de licitação.

## *6. O princípio constitucional do contraditório e da ampla defesa nas licitações*

*6.1 Considerações iniciais*

O art. 5º, inc. LV, da Constituição da República, estabelece que os litigantes, seja em processo judicial ou administrativo, e aos acusados em geral, são assegurados o contraditório e a ampla defesa, com os meios e recursos a ela inerentes.

No tocante aos destinatários, o comando constitucional acima foi extremamente abrangente. Além de consignar que o preceptivo aplica-se aos litigantes em processo judicial, conferiu igual destinação aos envolvidos em processos administrativos.

Como já visto acima, o princípio da garantia de defesa, entre nós, está assegurado no inciso LV do art. 5º da Constituição Federal, juntamente com a obrigatoriedade do contraditório, como decorrência do devido processo legal (CF, art. 5º, LIV), que tem origem no *due process of law* do Direito anglo norte americano.[26]

Para o Prof. Nelson Néry Júnior, "o princípio do contraditório, além de fundamentalmente constituir-se em manifestação do princípio do estado de direito, tem íntima ligação com o da igualdade das partes e o do direito de ação, pois o texto constitucional, ao garantir aos litigantes o contraditório e a ampla defesa, quer significar que tanto o direito de ação, quanto o direito de defesa são manifestação do princípio do contraditório".[27]

Por garantia de defesa[28] deve-se entender não só a observância do rito adequado,

25. Ob. cit., p. 21.

26. O *due process of law* é criação do Direito anglo-norte-americano, principalmente para conter os excessos da Administração, estando agora regulamentado nos Estados Unidos pelo *Federal Administrative Procedure Act* de 1946, que rege todos os processos administrativos e a revisão desses processos pelos órgãos judiciais (cf. Jorge Tristan Bosch, *El Procedimiento Administrativo en los Estados Unidos de América*, Montevidéu, 1953, pp. 39 e ss., e tb. Edward S. Corwin, *A constituição Norte-Americana e seu significado atual*, trad. de Leda Boechat Rodrigues, Rio de Janeiro, 1959, p. 263).

27. *Princípios do Processo Civil na Constituição Federal*, Ed. RT, São Paulo, 3ª ed., 1996, p. 131.

28. Sobre garantia de defesa cabe registrar as palavras do Ministro do STF Victor Nunes Leal, consignadas em MS 12.028, STF, *RDP* 7, p. 281, assim dispostas: "O elementar princípio da defesa deve ser

como a cientificação do processo ao interessado, a oportunidade para contestar a acusação, produzir prova de seu direito, acompanhar os atos da instrução e utilizar-se dos recursos cabíveis. É através da manifestação da parte interessada, dos elementos trazidos ao processo, que "a defesa ganha um caráter necessariamente contraditório. É pela afirmação e negação sucessivas que a verdade irá exsurgindo nos autos. Nada poderá ter valor inquestionável ou irrebatível. A tudo terá de ser assegurado direito do réu de contraditar, contradizer, contraproduzir e até mesmo de contra-agir processualmente".[29]

Podemos concluir que o contraditório se insere no contexto da ampla defesa, a ponto de quase com ela confundir-se, considerando-se que não há como uma defesa não ser contraditória. O contraditório não pode realizar-se em regime de "despotismo administrativo" que pressupõe e impõe o segredo de ofício.

O Prof. Celso Antônio Bandeira de Mello adverte que "...seriam impossíveis "o contraditório e a ampla defesa", constitucionalmente previstos, sem audiência do interessado, acesso aos elementos do expediente e ampla instrução probatória. Assim, também, seria impossível exercitá-los eficientemente sem direito a ser representado e assistido por profissional habilitado".[30]

A Profa. Odete Medauar nos ensina que "...o contraditório significa a faculdade de manifestar o próprio ponto de vista ou argumentos próprios ante fatos, documentos ou pontos de vista apresentados por outrem (...). Elemento ínsito à caracterização da processualidade, o contraditório propicia ao sujeito a ciência de dados, fatos, argumentos, documentos, a cujo teor ou interpretação pode agir, apresentando, por seu lado, outros dados, fatos, argumentos, documentos".[31]

Observa, acertadamente, o Prof. Agustin A. Gordillo que: "El princípio constitucional de la defensa em juício, en el debido proceso, es porsupuesto aplicable en el procedimiento administrativo, y com criterio amplio, no restrictivo".[32]

Vale assinalar que o processo administrativo sem oportunidade de defesa ou com defesa cerceada é nulo, conforme têm decidido reiteradamente nossos Tribunais judiciais, confirmando a aplicabilidade do princípio constitucional do devido processo legal, ou, mais especificamente, da *garantia de defesa.*

### *6.2 O princípio constitucional do contraditório e da ampla defesa nas licitações*

Em nosso cotidiano profissional temos tido a oportunidade de constatar que, regra geral – salvo raríssimas exceções – a Administração Pública, quando do processamento e julgamento de certames licitatórios, não observa o princípio constitucional do contraditório e da ampla defesa, deixando, na maioria das vezes, de oportunizar àqueles interessados que eventualmente serão afetados com a prática de um determinado ato administrativo, a apresentação prévia do contraditório e ampla defesa.

Várias são as situações que podem ocorrer no curso de um certame licitacional e que, necessariamente, demandam a abertura do contraditório e da ampla defesa. A lei de licitações em determinadas passagens traz expressamente em seus comandos normativos esta obrigatoriedade, porém em outras situações, muito embora não con-

obrigatório para a administração (...). Parece que estamos necessitando nessa matéria de uma construção doutrinária que não institucionalize o arbítrio".

29. Celso Ribeiro Bastos, *Curso de Direito Constitucional*, Saraiva, São Paulo, 18ª ed., 1997, p. 226.

30. Ob. cit., p. 285.

31. *A Processualidade no Direito Administrativo*, Ed. RT, São Paulo, 1ª ed., 1993, p. 96.

32. "La garantia de defensa como principio de eficacia en el procedimiento administrativo", *RDP* 10/16.

signando expressamente no texto legal, mas por força de dispositivo constitucional (inc. LV do art. 5º), referida obrigatoriedade é inafastável.

Para os fins aqui pretendidos, dentre os vários dispositivos da Lei 8.666/93, voltaremos nossa atenção para os arts. 49, § 3º e 78, parágrafo único, por entendermos que as hipóteses neles contempladas são rotineiramente vivenciadas pela Administração Pública sem, todavia, admitir que outras situações normatizadas pela lei demandam a observância do princípio constitucional em questão. Os citados dispositivos encontram-se desta forma consubstanciados:

"Art. 49. A autoridade competente para a aprovação do procedimento somente poderá revogar a licitação por razões de interesse público decorrente de fato superveniente devidamente comprovado, pertinente e suficiente para justificar tal conduta, devendo anulá-la por ilegalidade, de ofício ou por provocação de terceiros, mediante parecer escrito e devidamente fundamentado. (...)

"§ 3º. No caso de desfazimento do processo licitatório, fica assegurado o contraditório e a ampla defesa."

E ainda:

"Art. 78. Constituem motivo para rescisão do contrato:

"Parágrafo único. Os casos de rescisão contratual serão formalmente motivados nos autos do processo, assegurado o contraditório e a ampla defesa."

Primeiramente cabe assinalar que torna-se absolutamente despiciendo tecer comentários acerca da revogação, anulação, ou ainda desfazimento de processos licitatórios, em virtude de que o raciocínio a ser aqui desenvolvido tem o seu foco central voltado para outro ponto.

O licitante tem o direito ao contraditório e a ampla defesa assegurado constitucionalmente. Tal direito deverá ser exercido *antes* da decisão da autoridade competente que possa afetá-lo, direta ou indiretamente. Para que dito direito seja ampla e satisfatoriamente exercido, poderá o interessado ou interessados, ter vistas do processo, produzir provas documentais por exemplo, juntar documentos e ainda suas razões.

Com o exercício deste direito de forma *prévia* à prática do ato, o licitante estará subsidiando a Administração com elementos que podem, eventualmente, contribuir para formação da convicção final da autoridade competente, ficando com muito mais fundamentos fáticos e jurídicos para a tomada de decisão.

É mister deixar claro que o direito do licitante ao contraditório e a ampla defesa, exercido previamente à prática do ato pretendido – p.e. revogação ou anulação da licitação, ou ainda, rescisão contratual – não contratual – não se confunde com direito de recorrer da decisão que, a final, for tomada, assegurado, tal direito recursal, expressamente pelo art. 109 da Lei de Licitações.

Infelizmente a realidade constatada no âmbito da Administração Pública é diametralmente oposta a esta aqui defendida. Hoje nos deparamos facilmente com administradores, e também servidores, despreparados, que agem e tomam decisões ao arrepio de todo um ordenamento jurídico, colocando em jogo o próprio interesse público a ser atingido.

Constatamos, cotidianamente, atos de revogação e anulação de licitação baixados sem um mínimo de motivação e, o que agrava ainda mais a situação, sem a menor oportunidade ao contraditório e a ampla defesa aos atingidos pela prática e efeitos daqueles atos praticados.

A Lei de Licitações, ao tratar do desfazimento do processo licitatório (revogação ou anulação), bem como da rescisão contratual, determina que tais atos somente poderão ser praticados *depois* de assegurado o contraditório e a ampla defesa. Torna-se, assim, pressuposto legal para a prática de atos desta natureza a oportunização antecipada do contraditório e da ampla defesa, devendo, para tanto, a Administração Pública assinalar um prazo razoável. Esta determinação é condição indispensável para que a nulidade ou revogação da licitação, ou ainda a rescisão contratual, possa operar-se validamente. É este o comando dos dispositivos legais neste tópico evidenciados.

Porém, cabe uma advertência final no sentido de que não basta apenas a administração licitadora oportunizar o contraditório e a ampla defesa. Deverá ela oferecer os meios necessários para que os interessados tenham condições de exercer tal direito assegurado em nossa Carta Magna. Para tanto: i) deverá ser dada a necessária publicidade informativa da abertura do contraditório e da ampla defesa; ii) deverão, antecipadamente, ser informados os motivos determinantes da prática do ato pretendido pela Administração, iii) vistas dos autos devem ser concedidas aos eventuais interessados; e ainda, iv) um prazo[33] razoável deve ser assinalado para o exercício do direito ao contraditório e a ampla defesa.

### 6.3 *O posicionamento da doutrina*

A posição de Celso Antônio Bandeira de Mello: "Viu-se também (...) que a licitação só pode ser revogada por razões de interesse público suscitadas por fato superveniente devidamente comprovado, pertinente e bastante para justificar tal decisão (com ouvida e contraditório do interessado em opor-se a ela), conforme disposto no art. 49 e parágrafos".[34]

A posição de Diogenes Gasparini: "O Estatuto federal licitatório prevê que no caso de desfazimento (revogação, invalidação) da licitação ficam assegurados o contraditório e a ampla defesa (art. 49, § 3º), garantia essa que é dada somente ao vencedor, o único com efetivos interesses na permanência desse ato, pois através dele pode chegar ao contrato. Os demais já foram, por alguma razão, alijados do certame e na oportunidade tomaram as medidas que seus interesses aconselhavam".[35]

A posição de Marçal Justen Filho: "Em qualquer caso, aplicam-se as garantias do contraditório e da ampla defesa. Se a Administração cogita anular atos do procedimento e determinar a indenização por perdas e danos, deverá propiciar prévia manifestação aos interessados. Nem caberá fixar, unilateralmente, a indenização devida".[36]

A posição de Hely Lopes Meirelles: "A nova lei consagrou a exigência do contraditório e da ampla defesa no caso de desfazimento do processo licitatório (art. 49, § 3º). Assim, não basta que a Administração indique os motivos da revogação ou da anulação; é indispensável que dê oportunidade aos licitantes de se manifestarem e de produzirem as provas que entenderem convenientes à sua defesa".[37]

A posição de Carlos Ari Sundfeld: "Do contraditório e da ampla defesa. Assegurados pelos direitos de manifestação prévia dos licitantes em caso de desfazimento da licitação, por anulação ou revogação (art. 49, § 3º) ou do contratado em caso de rescisão contratual (art. 78, parágrafo único) (...)[38]

"Se a autoridade resolve aprovar a licitação, por considerá-la regular e conveniente a contratação, pode homologá-la de imediato. Mas, se decide desfazê-la, seja por meio da revogação, seja por meio da anu-

33. Sobre prazos, a Lei de Licitações, nas hipóteses legais aqui tratadas, em momento algum assinala, de forma expressa, um prazo para o exercício do direito ao contraditório e a ampla defesa. Sugerimos, desta forma, que se adote, por analogia, o prazo recursal estabelecido pelo art. 109, inc. I, da Lei, que é de 05 (cinco) dias úteis.

34. Ob. cit., p. 345.

35. *Direito Administrativo*, Saraiva, São Paulo, 4ª ed., 1995, p. 362.

36. Ob. cit., p. 329.

37. Ob. cit., p. 281.

38. Ob. cit., p. 24.

lação, ficará obrigada a, antes da prática de seu ato, realizar procedimento, onde garanta aos licitantes a oportunidade de manifestação a respeito. É esse o conteúdo dos princípios do contraditório e da ampla defesa. Se produzido o ato revogatório ou anulatório sem a prévia oitiva dos interessados, ele será inválido, por vício procedimental, podendo ser anulado pela via judicial ou administrativa.

"A oportunidade para manifestação prévia cumpre duas funções importantes. Por um lado, assegura ao licitante que este não será atingido por decisão desfavorável a seu interesse antes de se manifestar, com o que diminuem as possibilidades de atos atentatórios a seus direitos. Por outro, fornece à autoridade uma visão mais abrangente dos fatos a analisar, o que contribui para a própria eficácia da atividade administrativa."[39]

A posição de Agustin A. Gordillo: "O princípio da oitiva do interessado antes da decisão de algo que o afete não é apenas princípio de justiça: é também um princípio de eficácia; porque, indubitavelmente assegura um melhor conhecimento dos fatos e portanto ajuda a uma melhor administração, ademais de uma decisão mais justa".[40]

### 6.4 *O posicionamento da jurisprudência*

"A exigência do devido processo legal e a garantia da ampla defesa são regras inquestionáveis do nosso Direito, válidas tanto nos processos judiciais, quanto nos administrativos, sejam estes últimos sancionatórios ou não. Sendo imperativo de índole constitucional, o direito de plena defesa se aplica a todo e qualquer procedimento administrativo, inclusive, e em qualquer particular, à anulação ou revogação de procedimento licitatório. Desse modo, é inconstitucional o decreto que anula licitação senão se instaura o devido processo legal e nem se oferece a ampla oportunidade de defesa" (TJAC, Acórdão 136/93).

"A declaração de indoneidade para licitar deve ser precedida da garantia de ampla defesa" (TJAC, em *RDA* 137/255).

"A sanção administrativa consistente em declaração de indoneidade para licitar e contratar com a Administração Pública não pode ser aplicada sem a garantia do direito de defesa" (TFR, em *RDA* 144/42).

"A desclassificação de empresa licitante, ao argumento de falta de idoneidade técnica, exige motivação fundamentada, ou seja, não basta a mera razão subjetiva para tal decisão, mas uma seqüência de procedimentos que permitam aferição do mérito do fato, na forma da lei e, sobretudo, em obediência ao princípio da garantia de defesa, sob pena de incorrer em arbítrio" (TFR, em *RDA* 166/117).

"Cerceamento de defesa. Caracterização. Supressão de fases do processo. Ofensa aos princípios do devido processo legal, do contraditório e da ampla defesa. Art. 5º, LV, da Constituição da República. Nulidade a partir da deliberação que encerrou a instrução. Recurso provido para esse fim. As normas de processo são de direito público e cogentes. A supressão de fases do processo implica cerceamento de defesa. Essa ofensa atinge a Constituição da República, no que concerne aos princípios do devido processo legal, do contraditório e da ampla defesa. E a nulidade é absoluta" (TJSP, Acr 126177-3).

"A concessão de serviço público, nos termos da legislação pertinente só é alterável, com dano ao concessionário, se observado o devido processo legal em que se assegure ampla defesa ao contratante prejudicado" (STJ, *Boletim AASP* 1.799/239).

"Administrativo. Mandado de Segurança. Rescisão de contrato. Ato unilateral. Motivação. Inobservância do devido processo legal. Constituição Federal, arts. 5º,

39. Ob. cit., pp. 176-7.

40. *Tratado de Derecho Administrativo*, t. 2, Macchi, Buenos Aires, 1980, pp. XVII-35/6.

LV, e 93. Decreto-lei 2.300/86 (art. 68). 1 – A motivação do ato e o devido processo legal, favorecendo a ampla defesa, são garantias constitucionais (arts. 5º, LV, e 93, X, CF); 2 – Discricionariedade não se confunde com o entendimento pessoal ou particular do administrador, submetendo-se à legalidade. Em contrário, configuraria o ato arbitrário; 3 – Segurança concedida para ser garantido o exercício da ampla defesa, formando-se o contraditório; 4 – Recurso provido" (STJ, ROMS 5.478/RJ, 1ª Turma).

## 7. *Síntese conclusiva*

*1.* O rol de princípios constante do *caput* do art. 37 da Carta da República não é exaustivo, existindo outros consignados em comandos diversos da Constituição e de observância obrigatória para a Administração Pública.

*2.* A legislação infraconstitucional poderá estabelecer outros princípios, pertinentes às questões que envolverem a matéria normatizada.

*3.* Além dos princípios constitucionais, a Administração Pública, quando da instauração, processamento e julgamento de certames licitatórios, está obrigada a prestar total obediência aos princípios infraconstitucionais constantes da legislação ordinária.

*4.* A Administração Pública, não apenas em razão dos comandos normativos ordinários, mas também, e principalmente, por força de dispositivo constitucional, está obrigada, nos casos de desfazimento da licitação, por anulação ou revogação, nos casos de rescisão contratual, e ainda, quando da aplicação de sanções, a oportunizar o contraditório e a ampla defesa.

*5.* O contraditório e a ampla defesa, nas hipóteses acima, se constitui em procedimento administrativo *prévio* à prática do ato pretendido pela Administração Pública.

*6.* A oitiva do interessado ou interessados feita *antecipadamente*, é pressuposto legal de validade do ato de revogação ou anulação de licitação, e ainda, de rescisão contratual.

*7.* A Administração Pública ao instaurar, de forma prévia, o contraditório e a ampla defesa, deverá propiciar aos interessados todos os meios disponíveis e necessários para que estes apresentem suas razões, juntem documentos, enfim, tragam subsídios que eventualmente servirão para fundamentar ainda mais a decisão a ser tomada.

*8.* A instauração do contraditório e da ampla defesa deve ser levada a efeito através de necessária publicidade informativa da abertura, onde deverá constar os motivos determinantes da prática do ato pretendido pela Administração, devendo, se requerida, serem concedidas vistas dos autos aos eventuais interessados; e ainda, um prazo razoável deve ser assinalado para o respectivo exercício de tal direito. Sugere-se, como a lei não determina expressamente, um prazo de 5 (cinco) dias úteis, a exemplo do estabelecido para o recurso hierárquico (art. 109, inc. I, da Lei de Licitações).

*9.* Todo e qualquer ato de anulação ou revogação de licitação, de rescisão contratual, ou ainda, de aplicação de sanções, que não seja *precedido* do contraditório e da ampla defesa, na forma estabelecida neste tópico conclusivo, será inválido, por vício procedimental, podendo ser anulado pela via judicial ou administrativa.

## *Bibliografia*

BANDEIRA DE MELLO, Celso Antônio. *O conteúdo jurídico do princípio da igualdade*. Ed. RT, São Paulo, 1978.

_______. *Licitação*. Ed. RT, 1ª ed., 2ª tir., São Paulo, 1985.

_______. "Licitações". *Revista de direito público* 83/16-28, Ed. RT, São Paulo, jul./set. 1987.

______. *Prestação de serviços públicos e administração indireta*. Ed. RT, 2ª ed., 3ª tir., São Paulo, 1987.

______. "Legalidade – Discricionariedade – Seus limites e controle". *Revista de direito público* 86/42:59, Ed. RT, São Paulo, abr./jun. 1988.

______. *Curso de Direito administrativo*, Malheiros Editores, 5ª ed., São Paulo.

BASTOS, Celso Ribeiro. *Curso de Direito constitucional*, Saraiva, 18ª ed., São Paulo, 1997.

BORGES, Alice Gonzales. *Normas gerais no estatuto de licitações e contratos administrativos*, Ed. RT, São Paulo, 1991.

CANOTILHO, J. J. Gomes. *Direito constitucional*, Almedina, 5ª ed., 1992.

CRETELLA JÚNIOR, José. *Das licitações públicas*, Forense, 8ª ed., São Paulo, 1995.

DALLARI, Adilson Abreu. *Aspectos jurídicos da licitação*, Saraiva, 3ª ed., São Paulo, 1992.

DINIZ, Maria Helena. *Norma constitucional e seus efeitos*, Saraiva, 2ª ed., São Paulo, 1992.

DROMI, Roberto. *Licitación pública*, Ediciones Ciudad, Argentina, 2ª ed., 1995.

ENGISH, Karl. *Introdução ao pensamento jurídico*, Fundação Calouste Gulbenkian, 6ª ed., 1983.

FIGUEIREDO, Lucia Valle e FERRAZ, Sérgio. *Dispensa e inexigibilidade de licitação*, Malheiros Editores, 3ª ed., São Paulo, 1992.

GARCÍA DE ENTERRÍA, Eduardo e RAMÓN FERNANDEZ, Tomaz. *Curso de Derecho Administrativo*, Civitas, v. I, 1977.

GASPARINI, Diógenes. *Direito Administrativo*, Saraiva, 4ª ed., São Paulo, 1995.

GORDILLO, Agustín A. "La garantia de defensa como principio de eficacia en el procedimento administrativo", *RDP* 10/16.

______. *Tratado de Derecho administrativo*, t. 2, Macchi, Buenos Aires, 1980.

JUSTEN FILHO, Marçal. *Comentários à lei de licitações e contratos administrativos*, Ed. Aide, 3ª ed., Rio de Janeiro, 1994.

MARQUES, José Frederico. "A garantia do *due process of law* no Direito Tributário", *RDP* 5/28.

MEDAUAR, Odete. *A processualidade no Direito Administrativo*, Ed. RT, 1ª ed., São Paulo, 1993.

MEIRELLES, Hely Lopes. *Licitação e contrato administrativo*. Ed. RT, 6ª ed., São Paulo, 1985.

______. *Licitação e contrato administrativo*, Ed. RT, 8ª ed., 1988.

MENDES, Gilmar Ferreira. "Concorrência pública – Revogação". *Revista de Direito Público* 84/101-110. Ed. RT, São Paulo, out./dez. 1987.

MOTTA, Carlos Pinto Coelho. *Licitação e contrato administrativo*, Ed. Lê, Belo Horizonte, 1990.

NÉRY JÚNIOR, Nelson. *Princípios do processo na Constituição Federal*, Ed. RT, 3ª ed., São Paulo, 1996.

PEREIRA JÚNIOR, Jessé Torres. *Comentários à nova lei das licitações públicas*. Editora Renovar, 1ª ed., Rio de Janeiro, 1993.

PIETRO, Maria Sylvia Zanella Di. *Direito administrativo*, Atlas, 5ª ed., São Paulo, 1995.

REALE, Miguel. *Direito administrativo*, Forense, 1969.

______. *Revogação e anulamento do ato administrativo*, Forense, 2ª ed., 1980.

ROCHA, Cármen Lúcia Antunes. *Princípios constitucionais da Administração Pública*, Del Rey, 1ª ed., Belo Horizonte, 1994.

RODRIGUES, Américo Plá. *Los principios del Derecho del Trabajo*, 1ª ed., Montevidéu, 1975.

RODRIGUES, Carlos Roberto Martins. "Do direito de defesa no procedimento administrativo". *Revista de Direito Público* 73/70-83. Ed. RT, São Paulo, jan./mar., 1985.

SILVA, José Afonso da. *Curso de Direito constitucional positivo*, Malheiros Editores, 12ª ed., São Paulo, 1996.

SUNDFELD, Carlos Ari. *Fundamentos de Direito público*, Malheiros Editores, São Paulo, 1992.

______. *Licitação e contrato administrativo*, Malheiros Editores, São Paulo, 1994.

# INCIDENTE DE INCONSTITUCIONALIDADE E DESVARIO DO PODER

Antônio Souza Prudente
Juiz Federal, Titular da 6ª Vara da Seção Judiciária do Distrito Federal

A Assessoria Jurídica da Presidência da República, que tem exumado significativo acervo de legislação espúria e repressiva da ditadura militar, como a que restou consolidada na infeliz Medida Provisória 1.570, de 26 de março de 1997, convertida, tardiamente e já caduca, na Lei n. 9.494, de 10.9.97, com a "sanção" do Presidente do Congresso Nacional, em manifesto atentado à Constituição da República Federativa do Brasil, vem propondo ao Poder Legislativo a criação do *incidente de inconstitucionalidade*, sob o pretexto de "completar o complexo sistema de controle de constitucionalidade brasileiro" e de solucionar, de logo, controvérsias ensejadoras de um sem-número de demandas, evitando-se prejuízo às partes e à própria segurança jurídica do país.

Sabe-se, porém, que esse argumento falacioso não consegue esconder a verdadeira intenção de engessar e amordaçar o Judiciário brasileiro, em suas bases, sob o comando prepotente das cúpulas do Poder, em manifesto prejuízo à segurança dos cidadãos e da sociedade como um todo.

Não se deve olvidar de que a mesma engenhosa Assessoria fora a autora intelectual do projeto da Lei n. 8.437, de 30 de junho de 1992, que permitira o assalto à poupança popular, no bloqueio criminoso dos cruzados, no Governo Collor, com a determinação inconstitucional de que "não será cabível medida liminar contra atos do Poder Público, no procedimento cautelar ou em quaisquer outras ações de natureza cautelar ou preventiva, toda vez que providência semelhante não puder ser concedida em ações de mandado de segurança, em virtude de vedação legal" (art. 1º, *caput*), que "não será cabível, no Juízo de primeiro grau, medida cautelar inominada ou a sua liminar, quando impugnado ato de autoridade sujeita, na via de mandado de segurança, à competência originária de tribunal" (art. 1º, § 1º) e que "não será cabível medida liminar que esgote, no todo ou em parte, o objeto da ação" (art. 1º, § 3º), em acintosa afronta à garantia fundamental do art. 5º, inciso XXXV, da Constituição cidadã da República Federativa do Brasil, na ordem de que *a lei não excluirá da apreciação do Poder Judiciário lesão ou ameaça a direito*.

Essa orquestração, de algemas e amordaças normativo-positivas, que se compõe com a edição abusiva de medidas provisórias, contra o livre exercício do Poder Judiciário, no Brasil, constitui-se atentado à Constituição e tipifica crime de responsabilidade de seus agentes intelectuais e materiais, a merecer o repúdio da sociedade, que se alimenta da promessa democrática, para um Estado de Direito e de Justiça.

Neste pensar, congregam-se os doutos Subprocuradores Gerais da República, que subscreveram, em 28 de abril de 1997, grave manifesto ao Povo e à Nação brasileira, em defesa da ordem jurídica e do regime democrático, pugnando pela responsabilidade dos que atentam contra o livre exercício do Poder Legislativo, do Poder Judiciário e do Ministério Público (CF, art. 85, II).

O malsinado *incidente de inconstitucionalidade*, que ainda consta do substitutivo apresentado pelo Deputado Jairo Carneiro, ao Projeto de Emenda Constitucional n. 96/92, já fora levado à apreciação do Senado Federal, sem sucesso, na redação da Emenda n. 2-PLEN, de 29 de janeiro de 1997, nestas letras: "Suscitada, em determinado processo, *questão relevante sobre a constitucionalidade de lei ou ato normativo federal, estadual ou municipal*, incluídos os anteriores à Constituição, em caso de controvérsia relevante entre órgãos judiciários ou entre esses e a administração pública, que acarrete grave insegurança jurídica, o Supremo Tribunal Federal, a requerimento dos órgãos ou entes referidos no *caput* do art. 103, poderá processar o incidente e determinar a *suspensão do processo*, a fim de proferir *decisão com efeito vinculante*, exclusivamente sobre a matéria constitucional" (o destaque em itálico não é do original).

Como se vê, o prefalado incidente exuma os cadáveres normativos da ditadura militar, sob a rubrica, agora, da *argüição de relevância da questão constitucional* (o que era, na ordem jurídica anterior à Constituição de 1988, *argüição de relevância da questão federal*) e da insolente *Avocatória*, determinando-se a *paralisação dos processos nas instâncias de origem, até que o Supremo Tribunal Federal decida, com efeito vinculante*, a "relevante" matéria constitucional.

A exacerbada concentração de Poder na Cúpula do Judiciário, como pretende o infeliz incidente de inconstitucionalidade, aniquila a figura do Juiz natural, no controle difuso de constitucionalidade, abandonando a Justiça na mira arbitrária dos Príncipes, que se presumem os únicos representantes da soberania do povo e, por isso, aptos a abusarem do poder, para concretização do flagelo e da ruína dos valores democráticos.

Neste passo, parece-nos acertada a posição defendida pelo atual Presidente da Suprema Corte na fala de que "a Magistratura não pode anular-se como poder político e nem deixar-se subjugar pelos que pretendem impor-lhe o vínculo da dominação institucional, convertendo e degradando o Poder Judiciário à condição de instância desqualificada de submissão, reduzida, de maneira inaceitável, em seu disponível grau de independência e liberdade (...) que a reforma do Poder Judiciário, embora essencial e indispensável, não pode conduzir à criação de mecanismos que busquem, a partir de formulações interpretativas subordinantes, fixadas por órgãos que se situem na cúpula da estrutura judiciária, imobilizar o poder inovador da jurisprudência, gerando, a partir de verdadeira hermenêutica de submissão, uma grave interdição ao direito de o magistrado refletir de maneira crítica e de decidir em regime de liberdade, segundo convicções fundadas em exegese criteriosa do sistema normativo e com observância responsável dos limites fixados pelo ordenamento positivo".

O *incidente de inconstitucionalidade*, preconizado pela Assessoria Jurídica da Presidência da República, tem colorido nazista, aniquilador da independência do Juiz natural, na solução dos conflitos, onde a exegese constitucional, por *imperativos da Justiça*, há de ser rápida, sábia e eficaz, sem os entraves maquinadores do jogo político, na formação de oligarquias dos Poderes e conseqüente destruição da soberania popular.

Brasília (DF), em 13 de outubro de 1997

# PRIMEIRAS REFLEXÕES SOBRE A EMENDA CONSTITUCIONAL FEDERAL N. 15 (CRIAÇÃO, INCORPORAÇÃO, FUSÃO E DESMEMBRAMENTO DE MUNICÍPIOS)

HILDA REGINA SILVEIRA ALBANDES DE SOUZA
Procuradora da Assembléia Legislativa do Estado do Rio Grande do Sul

Este texto, escrito poucos dias depois da edição da Emenda Constitucional Federal n. 15, ressentir-se-á da inexistência, ainda, de debate sobre seu conteúdo – o que propiciaria o indispensável processo de confronto interno e externo das idéias, motor dialético das antíteses e das sínteses – por seu caráter, talvez, pioneiro.

A decisão de escrevê-lo já, sem o arrimo de pensadores e publicistas reconhecidos no Direito pátrio, nem mesmo em pequenos artigos de mera opinião, resultou das condições sócio-políticas vividas e discutidas pela sociedade brasileira, em cada unidade estadual da Federação, muito especialmente por suas Casas Parlamentares, em tempos muito recentes, quando milhares de propostas emancipacionistas e algumas de anexação foram examinadas pelas Assembléias Legislativas – e pelo Poder Executivo dos Estados-membros, através da sanção ou do veto, elementos integrantes do processo legislativo.

No interior desta "onda" de iniciativas comunitárias, previstas em legislação complementar estadual (no mais das vezes demasiado permissivas no que respeita ao estabelecimento de requisitos mínimos para os processos de emancipação) – estimuladas ou não por interesses político-partidários ou eleitorais, como muitos têm denunciado – tendentes a alterar a geografia da organização político-administrativa municipal brasileira, o Congresso Nacional gestou um novo *dever-ser*, consubstanciado no conteúdo da Emenda Constitucional em comento.

Bem por isso a nova disciplina jurídica sobre a divisão territorial municipal, trazida pela substância integradora da Emenda Constitucional Federal n. 15, não pode ser estudada e interpretada por um prisma exclusivamente jurídico, como ensina Manoel Gonçalves Ferreira Filho ao salientar: "*o Direito Constitucional científico* não deve e nem pode satisfazer-se com o emprego exclusivo dos métodos tradicionalmente consagrados pela Hermenêutica. Não pode prescindir dos ensinamentos da Ciência Política para a determinação do meio sobre o qual se erguem as instituições, ou para verificar as conseqüências na realidade do impacto de suas normas (...). Claro está que a necessidade, ora sublinhada, (...) acentua, simplesmente a urgência de combinar o conhecimento da realidade social, obtido por meios adequados, com a visão dos valores a realizar, identificados pelo caminho próprio, para a crítica e a sugestão de normas aptas a transformar o *ser* no *dever-ser,* tarefa que é o objetivo fundamental do Direito".[1]

Sendo fenômeno sócio-político, a produção do Direito positivo exige clareza sobre as condições objetivas existentes em um dado momento histórico, em uma determinada sociedade, eis que estas deverão ser as condicionantes de sua produção ou, pelo menos, as balizas do projeto supra-estrutural jurídico-político desta mesma sociedade.

Ao que tudo indica, no caso brasileiro, *as normas constitucionais de organização,* segundo a tipologia proposta por Luis Roberto Barroso,[2] relativas à matéria, trazidas pela ordem estabelecida em 1988, produziram uma eficácia *social*[3] – efeitos que uma regra suscita através de seu cumprimento[4] – exageradamente dissonante de tais condições.

Esta circunstância acicatou e estimulou este inicial exercício exegético, feito à guisa de contribuição aos Deputados integrantes do Parlamento do Rio Grande do Sul.

Interpretar o Direito não é, pois, tarefa fácil. Se o fosse, bastaria um bom dicionário, ou a ausculta ao legislador, ou a leitura de seus apontamentos, para identificar sua vontade – submetidos à vetusta e decrépita teoria da *mens legislatoris* e, semântica e intencionalmente, como quando "o soberano explicava o seu próprio dizer"[5] aos juízes que o indagavam – teríamos resolvido nossos problemas hermenêuticos.

Modernamente, os estudiosos da interpretação do Direito, têm proposto a adoção de métodos exegéticos sistemáticos, assim magistralmente condensados: "Descobertos os métodos de interpretação, examinados em separado, um por um; nada resultaria de orgânico, de construtor, se os não enfeixássemos em um todo lógico, em um complexo harmônico. À análise suceda a síntese. Intervenha a Hermenêutica, a fim de proceder à *sistematização* dos processos aplicáveis para determinar o sentido e o alcance das expressões do Direito".[6]

Com base na lição indispensável de que a interpretação sistemática deve: "minimizar os riscos de um obrar desencorajado e simplesmente reativo, lento e 'burocrático', na acepção pejorativa do termo. Estimulado pela nova compreensão do conceito mesmo de sistema, há de notar a capital importância de evitar isolados meios de interpretação, já que os objetivos fundamentais do Direito é que devem presidir o processo de compreensão, inclusive das normas mais singelas",[7] e na consciência de que a interpretação sistemática do Direito pressupõe regras, entre elas as de que "interpretar é sistematizar, é hierarquizar, é fundamentar, é relacionar, é sintetizar..."[8] mas, principalmente, é não perder de vista a noção de "que o positivado e o conteúdo principiológico que o transcende sejam implicada e reciprocamente constitutivos",[9] passa-se à tentativa de determinar o sentido e alcance das disposições ditadas pela Emenda Constitucional Federal n. 15.

### 1. *Breve histórico do fracionamento territorial municipal no constitucionalismo brasileiro*

Faz-se aconselhável e até mesmo necessária uma pequena digressão histórica,

1. *Do Processo Legislativo,* 3ª ed. atual., São Paulo, Saraiva, 1995, p. 2.
2. Barroso, Luis Roberto. *O Direito Constitucional e a efetividade de suas normas: limites e possibilidades da Constituição brasileira,* Rio de Janeiro, Renovar, 1990, p. 85.
3. Barroso, Luis Roberto. Ob. cit., p. 76.
4. Reale, Miguel. *Apud* Barroso, Luis Roberto, ob. cit., p. 76.
5. Maximiliano, Carlos. *Hermenêutica e Aplicação do Direito,* 12ª ed., Rio de Janeiro, Forense, 1992, p. 23.
6. Maximiliano, Carlos. Ob. cit., p. 5.
7. Freitas, Juarez. *A Interpretação Sistemática do Direito,* 1ª ed., São Paulo, Malheiros Editores, 1995, p. 138.
8. Freitas, Juarez. Ob. cit., pp. 142-143.
9. Freitas, Juarez. Ob. cit., pp. 138-139.

para identificar nos diversos Documentos Mestres do Direito brasileiro as normas referentes à divisão territorial municipal.

O ensinamento, novamente colhido de um dos maiores teóricos da hermenêutica: "A história da Constituição, em geral, e a de cada um de seus dispositivos, em particular, auxiliam a interpretar os dizeres controvertidos. Estudem-se as origens do código fundamental, as fontes de cada artigo (...) Tente-se comprehender o estatuto brasileiro à luz da História e da evolução dos princípios republicanos, examinando quaes as idéias dominantes na época do advento do novo *regimen*, o que se pretendeu manter, o que se preferiu derrocar",[10] trouxe os dispositivos abaixo relacionados ao comento.

A primeira Constituição do Império brasileiro, de 1824 – despiciendos os comentários sobre a legislação portuguesa, vez que o tratamento dado à matéria pelo instrumental jurídico português, regedor da colônia lusa, carece de interesse para este estudo – foi silente sobre o tema de que se trata.

Apenas, no título 7º, relativo à Administração e Economia das Províncias, o constituinte imperial abriu um capítulo, para disciplinar as Câmaras, dispondo, no art. 167: "Em todas as Cidades, e Villas ora existentes, e nas mais, que para o futuro se crearem haverá Câmaras, às quaes compete o Governo economico, e municipal das mesmas Cidades, e Villas".[11]

Nem mais uma palavra sobre o processo de constituição de cidades e vilas, células primevas do atual Município, deixando ao legislador ordinário, com a expressão "...cidades e villas... que para o futuro se crearem" o disciplinamento do processo de criação de tais entes.

A primeira Constituição republicana brasileira, de 1891, pela letra do art. 68, único e isolado no Título III – Do Município – dizia: "Os Estados organizar-se-ão de fórma que fique assegurada a autonomia dos Municípios, em tudo quanto respeite a seu peculiar interesse".[12]

Estes momentos da história político-administrativa brasileira, é bem de notar, tanto imperial quanto republicana, já agasalhavam no sistema jurídico a idéia de autonomia municipal, lidando com a noção de *peculiar interesse*, introduzida aqui e só abandonada pelo constitucionalismo pátrio no Estatuto Magno de 1988, para situar o campo autonômico da unidade municipal.

Quanto à Constituição de 1934, em que pese ter sido um instrumento jurídico tendente a produzir fundas alterações nas estruturas do primeiro período republicano, rompendo aquela ordem jurídico-política ainda permeada ideologicamente pelo regime monárquico, no Título I – Da Organização Federal – Capítulo I – Disposições Preliminares, depois de, no art. 7º, fixar competência privativa aos Estados para decretar a Constituição, respeitados certos princípios, entre eles o da autonomia dos Municípios, estabeleceu no art. 13: "Os Municípios serão organizados de fórma que lhes fique assegurada a autonomia em tudo quanto respeite ao seu peculiar interesse...", limitando-se a reproduzir formal e essencialmente as disposições da Constituição anterior.

Em 1937, a Carta outorgada, conhecida como "a Polaquinha" por sua inspiração no modelo constitucional autoritário polonês, também não trouxe novidades, em relação às anteriores, repetindo em seu art.

10. Maximiliano, Carlos. *Commentarios à Constituição Brasileira*, 3ª ed., Porto Alegre, Globo, 1929, p. 102.

11. Por fazer parte do sistema jurídico imperial, rompido pela proclamação da República brasileira, cujo ponto de interesse para este estudo é, apenas, a notícia histórica, deixa-se de pesquisar a legislação infraconstitucional daí decorrente.

12. Por não caber nos objetivos e no porte deste Estudo, não se está comentando os comandos das Constituições Estaduais sobre a constituição, fusão, anexação e desmembramento de Municípios.

26, a rigor, os textos das Constituições de 1891 e de 1934, ao dizer: "Os Municípios serão organizados de fórma a ser-lhes assegurada autonomia em tudo quanto respeite a seu peculiar interesse".

A Constituição que devolveu ao Brasil o Estado de Direito Democrático, em 1946, limitou-se a garantir a autonomia municipal (art. 7º, VII, "e" e art. 28, I, II, reproduzindo o conceito de peculiar interesse, introduzido na semântica técnica legislativa constitucional brasileira pela primeira Constituição Republicana, para traçar os limites da autonomia municipal).

Entretanto, na observação de José Afonso da Silva, "não se disse em que consistia essa autonomia e esse peculiar interesse. A conseqüência foi esvaziar o Município e seus órgãos".[13] Todavia, ainda na palavra do mesmo publicista, "Esta Constituição, não sem exagero, foi considerada a carta de alforria dos Municípios. Fortalecera, sem dúvida, a autonomia municipal. Foi municipalista no consignar esta autonomia, mas, especialmente, por tentar apoiá-la numa discriminação de rendas que favorecera os Municípios. Mas propiciou também a deformação de seus ideais municipalistas, ao distribuir igualmente, a todos, parcela do imposto de rendas, com o que os Estados adotaram uma política de facilidades na criação de Municípios, só para atrair mais recursos para seus territórios, com a disseminação de municipalidades, sem qualquer condição de sobrevivência".[14]

Na verdade, mesmo admitindo a crítica de José Afonso, o fato jurídico inédito é que a Constituição de 1946, ao silenciar sobre a matéria, deu ensanchas ao cometimento de competência aos Estados-membros da Federação Brasileira para a edição de legislação regradora da criação de Municípios, de tal sorte que grande parte destes, tradicionalmente mal aquinhoados na distribuição de receita, valeram-se desarrazoadamente da oportunidade de arrebanhar recursos pela via fácil do fracionamento geográfico municipal.

É bem de notar que, consultando dados do Instituto Brasileiro de Geografia e Estatística-IBGE e da Fundação de Economia e Estatística do Rio Grande do Sul-FEE (gráficos e tabelas anexas), observa-se que o crescimento gigantesco do número de municípios no Brasil, e no Rio Grande do Sul, ocorre quando a Constituição Federal prestigia o federalismo e atribui aos Estados a competência para estabelecer as regras do processo de desmembramento territorial municipal.

Assim, é lastimável que, nesta matéria, à conta de alegados excessos e abusos, os quais são facilmente constatáveis pelo exame dos quadros anexos – mesmo considerando o aumento populacional e o processo de urbanização crescente observados no nosso país – , e sem discutir o mérito das vantagens ou desvantagens políticas, econômicas e administrativas do fracionamento territorial municipal, a União obrigue-se a fragilizar a Federação, retomando para si as competências que havia atribuído aos Estados.

Quando da edição do Ato Institucional n. 2, de 1965, o tema da criação de Municípios é tratado pela primeira vez, expressamente pelas cláusulas do art. 22: "Sómente poderão ser criados Municípios novos depois de ser feita prova cabal de sua viabilidade econômico-financeira, perante a Assembléia Legislativa".

É bem de ver, ainda, que a forma de divisão territorial municipal, denominada criação, contemplando apenas a constituição de novos entes municipais, passou a fazer parte integrante das matérias alçadas ao *status* constitucional e ficou condicionada à feitura de prova cabal de viabilidade econômico-financeira, perante os parlamentos estaduais.

13. da Silva, José Afonso. *Manual do Vereador*, 2ª ed., São Paulo, Centro de Estudos e Pesquisas de Administração Municipal-Fundação Presidente Faria Lima, 1977, p. 4.

14. da Silva, José Afonso. Ob. cit., p. 5.

Certamente esta providência normativa destinou-se a pôr cobro nos excessos e pôde ser tão contundente, exigindo prova cabal de viabilidade econômico-financeira, perante a Assembléia Legislativa, por tratar-se de Ato Institucional, editado pelo Governo Militar do Estado Autoritário de Direito em que se transformou o Brasil com o golpe castrense de 1964.

A Carta de 1967 voltou a tratar a matéria, ampliando-a pela dicção dos arts. 14 e 15, dizendo respectivamente: "Lei complementar estabelecerá os requisitos mínimos de população e renda pública e a forma de consulta prévia às populações locais, para a criação de novos Municípios" e "A criação de Municípios, bem como sua divisão em distritos, dependerá de lei estadual. A organização municipal poderá variar, tendo-se em vista as peculiaridades locais".

Pela letra do art. 14, a Emenda Constitucional n. 1, de 1969, rezou: "Lei complementar estabelecerá os requisitos mínimos de população e renda pública, bem como a forma de consulta prévia às populações, para a criação de municípios.

"Parágrafo único. A organização municipal, variável segundo as peculiaridades locais, a criação de municípios e a respectiva divisão em distritos dependerão de lei."

## 2. *Cotejo entre o Texto Constitucional original de 1988 e os Textos Constitucionais anteriores*

A Constituição Federal de 1988, em seu art. 18, disciplinou a organização administrativa da República Federativa do Brasil, e dos entes que a compõem, determinando em seu § 4º que "(1) A criação, a incorporação, a fusão e o desmembramento de Municípios (2) preservarão a continuidade e a unidade histórico-cultural do ambiente urbano, (3) far-se-ão por lei estadual, (4) obedecidos os requisitos previstos em lei complementar estadual, e (5) dependerão de consulta prévia, mediante plebiscito, (6) às populações diretamente interessadas".

Examinando as diversas cláusulas deste dispositivo observa-se que:

(1) Este comando constitucional federal tratou de estabelecer taxativamente as diferentes modalidades de fracionamento territorial municipal – *criação*, *incorporação*, *fusão* e *desmembramento* –, prevendo, além da criação, que havia sido mencionada pelo Ato Institucional n. 2, de 1965, mais três hipóteses de alteração territorial Municipal.

Por criação entende-se o processo pelo qual o território de um ou mais distritos, de um ou mais Municípios, passa a constituir um novo Município, surgindo daí uma nova pessoa de Direito Público Interno, sem prejuízo das já existentes.

A incorporação dá-se quando a integralidade do território de um ou mais Municípios passa a integrar o território de Município já existente, ocasionando a morte de uma ou mais personalidades jurídicas de Direito Público Interno.

Fusão é a soma da integralidade dos territórios de dois ou mais Municípios, com a conseqüente morte das pessoas de Direito Público Interno fundidas e nascimento de uma nova pessoa de Direito Público Interno.

E, finalmente, o desmembramento ocorre quando parte do território de um ou mais Municípios passa a integrar o território de outro Município já existente, nada alterando na personalidade das Pessoas de Direito Público Interno envolvidas nesse processo.

Dos conceitos supra-enunciados pode-se concluir que criação é o mesmo que emancipação e que o desmembramento corresponde à figura da anexação.[15]

15. Os conceitos de criação, incorporação, fusão e desmembramento foram, em parte, extraídos do Projeto de Lei Complementar, dispondo sobre fracionamento territorial municipal, apresentado na ALRS pelo Deputado Bernardo de Souza, tramitando até a data da entrada em vigor da ECF n. 15.

(2) Impôs, como condição para exercitar as formas de fracionamento estabelecidas, a preservação da continuidade e da unidade histórico-cultural do ambiente urbano, talvez como forma de refrear os processos de alteração territorial municipal pois, como observa a doutrina, "... não será difícil encontrar razão histórica que milite contra esse desmembramento",[16] normatizando de forma inovadora ao estabelecer esta condição.

(3) Remeteu ao legislador estadual a competência para legislar sobre a matéria, criando, incorporando, fundindo e desmembrando Municípios. Esta competência, já existente por força dos textos de 1967 e 1969, não se apresenta como novidade estabelecida pela ordem jurídica de 1988, e restringe-se à edição de lei ordinária criando, fundindo, incorporando ou desmembrando concretamente esta ou aquela área territorial municipal.

Em verdade trata-se impropriamente de *lei,* pois que carece de generalidade e abstração, características da norma propriamente dita, a qual presta-se à regulação de um número indeterminável e indeterminado de fatos futuros.

A norma alteradora da configuração territorial municipal é de efeitos concretos, deixando de ter efetividade após a produção dos resultados desejados quando de sua edição – tal como se fora descartável. Destina-se à regulação de um fato jurídico determinado. Sua existência no mundo do Direito resume-se à condição de mera referência histórica, não obstante permaneça eficaz.

(4) Conferiu, ainda, ao legislador estadual a competência para estabelecer, em lei complementar, os requisitos para o fracionamento territorial dos Municípios, concedendo ao Estado, salvo a condição da manutenção da continuidade urbana e histórico-cultural, ampla liberdade para a fixação de tais requisitos, eis que não referiu a necessidade *de prova cabal de sua viabilidade econômico-financeira, perante a Assembléia Legislativa* (art. 22, AI 2/1965), nem *os requisitos mínimos de população e renda pública* (art. 14, CF 1967 e art. 14, EC n. 1/1969), como o fizeram os textos citados.

(5) Diferentemente das disposições constitucionais anteriores, a norma do § 4º do art. 18, da CF/88, definiu a forma de consulta popular prévia como plebiscitária. Esta foi inovação produzida pelo constituinte originário de 1988, eis que os textos constitucionais anteriores deixaram ao legislador ordinário a definição sobre a forma de consultar a população.

O plebiscito é uma forma de consulta popular, feita diretamente ao povo, irrestritamente (salvo os legalmente incapazes de manifestar sua vontade), por meio do voto universal e secreto "acerca de assunto de vital interesse político ou social. Dêsse modo, revela-se a *deliberação direta do povo*, em que, em verdade, reside o *poder soberano* do Estado, sôbre matéria que é submetida a seu veredicto".[17]

Definindo a forma de oitiva do povo como plebiscitária, a Constituição de 1988 assegurou legitimidade à consulta popular, prévia a qualquer das formas de partilha territorial municipal, enquanto antes, na ausência de forma definida, havia o risco de opção infraconstitucional por mecanismo informal.

(6) Por fim, enquanto a consulta popular prévia à criação de Municípios dirigia-se, em 1965, *às populações locais* e em 1969 apenas *às populações,* com a redação dada em 1988 o universo popular consultado qualificou-se pelo uso da expressão nova: *às populações diretamente interessadas.*

16. Ferreira Filho, Manoel Gonçalves. *Comentários à Constituição Brasileira de 1988*, São Paulo, Saraiva, 1990, v. I, p. 143.

17. Plácido e Silva. *Vocabulário Jurídico*, v. III, Rio/São Paulo, Forense, 1967, p. 1.167.

Jurisprudencialmente, pacificou-se o alcance e o sentido desta expressão, interpretada como abrangente apenas das populações que pretendiam emancipar-se, fundir-se, desmembrar-se ou incorporar-se, pois por *população diretamente interessada* entendeu-se o universo populacional restrito àquelas áreas.

### 3. *Os efeitos jurídicos dimanentes do texto da Emenda Constitucional n. 15*

A Emenda Constitucional n. 15, de 12 de setembro de 1996, deu nova redação ao § 4º, do art. 18, modificando-o formal e essencialmente.

Vigendo com a seguinte redação – "(1) A criação, a incorporação, a fusão e o desmembramento de Municípios, (2) far-se-ão por lei estadual, (7) dentro do período determinado por lei complementar federal, e (5) dependerão de consulta prévia, mediante plebiscito, (6) às populações dos Municípios envolvidos, (8) após divulgação dos Estudos de Viabilidade Municipal, apresentados e publicados na forma da (9) lei" –, o atual texto constitucional federal muda radicalmente a relação jurídica da unidade federativa estadual com a União e com os próprios Municípios em matéria de fracionamento territorial municipal, relativamente às competências legiferantes de uns e de outra.

Vejamos, por primeiro, as alterações indiscutíveis, dimanentes do próprio texto da Emenda que, com as alterações promovidas, plasmou mudanças radicais.

*3.1* Vale relembrar que, pela dicção do comando constitucional federal revogado, o plebiscito consultava as populações diretamente interessadas, interpretada a expressão, jurisprudencialmente, como consulta prévia somente à população que pretendia emancipar-se, fundir-se, incorporar-se ou anexar-se, pois que por população diretamente interessada entendeu-se o universo populacional restrito àquelas áreas.

Pacificada a interpretação da expressão legal em tela, pelos Tribunais Superiores, reduzindo-lhe a amplitude, houve por bem o poder constituinte derivado, ao aprovar a Emenda n. 15, ampliar este conjunto demográfico, dizendo "consulta prévia, mediante plebiscito, às populações dos Municípios envolvidos".

Assim, a expressão *populações diretamente interessadas*, do texto original, ganhou alargamento e adensamento explícito com a consulta plebiscitária estendida *às populações dos Municípios envolvidos*.

Ocorre que, de uma banda, tendo grafado sem muita precisão técnica e terminológica, o constituinte original ensejou a acima mencionada interpretação jurisprudencial restritiva, o que reduzia a participação do universo populacional consultado, minguando também a intensidade democrática do processo e, de outra banda, facilitou a aprovação das propostas redimensionadoras da geografia municipal nacional, propiciadora de denunciados excessos emancipacionistas.

Ao substituir a expressão anterior pela expressão em comento, o constituinte derivado obrou no sentido de produzir o efeito de incluir no rol de eleitores não só as populações das áreas interessadas diretamente no processo de alteração do fracionamento territorial municipal, mas também as populações envolvidas, quer porque poderão perder território, quer porque terão sua área territorial ampliada, isto é, *todo o conjunto de eleitores dos Municípios envolvidos*.

Daí deflui o óbvio: se a Constituição quer democratizar mais o processo plebiscitário, incluindo nele toda a população dos Municípios envolvidos no fracionamento territorial municipal, é lógico que se houver um único Município envolvido, todos os eleitores deste Município deverão participar da consulta plebiscitária prévia, como decorrência do adensamento numérico e político do conceito constitucional de *popu-*

*lação diretamente interessada* para *população dos Municípios envolvidos.*

*3.2* Por força do comando constitucional não mais vigente, competia aos Estados legislar complementarmente sobre o período em que seriam realizadas as consultas plebiscitárias sobre as proposições de fracionamento territorial municipal.

Em razão deste mandamento as constituições estaduais dispuseram sobre a matéria, ou se não o fizeram, lei complementar editada *a posteriori* a disciplinou.

Estabelecendo que lei complementar federal fixará o período em que serão realizadas as consultas plebiscitárias para os processos de fracionamento territorial municipal, a Emenda Constitucional n. 15 *retirou expressamente dos Estados a competência para legislar sobre a matéria.*

Ao chamar para a órbita federal a competência antes atribuída aos Estados, o poder constituinte derivado revogou as disposições estaduais contidas ou na Constituição, ou em lei complementar estadual, versando sobre períodos em que serão realizadas consultas plebiscitárias para fim de fracionamento territorial municipal.

Não resta qualquer dúvida sobre este ponto eis que, chamando a si a competência para legislar complementarmente, fixando os prazos de que se trata, tal competência está afeta, agora, à União, que determinará estes períodos em lei complementar federal, a ser editada.

Aliás, a Emenda Constitucional n. 15/96 nada mais fez que restaurar a situação jurídica existente antes do estabelecimento da ordem constitucional de 1988, a qual atribuía à União a competência para dispor sobre a matéria.

Esta mudança implica em impossibilidade de realização de consulta plebiscitária com vistas à reorganização de espaços territoriais municipais enquanto não for editada a lei complementar federal de que trata a Emenda Constitucional n. 15, pois as constituições e/ou as leis complementares estaduais que disciplinavam a cronologia da realização de plebiscito sobre a reorganização político-administrativa do espaço territorial municipal, como já afirmamos, foram revogadas pela redistribuição constitucional de competência para legislar sobre a matéria.

No caso do Rio Grande do Sul, a Emenda Constitucional Federal n. 15 revogou o art. 9º da Constituição Estadual, *restando em vigor apenas a cláusula que confere competência estadual para legislar sobre criação, incorporação, fusão ou desmembramento de Municípios, em concreto*, vale dizer, leis que se esgotam em si mesmas, pois que produzem efeito para uma única situação jurídica (aliás, tão assemelhadas são estas leis a meros atos administrativos, que o remédio adequado para a sua impugnação não é a ação direta de inconstitucionalidade, mas sim o mandado de segurança).

*3.3* A Emenda Constitucional n. 15, ainda, substituiu os requisitos anteriormente estabelecidos por lei complementar estadual pela divulgação dos Estudos de Viabilidade Municipal, acrescentando que estes serão apresentados e publicados na forma da lei.

É de notar que desde 1967 os textos constitucionais introduziram a necessidade de obediência a requisitos. Estes encontravam-se enumerados em lei complementar federal (Lei Complementar Federal n. 1/67), o que uniformizava critérios de divisão territorial municipal em todo o Brasil.

Com o advento da Constituição de 1988, a situação jurídica pós 1946 restaurou-se em parte. Esta semi-restauração do *status quo* jurídico-político revelou-se, mais uma vez, danosa aos interesses municipalistas e à defesa dos verdadeiros princípios federalistas, os quais, em pequeno lapso de tempo, sofreram o desgaste dos excessos identificados em diversos Estados-membros, onde a legislação complementar regente dos requisitos para os processos de divisão territorial municipal esmerou-se em estabelecer requisitos demasiadamente complacentes com a possibilidade fácil de criação de novos Municípios (o caso do Rio Grande do Sul é exemplar: a legislação complementar editada tratava exclusivamente de emancipações, ignorando as demais formas previstas no Documento Mestre).

As tabelas e os gráficos anexos mostram, nitidamente, no Rio Grande do Sul e no Brasil, o crescimento expressivo de uma das formas de desmembramento territorial municipal – a emancipação – correspondendo aos períodos em que a Constituição Federal atribuiu aos Estados a competência para legislar sobre a matéria.

À conta desses excessos, estatisticamente comprovados, reflui o constituinte para a necessidade de uniformizar os critérios de fracionamento territorial municipal.

Curiosamente, aliás, no tempo do centralismo autoritário, quando os Municípios não eram reconhecidos como entes federados, mas meras entidades administrativas dos Estados, os critérios de sua criação eram uniformes para todo o País. Elevados ao mesmo patamar jurídico dos Estados, do Distrito Federal e da própria União, passou a ser possível criar Municípios com critérios distintos de Estado para Estado, tornando desigual, na prática, aquilo que a Constituição igualou.

Destarte é que, pela Emenda Constitucional em exame, a União avocou a si a competência para legislar sobre *apresentação e publicação de Estudos de Viabilidade Municipal*, divulgados antes da apresentação de proposta plebiscitária para fracionar o território municipal.

E provável que a regulação desta matéria torne a incluir a necessidade de *prova cabal de viabilidade econômico-financeira para a criação*, incorporação, fusão e desmembramento de Municípios, com aplausos gerais e, desta feita, sob a égide do Estado Democrático de Direito.

## *4. A alteração ensejadora de discussão*

*4.1* O comando constitucional original vedava expressamente a quebra da continuidade e unidade histórico-cultural do ambiente urbano, impedindo, por quaisquer das modalidades constitucionalmente previstas para fracionamento municipal, a possibilidade de divisão do *locus* urbano.

Pela letra da Emenda Constitucional n. 15/96 tal vedação aparentemente não mais existe, vez que foi totalmente extirpado do texto original o fragmento da norma que impunha a permanência da continuidade e unidade histórico-cultural das cidades localizadas em áreas envolvidas nos processos de criação, incorporação, fusão e desmembramento de Municípios.

A menos que interpretação restritiva venha a vingar, sob o argumento de que desnecessário referir na norma matéria principiológica – o que é consentâneo com os princípios da razoabilidade e da proporcionalidade integradores da norma positiva, subjacentemente constitutivos da mesma, não só aplicáveis à administração pública *stricto sensu,* mas ao Direito em geral –, não mais é exigida expressamente a manutenção da continuidade territorial e histórico-cultural do ambiente urbano.

Mais uma vez vale o socorro das regras da interpretação sistemática, indispensáveis para todo e qualquer exercício de interpretação e valiosas para o intérprete da EC n. 15, no que atina a esta alteração profunda no texto constitucional.

A possibilidade de divisão da zona urbana é tão desarrazoada e desproporcional que só a razão acima mencionada, vale dizer, por não haver necessidade de fazer constar expressamente da norma jurídica o seu conteúdo principiológico, eis que este necessariamente integra a mesma, que a vedação em comento aparentemente não foi reproduzida.

Assim, enfatizando pela repetição, sob o argumento de que é desnecessário referir matéria principiológica na norma positivada (pois os princípios são fontes primárias do Direito Positivo, integradores, informadores e subjacentemente constitutivos do mesmo), entende-se que, mesmo sem exigência expressa, a Emenda Constitucional em pauta, implicitamente – pelos princípios da razoabilidade e da proporcionalidade, não só informadores do Direito Administrativo, mas do Direito em geral – mantém esta imposição.

Bem por isso asseverou Celso Antônio Bandeira de Mello:[18] "ninguém poderia aceitar como *critério exegético de uma lei* que esta sufrague as providências *insensatas*...; é dizer, que avalize previamente condutas desarrazoadas, pois isto corresponderia a irrogar dislates à própria regra de direito". Certamente o legislador, quando da edição da lei reguladora da matéria, incluirá aí a exigência de que se trata, antes constante expressamente do texto Constitucional emendado.

### *Anexo: Tabelas e gráficos*

## EVOLUÇÃO DO NÚMERO DE MUNICÍPIOS GAÚCHOS E BRASILEIROS NOS DIVERSOS PERÍODOS CONSTITUCIONAIS

### Municípios gaúchos

AUMENTO DO NÚMERO DE MUNICÍPIOS DE 1884 A 1996[19]

| Ano | Total de Municípios | Aumento: números absolutos | Ano | Total de Municípios | Aumento: números absolutos |
|---|---|---|---|---|---|
| 1884 | 55 | | 1886 | 56 | 1 |
| 1890 | 58 | 2 | 1891 | 61 | 3 |
| Constituição de 1891 – Aumento percentual (1884 a 1891): | | | | | 11% |
| 1898 | 62 | 1 | 1899 | 63 | 1 |
| 1900 | 64 | 1 | 1902 | 65 | 1 |
| 1903 | 66 | 1 | 1912 | 67 | 1 |
| 1913 | 69 | 2 | 1915 | 70 | 1 |
| 1918 | 71 | 1 | 1920 | 72 | 1 |
| 1924 | 74 | 2 | 1925 | 75 | 1 |
| 1926 | 77 | 2 | 1927 | 79 | 2 |
| 1928 | 80 | 1 | | | |
| Constituição de 1930 – Aumento do percentual (1891 a 1930): | | | | | 31% |
| 1931 | 82 | 2 | 1933 | 83 | 1 |
| 1934 | 86 | 3 | | | |
| Constituições de 1934/1937 – Aumento percentual (1930 a 1934/1937): | | | | | 0,7% |
| 1939 | 88 | 2 | 1944 | 92 | 4 |

18. *Curso de Direito Administrativo*, São Paulo, Malheiros Editores, 1993, p. 54.

19. Dados fornecidos pela FEE – Fundação de Economia e Estatística do Estado do Rio Grande do Sul, tabela transmitida por fax (n. 051 – 2250006), em 14 abril 1997, com dados obtidos nas seguintes fontes:

a) Evolução Administrativa do Rio Grande do Sul, Divisão de Geografia e Cartografia da Secretaria da Agricultura, 1970;

b) Os Municípios do Rio Grande do Sul – Informações Históricas, Sócio-econômicas e Políticas, Comissão de Estudos Municipais da Assembléia Legislativa do Estado, 1985;

c) Banco de dados da Comissão de Assuntos Municipais da Assembléia Legislativa do Estado.

| **Ano** | **Total de Municípios** | **Aumento: números absolutos** | **Ano** | **Total de Municípios** | **Aumento: números absolutos** |
|---|---|---|---|---|---|
| Constituição de 1946 – Aumento percentual (1934/1937 a 1946): | | | | | 0,7% |
| 1954 | 112 | 20 | 1955 | 118 | 6 |
| 1959 | 150 | 32 | 1960 | 152 | 2 |
| 1961 | 156 | 4 | 1962 | 157 | 1 |
| 1963 | 185 | 28 | 1964 | 200 | 15 |
| 1965 | 232 | 32 | | | |
| Constituições de 1967/1969 – Aumento percentual (1946 a 1967/1969): | | | | | 52% |
| 1981 | 233 | 1 | 1982 | 244 | 11 |
| 1987 | 273 | 29 | 1988 | 333 | 60 |
| Constituição de 1988 – Aumento percentual (1967/1969 a 1988): | | | | | 43% |
| 1992 | 427 | 94 | 1995[20] | 467 | 40 |
| (1995)[21] | (497) | (70) | | | |
| Emenda Constitucional n. 15/96 – Aumento percentual (1988 a 1996): | | | | | 49% |

## Municípios Brasileiros

AUMENTO DO NÚMERO DE MUNICÍPIOS DE 1940 A 1990[22]

| **Ano** | **Total de Municípios** | **Aumento: números absolutos** |
|---|---|---|
| 1940 | 1.574 | |
| Constituição de 1946 | | |
| 1950 | 1.889 | 315 |
| 1960 | 2.766 | 877 |
| Constituições de 1967-1969<br>Aumento percentual (1946 a 1967/1969): 75% | | |
| 1970 | 3.952 | 1.186 |
| 1980 | 3.974 | 22 |
| Constituição de 1988<br>Aumento percentual (1967/1969 a 1988): 44% | | |
| 1990 | 4.491 | 517 |
| Emenda Constitucional n. 15/96<br>Aumento percentual (1988 a 1996): 13% | | |

20. Número de Municípios criados em 1995, onde foram realizadas eleições municipais em 1996 e que foram instalados em 1º de janeiro de 1997.

21. Além dos 40 Municípios mencionados acima, na nota anterior, estão incluídos mais 30 Municípios criados em 1995, onde não foram realizadas eleições em 1996 e que não foram instalados até agora.

22. Dados extraídos do Anuário Estatístico do Brasil – 1995, IBGE.

## GRÁFICO DA EVOLUÇÃO DO NÚMERO DE MUNICÍPIOS GAÚCHOS[23]

**Municípios Gaúchos**

AUMENTO DO NÚMERO DE MUNICÍPIOS DE 1884 A 1996

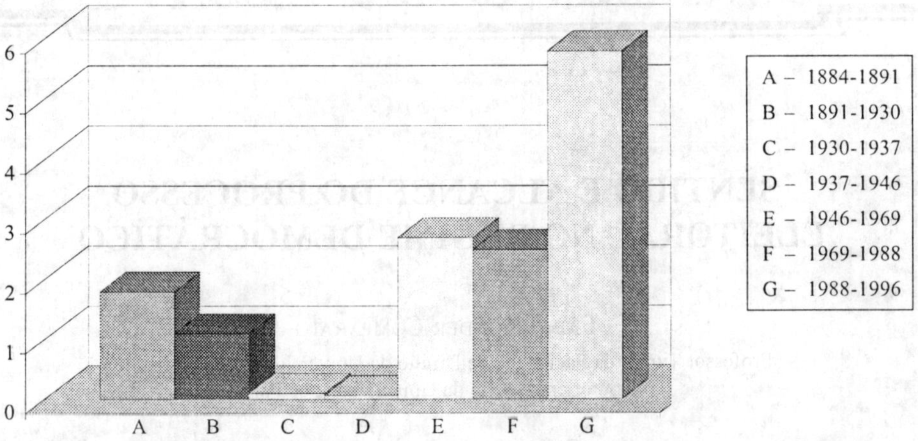


## GRÁFICO DA EVOLUÇÃO DO NÚMERO DE MUNICÍPIOS BRASILEIROS[24]

**Municípios Brasileiros**

AUMENTO PERCENTUAL DO NÚMERO DE MUNICÍPIOS DE 1940 A 1990

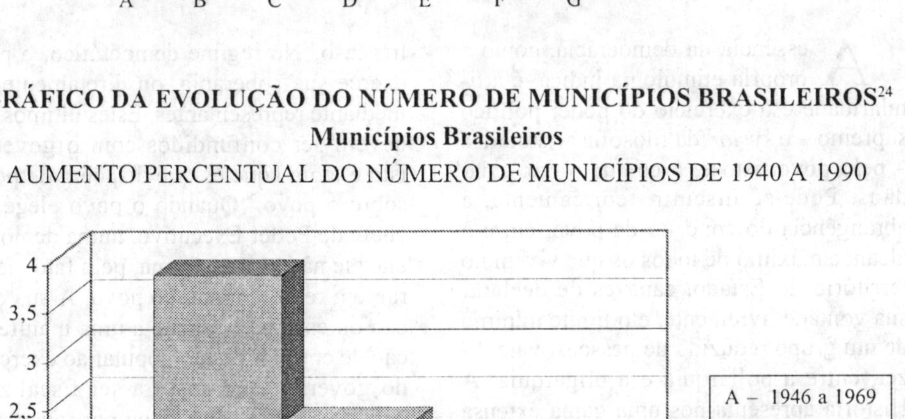


23. Este gráfico pretende permitir a visualização da intensidade de criação de novos Municípios, no Estado do Rio Grande do Sul, em cada período constitucional. Cada coluna expressa um número fictício, dado pela relação decorrente da divisão do percentual de acréscimo pelo número de anos – no período considerado.

24. Este gráfico, relativo à criação de novos Municípios no Brasil, tem o mesmo propósito e adota os mesmos parâmetros do gráfico referido na nota anterior.

# SENTIDO E ALCANCE DO PROCESSO ELEITORAL NO REGIME DEMOCRÁTICO*

Fábio Konder Comparato
Professor Titular da Faculdade de Direito da Universidade de São Paulo – Doutor em Direito da Universidade de Paris

A essência da democracia, como a própria etimologia indica, é a titularidade e o exercício do poder político supremo – o *kyrion* da filosofia aristotélica – pelo povo, isto é, o conjunto dos cidadãos. Pode-se discutir, teoricamente, a abrangência do conceito de povo, entre o alcance máximo de todos os que vivem no território do Estado, capazes de declarar sua vontade livremente, e o limite mínimo de um grupo reduzido de pessoas; vale dizer, entre a poliarquia e a oligarquia. A História apresenta-nos uma gama extensa de variações, nesse particular. Mas o que não se pode é confundir a democracia com os regimes que claramente dispensam a manifestação da vontade popular, ou falseiam, por meio de engenhosos mecanismos, a sua expressão legítima.

Importa também distinguir o poder *do povo*, do *poder sobre o povo*, e a diferente função do processo eleitoral em um e outro caso.[1] No regime democrático, o povo exerce sua soberania, ou diretamente, ou mediante representantes. Estes últimos não devem ser confundidos com o governo, isto é, com aqueles que dispõem de poder sobre o povo.[2] Quando o povo elege um chefe de Poder Executivo, numa democracia, ele não se transforma, pelo fato eleitoral, em representante do povo. A sua eleição ou escolha equivale a uma manifestação de consentimento popular ao exercício do governo, que passa a ser fiscalizado pelo povo, diretamente, ou por seus representantes, que são, em geral, os membros do parlamento.

* Conferência pronunciada no 1º Congresso Brasileiro de Democracia e Cidadania, realizado pelo IDID-Instituto de Defesa das Instituições Democráticas, em Belo Horizonte, em 11 de dezembro de 1997.

1. Esta distinção foi claramente exposta por Karl Loewenstein, em sua obra *Political power and the governmental process*, reeditada ampliadamente em alemão sob o título *Verfassungslehre*, 3ª ed., Tübingen (J. C. B. Mohr), 1975, pp. 34 e ss.

2. Em sentido exatamente contrário, o idealismo alemão apresenta o governo como representante do Estado como um todo perante o indivíduo (cf. Carl Schimitt, *Verfassungslehre*, 7ª ed., Berlim, Duncker & Humblot, 1989, p. 212; Gerhard Leibholz, *Das Wesen der Repräsentation und der Gestaltwandel der Demokratie im 20. Jahrhundert,* 3ª ed., Berlim, Duncker & Humblot, 1966, pp. 79 e ss.).

Numa democracia, já observara Montesquieu, o povo é, sob certos aspectos, monarca e, sob outros, súdito. Ele é monarca pelos seus sufrágios, que exprimem sua vontade. Daí porque as leis que regulam o modo de proceder das eleições são tão fundamentais no regime democrático, quanto a lei de sucessão dinástica numa monarquia.[3]

Ora, exatamente em função do vínculo indissolúvel entre democracia e escolha ou consentimento popular, bem como em razão do prestígio crescente que esse regime político passou a ter em todo o mundo na segunda metade do século XX, as diferentes autocracias ou oligarquias, não podendo correr o risco de perder sua aparência de legitimidade, procuraram manter oficialmente o processo eleitoral, preservando no entanto, o seu funcionamento de todo risco capaz de afetar o poder supremo da minoria governante.

A manipulação eleitoral, a bem dizer, não é um fato novo em nossa história política. Com maior ou menor dose de refinamento, ela sempre ocorreu entre nós. Uma rememoração, ainda que sumária, do nosso passado eleitoral no-lo confirma.

### *Sumário da variação sofrida pelo processo eleitoral, na história do Brasil independente*

A Constituição de 1824, como sabido, determinou que as eleições de deputados e senadores, para a composição da Assembléia Geral, se fizessem por sufrágio indireto e censitário (arts. 90 e ss.).

3. "Le peuple, dans la démocratie, est, à certains égards, le monarque; à certains autres, il est le sujet. Il ne peut être monarque que par ses suffrages qui sont ses volontés. La volonté du souverain est le souverain lui-même. Les lois qui établissent le droit de suffrage sont donc fondamentales dans ce gouvernement. En effet, il est aussi important d'y régler comment, par qui, à qui, sur quoi, les suffrages doivent être donnés, qu'il l'est dans une monarchie de savoir quel est le monarque, et de quelle manière il doit gouverner" *(De l'Esprit des Lois,* livro II, cap. 2).

Em 1842, diante do escândalo geral provocado pelo ambiente de violência em que se desenrolara o último pleito, conhecido em nossa história política como "as eleições do cacete", o Governo decidiu baixar um decreto regulador do processo eleitoral, o de n. 157, de 4 de maio. Em que pese às boas intenções governamentais, o Decreto era evidentemente inconstitucional, e a oposição não deixou de denunciar o fato. O art. 97 da Carta estatuía que "uma Lei regulamentar marcará o modo prático das Eleições, e o número dos Deputados relativamente à população do Império". Um decreto governamental não podia, a todas as luzes, ser aceito como o equivalente de uma lei.

A regulação legal exigida pela Constituição acabou sendo votada em 19 de agosto de 1846, sem que, no entanto, a sua constitucionalidade estivesse isenta de impugnações. O diploma legal mandava computar em prata o censo eleitoral que a Carta havia estabelecido em moeda nacional. Além disso, a nova lei excluiu o direito de voto dos magistrados e altos funcionários. Tais disposições, como foi oportunamente assinalado, dificilmente podiam ser entendidas como a regulação do "modo prático das eleições".

Em 1855, outro Decreto governamental, o de n. 842, cuja inconstitucionalidade era ainda mais pronunciada, instituiu entre nós a eleição por distritos, então chamados círculos, como em Portugal. O mais curioso é que essa eleição distrital majoritária, geralmente considerada pelos especialistas de hoje como uma brutalidade contra a minoria, foi defendida ardorosamente pelo seu idealizador – Honório Hermeto Carneiro Leão, Marquês de Paraná – como o modo mais eficaz de se evitarem as chamadas "câmaras unânimes". Escusa lembrar que o apregoado remédio não curou a moléstia, que continuou a grassar durante todo o Império e a 1ª República.

Cinco anos depois, o Decreto n. 1.082 alargou a representação dos círculos para três deputados, votando o eleitor em chapas fechadas de três candidatos. Mas enquanto pelo sistema de 1855 exigia-se para a eleição a maioria absoluta dos votos, instituindo-se para tanto dois turnos de votação, em 1860 o novo regulamento eleitoral contentou-se com a maioria relativa.

Como ainda persistisse a ocorrência das câmaras unânimes, o Governo resolveu baixar o Decreto n. 2.675, de 20 de outubro de 1875, com o propósito de forçar a representação da minoria. Doravante o voto seria dado em apenas dois candidatos, embora continuassem os distritos a serem representados por três deputados. Era a "lei do terço".

Não obstante essa contínua alteração das regras eleitorais, a minoria timbrava em não aparecer no parlamento. Era geral o sentimento de que se haviam esgotado todas as possibilidades oferecidas pelo sistema representativo estatuído pela Carta Constitucional. Em discurso proferido na Câmara por ocasião das discussões da "lei do terço", José de Alencar vocalizou de certa forma a opinião dominante, ao concluir:

"Temos experimentado os círculos, os triângulos, diversas formas de manipulação, falta a eleição direta. É o travesseiro para o enfermo que não tem repouso".[4]

A oferta desse travesseiro repousante enfrentava, porém, um grave obstáculo constitucional: a necessidade de se reformar a Carta era, agora, inafastável e insofismável. Ora, a reforma constitucional fazia-se, então, por um processo sem dúvida mais democrático do que o que passou a vigorar com a república, mas, por isso mesmo, muito demorado. Inicialmente, deliberava-se sobre proposta, cuja iniciativa pertencia a pelo menos um terço dos deputados, da necessidade de se emendar tal e qual artigo da Constituição. Vencida a necessidade da reforma, expedia-se uma lei, pela qual determinava-se aos eleitores dos deputados à seguinte legislatura, "que nas procurações lhes confiram especial faculdade para a pretendida alteração, ou reforma", a qual seria, só então, proposta, discutida e votada (arts. 175 e ss.).

O governo imperial tinha, porém, pressa em introduzir a eleição direta e o Imperador receio de que uma discussão de mudança constitucional degenerasse em desordem política. Deliberou-se, então, reformar a Carta mediante lei ordinária, sem maiores exigências. Era uma indisfarçável violência, que os legisladores faziam à Constituição. A Câmara dos Deputados transformava-se dessa forma, como bem qualificou José Bonifácio, o Moço, em uma "constituinte constituída". Infelizmente, como se sabe, não foi este o único caso em que se praticou semelhante abuso em nossa agitada história constitucional.

O Gabinete Sinimbú, que apresentara a proposta por meio de seus correligionários políticos, não logrou contudo vê-la aprovada. Foi preciso aguardar a constituição do Gabinete Saraiva e a promulgação da lei de 1881, para que tivéssemos, enfim, um sistema de eleições diretas, voltando-se, para esse efeito, à organização do eleitorado em círculos, agora chamados definitivamente distritos, de um só deputado.

Proclamada a República, a nova Constituição, ecoando a velha queixa contra as "câmaras unânimes" do Império, determinou que na Câmara dos Deputados se garantisse "a representação da minoria" (art. 28, *in fine).* Para obedecer ao preceito, a primeira lei eleitoral republicana, a de n. 35, de 26 de janeiro de 1892, à míngua de idéias novas, voltou à fórmula dos círculos de três deputados, votando o eleitor em apenas dois.

Enquanto isso, cada Estado federado organizava autonomamente o seu direito eleitoral. O Rio Grande do Sul, sob a liderança de Júlio de Castilhos, adotou desde logo os preceitos do positivismo puro e

4. Citado por Walter Costa Porto, *O Voto no Brasil – Da Colônia à 5ª República,* "História Eleitoral do Brasil", v. I, p. 85.

duro, impondo em sua lei de 1897 o voto a descoberto. A Exposição de Motivos justificou a medida, afirmando que era preciso "viver às claras", e que o voto secreto constituía um dos mais poderosos estímulos à corrupção eleitoral. O legislador federal acabou cedendo à influência dessas idéias. A Lei Rosa e Silva, de 1904, deu ao eleitor a faculdade de votar a descoberto.

Este é mais um episódio que ilustra a nossa propensão a adotar, em matéria eleitoral, com a mais firme convicção, remédios absolutamente contraditórios para os mesmos males. A Lei de 1855, como forma de proteção à minoria, introduziu a eleição distrital majoritária, que sempre foi tida como o modo mais drástico de se esmagarem os minoritários. Meio século depois, com o fito de lutar contra a corrupção do voto, a lei eleitoral gaúcha de 1897 e a Lei Rosa e Silva procuraram impedir o voto secreto, que viria a ser, como todos sabem, o cavalo de batalha dos revolucionários de 1930 contra as práticas eleitorais da República Velha.

A nossa primeira Constituição republicana inaugurou, ademais, o sistema de correções quantitativas à representação popular, determinando que o número de Deputados Federais não seria nunca inferior a quatro por Estado.

Foi só depois da Revolução de 30, com o Código Eleitoral de 1932 e a Constituição de 1934, que introduzimos o sistema da representação proporcional, preconizado por José de Alencar em livro escrito em 1866 e publicado em 1868.[5] A fórmula idealizada por Assis Brasil – listas partidárias abertas e voto nominal[6] – viria a ser o principal fator de enfraquecimento dos partidos políticos. O objetivo visado pelo idealizador do sistema, aliás, não era outro: Assis Brasil não fez mistérios quanto ao seu propósito de acabar com a prática do partido único, existente na República Velha.

Importante criação do Código de 1932 foi, sem dúvida, a Justiça Eleitoral. Tanto mais que, na reforma da Constituição, votada em 1926, incluíra-se um dispositivo de claro sabor autocrático: "Nenhum recurso judiciário é permitido, para a justiça federal ou local, contra ... a verificação dos poderes, o reconhecimento, a posse, a legitimidade e a perda de mandato dos membros do Poder Legislativo ou Executivo, federal ou estadual".

Após o interregno do Estado Novo getulista, a Constituição de 1946 voltou ao sistema do Código Eleitoral de 1932, sem a representação classista introduzida pela Constituição de 1934. Registre-se, no entanto, que em 7 de janeiro de 1946, antes portanto de promulgada a nova Constituição, o Decreto n. 8.566 determinou que a votação para a Câmara dos Deputados se fizesse pelo sistema de listas partidárias fechadas. Mas a fórmula, que corresponde à única representação proporcional legítima, contrariava o tradicional personalismo de nossos políticos. O Decreto entrou em vigor, mas não foi aplicado.

No tocante à composição das Câmara de Deputados, a Constituição (art. 58) suprimiu o número mínimo de representantes por Estado, mantendo apenas um redutor no número de Deputados a partir de determinado nível populacional, sistema esse que já existia desde a Constituição de 1891.

Sobre o triste período do regime militar, nada há a dizer, pois as eleições, quando as havia, não passavam de mera encenação para o público exterior. É curioso, porém, que na fase da "abertura lenta, gradual e segura", uma mal denominada emenda constitucional, de n. 22, promulgada em 5 de julho de 1982, determinou, para gáudio de certos cientistas políticos, que "na forma que a lei estabelecer, os deputados federais e estaduais serão eleitos pelo sis-

5. *Systema Representativo.* O Senado Federal publicou uma edição fac-similar do livro em 1997.

6. O livro capital de Assis Brasil, *Democracia Representativa – Do Voto e do Modo de Votar,* foi publicado em 1893.

tema distrital misto, majoritário e proporcional". A lei, bem entendido, não estabeleceu cousa nenhuma. Tivemos mais uma reforma eleitoral no papel.

E com isto chegamos ao regime pós-militar, para o qual Afonso Arinos de Mello Franco cunhou a denominação otimista "República Nova". A novidade, como todos sabem, ficou só na alcunha.

Quase um século após a proclamação da República, a emenda constitucional n. 25, de 15.5.85, reatribuiu aos analfabetos a capacidade política, que a Constituição de 1891, reafirmando a Lei Saraiva, lhes havia retirado. Doravante, os que não chegaram a adquirir as primeiras letras, pelo descaso dos Poderes Públicos, já não seriam penalizados por uma deficiência da qual não podiam, honestamente, ser responsabilizados.[7]

A mesma emenda n. 25 fixou em oito e sessenta o número mínimo e máximo, respectivamente, de Deputados Federais por Estado.

A Constituição de 1988, praticamente, nada inovou em matéria eleitoral, salvo no que diz respeito ao número máximo de Deputados Federais por Estado. Em ridícula concessão à magnitude do maior eleitorado estadual, fixou o teto de representantes em setenta em cada circunscrição (art. 45, § 1º).

A grande inovação viria com a emenda constitucional n. 16, de 4 de junho de 1997, que, contra toda a tradição, a prudência e o bom-senso, introduziu a possibilidade de reeleição dos Chefes de Poder Executivo. É uma iniciativa temerária, que virá certamente reforçar ainda mais o poder irresponsável de nossos governantes, sobretudo se vingar a interpretação espúria, claramente sustentada pelo Planalto, de que os candidatos à reeleição não precisam se desincompatibilizar.

No plano da legislação eleitoral, o espírito pouco democrático do regime pós-militar também se fez sentir. A partir de 1985, tivemos quase que uma lei especial para cada eleição. Os políticos da maioria dominante procuravam adaptar a legislação às suas conveniências pessoais, praticando aquele abuso de poder que Rousseau considerava o mais corruptor de todos: a manipulação legislativa. A recente Lei n. 9.504, de 30 de setembro de 1997, parece ter posto fim a essa sucessão de leis eleitorais de encomenda. Ela se ressente, porém, a meu juízo, de um grave defeito de origem: regulando matéria fixada na própria Constituição, e que diz respeito a um dos mais importantes atributos da cidadania, ela deveria ter sido votada como lei complementar, e não como lei ordinária.

### *O povo ausente ou privado de voz*

Como se acaba de ver, ensaiamos neste País, desde a independência, os mais variados sistemas eleitorais, com extensa gama de espécies e subespécies. O resultado, porém, sempre foi o mesmo: os grupos dominantes jamais perdem o poder. Em nenhum outro setor da vida nacional terá, talvez, mais perfeita aplicação o ditado francês: *plus ça change, plus c'est la même chose.*

A razão de ser dessa perpétua alteração imobilista não é difícil de discernir.

Até 1945, o povo foi mero figurante e não personagem na cena política. Ele compunha o eleitorado virtual, como diríamos hoje na linguagem eletrônica. Por ocasião do último pleito realizado durante o regime imperial, em 1886, as primeiras eleições diretas que conheceu o país, os que compareceram às urnas representavam menos de 1% da população nacional. Durante

7. Durante o debate na Câmara sobre o projeto Sinimbú de eleição direta, o qual suprimia o direito de voto dos analfabetos, o Ministro Leôncio de Carvalho afirmou candidamente: "Até a execução da reforma (eleitoral) há muito tempo para os analfabetos procurarem escola". Estava-se, então, no ano da graça de 1879. Quase 120 anos depois, seria arriscado afirmar que a mentalidade dos governantes no País tenha sofrido alguma mudança.

toda a República Velha, a média dos votantes, em todos os pleitos, foi de 2,6% da população.

A partir de 1945, o figurante torna-se realmente personagem, com um papel próprio a desempenhar. Mas nesse desempenho próprio, ele raramente se aparta do roteiro que o diretor da peça teatral lhe atribui de ofício.

A bem dizer, não há nisso nada de surpreendente. Em vão procura-se o povo, nos principais fatos de nossa história. Ele teima em permanecer ausente, ou, quando aparece, é para se mostrar como que privado de palavra. É assim mesmo, aliás, que Vieira o descreve, no sermão da visitação de Nossa Senhora, pregado por ocasião da chegada à Bahia do Marquês de Montalvão, Vice-Rei do Brasil, em junho de 1640.[8] *"Ut facta est vox salutationis tuae in auribus meis, exultavit in gaudio infans.* Comecemos por esta última palavra", propôs o grande pregador. "Bem sabem os que sabem a língua latina, que esta palavra, *infans,* infante, quer dizer o que não fala. Neste estado estava o menino Batista, quando a Senhora o visitou, e neste esteve o Brasil muitos anos, que foi, a meu ver, a maior ocasião de seus males. Como o doente não pode falar, toda a outra conjectura dificulta muito a medicina. (...) O pior acidente que teve o Brasil em sua enfermidade foi o tolher-se-lhe a fala: muitas vezes se quis queixar justamente, muitas vezes quis pedir o remédio de seus males, mas sempre lhe afogou as palavras na garganta, ou o respeito, ou a violência; e se alguma vez chegou algum gemido aos ouvidos de quem o devera remediar, chegaram também as vozes do poder, e venceram os clamores da razão".

É óbvio que o Brasil, a que se refere Vieira, não é o conjunto dos poderosos da época, que diziam à metrópole exatamente o que esta queria ouvir. É o povo sem poder e sem voz.

Às vésperas da Independência, Hipólito da Costa declarava em Londres, no *Correio Braziliense:* "Ninguém deseja mais do que nós, as reformas úteis, mas a ninguém aborrece mais do que nós que essas reformas sejam feitas pelo povo". Um Governador mineiro repetiu declaração análoga um século depois, às vésperas da Revolução de 1930.

Ora, a partir de 1945, o grande ausente irrompe na cena política, convocado para votar na eleição dos governantes. Todas as precauções, porém, são tomadas para que ele fale o mínimo possível, e fale apenas sobre matéria que não escolheu e na ocasião que lhe é ditada. Quando as circunstâncias indicam que há riscos sérios de o roteiro não ser fielmente seguido, simplesmente fecha-se o teatro e adia-se a representação. "A política brasileira", observou com lucidez Hermes Lima, "tem a perturbá-la, intimamente, secretamente, desde os dias longínquos da Independência, o sentimento de que o povo é uma espécie de vulcão adormecido. Todo perigo está em despertá-lo. Nossa política nunca aprendeu a pensar normalmente no povo, a aceitar a expressão da vontade popular como base da vida representativa".[9]

O magno problema político brasileiro não é, pois, como pareceu a certos cientistas políticos sempre prontos a assimilar teses e categorias forjadas nas oficinas intelectuais do Primeiro Mundo, uma crise de governabilidade.[10] O nosso problema é

8. *Sermões,* v. IX, Porto (Lello & Irmão, Editores), 1951, p. 334.

9. Cit. por Raymundo Faoro, *Os Donos do Poder,* I, 2ª ed., Porto Alegre, p. 323.

10. Em *A Retórica da Intransigência – Perversidade, Futilidade, Amença* (São Paulo, Companhia das Letras, 1995, pp. 100 e ss.), Albert O. Hirschman mostrou que a tese da crise de governabilidade tem origem num relatório da Comissão Trilateral de 1975, publicado sob o título *The Crisis of Democracy,* em que se sustentou que os excessos de gastos governamentais, notadamente com programas de política social, poria em risco a própria democracia. Foi a verdadeira declaração de guerra do neoliberalismo contra o Estado do Bem-Estar Social.

mais profundo e diz respeito, muito além da esfera de governo, ao próprio regime político: é a tentativa absurda de fazer funcionar uma democracia sem povo.

A partir de 1945, quando o número de votantes nas eleições nacionais cresce progressivamente, de 16% da população a mais de 50% nos anos 80 em diante, o grande desafio para os grupos ou classes dominantes consistiu, justamente, em admitir o funcionamento do mecanismo eleitoral sem que a maioria do povo assumisse, em razão de sua esmagadora predominância numérica, as rédeas do Estado.

Num primeiro momento, recorreu-se ao expediente do populismo, que é a quintessência da demagogia. Nas eleições majoritárias, os donos do poder escolhiam candidatos que gozavam de grande favor popular, mas que se comprometiam, expressa ou tacitamente, a fazer o jogo das classes dominantes. O esquema revelou-se altamente perigoso e acabou produzindo efeitos desastrosos, com Jânio Quadros e Fernando Collor de Mello. No primeiro caso, aliás, as classes dominantes, apavoradas, pediram socorro às Forças Armadas, instalando uma militocracia que durou duas décadas. No segundo caso, já estava em funcionamento um outro esquema de poder, altamente sofisticado, que assegurou, sem maiores traumatismos, a permanência do regime oligárquico: foi a manipulação competente da opinião pública pelos meios de comunicação de massa.

Entramos, assim, na última fase da evolução da oligarquia brasileira. O conjunto dos meios de comunicação de massa, notadamente o rádio e a televisão, tornaram-se o maior e mais novo poder informal de nossa organização política. Estamos, de fato, diante de um poder autêntico e não de uma força política inorgânica. Por trás do véu da concorrência comercial, as empresas de comunicação criaram uma unidade interna, estruturada juridicamente, e uma estratégia de atuação em comum com os detentores do poder oficial, perante o povo. Hoje, como todos sabem, ainda que os meios de comunicação de massa sejam impotentes para fazer um Presidente da República, eles têm capacidade suficiente para impedir que um candidato adversário das forças dominantes conquiste a presidência pela via eleitoral. A organização contemporânea da imprensa, do rádio e da televisão representa, em nosso País, o mais sugestivo exemplo daquele poder impediente de que falava Montesquieu.[11]

O mecanismo das eleições, viciado assim em sua essência, falseia completamente o funcionamento do regime.

Quando essa doença toma conta do corpo político, pode conduzi-lo, na falta de uma intervenção oportuna e adequada, a um avançado estado de decomposição. É preciso, pois, voltar urgentemente à consideração dos princípios fundamentais da democracia. É preciso voltar a Rousseau e a seu radicalismo popular.

Para o grande genebrino, defendendo o modelo contra o qual se forjou, contemporaneamente, a política de privatizações e de liquidação do Estado Social, quanto mais um Estado é bem organizado, mais os cidadãos se ocupam de questões ligadas ao bem comum e menos com questões de interesse particular. Sucede mesmo, nesse Estado bem organizado, que as questões privadas tornam-se menos numerosas, uma vez que a realização do bem comum aumenta o grau de felicidade individual, reduzindo com isso a necessidade de cada qual recorrer aos cuidados particulares.[12]

11. "J'appelle faculté de statuer, le droit d'ordonner par soi-même, ou de corriger ce qui a été ordonné par un autre. J'appelle faculté d'empêcher, le droit de rendre nulle une résolution prise par quelque autre; ce qui étoit la puissance des tribuns de Rome" (*De l'Esprit des Lois,* livro XI, cap. VI).

12. "Mieux l'État est constitué, plus les affaires publiques l'emportent sur les privées dans l'esprit des Citoyens. Il y a même beaucoup moins d'affaires privées, parce que la somme du bonheur commun fournissant une portion plus considérable à celui de chaque individu, il lui en reste moins à chercher dans les soins particuliers" (*Du Contrat Social,* livro 3º, cap. XV).

É por isso que ele via na representação popular a negação da soberania do povo. Os mandatários tornam-se, fatalmente, prevaricadores e passam a atuar contra o interesse do mandante. Os eleitos confiscam o Estado e substituem-se ao povo. "A Soberania não pode ser representada", sustentava Rousseau, "pela mesma razão que ela não pode ser alienada; ela consiste essencialmente na vontade geral, e a vontade geral não se representa; ela é a mesma, ou é outra; não há meio termo. Os deputados do povo não são pois, nem podem ser, seus representantes; eles são apenas seus comissários; eles nada podem concluir definitivamente. Toda lei que o povo não ratificou pessoalmente é nula; não é uma lei".[13]

Ao relembrar esses ensinamentos de um democrata radical, não estou propondo instaurar, numa sociedade de 160 milhões de pessoas, um sistema de democracia direta exclusiva. O próprio Rousseau, aliás, tendo sem dúvida a cidade independente de Genebra diante dos olhos, entendia que somente nos pequenos Estados seria possível instituir um regime de autêntica soberania popular.[14] Antes dele, Montesquieu já sustentara que o regime republicano só pode prosperar nos pequenos Estados, onde o bem comum está mais perto de cada cidadão e os abusos são menores e menos protegidos.[15]

Mas é inegável que a democracia hodierna, qualquer que seja o tamanho da sociedade política, exige a instituição de um sistema de decisões populares diretas, que resolvam as questões coletivas fundamentais e estabeleçam diretrizes vinculantes para os órgãos de governo. É o governo submetendo-se ao soberano, o governo delegado do povo, e não dono do poder, a representar para o povo como um ator teatral diante da platéia. E, justamente porque o aparelho governamental é cada vez mais forte nos grandes Estados, torna-se indispensável, como insistia Rousseau, que o povo soberano se pronuncie mais freqüentemente.[16] É a *policy determination,* dirigindo a *policy execution,* para usarmos das categorias propostas por Karl Loewenstein.[17] Ora, até hoje o Congresso não votou as leis reguladoras do referendo, do plebiscito e da iniciativa popular legislativa, previstas na Constituição.[18]

Antes de mais nada, a competência decisória original do povo é inalienável, como atributo da soberania, em matéria constitucional. Hoje, já não se podem aceitar como legítimas as Constituições que não tenham sido referendadas pelo povo soberano, nem elaboradas por uma assembléia superior aos órgãos normais de funcionamento do Estado, convocada exclusivamente para essa tarefa. Da mesma forma, nenhuma alteração do texto constitucional em vigor pode deixar de ser submetida ao referendo popular.

Por isso mesmo, se tivermos de reformar o sistema eleitoral deste País, para corrigir os defeitos gravíssimos acima apontados, a mais elementar exigência de autenticidade democrática impõe que essa reforma, em suas linhas gerais, seja feita por decisão do próprio povo, e nunca por obra de seus representantes. Tanto mais que a votação, pelos representantes do povo, das normas que regem o processo pelo qual eles

13. Ob. cit., ibidem.

14. "Je réponds que c'est toujours un mal d'unir plusieurs villes en une seule cité, et que, voulant faire cette union, l'on ne doit pas se flater d'en éviter les inconvéniens naturels. Il ne faut point objecter l'abus des grands États à celui qui n'en veut que de petits" (ob. cit., livro 3º, cap. XIII).

15. Ob. cit., livro VIII, cap. XVI.

16. "Quant aux retours plus ou moins fréquens des assemblées légitimes (assembléias de todo o povo), ils dépendent de tant de considérations qu'on ne sauroit donner là-dessus de règles précises. Seulement on peut dire en général que plus le Gouvernement a de force, plus le Souverain doit se montrer fréquemment" (idem, ibidem).

17. Ob. cit., p. 40.

18. Sobre o assunto, a melhor monografia continua sendo a de Maria Victoria de Mesquita Benevides, *A Cidadania Ativa – Referendo, Plebiscito e Iniciativa Popular,* São Paulo, Ática, 1991.

próprios foram eleitos, constitui inadmissível violação do princípio que proíbe a prática, por um representante, de atos que digam respeito aos seus próprios interesses, em conflito com os interesses do representado. A representação popular, em suma, só é legítima quando instituída pelo próprio povo.

Por outro lado, ainda no campo institucional, a instauração da democracia autêntica, entre nós, exige que se submeta aos princípios democráticos o formidável poder não institucionalizado dos meios de comunicação de massa. Os órgãos de comunicação não são empresas quaisquer, que produzem bens ou prestam serviços ao consumidor. Elas não se situam no setor econômico, mas no campo político. E isto, pelo fato de interferirem decisivamente na formação da opinião pública, sendo certo que algumas delas só podem atuar mediante a utilização de um bem público, isto é, bem do povo, que é o espaço onde são emitidas as ondas hertzianas. É intolerável, numa democracia digna desse nome, que esses poderosos instrumentos de ação política sejam oligopolizados em mãos das classes dominantes.

Tudo isso, no campo puramente institucional. Mas a democracia, como todo regime político, não se reduz a um conjunto de instituições jurídicas. Ela vive também em função de uma ética própria, centrada em torno de valores fundamentais. Ela se alimenta, ademais, de uma prática ou estilo de vida. A prática democrática é formada pelos costumes do povo. Ora, os costumes sociais, como enfatizou Montesquieu, não se constituem nem se reformam por lei. Eles nascem e se aperfeiçoam por obra da educação.

Eis aqui a outra grande tarefa que entrevejo para a atuação do nosso Instituto. Ele foi criado, como indica a sua denominação, para a defesa das instituições democráticas. Ora, não há mais segura defesa das instituições constitucionais de uma democracia do que a formação, no seio do povo, de um vigoroso *ethos* democrático, representado pelas virtudes cardeais da cidadania ativa: a participação popular permanente nos assuntos de governo e o respeito escrupuloso dos direitos humanos.

Que os nossos homens do direito sejam também, doravante, educadores do povo para a vida democrática!

# A HABILITAÇÃO EM PROCEDIMENTO LICITATÓRIO DE SOCIEDADES PERTENCENTES AO MESMO GRUPO SOCIETÁRIO*

MILTON A. DE BRITO NOBRE
Prof. Titular da Universidade da Amazônia (UNAMA)
– Professor Adjunto da Universidade Federal do Pará

## 1. *Introdução*

Devo, antes de mais nada, agradecer aos ínclitos professores Romeu Felipe Bacellar Filho, Presidente do Instituto Brasileiro de Direito Administrativo-IBDA, e Odilon Borges Júnior, Presidente deste XI Congresso Brasileiro de Direito Administrativo, pelo gentil convite que me proporciona integrar, na honrosa companhia dos eminentes mestres Adilson Abreu Dallari, Alice Maria Gonzales Borges, Antônio Carlos Cintra do Amaral e José Eduardo Martins Cardoso, este tão oportuno painel sobre *Problemas Atuais das Licitações e Contratos Administrativos*.

Disse assim, tão oportuno painel, porque, além do tema posto para o nosso exame, pela sua própria natureza, ser daqueles que se prestam à meditação constante, em especial com o propósito de aperfeiçoar o seu tratamento legislativo – o que não é demais lembrar, se clama no Brasil, sob motivações e interesses os mais diversos, ora com maior, ora com menor intensidade, desde o dia seguinte ao da edição da Lei n. 8.666/93 – vive-se hoje em nosso País, desgraçadamente sempre atrasado no caminhar da marcha da história, uma verdadeira corrida, sem direção precisa, em busca da modernização do Estado, da revisão dos seus fins, da redefinição do seu papel frente a sociedade e ao mercado, realidade essa que, se não tivermos cuidado, ante ao cada vez mais notório favoritismo das concepções minimalistas de Administração Pública, poderá criar também no que tange às licitações e aos contratos administrativos, modelos de futuro incerto e, como se isso não bastasse, ainda nos render apenas as críticas das próximas gerações.

É certo que o fenômeno da globalização, mais célere na medida em que se aproxima (conforme a cronologia oficial) o fim do século, ao lado do desenvolvimento de mercados e políticas regionais, que agrupam países e implicam no surgimento de instituições jurídicas comunitárias, impõem o reconhecimento de que há um novo perfil de Estado, como que projetado, para o enfrentamento do início do terceiro milênio. Não menos correto é, também, que esse perfil obriga a reengenharia do que

* Exposição no XI Congresso Brasileiro de Direito Administrativo, Vitória-ES, 1997.

atualmente se tem como Administração Pública, para torná-la mais ágil, qualitativa, transparente e participativa, voltada à solução dos grandes problemas sociais enfrentados por todas as coletividades, sem, contudo, dar as costas ou ser indiferente ao que se passa no mercado e, sobretudo, mais ética, inclusive porque sujeita a eficazes controles da cidadania. Isso, porém, não significa a necessária ou pura e simples redução do tamanho da Administração Pública, pelo menos em países como o Brasil. Mas sim, e tão-somente, como acabo de referir, a imprescindibilidade da sua reengenharia para melhor servir aos interesses coletivos.

Não é exagero, pois, se afirmar que a Administração Pública, no nosso País, com todas as reformas e reestruturações às quais possa ser submetida continuará sendo a maior contratante de obras, serviços e compras. E, nessas circunstâncias, avulta-se ainda mais a importância da temática escolhida para a nossa abordagem.

Como o tempo de exposição conferido ao integrante de um painel é necessariamente curto e, ademais disso, como a variedade dos problemas atuais, tanto das licitações quanto dos contratos administrativos, apresenta-se bastante ampla, cumpre-me passar, sem mais delongas, às breves considerações que pretendo submeter ao exame do seleto auditório, as quais se restringem, especificamente, a uma questão prática de interpretação do direito positivo, mas que deita raízes profundas de ordem teórica, referente à necessidade de se aclarar, com precisão, se duas empresas pertencentes a um grupo societário, tal como se define no capítulo XXI da Lei n. 6.404, de 1976, ante a falta de norma esclarecedora expressa no bojo da Lei n. 8.666/93, podem se habilitar concomitantemente num processo licitatório, competindo em busca da mesma contratação com a Administração Pública.

Proponho-me, portanto, sem nenhum ânimo de deduzir verdades graníticas, mesmo porque tais verdades sequer se inscrevem dentre as pretensões da ciência, apenas oferecer algumas contribuições à descoberta do melhor caminho para solucionar os problemas decorrentes da falta de previsão legal sobre essa matéria, os quais embora não sendo propriamente novos, se tornam cada vez mais agudos e atuais em conseqüência da multiplicação entre nós de grupos de sociedades, muitos dos quais de índole binacional ou multinacional, surgidos nas ondas negociais que embalam o Mercosul e que, obviamente, alinham-se para disputar os nichos de mercado constituídos pela demanda de obras, serviços ou compras da nossa Administração Pública.

Antes, porém, por motivações de ordem metodológica, devo ponderar que dividirei as minhas observações, sem considerar esta introdução que já se fez longa demais, em quatro partes: na primeira, enunciarei mais detalhadamente as questões que servirão de objeto a minha análise, vale dizer, revisitarei, com base nas regras constantes da Lei n. 6.404, de 1976, os elementos caracterizadores das chamadas *uniões de sociedades*, indicando alguns problemas decorrentes da indiferença da Lei n. 8.666, de 1993, em face da possibilidade ou não de duas sociedades assim reunidas se habilitarem no mesmo procedimento licitatório; na segunda, mencionarei algumas das opiniões já reveladas por nossos doutrinadores a esse respeito, ainda que em manifestações apenas incidentais ou indiretas; na terceira, indicarei, devidamente acompanhado das respectivas razões, o meu entendimento, com especial escopo de oferecer a solução que julgo ser a mais razoável para a situação das empresas reunidas em grupos societários, tal como definidos no capítulo XXI da Lei das Sociedades por Ações; e, finalmente, na quarta, sintetizarei as minhas conclusões.

## *2. As chamadas uniões societárias e a atual lei de licitações*

A legislação brasileira só regula os chamados grupos de sociedades, afastando-se, no particular, das legislações de outros países que seguem a orientação alemã e disciplinam os grupos de empresas em geral.[1]

Na verdade, a Lei n. 6.404, de 1976, além de disciplinar as sociedades por ações, trata de diversas formas de *uniões societárias*, isto é, das sociedades coligadas, controladoras e controladas, no capítulo XX; dos grupos de sociedades ou grupos societários, no capítulo XXI; e, dos consórcios, no capítulo XXII.

As sociedades coligadas, controladoras e controladas estão definidas nos §§ 1º e 2º do art. 243 da Lei n. 6.404/76. Ocorre coligação de sociedades, consoante estabelece o § 1º dessa disposição legal, quando uma sociedade participa com, no mínimo, dez por cento do capital de outra, sem exercer o seu controle. Enquanto, que, segundo dispõe o seu § 2º, "considera-se controlada a sociedade na qual a controladora, diretamente ou através de outras controladas, é titular de direitos de sócio que lhe assegurem, de modo permanente, preponderância nas deliberações sociais e o poder de eleger a maioria dos administradores".

Os grupos de sociedades, por sua vez, só podem ser constituídos, conforme prescreve o art. 265 da Lei n. 6.404/76, por sociedades controladoras e suas controladas, mediante convenção, arquivada no registro do comércio, "pela qual se obriguem a combinar recursos ou esforços para a realização dos respectivos objetivos, ou a participar de atividades ou empreendimentos comuns".

Finalmente, os consórcios, na configuração dada pelo art. 278 da antes mencionada lei são comunhões de sociedades, de cunho tipicamente convencional, para a realização de empreendimentos determinados.

Acontece, todavia, que a Lei n. 8.666, de 1993, ao introduzir nova disciplina às licitações e contratos administrativos, no seu art. 33, repetindo a postura adotada em diplomas que a precederam, refere-se apenas aos consórcios de empresas para regrar a participação de empresas assim agrupadas nas licitações e, inclusive, vedar que uma empresa consorciada se habilite, na mesma licitação, através de mais de um consórcio ou isoladamente.

Importa, a propósito, salientar que a expressão *empresa* é, induvidosamente, usada nessa disposição do Estatuto das Licitações e Contratos Administrativos, com o mesmo sentido que se lhe dá na grande maioria das leis brasileiras, apreendendo-a, como por certo diria Asquini,[2] sob o seu perfil subjetivo, isto é, como empresário, sinônimo de sociedade.

Diante dessas circunstâncias, não contemplando a Lei n. 8.666, de 1993, qualquer impedimento idêntico ao dirigido às sociedades consorciadas, em relação àquelas que integram outras formas de união societária, vale dizer, as sociedades coligadas, controladoras e controladas, bem como as reunidas em grupos de sociedades, têm surgido questionamentos a respeito destas também ficarem ou não impedidas de participar num mesmo procedimento licitatório ao qual já esteja se habilitando sociedade a que sejam vinculadas.

Em outras palavras: qual o sentido e o alcance que, no caso, deve ser dado ao silêncio da lei? Será que as razões que presidem a proibição direcionada às empresas consorciadas pelo art. 33, inciso IV, da Lei n. 8.666/93 se aplicariam igualmente às sociedades coligadas, controladoras e controladas ou àquelas reunidas em grupos societários, de modo a lhes ser aplicável o mesmo impedimento? Ou será que os princípios retores das licitações, mais exatamente os princípios da isonomia, da competitividade e da moralidade impõem vedações idênticas tanto no caso de empresas consorciadas, quanto no caso de empresas

1. Fábio Konder Comparato, *Ensaios e Pareceres de Direito Comercial*, Rio, Forense, 1978, p. 196.

2. Alberto Asquini, "Profili dell'impresa", in *Revista del Diritto Commerciale*, 1943, v. XII, I.

integrantes de outras espécies de união, mormente nos grupos de sociedades, podendo, em conseqüência, até ser considerada desnecessária a diretiva expressa no inciso IV do art. 33 do Estatuto das Licitações e Contratos Administrativos?

### 3. *A "opinio doctorum"*

Foram poucos os nossos doutrinadores que já se debruçaram sobre essas questões com o objetivo de dirimi-las, em especial para esclarecer, como é o meu propósito, se duas empresas integrantes de um mesmo grupo societário, constituído na forma do disposto no art. 265 da Lei n. 6.404/76, podem se habilitar na mesma licitação.

Antes da Lei n. 8.666, de 1993, Hely Lopes Meirelles,[3] com seu espírito de pioneiro, comentando a disposição contida no art. 6º, inciso II, do Decreto n. 73.140, de 1973, de redação semelhante a que se escreveu no art. 33, inciso IV, do atual Estatuto das Licitações e Contratos Administrativos, sustentou que a vedação ali dirigida às empresas consorciadas não alcançara as empresas do que então chamou "grupos econômico-financeiros", basicamente ao argumento de que neles existam "várias empresas com personalidades jurídicas distintas".

Parece-me relevante reproduzir as próprias palavras do saudoso administrativista:

"Daí resulta que a vedação não abrange terceiros, ainda que moralmente possam ter interesse na licitação, como os chamados grupos econômico-financeiros, que controlam várias empresas, com personalidades jurídicas distintas; ou os sócios de mais de uma sociedade, mesmo porque, neste caso, a Lei é clara ao dizer que esta, como pessoa jurídica, não se confunde com as pessoas físicas ou jurídicas que as integram, ou, em outras palavras, aquela e estas têm existência distinta (Cód. Civil, art. 2º).

"Vê-se, pois, que a proibição do regulamento é de que o mesmo concorrente (pessoa física ou jurídica) participe mais de uma vez em uma mesma licitação, isoladamente e em consórcio, ou integrando mais de um consórcio. O dispositivo regulamentar não impede que pessoas jurídicas distintas, ainda que tenham alguns acionistas comuns, participem da mesma licitação. O que a norma veda – repita-se – é que a mesma pessoa se apresente mais de uma vez na mesma licitação. Se isto ocorresse, caso seria de inabilitação da concorrente que diversificar a sua proposta, repartindo-a em mais de uma oferta."

Releva anotar que esse pronunciamento não se refere às formas de união societária introduzidas no nosso direito positivo pela Lei n. 6.404, de 1976, uma vez que foi emitido antes da referida lei.

Não obstante, como notoriamente teve em vista, sob a denominação de "grupos econômico-financeiros", as uniões de sociedades no sentido bastante amplo, parece-me importante trazê-lo à colação, mormente porque, recorrendo ao art. 20 do Cód. Civil, ou seja, a um dispositivo legal que apenas demarca a distinção entre a existência da sociedade e dos respectivos sócios, termina por sufragar a tese de que duas sociedades, embora reunidas juridicamente em comunhão de interesses e propósitos, por terem personalidades distintas, salvo se agrupadas em consórcio, podem se habilitar concomitantemente na mesma licitação.

Sobrevindo, porém, a Lei n. 8.666, de 1993, o Professor Marçal Justen Filho,[4] um dos seus primeiros estudiosos, comentando a disposição constante do seu art. 33, inciso IV, formulou um juízo, sem nenhuma dúvida, bastante diverso, embora dirigido apenas à hipótese de participação de empresas controladoras e controladas na mesma licitação e, bem ainda, com nítido sen-

3. Hely Lopes Meirelles, *Estudos e Pareceres de Direito Público*, São Paulo, Ed. RT, 1981, v. III, p. 208.

4. Marçal Justen Filho, *Comentários à Lei de Licitações e Contratos Administrativo*, Rio, Aide, 1995, p. 216.

tido *de lege ferenda*. Assim, com efeito, leciona esse professor paranaense:

"Não se coaduna com os princípios da competitividade e da moralidade que uma mesma sociedade compita contra si mesma. Por isso, o art. 33, IV, determina o impedimento à participação de uma mesma empresa consorciada através de mais de um consórcio ou isoladamente. Aliás e pelos mesmos fundamentos, sequer poderia se admitir que participem da mesma licitação a empresa controladora e a empresa controlada, ainda que na forma de consórcios distintos."

O meu amigo e mestre Adilson Abreu Dallari, que honra a todos nós com a sua presença neste painel, em brilhante parecer proferido a respeito de um caso concreto, envolvendo uma relação de controladora e controlada, entre uma das empresas integrantes de um consórcio e uma empresa que participava isoladamente da mesma licitação, referindo-se a empresas de um mesmo "grupo econômico", anota o seguinte:

"Não é a mesma coisa, não há identidade dc situações na participação de uma empresa com duas propostas e na participação de duas empresas de um mesmo grupo econômico. Se uma única empresa faz duas propostas distintas, pode-se vislumbrar alguma insinceridade. Mas se duas empresas de um mesmo grupo econômico fazem propostas distintas, isso pode decorrer das peculiaridades de cada uma dessas empresas.

"Com um pedido de desculpas pela redundância, convém assinalar que cada empresa integrante de um grupo econômico tem personalidade jurídica própria. A empresa não se confunde com os seus acionistas. Um mesmo grupo de pessoas pode constituir diversas empresas distintas, cada uma com seus atos constitutivos, seus registros fiscais, seu patrimônio, seu acervo técnico, seu pessoal administrativo etc."

E mais adiante, alertando para os questionamentos que gravitam em torno da matéria em exame, ressalta:

"Extrair da vedação contida no inciso IV do art. 33 da Lei n. 8.666 qualquer coisa além do que ali está expressamente referido levaria a uma terrível insegurança jurídica. Com efeito, seria difícil dizer quais situações jurídicas previstas na Lei das S.A. estariam abrangidas. Todas as empresas integrantes de um grupo de sociedades (art. 265)? Só as controladoras e controladas? Ou também as coligadas (art. 243)? Como ficam as subsidiárias integrais (art. 251) e no caso do relacionamento decorrer de simples acordo de acionistas (art. 118)? Fora desses casos expressamente previstos na Lei, também pode haver acordos operacionais. Pode haver, ainda, simples coincidência de acionistas, sem relacionamento entre as empresas. Nada impede que empresas distintas tenham as mesmas pessoas como gerentes profissionais."

Tem razão Adilson Dallari quando enfatiza que é difícil dizer quais das situações previstas na Lei das Sociedades Anônimas para as demais formas de uniões societárias estão também abrangidas por um impedimento que o art. 33, inciso IV, da Lei n. 8.666, de 1993, dirige literalmente às empresas consorciadas.

Igualmente lhe assiste razão quando sustenta que esse impedimento não alcança as sociedades coligadas, bem como as controladoras e controladas, mesmo porque estas, ainda que compondo um grupo societário de fato, chamado simplesmente de "grupo econômico" pelo notável mestre, têm a sua plena autonomia resguardada não apenas pelo fato de manterem personalidades jurídicas distintas, mas, sobretudo, em face do disposto no art. 245 da própria Lei n. 6.404, de 1976, ter assegurado essa autonomia, como lembra Fábio Konder Comparato,[5] "não obstante a existência de coligação acionária ou de submissão ao controle de outra, ao declarar que 'os administradores não podem, em prejuízo da companhia, favorecer sociedade coligada, controladora ou controlada, cumprindo-

5. Ob. cit., p. 203.

lhes zelar para que as operações entre as sociedades, se houver, observem condições estritamente comutativas, ou com pagamento compensatório adequado'".

Ora, se até nas suas relações recíprocas, tanto as sociedades coligadas, quanto as controladoras e controladas, por força do dispositivo legal antes citado, são obrigadas a manter a mais absoluta autonomia, sem favorecimentos de qualquer espécie, fica evidente que a participação concomitante de duas empresas que se encontrem vinculadas nessas situações num mesmo procedimento licitatório, por si só, não maltrata qualquer norma ou princípio da Lei n. 8.666 de 1993.

Por outro lado, não há como se possa sequer estender – mesmo não assumindo, conforme deve ser, uma postura de interpretação restritiva – às sociedades assim unidas o impedimento constante do inciso IV do art. 33 da Lei n. 8.666, de 1993, pela clara razão de que no caso das sociedades coligadas, controladoras e controladas, não há como no consórcio, no dizer de José da Silva Pacheco,[6] "combinação, ligação, associação, correlação de interesses ou participação conjunta em um mesmo empreendimento".

Tratando-se, portanto, de sociedades coligadas, controladoras e controladas, há um vínculo de participação societária ou de controle social entre elas, mas não decorre daí, como acontece no agrupamento de empresas em consórcio, comunhão de propósitos para um empreendimento comum, de modo a justificar o impedimento à participação concomitante da empresa consorciada e do seu consórcio na mesma licitação, tal como prescreve o art. 33, IV, da Lei n. 8.666, de 1993.

## 4. *Os grupos societários de direito e a lei de licitações*

O mesmo, contudo, não se pode dizer em relação às sociedades que integram um grupo societário formado com base no art. 265 da Lei n. 6.404, de 1976, mais conhecido como *grupo societário de direito*, e que é constituído por uma sociedade controladora e suas controladas ou filiadas, mediante uma convenção, obrigatoriamente arquivada no órgão do Registro do Comércio, pela qual na dicção da própria lei, "se obrigam a combinar recursos ou esforços para a realização dos respectivos objetivos, ou a participação de atividades ou empreendimentos comuns".

A distinção entre "grupos de sociedades de fato" e "grupos de sociedades de direito", embora não tenha sido feita pela Lei n. 6.404, de 1976, decorre da própria sistemática nela adotada para tratar as uniões de sociedades, valendo sobre o assunto citar as observações de Arnoldo Wald e Nelson Eizirik.[7]

"A exigência legal da participação de sociedade controladora na constituição do grupo caracteriza uma relação de subordinação, onde a sociedade de comando exerce, de modo permanente, o controle das filiadas, podendo, inclusive, orientar as atividades destas, respeitados os limites da convenção em vigor. Por outro lado, a necessidade de uma convenção expressa entre a sociedade controladora e suas controladas, obrigando-as à realização dos respectivos objetos ou à participação em atividades ou empreendimentos comuns, bem como a obrigatoriedade da publicação e do registro da referida convenção, qualifica a associação como "grupo de sociedades de direito."

A caracterização do grupo de sociedades, previsto em nosso sistema legal, como "grupo de direito com relação de subordinação", foi inspirado no Direito alemão, pelo qual os grupos só se constituem, legalmente, quando uma empresa dominante e uma ou várias empresas dependentes se

6. José da Silva Pacheco, *Tratado de Direito Empresarial*, v. II, São Paulo, Saraiva, 1977, p. 52.

7. Arnoldo Wald e Nelson Eizirik, "A designação "grupos de sociedades" e a interpretação do art. 267 da Lei das S/A", in *RDM* 54/58.

reúnem sob a direção única da primeira, mediante celebração de contrato.

A importância em se identificar os grupos societários, disciplinados no capítulo XXI da Lei das Sociedades Anônimas como sendo "grupos de direito", decorre da necessidade de fazer uma distinção entre estes e os "grupos de fato", reconhecidos consensualmente pela doutrina, como sendo aqueles previstos pelos §§ 1º e 2º do art. 243 da Lei 6.404/76.

Assim, embora a lei não se refira a grupos, quando da definição de sociedades coligadas e controladas, o critério para o reconhecimento de "grupos de fato", nessa hipótese, é dado pelos vínculos societários identificadores da coligação e do controle.

Assim, a própria definição legal de sociedades coligadas e controladas traduz a existência de uma associação de sociedades, de um "grupo de fato", por oposição aos "grupos de direito". Nos "grupos de fato" as sociedades encontram-se vinculadas por meio de participação acionária, sem necessidade de se organizarem formalmente por meio de convenção. As relações entre elas são estritamente comutativas, respondendo a sociedade controladora pelos danos causados à controlada por atos praticados com abuso de poder (art. 245).

Comentando o art. 265 da Lei n. 6.404, de 1976, leciona Roberto Barcellos de Magalhães[8] que "o grupo de sociedades é uma forma evoluída de inter-relacionamento de sociedades que, mediante aprovação pelas assembléias gerais de uma 'convenção de grupo', dão origem a uma "sociedade de sociedades".[9] E, acrescenta: "nas sociedades não grupadas, os administradores – como se vê do art. 246 – são responsabilizados por qualquer favorecimento de uma sociedade a outra; e tal favorecimento – pela freqüência e facilidade com que ocorre, em prejuízo dos minoritários – está sujeito a sanções e procedimento especial (art. 247 e seus parágrafos); já no "grupo" uma sociedade pode trabalhar para as outras, porque convencionam combinar recursos ou esforços para a realização dos respectivos objetivos ou para participar de atividades ou empreendimentos comuns".

No grupo societário de direito há uma relação de subordinação que implica na perda da autonomia das sociedades controladas ou filiadas, as quais ficam sujeitas a um comando único da sociedade controladora ou daquele escolhido sob sua vontade, inclusive com órgãos diretivos próprios, pois, como lembra Fábio Comparato,[10] a regra de representação exclusiva daquelas sociedades pelos seus próprios administradores pode "ser afastada mediante disposição expressa da convenção grupal (art. 272, parágrafo único)".

Em resumo, o grupo societário de direito, do modo como está regulado no capítulo XXI da Lei das Sociedades Anônimas, constitui uma autêntica sociedade apersonalizada e, conseqüentemente, apresenta uma vinculação maior e mais estreita entre as sociedades que o integram, do que a existente na "associação" que decorre da formação de um consórcio.

Nos consórcios, que alguns autores vêm como autênticos "grupos societários de coordenação", há uma ligação ou combinação contratual de direção, mesmo sem qualquer controle, para a execução de determinados empreendimentos, enquanto que nos grupos de sociedades de direito acontece, não apenas uma ligação ou combinação contratual de direção, mas também de subordinação, em conseqüência do controle exercido por uma das sociedades do grupo, para a realização dos respectivos objeti-

8. Roberto Barcellos de Magalhães, *A nova lei das sociedades por ações comentada*, v. III, Rio, Freitas Bastos, 1977, p. 1.038.

9. Essa expressão é também aplaudida por Fábio Konder Comparato (ob. cit., p. 205) e Wilson de Souza Campos Batalha (*Comentários à lei das sociedades anônimas*, Rio, Forense, 1977, p. 1.144).

10. Ob. cit., p. 206.

vos ou a participação em atividades ou empreendimentos comuns.

Por esse motivo, entendo que a participação de duas sociedades integrantes de um grupo societário de direito na mesma licitação, ainda que não sejam a sociedade controladora e uma das suas filiadas ou controladas, mas duas sociedades controladas, ofende os princípios da isonomia, da competitividade e da moralidade, isto é, princípios que indubitavelmente, por si sós, já impunham o impedimento, que se tornou expresso no inciso IV do art. 33 da Lei n. 8.666, de 1993, dirigido às sociedades consorciadas, disposição esta até dispensável, pois, afinal, no sempre lúcido e repetido ensinamento de Celso Antônio Bandeira de Mello,[11] "violar um princípio é muito mais grave do que transgredir uma norma".

Não se trata, portanto, de dar interpretação extensiva, contrariando as regras da hermenêutica, a uma disposição que, pelo seu conteúdo e natureza, só comporta interpretação restritiva. Trata-se, isto sim, de aplicar em situações concretas iguais, os mesmos princípios, evitando uma evidente contradição lógica, qual seja: a da lei impedir o *minus* e permitir o *majus*, vale dizer, proibir que uma sociedade reunida em consórcio, união de coordenação, possa se habilitar isoladamente na mesma licitação da qual participe esse grupo e, ao mesmo tempo, permitir que uma sociedade, reunida em grupo societário de direito, união de subordinação, se habilite no procedimento licitatório em que o seu grupo já participa, ainda que através de outra das suas filiadas.

O fato das sociedades unidas em um grupo societário de direito conservarem as suas personalidades jurídicas é, no caso, irrelevante, uma vez que o mesmo acontece com as agrupadas em consórcio. Também não possui qualquer significado o fato de o consórcio, embora não tendo personalidade jurídica própria, como, por sinal, também ocorre com o grupo societário de direito, poder se apresentar diretamente à habilitação no procedimento licitatório, enquanto que este último só pode fazê-lo indiretamente através de sociedades que o integrem. O que interessa e deve ser impedida, por realmente desrespeitar os princípios retores da licitação antes mencionados, é a dupla participação nesse procedimento de um mesmo interessado, pouco importando se, num caso, isso poderia ocorrer com a sociedade consorciada, que pudesse se habilitar por si e por meio do seu consórcio e, no outro, com o grupo societário de direito que viesse a se habilitar através de duas das suas sociedades integrantes. Como já diziam os glozadores: *Ratio ubi eadem est, debet eadem juris dispositio* – onde a razão é a mesma, a mesma deve ser a disposição do direito.

## 5. *Para concluir*

O inesquecível Ruy Cirne Lima,[12] em síntese mais do que perfeita disse que "a pessoa jurídica é uma relação".

A relatividade que decorre da própria essência do conceito de personalidade jurídica, acarreta a sua incompatibilidade com qualquer sentido absoluto que se lhe queira dar, a despeito do que estipula o art. 20 do Código Civil, em especial quando sabemos que o direito contemporâneo não admite que as formas jurídicas, *verbi gratia*, as formas societárias, sirvam de véu ou biombo protetor de pessoas ou de grupos.

Por isso mesmo, é que o critério da existência de personalidades jurídicas distintas não é o adequado para que se defina a possibilidade das sociedades integrantes de todas as formas de união societária poderem se habilitar na mesma licitação, pois nos chamados grupos societários de direito, regularmente formados com base nas disposições contidas no capítulo XXI da Lei n.

11. Celso Antônio Bandeira de Mello, *Curso de Direito Administrativo*, São Paulo, Malheiros Editores, 1995, p. 49.

12. Ruy Cirne Lima, *Preparação à dogmática jurídica*, Porto Alegre, Sulina, 1958, p. 181.

6.404, de 1976, embora as sociedades assim unidas mantenham suas personalidades, há indiscutivelmente perda de suas autonomias, em benefício do grupo ou mais exatamente da sociedade controladora que o comanda, tornando-se necessário, para preservar os princípios da isonomia, da competitividade e da moralidade, que não se permita a participação de mais de uma sociedade integrante de um grupo dessa espécie na mesma licitação.

Na hipótese de sociedades coligadas ou controladoras e controladas que não se reúnam em grupos societários de direito, como bem já se pronunciou o Professor Adilson Dallari,[13] não há que se falar em qualquer impedimento *de lege data*, pela simples razão de que o art. 245 da Lei n. 6.404, de 1976, mantém incolume a autonomia social nesses casos. O mesmo, contudo, como já demonstrado, não acontece com as sociedades pertencentes a um grupo econômico de direito.

Para finalizar, rogo sinceras escusas por ter abusado do tempo e, agradecendo a paciente audiência de todos, reitero a demonstração do meu penhor ao IBDA e aos organizadores deste conclave.

13. Ob. cit., p. 538.

# O CONTROLE DO ESTADO NO PRÓXIMO MILÊNIO*

JOÃO FÉDER

*"Todos estão perdidos no seu século, o século está perdido no tempo e o tempo está perdido no incompreensível"*
*(Madame de Staël, escritora francesa do século XVIII)*

Na passagem do primeiro para o segundo milênio, conta a história, a maioria das criaturas se julgava tão infeliz que chegava a acolher, até com algum júbilo, a profecia de que aquele momento marcaria o fim do mundo. Multidões se precipitavam para o interior dos claustros, onde, em isolamento e penitência, o Dia do Juízo as encontrariam entregues aos seus deveres religiosos. E todos se admiraram – e alguns até se assustaram – quando, de repente, se certificaram de que o mundo não havia acabado.

Estamos agora prestes a virar a página de mais um milênio em nosso calendário. E é incrível observar a importância que o calendário ganhou na vida das pessoas.

Ex-professor, o historiador Daniel Boorstin, licenciado por Harvard e Yale, em sua magnífica obra *Os Descobridores*, salienta que a primeira grande descoberta do homem foi o relógio.

Lembra ele que, enquanto a humanidade viveu da agricultura e da pastorícia, não houve grandes necessidades de medir pequenas unidades do tempo. Importante era apenas conhecer as estações, a da chuva, a do frio, a da neve e a do sol. As horas e os minutos nada significavam, já que o interesse era somente pela duração do sol, ou do dia claro, que permitisse aos homens desenvolver o seu trabalho.

Os egípcios antigos já possuíam, contudo, o seu relógio, ao tempo de Tutemés III, 1500 anos antes da era Cristã, esse era o relógio do sol. E por muitos séculos a sombra do sol, artesanalmente projetada no solo, foi a medida universal do tempo. E o ser humano escravo do sol e o aproveitamento da vida encurtado pela escuridão da noite, que no passado era mais fantasmagórica do que hoje.

Criou-se depois a ampulheta, esse interessante objeto que nos dias de hoje ainda olhamos com muita simpatia, mas que dependia de um controle permanente e, antes dela, os romanos se utilizaram de um complicado relógio de água.

É curioso recordar, pois, que foi da necessidade dos antigos monges de estabelecer uma hora certa para as suas orações, que fez nascer o relógio. Tanto que os primeiros exemplares foram aquilo que nós hoje chamamos despertadores; ou seja eles foram construídos não para mostrar o tem-

* Palestra realizada no Congresso da Federação dos Servidores dos Tribunais de Contas do Brasil. Salvador-Bahia, 17 de outubro de 1997.

po mas para ressoar, internamente e, muito especialmente, nos campanários.

O professor Boorstin escreve que "Na Europa do século XIV, grandes relógios de torre nos campanários das igrejas e nas sedes municipais batiam horas iguais, anunciando uma nova percepção do tempo". Marcava-se, porém, somente a hora. Quem quisesse consultar os minutos tinha ainda que recorrer à ampulheta.

Só por volta de 1570, inventou-se um pêndulo que permitia a contagem dos minutos e dos segundos nas 24 horas do dia.

A história não nos explica por que 24 horas, divisão do dia, também instituída pelos egípcios. Ao contrário da semana de sete dias, estabelecida pelos romanos no princípio do século III; antes disso a semana romana tinha oito dias.

Outra curiosidade que serve para nos fazer cientes de que tudo decorre de convenção social: em 1929, a União Soviética, com o objetivo de eliminar o ano cristão, criou o Calendário Revolucionário para o lugar do Calendário Gregoriano: a semana teria 5 dias, quatro para o trabalho e o quinto livre e cada mês teria seis semanas. Os nomes dos meses foram mantidos, mas os dias da semana passaram a ser numerados. Em 1940, a União Soviética voltou atrás. E adaptou-se ao convencionado pela maioria.

E o convencionado pela maioria é o Calendário Gregoriano, vigente a partir de 1582, em lugar do Calendário Juliano, implantado no ano 46 a.C. Na Idade Média tivemos paralelamente um Calendário Eclesiástico.

Não se chegou, contudo, a um calendário universal único, assim como não se tem um horário universal único. E isso quer dizer que o passar para o terceiro milênio não será também um momento único.

Essas disparidades, por si só, teriam o poder de minimizar a idéia de que se poderia prever, milênio novo, vida nova.

Qualquer que seja o calendário, foi sempre ele o responsável para que aparecesse entre os povos a profecia. Em verdade de nada valeria prever o futuro, quando esse futuro não podia ser medido na dimensão do tempo para se avaliar a sua distância ou proximidade.

E foi o interesse pelo futuro que deu crédito às profecias. Como afirmou o cientista alemão Karl Humbolt: "Meu interesse está sempre no futuro, pois é lá que eu vou passar o resto da minha vida". Por ser assim, também com todos nós e pelos mistérios que o futuro envolve, ele exerce sempre um grande fascínio. E não sem razão. Já em 1887, Thomas Henry Huxley nos ensinava que: "O conhecido é finito, o desconhecido, infinito; intelectualmente, encontramo-nos numa ilhota no meio de um oceano ilimitado de inexplicabilidade".

É nossa esperança de que encontremos no futuro as respostas para o desconhecido do nosso presente.

E, por força do calendário, é a cada virada de século e, mais raramente, a cada virada de milênio, que renascem as esperanças para o encontro com essas respostas e, mais, com melhores soluções para o complexo sistema que o correr dos tempos, ou seja, o calendário, instituiu para a nossa vida em sociedade.

No primeiro como no segundo milênio – e é lamentável que não possamos estar aqui para conferir o seguinte – a travessia se faz de uma situação de queixas, desconfortos, injustiças e críticas generalizadas para um período de esperança e otimismo.

São esses os sentimentos a impulsionar as passadas que estão nos aproximando do terceiro milênio.

O que deixaremos aqui; o que vamos encontrar lá?

É fora de dúvida que deixamos um século repleto de avanços, notadamente científicos. Em um dos seus últimos trabalhos, o filósofo espanhol Julian Marias, dizendo-se emocionado diante do que via acontecer em Marte, escreveu: "Uma máquina humana, a *Pathfinder*, exploradora ou descobridora de caminhos, pousou no solo de remoto planeta, na hora marcada e com assombrosa segurança. Dela saiu um veículo chamado *Sojourner* que permanecerá no planeta para visitá-lo, percorrê-lo, medi-lo e comunicar o que "viu" aos homens aqui da Terra. Ver e dizer – é o que buscavam os gregos, é o mesmo que, segundo Heródoto, buscava Sólon em suas viagens... Comove-me ver esses homens que, no espaço exterior, fora de seus veículos, consertam suas avarias, como um encanador ou um eletricista do nosso bairro".

Mas, se o desafio de prever o futuro milênio não é função exclusiva dos profetas, vamos a ele. Para irmos a ele é preciso primeiro não acreditar em Nostradamus, pois Nostradamus chegou a prever que o mundo só sobreviveria até o final deste milênio.

Desacreditando de Nostradamus, o que se pode falar do terceiro milênio?

Há anos atrás, fazendo uma visita aos Estados Unidos, a convite do governo americano, pedi para conhecer Herman Kahn, no Instituto Hudson. Fui atendido, tive o privilégio de passar um dia inteiro na companhia do homem considerado como o maior Q.I. da sua época e recordo, muito bem, algumas das suas incomparáveis lições.

Herman Kahn dizia que 50% do nosso futuro se devem a fatores fortuitos atribuídos à natureza e à guerras e conflitos e, portanto, não dependeriam de nós. Mas, que os outros 50% nós podemos construir hoje, preparando a vida do amanhã. E essa tese me parece não apenas lógica, como perfeitamente factível, hoje ainda mais do que ao tempo de Herman Kahn.

Demais disso, ela é válida especialmente para a relação da sociedade com o Estado. Ou seja a sociedade poderia modelar hoje a figura de Estado que gostaria de ter no próximo milênio.

Isso, contudo, nos leva a outra questão. Como será a sociedade no próximo milênio; e mesmo como será o homem desse futuro.

Há intelectuais que já se debruçaram sobre esse problema e nos acenam com algumas idéias.

O professor de antropologia da Universidade de Notre Dame, Indiana, EUA, Roberto Da Matta, lembra que o Brasil entrou no século XX com o pé esquerdo mas, apesar dos pessimistas, pode sair dele com o pé direito. E, ainda, melhor preparado do que nunca para enfrentar os desafios do século XXI.

De sua vez, o professor Paulo Sérgio Pinheiro, de Ciência Política da Universidade de São Paulo, sustenta que a característica marcante do século XX terá sido a emergência da sociedade civil e do Estado Moderno, especialmente na América Latina e Europa e prevê que, no futuro, essa sociedade civil continuará tendo especial influência como ator político, notadamente com o que ele denomina, para usar uma frase do cientista político Alfred Stepan, "a celebridade da resistência democrática e da transição".

Mas, em compensação, o escritor espanhol Enrique Rojas, em seu recente livro *O homem moderno*, sustenta que o nosso mundo de hoje já gerou o tipo de homem que vai viver no próximo milênio – é o homem *light*.

E ele mesmo nos descreve o homem *light*: "Trata-se de um homem relativamente bem informado, mas de escassa educação humanista, muito voltado ao pragmatismo, por um lado, e a vários assuntos, por outro. Tudo lhe interessa mas de forma superficial; não é capaz de fazer uma síntese daquilo que percebe e, como conseqüência, se converte numa pessoa trivial, superficial, frívola, que aceita tudo, mas que carece de critérios sólidos em sua conduta. Tudo nele se torna etéreo, leve, banal, permissivo".

Ora bem, se, examinando nos limites daquilo que interessa ao Tribunal de Contas, tivermos que depender desse homem *light* para o melhor controle da ação do Estado no futuro milênio, estaremos destinados a ficar no escuro.

E mais, nós não temos o direito de negar ao indivíduo a sua opção por uma vida frívola e superficial. Todo cidadão tem direito a decidir por si se quer participar ou não. Nunca aderi integralmente à tese daquilo que se costumou denominar de governo participativo. O Estado, que é pago pelo cidadão para administrar a coisa pública, não tem o direito de exigir mais desse cidadão, como que a querer que ele participe de decisões para que fique também solidariamente responsável por atos que são próprios do administrador. A democracia é sistema de representação e, por isso mesmo, a comunidade escolhe entre os seus, aqueles que acredita possuírem qualidades para representá-la. E remunera-os para que o façam. Tem portanto, como remanescente, o direito de exigir que façam bem. Quando digo bem, quero dizer com competência e seriedade.

É possível que ao homem *light* do terceiro milênio, tantos têm sido os desencantos dos cidadãos para com as instituições nos últimos tempos, não sobre nem mesmo o ânimo para exigir e cobrar um bom governo.

Mas, convenhamos, até a esse desânimo ele tem direito, porquanto para isso ele também paga os parlamentares para que exerçam o controle político e os membros dos Tribunais de Contas para que exerçam o controle da execução financeira e orçamentária.

Sabemos todos que o atual modelo de Estado se encontra desgastado, pervertido e que, por essas e muitas outras razões, a sociedade não confia mais no Estado. Ainda assim não é demais acreditar que o Estado terá no início do próximo milênio o mesmo modelo que hoje conhecemos; com uma elite dirigente escolhida pelo voto; com essa elite administrando um orçamento, teoricamente resultante de um planejamento, apresentado pelo Executivo e aprovado pelo Legislativo; um orçamento acompanhado por um sistema de contabilidade pública (e regido por uma lei a ser renovada) e vigiado por um controle interno, condição *sine qua non* para um eficiente sistema de controle e um controle externo confiado ao Tribunal de Contas, com suporte no mandamento constitucional e no ordenamento legal.

O que se poderia esperar, de verdade, seria o aprimoramento desse ordenamento legal. Como e onde?

Sob a perspectiva da nossa visão pessoal, esse ordenamento legal poderia ser aperfeiçoado para o próximo milênio, em vários aspectos, tendo como finalidade extrair do dinheiro público o máximo aproveitamento em favor do interesse público.

Pode até parecer psicose reivindicativa, mas sucede que a corrupção é um monstro internacional com tantas sobrevidas que dificilmente nos sentiremos devidamente armados para combatê-la.

Primeiro aspecto para o aperfeiçoamento do controle externo: não é possível que no terceiro milênio a corrupção continue sendo escandalosamente protegida pelo instituto do sigilo bancário. Certo que há uma lei assegurando o sigilo bancário, com a finalidade de proteger a privacidade das pessoas. Mas, é mais certo que o objetivo dessa lei, a Lei 4.595, jamais foi a de dar proteção a criminosos, traficantes e corruptos. Assim como quem comete um crime público não pode reclamar da violação da sua privacidade, o mesmo se dá com aqueles que, exercendo funções de confiança no Estado – e no Estado toda função é de confiança! – atropela essa confiança para enriquecer ilicitamente usando e abusando do dinheiro do povo. Em verdade, aos poucos a doutrina vai entendendo que assim deve ser, mas uma norma expressa tornaria mais difícil os lances de artifício utilizados pelos advogados dos corruptos.

Segundo aspecto, em apenas uma frase: o próximo milênio deve encontrar um tipo de controle para impedir que o governo continue sendo, abusiva e absurdamente, o maior cliente do mercado publicitário.

Um aspecto singelo, mas nem por isso menos importante e que não seria justo continuar prevalecendo no próximo milênio é o prazo constitucional de 60 dias para o Tribunal de Contas emitir parecer sobre as contas anuais do governo, tanto em nível federal como estadual, exigindo um trabalho menos atencioso e sob insuportável pressão, para que depois essas contas passem a adormecer, sem prazo para acordar, nos escaninhos do Legislativo.

Só para comprovar essa assertiva, aí está a Assembléia Legislativa de São Paulo, onde as contas do governo paulista estão aguardando julgamento há 16 anos. O Legislativo paulista tem contas para apreciar dos governadores Paulo Egydio Martins, André Franco Montoro, Paulo Maluf, Orestes Quércia e Luiz Antônio Fleury Filho. E ninguém acredita que elas venham a ser apreciadas neste milênio.

Um instrumento contra a corrupção que pode ser melhor utilizado no Brasil é a denúncia. Implantada pela Constituição de 1988, a denúncia pode ser um mecanismo eficiente de combate à corrupção. Dificilmente qualquer sistema de controle tem possibilidade de estar presente em todos os lugares em que se efetuam as despesas ou se realizam as operações governamentais. Mas, há sempre alguém perto desses atos e, não raramente, alguém honesto e que não concorda com a corrupção.

O que se espera do próximo milênio é que esse alguém possa encaminhar aos canais competentes uma denúncia, sem a obrigação de se expor aos riscos que o procedimento oferece ou a simples antipatia das relações funcionais que mantém. Assim como Nova York fez para reduzir os seus índices de criminalidade, essas denúncias devem ter a garantia do sigilo, da segurança do denunciante e, por que não, até alguma compensação. Pode parecer exagero falar em segurança do denunciante. Mas não nos podemos esquecer que recentemente o jornalista argentino Santiago Pineta, autor do livro *La Nación Robada*, em que denunciava a corrupção de 249 milhões de dólares num contrato com a IBM, que pagou 37 milhões de dólares de suborno para apressar a informatização do Banco de La Nación, foi atacado, agredido e seus agressores gravaram no seu próprio peito as letras IBM. A denúncia é mais um elemento proveitoso que poderá tornar mais eficaz o controle do Estado a partir do próximo milênio. Pelo menos, porque o ideal seria formalizá-lo já.

Se de fato existir vontade política para aprimorar os controles do Estado a partir da virada do calendário, algo terá que se fazer sobre um aspecto muito discutido e ainda mal resolvido: o provimento dos cargos do corpo deliberativo do Tribunal de Contas. Com todo respeito pela classe política e com a nossa homenagem às exceções que ocorrem aqui ou ali, a verdade é que a partir da Constituição de 88, esses cargos passaram a ser a nova meta dos políticos em fim de carreira. E todos sabemos que a instituição não se pode servir para isso. Qual a melhor forma de provimento – concurso público, concurso para ocupantes de determinadas funções, indicação com novos requisitos e alguns impedimentos, essa é uma solução que esperamos do próximo milênio.

Julgo de relevância, tanto que tenho preconizado essa implantação já há algum tempo, a padronização do sistema de fiscalização brasileiro.

É verdade que a Constituição impõe já um bom número de regras aos Estados e Municípios, mas, apesar disso, assim que assumi a presidência do Instituto Ruy Barbosa, promovi um simpósio, na sede do Tribunal de Contas da União, sobre o controle comparado. E pelo depoimento dos muitos tribunais que ali compareceram, verificou-se a enorme disparidade na aplicação metodológica do controle, em cada Tribunal.

E é inegável não ser correto que um ato administrativo seja fiscalizado num lugar do Brasil sob uma ótica e sob outra em um lugar diferente.

Creio, mesmo, que o caminho melhor para se ajustar essa questão é a adoção de uma Lei Orgânica do Controle Externo, em nível nacional. É evidente que cada região tem sua peculiaridade, mas uma lei nacional não impediria a conciliação com essas particularidades, apenas garantiria que o sistema de fiscalização aplicado seria igual, do Oiapoque ao Chuí.

Algo que no próximo milênio a sociedade não vai mais ter condições de tolerar, é a impunidade dos corruptos. Não há nada mais complicado, no sistema institucional brasileiro, do que punir um corrupto.

É incontestável que um dos grandes problemas do direito tem sido encontrar a melhor forma de punir os culpados. Não se quer aplicar ao corrupto nada exagerado e, bem pensando, nem buscar a exata proporção como acontecia no Código de Hamurabi e que alguns ainda utilizam hoje. Aconteceu, há pouco mais de um mês no Irã. Um iraniano, acusado de desfigurar o rosto de duas jovens com ácido, foi condenado pelo Tribunal de Teerã a receber na face a mesma quantidade de ácido que jogou em suas vítimas. Só para esclarecer: o jovem Hamid Khosnevis, de 20 anos, jogou ácido nas irmãs Faezeh e Fataneh, de 17 e 9 anos, porque o pai delas julgou-o indigno de namorar a mais velha.

Para os corruptos, a sociedade ficaria aliviada apenas com o banimento deles da vida pública. Mas, as dificuldades, aliás, começam já na doutrina internacional, quando se indaga: o direito administrativo pode ser um direito punitivo?

Goldschimit, em verdade, chegou a conceber, ao lado do direito penal, o que ele denominou direito penal administrativo. Para ele a ilicitude administrativa consistiria na omissão ao dever de auxiliar a administração para a realização do bem público. O que, desde logo, ameniza a gravidade, pois esse ilícito administrativo não teria o significado de uma ação contra o direito e nem uma lesão a um interesse juridicamente tutelado.

Ora bem, essa teoria é frágil desde a origem, pois, para explicar simplificadamente, os interesses tutelados pela ciência jurídica são geralmente de natureza individual, mas, se bem analisarmos, quando um ato não fere um interesse individual, mas fere a um interesse coletivo, está praticando um ilícito de maior gravidade. Ocorre que a sociedade se habituou a tratar o erário, como se fosse qualquer coisa sem dono e que, em razão disso, um prejuízo ao erário não representaria prejuízo para ninguém. Como é possível que nós possamos ser convencidos de que o dinheiro que sai do nosso bolso, depois de recolhido ao tesouro deixa de ter dono e perde o valor? Não são poucos aqueles que sustentam que contra o erário só existem aqueles crimes previstos no Código Penal Brasileiro. E é bem por aí que começa a impunidade. Que se amplia pela falta de competência do Tribunal de Contas para executar as suas próprias decisões, se alarga pelo abarrotamento dos canais do Ministério Público e do Judiciário, especialmente porque o Estado cresce e essas instituições permanecem estáveis e por último, pela excessiva burocracia legal do nosso ordenamento jurídico. Até porque nem o Código Penal tem alcançado os fraudadores dos dinheiros públicos.

Tudo bem, é legítimo defender os direitos humanos e qualquer violação há de ser reprimida: é legítimo também que todos tenham direito à defesa e qualquer cerceamento é igualmente condenável. Mas, que não se possa ver punido um único corrupto, para ao menos servir de exemplo, é uma situação que o próximo milênio não poderá suportar.

Cabe ainda citar que o próximo milênio não deverá concordar com o instituto da imunidade parlamentar nos casos de corrupção, já que isso significa um estímulo à prática de atos lesivos. Ou seja, o Prefeito ou o Governador, ou o ocupante de outra função, lança mão indevidamente do dinheiro público para financiar sua campanha eleitoral e, uma vez eleito, estará acobertado pela imunidade que, sabemos todos, se fundamenta em princípios bastante diversos.

É justo acreditar que a acusação contra todos não seja a de ilícitos praticados na função pública, mas, como quer que seja, em maio deste ano, o Supremo Tribunal Federal tinha uma lista de 39 parlamentares cujos processos estavam na dependência da licença expressa do Legislativo.

Está comprovado pela história e pela experiência da humanidade que a corrupção é inextinguível. Inextinguível e universal. No último levantamento da corrupção, trabalho realizado pela Transparência Internacional, com sede em Berlim, a lista tem a presença de todos os países do Primeiro Mundo. O Brasil, que na pesquisa anterior era o 5º país mais corrupto do mundo melhorou sua situação passando para o 17º lugar. Os primeiros são Nigéria e Bolívia. E fez-se também a relação dos corruptores. E nessa lista os primeiros nomes são da Bélgica, Luxemburgo e França. Mas há alguns recursos que podem reduzir a corrupção a níveis suportáveis pela sociedade, ainda que a sociedade até hoje tenha suportado e pago a conta de todos os níveis de corrupção. Mas, se há recursos para diminuí-la esses recursos não podem ser desprezados ou minimizados. De todos eles devemos nos socorrer. E um dos mais eficientes, já que provado com a redução da corrupção em outros lugares, como Cingapura e Hong Kong, é a inversão do ônus da prova.

Estamos cansados de ser desafiados por muitos corruptos que, uma vez acusados, certos de que praticaram a corrupção com todos os requintes, bradam aos nossos ouvidos: Quem acusa é que deve mostrar as provas.

Veja-se bem, mostrar as provas que, *via de regra*, estão sob a guarda do próprio denunciado e às quais o denunciante nem tem direito a acesso. E veja-se melhor ainda: por vezes nem mesmo o Tribunal de Contas, que tem caminho livre na administração pública, chega até essas provas, tantas são as formas que permitem a lesão dos cofres públicos.

Ora bem, a inversão da prova, vira de cabeça para baixo esse princípio sob cuja sombra os corruptores se abrigam, de tal modo que qualquer agente público, e aí se inclui desde o porteiro da mais humilde prefeitura até o Chefe da Nação, que dê mostras de enriquecimento rápido, está na obrigação de comprovar a origem de seu dinheiro.

Não se diga que eles conseguiriam viver sem dar mostras desse enriquecimento. Não. O poder cega as pessoas e, depois de algum tempo, sentindo-se acima do bem e do mal, elas sentem uma compulsão que as impele a revelar seu novo status. Nada mais justo, portanto, que a sociedade exija desse cidadão que ficou rico muito ligeiramente depois que assumiu uma função pública, que ele comprove que o seu dinheiro tem fonte legítima.

Se ele disser que ganhou uma herança, que fez um grande empréstimo de um amigo de quem não pode revelar o nome ou que é especialista em ganhar prêmios na loteria, qualquer uma das incontáveis que dominam o país, saberemos todos que ele estará mentindo e que a sua riqueza foi resultado da corrupção com o dinheiro do povo. A inversão do ônus da prova para os ocupantes de funções públicas, pois, é também um dos instrumentos que o próximo milênio deve instituir para aprimorar o combate à corrupção.

Isso é induvidoso porque finalmente, no ocaso deste século – e incrivelmente só agora depois que o jurista italiano Franco Lombardi denunciou que "a corrupção é uma degeneração interna do tecido social que compromete por inteiro a vida comunitária" – o mundo se deu conta de que a corrupção é um grande mal que ataca todas as nações. No *ranking* elaborado pela Transparência Internacional, recentemente divulgado em todo o mundo, para mensurar a corrupção, verificou-se que nenhum dos países examinados, inclusive todos os do primeiro mundo, nenhum deles, obteve a nota máxima que significaria ausência de corrupção.

Em agosto último, pela primeira vez, o Fundo Monetário Internacional suspendeu uma verba que repassaria, como represália à corrupção. Com efeito, o Quênia estava prestes a receber uma ajuda financeira de 250 milhões de dólares, quando o FMI anunciou que havia cortado o auxílio em face a graves denúncias de corrupção. Imediatamente, o primeiro-ministro Amos Wako encaminhou ao parlamento um projeto de lei anticorrupção.

A esse mesmo tempo o primeiro-ministro da Índia, lnder Kumar Gujral, num pronunciamento comemorativo aos 50 anos de independência do país, pediu publicamente uma revolta popular contra a corrupção.

E, em abril, o Presidente Yeltsin, com ares de indignação, também fez uma declaração de guerra à corrupção.

No ano de 1995, realizou-se, em Caracas, a Conferência Interamericana Sobre Probidade Cívica e Ética. O Presidente Fernando Henrique designou o Ministro Marcos Vinícios Vilaça para chefiar a delegação brasileira. Nessa ocasião sob a coordenação da Organização dos Estados Americanos foi elaborada a Convenção Interamericana Contra a Corrupção. Por esse documento, as nações se comprometem a "envidar todos os esforços para prevenir, detectar, punir e erradicar a corrupção no exercício das funções públicas".

Detalhe singelo: no último Congresso Internacional de Direito Administrativo, o professor Agostin Gordillo, mestre argentino, revelou que o Brasil ainda não assinou esse documento.

Talvez por esse motivo o Presidente Bill Clinton tenha chegado ao Brasil, nesta semana, criticando nosso país por sua corrupção. Uma crítica presunçosa, como a querer nos dar a impressão de que nos EUA não existe corrupção.

Sua Excelência, com todo respeito, esqueceu de ler a lista da corrupção internacional. Pois lá está, inapelavelmente, ao lado dos seus colegas do Primeiro Mundo, os EUA, em 37º lugar, com 7,61, quando a ausência de corrupção exigiria nota 10.

Foi portanto pertinente a autocrítica do presidente americano.

Por último, mais que uma previsão, uma esperança: a de que no próximo milênio o controle das finanças governamentais seja mais eficiente, como sistema propriamente dito. Ou seja, não será possível continuar "examinando o cadáver" com o exame posterior. Se nem tudo pode ser fiscalizado previamente, há que se compatibilizar um sistema em que o controle possa ser, prévio, concomitante e posterior. Há despesas que depois de consumadas tornam inútil o controle. Aliás, Portugal já experimenta um sistema nesses moldes.

Esperam-se novidades, bem por isso, quer nas linhas que sustentam a organização do Estado, quer nas normas que definirão o seu indispensável controle.

Uma verdade porém já está posta: o Estado necessita a cada dia de maior controle.

E, pode-se prever com segurança. o Tribunal de Contas terá que enfrentar no próximo milênio um novo adversário, quase desconhecido, mas sofisticado e gigantesco: a fraude eletrônica.

Contrariando os papas da cibernética, Nicholas Negroponte e Bill Gates, que prenunciam em seus livros *Vida Digital* e *A Estrada do Futuro* a vida dominada pela ciência tecnológica, o prof. Michael Dertouzos, colega de Negroponte no Massachussets Institute Tecnology acaba de lançar nos EUA, o livro *What will be* no qual nos diz o seguinte: "Quero acalmar um pouco esse entusiasmo exagerado que se vê por aí. Quero que saibam que é preciso 1 milhão de vezes a potência de computação de que dispomos hoje para evitar o risco de você cair vítima da doença da simulação".

É fora de dúvida que ainda que possamos ter no século vindouro, a auditoria sem papel, a sociedade em todo o mundo não confiará no documento digital; o papel continuará sendo a única prova válida dos atos humanos.

Provavelmente o dinheiro mudará de forma, poderá ser digital, poderá ser virtual ou ganhar até modelos imprevisíveis, mas continuará sendo uma medida de valor e, assim o dinheiro público, qualquer que venha a ser a sua forma, continuará sendo um valor exigido do bolso do contribuinte. E o contribuinte continuará com o direito de conhecer a sua destinação.

Anne-Marie Slaughter, Catedrática de Direito Comparado e Internacional da Harvard Law School, em um trabalho que denominou *A verdadeira nova ordem mundial*, escreveu literalmente o seguinte: "O motor dessa transformação é a revolução desencadeada pela tecnologia da informação, uma enorme expansão na capacidade de comunicação que confere poder a indivíduos e grupos, ao mesmo tempo que reduz a autoridade tradicional. O resultado não é um governo mundial, mas uma governabilidade global. Se o governo é o exercício formal do poder por instituições estabelecidas, a governabilidade implica a resolução cooperativa de problemas por um elenco variável e muitas vezes incerto de atores".

Se por ventura isso vier a ocorrer, inobstante o nosso ceticismo a respeito, teríamos que nos deter sobre uma questão insólita: como controlar essa governabilidade? Ou seria ela incontrolável ou executada por um elenco que dispensaria qualquer controle?

O escritor e historiador Arthur Schlesinger Jr., que foi assessor especial do Presidente Kennedy, escreveu, há poucos dias, que "o século XX tem sido como disse Isaiah Berlin, "o século mais terrível da história ocidental". Entretanto, este século terrível terá – ou parece que terá – um final feliz. Como nos velhos melodramas, a jovem democracia, amarrada pelos vilões aos trilhos da ferrovia, é salva no último minuto, do trem que se aproxima velozmente e quando o século chega ao fim, os dois vilões principais deixaram de existir, o fascismo com uma explosão e o comunismo com um tênue gemido".

O anoitecer do segundo milênio será certamente escuro; mas o amanhecer do terceiro milênio poderá, além de esperançoso, ser claro, risonho, próspero e justo. Depende de nós.

Em guarda pois: aqueles que temos como dever fiscalizar a aplicação das moedas que saem do bolso do povo, não nos podemos iludir que o futuro nos dará descanso. Bem ao reverso, devemos estar permanentemente em guarda porque vamos ter que trabalhar muito mais.

# DOCUMENTOS

## 1º CONGRESSO DEMOCRACIA E CIDADANIA – CARTA DE MINAS

Reunidos em Belo Horizonte, no "1º Congresso Democracia e Cidadania", brasileiros manifestam a sua preocupação com as instituições nacionais, sujeitas a uma tendência autoritária que se faz mais e mais realidade, a comprometer não apenas o Estado Democrático de Direito, constitucionalizado no país em 1988, mas o próprio cidadão, cujo estatuto político – assegurador de liberdades e prerrogativas – vê-se cada vez mais restringido e menos respeitado.

A Constituição Brasileira, legitimamente promulgada em 1988, faz-se alvo continuado de agressões que extinguem conquistas jurídicas históricas do cidadão, solapam direitos fundamentais e desjuridicizam relações sócio-políticas e especialmente econômicas. O resultado é um Estado que se constitui em mero biombo para a realização de interesses particulares, voltados à obtenção do lucro a qualquer preço.

O Estado Democrático de Direito acha-se, pois, perigosamente ameaçado no Brasil pelos objetivos postos em nome do neocolonialismo (travestido sob o apelido de globalização) e em nome do neoliberalismo, que nada tem de novo, por se ter mostrado antes na história sob as cores do individualismo.

Entregando o patrimônio nacional a grupos privados; entregando a cidadania a estatutos políticos ditados supranacionalmente para servir a interesses meramente econômicos; entregando o Estado ao mercado licencioso, para o qual a Democracia é mera expressão obstaculizadora da concentração da riqueza nas mãos de poucos, o atual governo faz da entrega do Brasil e, por decorrência, dos brasileiros e dos seus direitos o gesto mais reflexo de seus objetivos, resumidos numa única expressão: a negação de direitos livres e iguais para todos.

O desmantelamento das instituições políticas estabelecidas juridicamente passa pelo desfazimento da Constituição da República, democraticamente promulgada, pelo quebrantamento dos direitos fundamentais conquistados socialmente à custa de lutas históricas e pelo comprometimento da própria dignidade humana. Pelo que tal desmantelamento político e jurídico do Brasil não pode ser aceito como legítimo, menos ainda como democrático.

Cabe, pois, a cada um e a todos nós, cidadãos brasileiros, não apenas permanecer em estado de vigilância cívica, como há algum tempo se propunha, mas passar ao estado de atuação cívica, mediante a organização de movimentos sintonizados com a luta permanente pelos direitos à liberdade, à igualdade jurídica e à solidariedade social.

Cabe a cada um e a todos nós, cidadãos brasileiros, sermos ativamente solidários com aqueles que não têm garantidos os seus direitos, que não têm tido sequer a oportunidade de serem deles informados; enfim, que não têm sido sequer respeitados em sua condição de cidadãos, conquanto brasileiros.

Cabe a cada um e a todos nós, cidadãos brasileiros, lutarmos para que a Democracia seja mais que apenas um grande sonho e que a cidadania não seja menos que uma bela palavra.

Cabe a cada um e a todos nós, brasileiros, sermos cidadãos agentes de uma transformação para a construção de um Brasil verdadeiramente democrático, no qual todos tenham iguais direitos asseguradores de suas liberdades, pelo que cumpre lutarmos para que a Constituição não seja fraudada, nem o Direito estilhaçado.

Belo Horizonte, 12 de dezembro de 1997

# GRITO DA UTOPIA JUDICIÁRIA*

José Fernandes Filho
Desembargador

A quem interessa a desmoralização do Poder Judiciário?

Aos vencidos nos pleitos judiciais, seguramente: míopes, ou até cegos, são incapazes de enxergar além do nariz.

Interessa, também, aos oportunistas de plantão e aos improvisados vestais da moralidade pública: travestidos, buscam postura apolínea, negada pelo aleijão de nascença.

Nós os conhecemos, todos.

Caracterizam-se por um traço comum: a volúpia com que acusam, acobertados pela proteção de discutida imunidade, ou por infinitas teias da afirmação irresponsável, logo desmentida por retratação maquiavélica.

Conhecidos, previsíveis, operadores do "saco de maldades", usado conforme a estação, atingem as instituições e os homens, causando-lhes danos morais irreparáveis.

Mas, exatamente porque conhecidos e previsíveis, têm fôlego curto, incapazes de resistir ao juízo de discernimento adulto e responsável dos seus contemporâneos.

Ainda assim, arrastam consigo uma legião de desinformados, que cresce em perigosa proporção geométrica: maior e mais virulento o ataque, mais numerosos os seguidores, prontos para o ato final, em que, frenéticos, pisoteiam e esfolam a vítima indefesa.

Dir-se-á que a humanidade sempre foi assim, e que as hordas irracionais existiram, e existirão – delírio de falsos profetas, nem sempre dotados de equilíbrio mental.

Importa, não obstante, reagir. Gritar nossa utopia. Proclamar, a plenos pulmões, nossa fidelidade ao compromisso da investidura, qualquer que seja a hora ou o seu custo. Olhar nos olhos, sem medo ou remorso. Acreditar na economia do bem, e jogar-se, inteiro e sem reservas, na densa tarefa da construção, sem a qual a vida será mera e insípida passagem temporal, cor de cinza e peso de chumbo.

* Discurso proferido pelo Desembargador José Fernandes Filho, Presidente da Comissão Executiva, na Abertura do Encontro do Colégio Permanente de Presidentes de Tribunais de Justiça em Recife-PE – dia 13.11.97.

As idéias, como os frutos, têm um ciclo de maturação: não adianta colhê-los verdoengos – não terão gosto, nem sabor.

Apesar da cumplicidade da hora, dia virá em que se respeitará o Judiciário, sem o qual não existe regime democrático, nem Estado de Direito. Desde que cada um de seus membros tenha consciência de sua responsabilidade – missão e ambição – e da dignidade que lhes é ínsita.

Na misteriosa singularidade de cada ser humano, este testemunho é pessoal e intransferível. Cada um, no microuniverso de sua atuação, assume a consciência e a dignidade que lhe são próprias, na plena senhoria de seu destino. Ninguém, portanto, poderá dar receita, no pertinente. A descoberta do caminho – às vezes só uma trilha – faz parte da caminhada, saga de heróis anônimos. Encontrado aquele, basta olhar para frente e descobrir o sol, luzeiro que aplacará a escuridão e aquecerá o corpo. O resto, tarefa de todos, sonho de muitos, realização de poucos, pertence à misteriosa e fascinante aventura de viver. Da semente lançada à terra, do grão que germinou, cada um colherá o fruto possível, nem sempre o sonhado ou desejado. Ainda assim, terá caminhado. E, com certeza, não inutilmente.

Todos sabemos que o País vive grave crise econômica, política e moral. Ninguém se iluda – ela existe, e é grave. Não adianta querer tampar o sol com a peneira, nem apregoar, ingenuamente, a invulnerabilidade de nossa moeda. Ao menor ataque externo – para o qual não se prepararam as autoridades – a casa ameaça ruir, porque não construída sobre a rocha. O estilo imperial do Governo, dono da verdade e do destino, curvou-se, cabisbaixo, à força dos acontecimentos, impiedosos e cruéis, como a especulação que os anima, interna e externa. O trabalho digno e honesto, penoso labutar dos que produzem riqueza no País e constroem a Nação, o silencioso testemunho dos que, no anonimato, são também partícipes da História, tudo se fragiliza à sanha do jogo das bolsas, a fazer fortuna rápida com destruição de valores construídos por várias gerações.

Se isso não bastasse, servem-se da ocasião – os eternos oportunistas – para impor suas idéias e alcançar os resultados desejados.

É o que se alardeia nesta hora, sem cerimônia, num coro suspeito e de encomenda.

O ser humano é, intrinsecamente, solidário. Seres humanos, os juízes são evidentemente solidários. Mercê de sua formação humanista, são necessariamente solidários, pois conhecem a miséria revelada nas páginas mudas dos autos. Esta solidariedade, porém, não nos faz cegos, nem visionários. Nem nos tira o dever de exercer o juízo do discernimento, em condições, assim, de separar o joio do trigo. Abomina-nos qualquer privilégio, mas é dever nosso, grave dever de consciência, não abdicar de nossas prerrogativas, instituídas em favor da sociedade.

Oportuna a palavra corajosa do sempre respeitado Tribunal de Justiça do Rio Grande do Sul, pela voz digna do seu Presidente, Desembargador Adroaldo Furtado Fabrício, na *nota oficial* de 13 de outubro:

"Acha-se em curso uma indisfarçada campanha pelo apequenamento do Poder Judiciário, por sua pública desmoralização e pela redução de sua participação na vida institucional da nação. Todos os meios servem a esse objetivo: denegri-lo perante a opinião pública; humilhá-lo pela via da desobediência institucionalizada às suas decisões; minimizar a efetividade de suas garantias por meio de aviltamento de sua remuneração, do estrangulamento de suas fontes de custeio e da intimidação pelas mais variadas ameaças. É nesse contexto que se situa a pretendida supressão da equivalência entre os valores da remuneração da atividade e dos proventos da aposentadoria, que não constitui fato isolado, mas parte de uma orquestração".

A crise está aí, e repita-se, é grave. Atinge a todos, e nos convoca, a todos, ao esforço comum.

Mas jamais impedirá a magistratura de ver além dos horizontes, na defesa dos valores que inspiraram sua criação e justificam sua permanência.

A sociedade deve furar o tumor que a ameaça de gangrena: desejará um Judiciário altivo, independente, capaz de proclamar a verdade legal, pronto para restabelecer o equilíbrio violado, ou, ao contrário, bastar-se-á com um arremedo de Poder, conveniente ao sistema, mas efetivamente de olhos vendados, surdo e mudo à inquietação social e à crescente concentração de poderes, que já compromete o livre funcionamento das instituições democráticas?

Todo mundo sabe que a segurança da sociedade repousa na independência do Juiz. Sem esta faltará aquela, pois no regime democrático não existe outro segmento capaz de proporcioná-la. Por isso mesmo, do Juiz se exige grande coragem cívica, fidelidade aos princípios, espartano equilíbrio para decidir com a lei, que ele não faz, mas que o vincula. Não lhe sobra espaço para legislar nos autos, sob pena de instaurar a insegurança geral, com a desconsideração dos referenciais jurídicos estabelecidos para todos, inclusive para o magistrado.

Nas manchetes de jornais, na volúpia do oportunismo eleitoreiro e, até, na equivocada posição de quem, na cúpula do Judiciário, tem o dever de distinguir prerrogativa de privilégio, enfim – neste perigoso modismo que aí está – destrói-se a respeitabilidade da toga.

Avassaladora, a onda cresce perigosamente: é cômodo engrossar a crítica desvairada; difícil, heróico mesmo é divergir, resistir, clamando por juízo de razão.

É cedo para avaliar os danos causados à magistratura. Seguramente são grandes e talvez irreversíveis.

Não me preocupo apenas com eventual vantagem, inerente à prerrogativa do Juiz, que lhe venha a ser subtraída pelo obscurantismo da hora. Preocupo-me, e muito, com o estado de espírito da sociedade, que, ingênua, queda manipulada, perdendo a visão do futuro.

Por esta situação, dramaticamente inquietante, muitos haverão de ser responsabilizados, principalmente os que, formadores de opinião, deveriam ser os primeiros a clamarem pelo Judiciário que todos desejamos.

É hora de encerrar.

Neste Tribunal, de insuspeitos vínculos com a legalidade, e nesta terra, de tantos compromissos libertários, há clima e espaço para se proclamar nossa fé no Estado Democrático de Direito. E de reafirmar nosso inarredável propósito de não ceder – não importa a natureza das pressões – um côvado sequer, na fidelidade ao ofício, que será exercido com independência, altivez e dignidade, sob pena de traição à sociedade, que nos paga e remunera. Este testemunho já custou desgraças e ônus terríveis a muitos colegas. Nossa teimosia não tem limites – saibam todos – e será repetida, de geração em geração, até que o País encontre seu caminho e se deixe banhar pelos raios de um sol que virá para ficar.

## DOCUMENTOS

# SUMÁRIO DO XI CONGRESSO BRASILEIRO DE DIREITO ADMINISTRATIVO VITÓRIA – ES "TENDÊNCIAS ATUAIS DO DIREITO ADMINISTRATIVO"

### *I – O controle jurisdicional dos atos administrativos e a súmula vinculante*

*1.* O amplo acesso à Jurisdição é *conditio sine qua non* para a existência do próprio Estado de Direito. Em conseqüência, qualquer limitação à possibilidade do duplo grau de jurisdição e da ampla defesa entra em rota de colisão com o princípio do devido processo legal, impedindo o contraditório em sua exata dimensão;

*2.* O exame do Projeto de Emenda Constitucional quanto à súmula vinculante não pode ser devidamente procedido sem atentar para o contexto da reforma do Judiciário e das reformas administrativa e previdenciária, inclusive a lume das prerrogativas (e não privilégios) dos magistrados, como instrumentos garantidores das liberdades democráticas;

*3.* O exame isolado da súmula vinculante faz com que se perca a noção do contexto, impossibilitando o reconhecimento de avanços sem largas desvantagens para as instituições democráticas;

*4.* A súmula persuasiva do STF poderia surtir efeito no sentido da não repetição de temas já decididos. De outro lado, as súmulas administrativas que vêm sendo elaboradas pela Administração Pública, habilitam-se a resolver o problema porque a infinita quantidade de recursos provêm da própria Administração com a finalidade de conseguir *moratória judicial de seus débitos.*

### *II – Reforma constitucional e servidores públicos*

*1.* É equivocado dizer-se que a Constituição de 1988 provocou um retrocesso burocrático sem precedentes em termos de administração pública. A Carta, em verdade, produziu um aprimoramento, especialmente no que concerne às exigências de regime jurídico único e à universalização do concurso público como regra para admissão de pessoal.

*2.* A estabilidade dos titulares de cargos públicos de provimento em caráter efetivo, que não é dotada da rigidez que muitos supõem, assim como a irredutibilidade de vencimentos dos servidores, não constituem privilégios, mas sim garantias propiciadoras de uma administração profissionalizada e impessoal, em proveito último do cidadão.

*3.* O regime constitucional em vigor, dos servidores e da administração pública, não constitui empecilho ao controle dos resultados da atividade administrativa. E a legislação ordinária pode incorporar muitas das contribuições do denominado modelo gerencial, especialmente quanto à redução de alguns entraves burocráticos à maior agilidade e eficiência do Estado.

*4.* O que não se coaduna com um Estado Democrático de Direito é privilegiar a obtenção de resultados em prejuízo de mecanismos impostergáveis de controle mediante processo, especialmente em prejuízo do princípio basilar do devido processo legal e ignorando direitos adquiridos, bem como a imunidade destes não apenas em relação a lei nova, em sentido estrito, mas às próprias emendas constitucionais.

### *III – Problemas atuais das licitações e contratos administrativos*

*1.* Devem merecer particular cuidado por parte do Poder Judiciário os casos de revogação e anulação de ofício de procedimentos licitatórios, especialmente após conhecido o vencedor do certame, para coibir eventuais desvios de poder ou de finalidade.

*2.* O exame da suficiência ou consistência da metodologia de execução das obras ou serviços em licitação não se confunde nem com a verificação da qualificação técnica nem com a pontuação da proposta técnica para efeito de julgamento. Tal exame não faz parte da fase de habilitação, mas, sim, corresponde à primeira parte da fase de classificação, na qual se examina apenas a aceitabilidade da proposta.

*3.* As normas gerais de licitação devem disciplinar melhor a participação de consórcios e, muito especialmente, a participação de empresas integrantes de um mesmo grupo econômico nos procedimentos licitatórios.

*4.* A legislação vigente sobre licitações e contratos deve ser complementada com novas formas contratuais necessárias para disciplinar necessidades emergentes, especialmente nas parcerias entre a administração pública e particulares, assim como, também, nos casos de uso de bens públicos por particulares.

*5.* As empresas estatais que exercem atividades econômicas celebram com seus clientes ou consumidores contratos de direito privado, por força do disposto no art. 173, § 1º, da Constituição Federal.

### *IV – Devido processo legal e procedimento administrativo*

*1.* O conceito do devido processo legal, inscrito na Constituição da República, é a expressão do princípio histórico de contenção do arbítrio da autoridade e fundamenta a garantia de ampla defesa do administrado assegurada mediante procedimento contraditório no qual seja permitida a participação na fase probatória e o oferecimento de alegações da parte interessada.

*2.* Todo ato administrativo se submete ao princípio da legalidade e deve ser motivado de modo a permitir a avaliação da razoabilidade e da proporcionalidade do seu objeto em função da observância da finalidade da competência administrativa.

*3.* Merece ser aprovado o projeto de Lei n. 2.164/96, em curso na Câmara Federal, que regula de forma sóbria e segura as normas básicas do processo administrativo a ser observado na administração pública federal e firma o paradigma para as administrações públicas estadual e municipal.

### *V – Concessões e permissões de serviços públicos*

*1.* O objeto exclusivo da concessão de serviço público é o serviço público em sentido estrito, não se podendo *ipso facto* pensar-se em concessão de atividades que não se constituem serviços públicos, mas que decorrem de exercício do poder de polícia. Igualmente não tem qualquer sentido pensar-se em concessão de atividades que não são de titularidade exclusiva do poder público, tais como a saúde e o ensino fundamental e médio. Em primeiro lugar, porque tais atividades são igualmente passíveis de execução por particulares e, quando executadas, pelo Estado, não poderiam ensejar cobrança de tarifas.

*2.* As "organizações sociais" disciplinadas na Medida Provisória 1.591 são fundações e sociedades civis sem fins lucrativos e portanto, não exercem atividades econômicas nem de serviço público. O Estado irá transferir a essas organizações patrimônio, servidores e recursos para que desempenhem atividades de relevo público, as quais poderiam ser desenvolvidas pelos particulares.

*3.* Está embutido no contexto da Medida Provisória o "contrato de gestão", negócio jurídico de cunho convencional, no qual o Estado transfere obrigações e os particulares recebem recursos, bens e servidores, além de outros itens que a própria Medida Provisória aponta.

*4.* As permissões de serviços públicos, na prática, não têm qualquer aplicabilidade, para a outorga de serviços a título precário, porque não existe serviço público algum capaz de atrair investimentos de capitais sem perspectiva de garantia de retorno e rentabilidade.

*5.* Considerando a idêntica natureza contratual das concessões e permissões, nos termos de sua previsão constitucional, inexiste diferença conceitual teórica entre os dois institutos.

*6.* Seria de utilidade disciplinar-se, *de lege ferenda* a concessão para a sua utilização em situações em que incidisse interesse na amortização do capital ao longo da realização de serviços, com a reversão dos bens ao poder público, ao seu termo, e a permissão também com prazo determinado de duração, em situações em que tal interesse não existisse, de sorte a não se incluir na tarifa o índice correspondente à amortização do capital, alcançado-se, nessa hipótese, uma desejada modicidade tarifária.

### *VI – CADE-Conselho Administrativo de Defesa Econômica e o Direito Administrativo*

*1.* A Lei 8.884/94 atende satisfatoriamente ao postulado constitucional de repressão ao abuso do poder econômico, caracterizado pelo domínio de mercado, eliminação da concorrência e aumento arbitrário de lucros.

*2.* Em face da dinâmica da economia globalizada, o Direito Administrativo é a disciplina adequada à prevenção, apuração e sanção em função de atos e condutas anticoncorrenciais.

*3.* O regime jurídico aplicável ao Conselho Administrativo de Defesa Econômica-CADE, assim como aos seus membros (regime de incompatibilidades, impedimentos etc.), é capaz de garantir a necessária independência para a apreciação dos atos e condutas infracionais.

*4.* O CADE deve exercitar as suas competências unicamente tendo em vista o que dispõe a Constituição e a Lei. Encontra-se, portanto, plenamente vinculado ao princípio da legalidade.

*5.* A competência exercitada pelo CADE, no concernente à caracterização das infrações à ordem econômica, é plenamente vinculada. Resta, sem embargo, certa dose de discricionariedade, observados sempre os limites fixados pela Lei 8.884/94.

*6.* Em que pese a utilização pela Lei de expressões fluidas, mesmo no exercício da competência prescrita no art. 54 da Lei 8.884/94, relativa à aprovação dos atos de concentração lesivos à livre concorrência, a competência do CADE ainda assim será sempre vinculada.

*7.* Em boa hora a Lei 8.884/94 admitiu que o silêncio do administrador implica na produção de efeitos, e no caso específico do art. 54, a omissão do administrador implica na aprovação do ato.

*8.* Não obstante a revogação do art. 59 da Lei 8.884/94 remanesce a competência consultiva do CADE em função do dispositivo que arrola as suas competências.

*9.* O procedimento administrativo, relativo à apuração e à aplicação de sanções pela prática de atos e condutas anticoncorrenciais, em seus pontos nucleares, observa as exigências do princípio constitucional do devido processo legal.

### *VII – Invalidação e convalidação do ato administrativo*

*1.* A restauração da ordem jurídica tanto se faz pela correção do ato viciado como pela eliminação do ato inválido.

*2.* Parece mais consentâneo com o princípio da legalidade, ao menos quando se tratar de atos que podem ser repetidos sem vício, restaurar a ordem jurídica pela correção do ato viciado do que por sua eliminação. É o que decorre do princípio da segurança jurídica.

*3.* Em certas ocasiões, especialmente, em homenagem aos princípios da boa-fé, da segurança jurídica e da satisfação do interesse público, o decurso do tempo e a efetiva satisfação do interesse público almejado, levam à convalidação do ato viciado, não sendo condizente a sua invalidação.

### *VIII – Aspectos polêmicos da responsabilidade patrimonial da administração pública*

*1.* A garantia constitucional da responsabilidade por danos decorrentes de atividades do Poder Público, abrange, quanto ao agente, todos os Poderes do Estado e a administração direta, indireta, concessionários, permissionários e outras entidades que exerçam funções delegadas, as quais devem reparar danos morais e materiais, inclusive lesões a interesses legítimos difusos, coletivos e comunitários.

*2.* Deve ser mais incisiva a atuação do Ministério Público e da Defensoria Pública em benefício daqueles que são desprovidos de condições para o exercício pleno da cidadania.

*3.* A responsabilidade por omissões independe da intenção do agente mas decorre do dever jurídico de agir, devendo o Poder Público aparelhar-se para isso.

*4.* O Poder Público não pode ficar totalmente isento de qualquer espécie de responsabilidade pelo exercício de serviços públicos de transporte por parte de pessoas físicas (taxistas) ou por formas alternativas, como é o caso dos chamados clandestinos, das lotações e até das moto-táxis.

Vitória-ES, 1º de novembro de 1997

# JURISPRUDÊNCIA

## SUPREMO TRIBUNAL FEDERAL

***Ação Direta de Inconstitucionalidade n. 1.576-1-DF – Medida liminar – Pleno***

***Rel. Min. Marco Aurélio***

VOTO

(s/ art. 1º da Medida Provisória)

***O Sr. Ministro Carlos Velloso***: Sr. Presidente, a Medida Provisória n. 1.570, de 26.3.97, estabelece, no seu artigo 1º:

> Art. 1º. Aplica-se à tutela antecipada prevista nos artigos 273 e 461 do Código de Processo Civil o disposto nos artigos 5º e seu parágrafo único e 7º da Lei 4.348, de 26.6.1964, no art. 1º e seu § 4º da Lei 5.021, de 9.6.66, e nos artigos 1º, 3º e 4º da Lei 8.437, de 30.6.92.

É dizer, o artigo 1º da Medida Provisória 1.570, de 26.3.97, estende à tutela antecipada – CPC, arts. 273 e 461 – disposições das Leis 4.348/64, 5.021/66 e 8.437/92.

As disposições das mencionadas Leis 4.348/64, 5.021/66 e 8.437/92, basicamente, procuram adequar ao mandado de segurança e às cautelares a execução própria da Fazenda Pública, disciplinada no art. 100 da Constituição. E estendem à tutela antecipada a norma que possibilita a suspensão, pelo Presidente do Tribunal, da liminar.

É ver.

O art. 5º e seu parágrafo único, e o art. 7º, da Lei 4.348, de 1964, dispõem:

> Art. 5º. Não será concedida a medida liminar de mandados de segurança impetrados visando à reclassificação ou equiparação de servidores públicos ou à concessão e aumento ou extensão de vantagens.
>
> Parágrafo único. Os mandados de segurança a que se refere este artigo serão executados depois de transitada em julgado a respectiva sentença.
>
> Art. 7º. O recurso voluntário ou *ex officio*, interposto de decisão concessiva de mandado de segurança que importe outorga ou adição de vencimento ou ainda reclassificação funcional, terá efeito suspensivo.

Lei 5.021, de 9.6.66, art. 1º e seu § 4º:

> Art. 1º. O pagamento de vencimentos e vantagens pecuniárias assegurados, em sentença concessiva de mandado de segurança, a servidor público federal, da administração direta ou autárquica, e a servidor público estadual e municipal, somente será efetuado relativamente às prestações que se vencerem a contar da data do ajuizamento da inicial. (...)
>
> § 4º. Não se concederá medida liminar para efeito de pagamento de vencimentos e vantagens pecuniárias.

Lei 8.437, de 30.6.92, artigos 1º, 3º e 4º:

> Art. 1º. Não será cabível medida liminar contra atos do Poder Público, no

procedimento cautelar ou em quaisquer outras ações de natureza cautelar ou preventiva, toda vez que providência semelhante não puder ser concedida em ações de mandado de segurança, em virtude de vedação legal.

Art. 3º. O recurso voluntário ou *ex officio*, interposto contra sentença em processo cautelar proferida contra pessoa jurídica de direito público ou seus agentes, que importe em outorga ou adição de vencimentos ou de reclassificação funcional, terá efeito suspensivo.

Art. 4º. Compete ao presidente do tribunal, ao qual couber o conhecimento do respectivo recurso, suspender, em despacho fundamentado, a execução da liminar nas ações movidas contra o Poder Público ou seus agentes, a requerimento do Ministério Público ou da pessoa jurídica de direito público interessada, em caso de manifesto interesse público ou de flagrante ilegitimidade, e para evitar grave lesão à ordem, à saúde, à segurança e à economia públicas.

As Leis 4.348/64 e 5.021/66, dizem respeito ao mandado de segurança. São leis que datam de mais de trinta anos e nunca foram declaradas inconstitucionais. A Lei 8.437, de 30.6.92, dispõe sobre a concessão de medidas cautelares contra atos do Poder Público.

Conforme falamos, essas leis procuram, basicamente, adequar, ao mandado de segurança e às cautelares, a execução própria da Fazenda Pública, inscrita no art. 100 da Constituição Federal (execução por precatório).

Tenho minhas reservas, que o Tribunal conhece, relativamente ao crédito de natureza alimentícia. E salários e vencimentos têm tal natureza. Ao que penso, esses créditos independem de precatório, devem ser pagos de modo imediato. Mas esta Corte não entendeu assim. Em nome da segurança jurídica, que deve ser a meta a ser perseguida pelo Judiciário, não devo arrostar o entendimento da maioria.

Concluo, então, o meu voto, nesta parte: pelos motivos expostos, de forma abreviada, acompanho o voto do Sr. Ministro Marco Aurélio, Relator, no que toca ao art. 1º da Medida Provisória 1.570, de 1977: indefiro a cautelar.

## VOTO

(s/ art. 2º da Medida Provisória)

***O Sr. Ministro Carlos Velloso***: Sr. Presidente, relativamente ao art. 1º da Medida Provisória n. 1.570, entendi inocorrer relevância na argüição de inconstitucionalidade. Agora, no que toca ao artigo 2º da citada Medida Provisória 1.570, peço licença ao Sr. Ministro Marco Aurélio para, acompanhando o voto do Sr. Ministro Maurício Corrêa, deferir a cautelar.

Em junho de 1990, sustentei, nesta Casa, na ADIn n. 295, cujo acórdão parece que não foi, ainda, publicado, que a norma que proíbe a concessão de liminares é ofensiva à Constituição, mais precisamente ao princípio da inafastabilidade do controle judicial de lesão ou ameaça a direito. É que esse controle, em muitos casos, torna-se-á inócuo se for impedida a concessão da medida liminar.

Destaco do voto que proferi na citada ADIn 295-DF, em 22.6.1990:

(...)

Vou enfrentar a Segunda parte da questão. O Sr. Ministro Relator entende que a medida provisória que proíbe a concessão de medida liminar em mandado de segurança é inconstitucional.

Sr. Presidente, tenho um compromisso antigo com a tese, um velho compromisso – e V. Exa. deve lembrar-se porque presidia então o Tribunal Federal de Recursos – e já àquela época eu entendia, quanto à suspensão dos efeitos da medida liminar, ou da segurança, pelo Presidente do Tribunal, que deveria, a lei que autoriza esse suspensão, ser interpretada restritivamente, porque a suspensão de medida liminar por parte do Presidente do Tribunal, ou a suspensão dos efeitos da sentença, tal qual autorizada na Lei 4.348, de 1964, consubstancia medida patológica que trata mal a garantia constitucional do mandado de segurança.

Que dizer, então, Sr. Presidente, de uma medida provisória que impede a concessão da liminar? Raciocínio, evidentemente, na hipótese de a medida liminar ser necessária, se estão presentes os seus pressupostos inscritos na Lei 1.533, de 1951, art. 7º, não conceder a medida liminar é liquidar com a ação. Mandado de segurança, e nesse ponto estou inteiramente de acordo com o Sr. Ministro Relator, no qual ocorrem os pressupostos da medida liminar, não concedida esta, é mandado de segurança inócuo, é mandado de segurança que não existe.

Sustentei, no antigo Tribunal Federal de Recursos, no Superior Tribunal de Justiça e em trabalhos que tenho escrito a respeito do tema que, ocorrentes os pressupostos da liminar, surge para o impetrante direito subjetivo a ela. Pode, inclusive, o impetrante, no meu entendimento – entendimento que por mais de uma vez foi acolhido no antigo Tribunal Federal de Recursos – impetrar um novo mandado de segurança para obtenção dessa liminar. Quer dizer, em caso assim surge *causa petendi* que autoriza o indivíduo a pedir ao Poder Judiciário tutela jurisdicional para obtenção daquilo que é direito subjetivo seu.

Assim posta a questão, Sr. Presidente, considero inconstitucional a lei ou medida provisória que suprime a medida liminar, porque essa lei ou medida provisória torna letra morta a ação constitucional do mandado de segurança, que é muito mais do que uma simples ação sob o ponto de vista processual, porque é ação constitucional, é garantia constitucional de direito individual.

Ademais, Senhor Presidente, convém não esquecer que a Constituição, ao cuidar do princípio da inafastabilidade do conhecimento do Poder Judiciário de qualquer lesão a direito, estabelece, também, que a ameaça a direito não pode ser subtraída do conhecimento do Judiciário (CF, art. 5º, XXXV).

Ora, de regra, somente através da medida liminar é que seria possível coibir ameaça a direito.

Também por isto, é fácil perceber que seria inconstitucional uma medida provisória que proíba a concessão de medida liminar no mandado de segurança. Repito: raciocino, evidentemente, nos casos em que a medida liminar é necessária, vale dizer, nos casos em que ocorrem os seus pressupostos, que se orientam no rumo daquilo que, na linguagem comum do foro, se denomina de *fumus boni juris* e *periculum in mora*.

Peço licença, agora, Senhor Presidente, para fazer ligeiras considerações à margem da questão. Penso que se faz um autêntico "cavalo de batalha" em torno do assunto. Reconheço as boas intenções do Poder Executivo, empenhado num plano econômico audacioso, que todos nós desejamos que tenha sucesso, porque caminhávamos à beira do abismo, com uma inflação que se aproximava, no mês de março p. passado, de três dígitos. Volto a repetir, entretanto, que se faz um "cavalo de batalha" em torno do assunto, ao proibir o Executivo, mediante medida provisória, a concessão de medida liminar em mandado de segurança impetrado contra o "plano econômico". É que a ordem jurídica contém o remédio contra as liminares abusivas, as liminares que causam lesão à ordem pública, à saúde pública, à segurança pública e à economia pública (Lei n. 4.348/64, art. 4º). Ao invés de proibir a concessão de liminar, mediante medida provisória, bastaria que o Governo recomendasse aos seus procuradores no sentido de que dessem pontual cumprimento ao disposto no art. 4º da Lei 4.348, de 1964. Acho que esse dispositivo legal – art. 4º da Lei 4.348/64 – que autoriza o Presidente do Tribunal a suspender a execução de liminares e de sentenças concessivas de segurança, deve ser interpretado restritivamente, sob pena de causar maus tratos à Constituição. Certo é, entretanto, que o citado dispositivo legal existe e este Egrégio Supremo Tribunal Federal o tem aplicado. De modo que seria difícil acoimá-lo de inconstitucional, a esta altura. O que pugno é no sentido de que citado dispositivo legal seja interpretado restritivamente. Ele existe, pois. E porque existe e tem sido aplicado inclusive por esta Suprema Corte, está o Poder Executivo devidamente armado, de modo que não precisa de armar-se de poderes outros que violam a Constituição, tal é o caso da medida provisória que proíbe concessão de liminar em mandado de segurança, tornando inócua a garantia constitucional.

Não me impressiona, Senhor Presidente, a invocação da Lei n. 5.021, de 1966, que, no § 4º do art. 1º, estabelece que não será concedida medida liminar para efeito de pagamento de vencimentos e vantagens pecuniárias. É que, nesse caso, o que a lei fez foi simplesmente adequar o pagamento à forma de execução especial contra a Fazenda Pública, execução constitucional, portanto (CF/1967, art. 117; CF/88, art. 100). Então, parece-me constitucional a lei que simplesmente impede forma outra de execução que não aquela inscrita na própria Constituição. A Lei n. 2.770, de 1956, também impede a concessão de medida liminar nas ações e procedimentos judiciais que visem à liberação de bens oriundos do estrangeiro. O que a lei impede, entretanto, é que se conceda liminar para liberação de mercadoria introduzida no País ilicitamente, caso em que não há falar em direito líquido e certo. A invocação, portanto, dessas leis, para justificar a existência da medida provisória objeto desta ação, não se justifica.

Com essas breves considerações, Senhor Presidente, e com a vênia devida ao Sr. Ministro Marco Aurélio, adiro, no ponto, ao voto do eminente Ministro Paulo Brossard.

Na ADIn 975-DF, voltei a sustentar o mesmo entendimento, na sessão plenária de 9.12.93, registrando o voto que proferi, no antigo TFR, no MS 119.422-SP, julgado em 7.6.88 e que está publicado na *Rev. de Dir. Tributário* n. 47, p. 259, e me reportando, também, a trabalho doutrinário que escrevi – "Mandados de Segurança e institutos afins na Constituição de 1988", em *Mandados de Segurança e de Injunção*, Saraiva, 1990, pp. 75-106.

Admito, Sr. Presidente, a ocorrência de excesso na concessão de medidas liminares. No voto que proferi na citada ADIn 975-DF, isso já reconhecia. A forma, entretanto, de conter esses excessos não está no impedir ou criar empecilhos à concessão de liminares, que acabem por vedá-la. O problema está mais na ampla competência que é conferida aos Juízes de 1º grau para conhecerem e julgarem ações populares e ações civis públicas, o que decorre, por exemplo, do § 2º do art. 109 da Constituição Federal. Essas ações somente poderiam ser ajuizadas na Seção Judiciária Federal onde localizada a sede da autarquia, empresa pública ou sociedade de economia mista, ou no Distrito Federal, tratando-se de ação popular ou de ação civil pública em que a União fosse interessada na condição de ré, assistente ou opoente. Assim, a regra dos § 2º do art. 109 da Constituição ficaria para as ações em que o indivíduo estivesse demandando por direito individual seu. Esclareça-se, aliás, que a regra de competência do § 2º do art. 109 da CF foi estabelecida para o fim de proporcionar comodidade processual aos autores dessas ações, vale dizer, das ações em que estivessem propugnando por direito individual seu.

Volto ao tema em debate, o artigo 2º da Medida Provisória 1.570: essa disposição normativa é ofensiva ao princípio da inafastabilidade do controle judicial de lesão ou ameaça a direito (CF, art. 5º, XXXV).

Com essas breves considerações, e reportando-me aos votos que proferi nas ADIn 295 e 975, peço licença aos Srs. Ministros Marco Aurélio e Nelson Jobim para, divergindo dos seus doutos votos, deferir a medida cautelar de suspensão do art. 2º da Medida Provisória 1.570.

É como voto, Sr. Presidente.

VOTO

(s/ art. 3º da Medida Provisória)

*O Sr. Ministro Carlos Velloso*: Sr. Presidente, o art. 3º da Medida Provisória 1.570, de 26.3.97, dispõe:

> Art. 3º. O art. 16 da Lei 7.347, de 24 de julho de 1985, passa a vigorar com a seguinte redação:
>
> Art. 16. A sentença civil fará coisa julgada *erga omnes* nos limites da competência territorial do órgão prolator, exceto se o pedido for julgado improcedente por insuficiência de provas, hipótese em que qualquer legitimado poderá intentar outra ação com idêntico fundamento, valendo-se de nova prova.

A Lei 8.347, de 1985, é a lei que disciplina a ação civil pública. A novidade trazida pela Medida Provisória 1.570, no ponto, é somente esta: a sentença vale, *erga omnes*, nos limites da competência territorial do órgão prolator.

Gostaria de lembrar que o antigo Tribunal Federal de Recursos decidia exatamente no sentido dessa norma introduzida pela Medida Provisória 1.570. No caso que ficou conhecido como "efeito metanol" – o metanol era adicionado ao álcool combustível e houve reação de ambientalistas – o TFR entendeu que a sentença do Juiz Federal do Rio de Janeiro valia, *erga omnes*, no território do Estado do Rio de Janeiro, dado que o Juiz Federal do Rio não tinha jurisdição sobre outros Estados. A regra processual, aliás, é esta: o juiz decide nos limites de sua competência territorial. Não há, pois, novidade. A questão que surge decorre, entretanto, do disposto no § 2º do art. 109 da CF: "As causas intentadas contra a União poderão ser aforadas na seção judiciária em que for domiciliado o autor, naquela onde houver ocorrido o ato ou fato que deu origem à demanda ou onde esteja situada a coisa, ou, ainda, no Distrito Federal".

Então, sempre que a União for ré, não será possível fazer valer a regra do art. 16 da Lei 7.347/85, com a redação do art. 3º da Medida provisória 1.570/97, a menos que se interprete o § 2º do art. 109 da CF com o entendimento no sentido de que a norma de competência ali inscrita tem como destinatários postulantes de direitos subjetivos individuais, aos quais a norma constitucional objetiva conceder facilidade processual para o fim de defenderem os seus direitos. Na verdade, não seria possível a alguém que está num Estado do norte do país, vir demandar no Distrito Federal. O certo é que, para as ações civis públicas, que têm legitimação especial, a regra de competência não deveria ser a geral.

Acompanha o voto do Sr. Ministro Relator, indeferindo a cautelar.

# SUPREMO TRIBUNAL FEDERAL

*Mandado de Segurança n. 22800-8-DF*

*Relator: Min. Marco Aurélio*

*Impetrante: Maria do Socorro Gomes Coelho e outros*

*Impetrado: Presidente da República*

**Concessão de direito real de uso resolúvel – Companhia Vale do Rio Doce-CVRD – Província Mineral de Carajás – Resolução n. 331/86 do Senado Federal – Decreto do Presidente da República de 6 de março de 1997 – Carta da República de 1988 – Incompatibilidade.**

1. Maria do Socorro Gomes Coelho, Deputada Federal pelo PC do B/PA, Josaphat Marinho, Senador da República pelo PFL/BA, e os também Deputados Federais Aldo Silva Arantes – PC do B/GO, José Guimarães Neiva Moreira – PDT/RJ, José Machado – PT/SP, Almino Monteiro Álvares Afonso – PSDB/SP, Zaire Resende – PMDB/MG, Haroldo Borges Rodrigues Lima – PC do B/PA, José Aldo Rebello Figueiredo – PC do B/SP, Agnelo Santos Queiroz Filho – PC do B/DF, Inácio Francisco de Assis Nunes Arruda – PC do B/CE, Jandira Feghali – PC do B/RJ, Luiz Lindbergh Farias Filho – PC do B/RJ, Ricardo Krachineski Gomyde – PC do B/PR, Sérgio Miranda – PC do B/MG, Gylnei Amorim Viana – PT/MT, João Domingos Passarella – PT/MG, José Maurício Linhares Barreto – PDT/RJ, Giovanne Correa Queiroz – PDT/PA, Miro Teixeira – PDT/RJ, Raquel Capiberibe da Silva – PSB/AP, José Gualberto Martins Dunga Angerami – PSDB/SP e Antonio Cesar Pinho Brasil – PMDB/PA impetram mandado de segurança, com pedido de concessão de medida acauteladora contra ato do Excelentíssimo Senhor Presidente da República, consubstanciado em Decreto de 6 de março de 1997, publicado no *Diário Oficial da União* do dia imediato, que resultou na concessão de direito real de uso resolúvel, sob a forma de utilização gratuita, à Companhia Vale do Rio Doce (CVRD) de uma gleba de terras do domínio da União, adjacente à Província Mineral de Carajás, situada no Município de Parauapebas no Estado do Pará.

Sob o ângulo da pertinência do mandado de segurança evocam o que decidido nos mandados de segurança ns. 22.132.1-RJ e 22.503.3, sendo que, no primeiro, assentou-se o cabimento da medida quando não se tem o ataque a norma em tese e, no segundo, a legitimidade de parlamentares para a ação mandamental, no que voltada a preservação, nos limites de fundamento constitucional, de prerrogativas. Transcrevem trecho de voto que proferi neste último, na qualidade de relator.

A seguir, discorrem sobre o ato impugnado, ressaltando que, mediante a Resolução n. 331, de 5 de dezembro de 1986, do Senado Federal, publicada no *Diário Oficial da União*, de 11 de dezembro de 1986, realmente autorizou-se o Poder Executivo a conceder à Companhia Vale do Rio Doce o direito real de uso resolúvel da gleba. Todavia, consoante o sustentado, a concessão somente teria validade a partir da inscrição do ato concessivo, no que deveria explicitar os direitos e deveres da concessionária, junto ao Registro de Imóveis competente. O Senado Federal teria atuado com esteio na competência fixada no parágrafo único do artigo 171 da Constituição Federal pretérita. Entrementes, o Poder Executivo somente viera a agir passados cerca de dez anos, quando já em vigor a Carta de 1988, no que, dando outro tratamento à matéria, previu a necessidade de autorização pelo Congresso Nacional. Diante desse fato, afirma-se que o ato de concessão não chegou a aperfeiçoar-se, razão pela qual, em face de conflito, não houve a recepção do ato do Senado pela Constituição vigente. Empolga-se a melhor doutrina sobre o que se entende como ato jurídico perfeito e acabado – Cretella Júnior in *Comentários à Constituição de 1988*, pp. 459 e 460, v. I, 3ª ed., 1992, Forense Universitária. Daí dizer-se estar o ato do Excelentíssimo Senhor Presidente da República viciado de inconstitucionalidade, desafiando, por isso mesmo, a ação mandamental. Sob o ângulo do risco de manter-se com plena eficácia o referido ato, alude-se ao passo seguinte, ou seja, à materialização no Registro de Imóveis, sendo certo que, no mesmo dia em que formalizado, veio à balha o Edital n. PDN-A-01/97-CVRD, estabelecendo condições para alienação de ações ordinárias e preferenciais nominativas do capital social da Companhia Vale do Rio Doce com menção ao complexo de mineração de Carajás.

Na inicial, protestou-se pela juntada de instrumentos de mandato outorgados por alguns dos impetrantes, salientando-se a urgência no ajuizamento da ação. O pedido final visa à declaração de nulidade do decreto em comento, com as conseqüências próprias, considerados os atos administrativos que a partir dele foram praticados.

Com a inicial vieram as procurações de folhas 17 a 29, o substabelecimento de folha 30 e cópias de veículos que publicaram os atos mencionados.

2. Sob o ângulo da legitimidade dos impetrantes, reposto-me ao precedente lançado no Ano Judiciário de 1996, quando do julgamento do mandado de segurança n. 22.503-3:

> Os participantes dos trabalhos legislativos, porque representantes do povo, quer de segmentos majoritários, quer de minoritários, têm o direito público subjetivo de ver respeitadas na tramitação de projetos, de proposições, as regras normativas em vigor, tenham estas, ou não, estatura constitucional. Mais do que isso, é possível dizer-se serem destinatários do dever de buscarem em qualquer campo, a predominância de tanto quanto esteja compreendido na ordem jurídico constitucional. Ao fazê-lo, honram o compromisso inerente aos mandatos em que investidos, contribuindo para a manutenção do almejado – e hoje proclamado pela lei básica – Estado Democrático de Direito. O Supremo Tribunal Federal ao assegurar-lhes o procedimento, dando-os como partes legítimas, exerce em termos estritos a função que lhe é precípua – de guarda maior da Constituição. Afirmar-se que deputados não estão legitimados a agir em juízo com o fim de preservar o cumprimento do processo legislativo tal como concebido especialmente quando em questão normas instrumentais maiores e diria mesmo princípios constitucionais de envergadura ímpar – é caminhar-se para o regime totalitário, olvidando-se que a democracia pressupõe não só participação plúrima, com o que se busca o equilíbrio, como também a preservação da atividade parlamentar das minorias.

Os impetrantes são parlamentares e evocam prerrogativa assegurada constitucionalmente, ou seja, de, a teor do disposto no § 1º do artigo 188 da Constituição Federal, participarem da aprovação, pelo Congresso Nacional, de alienação ou concessão a qualquer título, de terras públicas com área superior a dois mil e quinhentos hectares, a pessoa física ou jurídica, ainda que por interposta pessoa. Ora, sendo causa de pedir da segurança a necessidade de o Presidente da República contar, para a concessão de direito real de uso resolúvel, alvo da controvérsia, com prévia aprovação do Congresso Nacional, forçoso é concluir, neste exame preliminar e na esteira do memorável pronunciamento do Plenário, pela legitimação.

Quanto ao tema de fundo, os fatos são incontroversos. A Constituição Federal de 1967, com a redação imprimida pela Emenda Constitucional de 1969, atribuía ao Senado, mediante o preceito do parágrafo único do artigo 171, a prévia aprovação de ato objetivando alienação ou concessão de áreas públicas com área superior a três mil hectares:

> Parágrafo único. Salvo para execução de planos de reforma agrária, não se dará, sem prévia aprovação do Senado Federal, alienação ou concessão de terras públicas com área superior a três mil hectares.

Com base em tal preceito, veio a ser formalizada a Resolução n. 331/86, ficando o Poder Executivo autorizado a conceder à Companhia Vale do Rio Doce o direito real de uso resolúvel de gleba de terras do domínio da União adjacente à Província Mineral de Carajás. Previu-se, no entanto, no artigo 3º da citada Resolução, que o ato concessivo somente teria validade a partir da inscrição no Registro de Imóveis competente. À primeira vista, exsurge contexto revelador de ato complexo. Em última análise, a Resolução do Senado Federal não implicou, em si, tal concessão. Por ela restou autorizado o Poder Executivo a assim proceder. Acontece, como já noticiado acima, que isso somente veio a ocorrer quando já em vigor a Carta de 1988, inovadora no sentido de não mais competir ao Senado Federal, mas ao Congresso Nacional, a referida aprovação. Tenho como relevante, juridicamente, a tese colocada pelos impetrantes. Indaga-se: o ato do Executivo está respaldado em autorização constitucionalmente válida de acordo com a Carta de 1988? O deslinde da questão há de ficar para o julgamento a ser procedido no Plenário, sendo suficiente, por hora, a conclusão sobre o concurso de fundamento relevante, conforme o inciso II do artigo 7º da Lei n. 1.533/51. Sob o ângulo do risco de manter-se com plena eficácia o ato, cumpre atentar não só para as conseqüências que lhes são próprias, tendo em conta a matrícula do imóvel, como também a que se avizinha, ou seja, a preservação da ciência, para efeitos de alienação de ações ordinárias e preferenciais nominativas do capital social da Companhia Vale do Rio Doce, de estar a citada área compreendida no âmbito da respectiva exploração de minérios.

3. O quadro é autorizador, portanto, da concessão da liminar. Defiro-a para suspender, até a decisão final deste mandado de segurança, o Decreto do Excelentíssimo Senhor Presidente da República, de 6 de março de 1997, publicado no *Diário Oficial da União* de 7 de março de 1997, mediante o qual deu-se a concessão de direito de uso real resolúvel, sob a forma de utilização gratuita, à Companhia Vale do Rio Doce (CVRD), sociedade de economia mista federal supervisionada pelo Ministério de Minas e Energia, de gleba de terras adjacentes à Província Mineral de Carajás e localizada no Município de Parauapebas, desmembrado do Município de Marabá, no Estado do Pará, com área total de 411.948,87 hectares.

4. Regularizem os impetrantes, Maria do Socorro Gomes Coelho, Josaphat Marinho, Aldo Silva Arantes, José Guimarães Neiva Moreira, Agnelo Santos Queiroz Filho, Inácio Francisco de Assis Nunes Arruda, Jandira Feghali, Luiz Lindbergh Farias Filho, Ricardo Krachineski Gomide e Sérgio Miranda, a representação processual, assinado o prazo de quinze dias.

5. Solicitem-se as informações de praxe.

6. Publique-se.

Brasília, 19 de abril e 1997

Ministro Marco Aurélio, Relator.

*JURISPRUDÊNCIA*

# TRIBUNAL REGIONAL FEDERAL DA 5ª REGIÃO

***Apelação em Mandado de Segurança n. 48.839-PB (95.05.10921-0)***

***Apelante(s): Benedito Rogério Vasconcelos Aragão***

***Advogado(s): Dr. Abenago Pessoa Lima e outro***

***Apelado(s): UFPB-Universidade Federal da Paraíba***

***Advogado(s): Dr. Antônio Namy Filho e outros***

***Origem: Juízo Federal da 3ª Vara-PB***

***Relator: O Exmo. Sr. Juiz José Delgado***

## RELATÓRIO

**O Exmo. Sr. Juiz José Delgado (Relator)**: Trata-se de apelação de sentença proferida nos autos do Mandado de Segurança impetrado por Benedito Rogério Vasconcelos Aragão, contra ato do Magnífico Reitor da Universidade Federal da Paraíba objetivando ascensão funcional do cargo de Professor Adjunto IV para o de Professor Titular.

Argúi ser professor da UFPB, posicionado no nível Adjunto IV, admitido mediante concurso público e que a carreira do magistério é organizada em quatro classes, iniciando-se o docente na classe de auxiliar de ensino e tendo por escopo a de professor titular e, por estar no último nível da penúltima classe, se julga com o direito líquido e certo de progredir verticalmente para a última classe, de professor titular.

Devidamente notificada, a autoridade apontada como coatora prestou informações sustentando a legalidade do ato de indeferimento da pretensão do autor, fundamentado no Dec. 94.664, que condiciona o acesso a classe de professor titular, a submissão a concurso público, independentemente de concurso anterior prestado pelo docente para ingresso inicial da carreira.

O ilustre representante do *parquet* federal opinou pela denegação da segurança, citando julgados tanto desta Corte quanto do Superior Tribunal de Justiça, que entendem não estar dispensado de concurso público de provas e títulos o provimento de cargo de professor titular.

O insigne magistrado singular denegou a segurança sob o fundamento de que vigora a obrigatoriedade do concurso público para o acesso ao cargo de professor titular.

Irresignado, o autor interpôs recurso de apelação para este e. Tribunal renovando os termos da peça exordial e pugnando pela reforma do *decisum*.

Contra-razões às fls. 59/68.

É o relatório.

## VOTO

**O Exmo. Sr. Juiz José Delgado (Relator)**: O cerne da controvérsia posta em discussão reside na obrigatoriedade ou não, por força do que prescreve o art. 206, inciso V, da nova CF, de concurso público para ingresso do docente na classe de Professor Titular.

Inicialmente, cumpre-nos examinar os dispositivos constitucionais de 1967, em cotejo com os da vigente Lei Maior, reguladores da espécie.

Dispõe o art. 176, da Constituição de 1967, com a emenda de 1969, *in verbis*:

"Art. 176. A educação, inspirada no princípio da unidade nacional e nos ideais de liberdade e solidariedade humana, é direito de todos e dever do Estado, e será dada no lar e na escola.

"§ 3º. A legislação do ensino adotará os seguintes princípios e normas.

"VI – O provimento dos cargos iniciais e finais das carreiras de magistérios de grau médio e superiores dependerá, sempre, de prova de habilitação, que consistirá em concurso público de provas e títulos, quando se tratar de ensino oficial."

A seu turno, o art. 206, do novo Texto Constitucional preceitua, *ad litteram*:

"Art. 206. O ensino será ministrado com base nos seguintes princípios:

"V – Valorização dos profissionais de ensino, garantidos, na forma da lei, planos de carreira para o magistério público, com piso salarial profissional e ingresso exclusivamente por concurso público de provas e títulos, assegurando regime jurídico único para todas as instituições mantidas pela União."

Consoante se pode observar, enquanto a norma constitucional anterior disciplinava o ingresso no cargo final da carreira do magistério mediante concurso de provas e títulos, a Constituição atual é silente a respeito.

Não obstante, tal não implica em incontinente perda da eficácia da legislação ordinária reguladora da espécie.

A exigência de concurso público para provimento do cargo final da carreira de magistério está contida no Decreto n. 94.664/87, que regulamenta a chamada Lei de Isonomia das Universidades Brasileiras – Lei n. 7.596/87, que em seu art. 3º, dispõe *in verbis*:

"As Universidades e demais Instituições Federais de Ensino Superior, estruturadas sob a forma de autarquias ou de fundação pública, terão um Plano Único de Classificação e Retribuição de Cargos e Empregos para o pessoal docente e para os serviços técnicos e administrativos, aprovado em regulamento, pelo Poder Executivo, assegurada a observância do princípio da isonomia salarial e a uniformidade de critérios, tanto para ingresso mediante concurso público de provas ou de provas e títulos, quanto para promoção e ascensão funcional, com valorização do desempenho e da titulação do servidor."

O Decreto n. 94.664/87, em seu art. 12, § 2º, dispõe, *ad litteram*:

"§ 2º. O ingresso na classe de Professor Titular dar-se-á unicamente mediante habilitação em concurso público de provas e títulos, na qual somente poderão inscrever-se portadores do título de Doutor ou de Livre-docente, Professores Adjuntos, bem como pessoas de notório saber, reconhecido pelo conselho superior competente da IFE."

Ora, inicialmente é de se esclarecer que dispondo a norma legal que o cargo em questão será provido através de concurso público, e enumerando os Professores Adjuntos entre os possíveis concorrentes, resta absolutamente clara a indispensabilidade de concurso público para provimento do cargo de Professor Titular, inclusive para os Professores Adjuntos.

O concurso público é forma democrática de acesso aos cargos públicos e a promoção do docente deve obedecer a esse critério seletivo. Assim dispondo, o regulamento harmonizou-se com a exigência constitucional então vigorante (art. 176, VI, CF/67/69).

Essa Corte, aliás, na esteira de expressiva corrente jurisprudencial do extinto Tribunal Federal de Recursos já decidiu que o acesso ao cargo de professor titular somente seria viável através de concurso público, de provas e títulos, até mesmo para o portador do título de Livre-docente aprovado em concurso com exigências idênticas ao provimento daquele cargo.

Estabelecida tal premissa, cumpre-me, agora, analisar a compatibilidade dessa exigência com a nova ordem constitucional.

Em verdade, a Constituição de 1988 não repetiu a norma então vigente, explícita na exigência de concurso para os cargos iniciais e finais das carreiras do magistério de grau médio e superior.

Todavia, isso não significa que houve revogação da norma regulamentar, mas tão-somente mera desconstitucionalização da exigência, que perdeu a eminência constitucional para ter supedâneo em mera norma regulamentar.

Na norma constitucional anterior, assim como na atual, cabe verificar que o provimento para o cargo final da carreira do magistério é permitido, igualmente, aos portadores do título de Livre-docente. Assim, a acessibilidade tem como pressuposto duas pré-condições, Adjunto, nível final, ou Livre-docente, ou notório saber.

Ora, a nova disposição constitucional não mais forneceu o conteúdo da regra ordinária, mas, apenas, limitou-se à sustentação de sua validade.

A progressão vertical do Professor Adjunto IV para Professor Titular deixou de estar içada à condição de regra constitucional porque o seu conteúdo era e é de infradireito e não de sobredireito.

A valorização do professor se dá quando se permite a acessibilidade à recepção do conhecimento e à sua difusão, não quando se pensa suprimir os misteres da carreira.

Desse modo, quando uma regra de infradireito está posta na Constituição e se reinstitucionaliza na ordem com sua ontologia ela não desaparece, ela readquire sua genuína natureza.

Os institutos da progressão vertical, horizontal, ascensão, são institutos infraconstitucionais. A acessibilidade é regra fundamental. E por ser fundamental, não pode ser mitigada.

Vê-se, pois, que o ingresso na classe de Professor Titular só poderá ocorrer exclusivamente através de habilitação em concurso público de provas e títulos, não sendo possível, portanto, como pretendem o apelante, a progressão automática da classe de Professor Adjunto IV para a de Titular, mediante simples titulação e desempenho acadêmico.

Essa, efetivamente, a orientação legal aplicável à matéria.

Daí ser falacioso o argumento do apelante de que a mera omissão da Constituição Federal atual a respeito da exigência de habilitação em concurso público para ingresso na classe de Professor Titular, significa que esse ingresso poderá se dar sem a mencionada habilitação.

A omissão constitucional não opera o efeito de revogar o Decreto n. 94.664/87, na parte em que determina ser necessária a habilitação em concurso público para o acesso à outra categoria. Este dispositivo legal foi acolhido e revigorado pela nova ordem jurídico-constitucional por não contrariar os seus preceitos e o seu espírito.

Neste sentido, tem sido uníssona a jurisprudência, conforme decisões abaixo transcritas:

"Ementa. Administrativo. Aposentadoria. Ensino superior. O acesso ao cargo de professor titular de entidade universitária requer aprovação em concurso de provas e títulos (Lei 7.596/87). Apelo improvido" (TRF-5ª, 2ª Turma, AMS 0502103-PB, j. 13.4.93, Rel. Juiz Lázaro Guimarães).

"Ementa: Administrativo. Ensino superior. Professor titular. Concurso. Exigência. O ingresso na categoria de professor titular deve observar o critério seletivo de concurso público, *ex-vi* do disposto no art. 10, da Lei n. 5.539, de 1968. A titularidade do cargo de professor adjunto, conferida aos portadores de diploma de livre-docência, não autoriza prerrogativa no sentido da dispensa do requisito. Sentença confirmada" (TRF-5ª, AMS 96.222-RJ, j. 17.5.84, Rel. Min. William Patterson).

"Ementa: Administrativo. Professor adjunto. Acesso a classe de professor titular. Necessidade de aprovação em concurso.

"1. O ingresso na classe de professor titular far-se-á mediante concurso de provas e títulos, no qual poderá inscrever-se o professor adjunto (art. 17, Dec. 85.487/80).

"2. O provimento dos cargos iniciais e finais das carreiras do magistério de grau médio e superior dependerá, sempre, de prova de habilitação, que consistirá em concurso público de prova e títulos, quando se tratar de ensino oficial (art. 167, § 3º, inciso 6, na CF/67).

"3. Inviável o acesso do professor adjunto a classe de professor titular sem prévia aprovação em concurso.

"4. Apelação improvida" (TRF-4ª, 3ª Turma, AMS 0420362-PR, j. 30.11.93, Rel. Juíza Tânia Terezinha Cardoso Escobar).

"Ementa. Administrativo. Magistério superior. Professores adjuntos e livre-docentes. Acesso ao cargo de professor titular. Necessidade de concurso público.

"1. Tanto na vigência da Constituição Federal de 1967, que dispunha de forma explícita, quanto na Carta atual, que recepcionou a legislação infraconstitucional, constitui o concurso público condição inderrogável para o ingresso no magistério superior, quer nos cargos iniciais, quer nos cargos finais das carreiras. Inviável, pois, a pretensão dos professores adjuntos e livre-docentes de acesso ao cargo de professor titular sem a exigência de concurso público.

"2. Honorários advocatícios fixados dentro dos limites admitidos.

"3. Apelação improvida" (TRF-4ª; 3ª Turma, AC 0434714-RS, j. 1.6.93, Rel. Juiz Ronaldo Ponzi).

Tais as razões expendidas, nego provimento à apelação.

É como voto.

*Ementa: Constitucional. Administrativo. Ensino superior. Professor adjunto. Acesso a classe de professor titular. Necessidade de aprovação em concurso.*

1. O provimento dos cargos iniciais e finais das carreiras do magistério de grau médio e superior dependerá, sempre, de prova de habilitação, que consistirá em concurso público de provas e títulos.

2. Não supre a exigência de concurso público para o provimento do cargo de Professor Titular, o fato de haver o Professor Adjunto obtido, também por concurso, o título de livre-docente.

3. A desconstitucionalização dessa exigência não opera o efeito de revogar a legislação ordinária reguladora da matéria, vez que a lei ordinária que não conflita com a nova ordem constitucional é por ela recepcionada e revigorada.

4. Apelação a que se nega provimento.

## ACÓRDÃO

Vistos, relatados e discutidos os presentes autos, em que são partes as acima identificadas.

Decide a Segunda Turma do Tribunal Regional Federal da 5ª Região, à unanimidade, negar provimento à apelação, nos termos do relatório, na forma do voto do Juiz Relator e notas taquigráficas constantes nos autos, que passam a integrar o presente julgado.

Custas, como de lei.

Recife, 6 de junho de 1995 (data do julgamento). Juiz José Delgado (Relator).

## JURISPRUDÊNCIA

# TRIBUNAL DE JUSTIÇA DO ESTADO DE SÃO PAULO

**Ação Civil Pública. Ilegitimidade do Ministério Público, quando cabente eventual ação popular. Pedido impossível de condenação a reparar o dano, pagando aos cofres municipais. Mescla de ações injustificável. Recurso provido.**

ACÓRDÃO

Vistos, relatados e discutidos estes autos de Agravo de Instrumento n. 274.440-1/6, da Comarca de Matão, em que são agravantes Benedito Pinotti e outras, sendo agravado o Ministério Público:

Acordam, em Sétima Câmara de Direito Público do Tribunal de Justiça do Estado de São Paulo, por maioria de votos, dar provimento ao recurso.

Trata-se de agravo de instrumento, interposto por Benedito Pinotti e outras, em face de r. decisão de saneamento, que repeliu algumas preliminares argüidas pelo recorrente. Alega, em resumo, "a ação civil pública não se presta a reparar supostos danos que por ventura sejam causados à Administração Pública por algum agente ou agentes"; mas que os prejuízos só poderiam ser objeto de ação popular, "que escapa da competência do Ministério Público". Assere que se "acolheu uma ação popular com o *nome juris* de ação civil pública, aceitando o Ministério Público como parte ativa para a propositura da demanda", o que caracteriza a ilegitimidade ativa *ad causam*. Daí, pretender a reforma do r. *decisum* atacado (fls. 02/05).

Admitiu-se-lhe o recurso (fl. 7). Recebeu contrariedade (fls. 11/18). Formou-se o instrumento de agravo (fls. 28/111). Manteve-se a r. decisão atacada (fl. 113).

É o relatório, em síntese.

O Ministério Público, do Estado de São Paulo, intentou ação, que denominou "civil pública de reparação de dano", em face de diversas pessoas, afirmando, em suma, a ocorrência de dano ao patrimônio público, por meio da aplicação de subvenções sociais, concedidas pela Prefeitura Municipal, da cidade de Matão, ao Serviço de Obras Sociais de Matão (SOS), sociedade civil, sem fins lucrativos. Tal entidade recebera subvenções, mal prestando contas à Municipalidade. Assim, após apontar várias asseveradas distorções, pediu a condenação dos demandados a pagar somas, que indica, aos cofres municipais de Matão, a título de reparação do dano, decorrente de indevidos pagamentos, mais juros e corrigendas monetárias. Ainda, condenados os requeridos ao pagamento de multa civil de duas vezes o valor dos danos provocados, ao Município. Tendo, de outra sorte, os direitos políticos suspensos pelo prazo de oito anos.

Ora, o Ministério Público ostenta clara ilegitimidade, quando pleiteia, o que pode vir a ser objeto de ação popular (art. 5º, LXXIII, da Constituição da República). Além de que o pedido é tal que, por ele, o autor não pode haver direito.

Todos sabem de raiz que a ação civil pública guarda natureza supletiva, mostrando-se como exceção, no sistema. Basta ler-lhe o primeiro mandamento (art. 1º, *caput*, da Lei n. 7.347/85). Daí, obrigar a que a interpretação irrompa estreita e típicos seu objeto e finalidade. Não se permite alargar um e outra, sem ferir a taxatividade.

A finalidade da ação civil pública é marcada na lei – não ao talante do Ministério Público: ações de responsabilidade por danos morais e patrimoniais, causados: "I – ao meio ambiente; II – ao consumidor; III – a bens e direitos de valor artístico, estético, histórico, turístico e paisagístico; IV – qualquer outro interesse difuso, ou coletivo; e V – por infração da ordem econômica" (incisos do art. 1º da Lei n. 7.347/85).

Além disso, o objeto da mencionada ação excepcional surge evidente: "A ação civil poderá ter por objeto a condenação em dinheiro, ou o cumprimento de obrigação de fazer ou não fazer" (art. 3º). Se a condenação exsurgir em dinheiro, "a indenização pelo dano causado reverterá a um fundo, gerido por um Conselho Federal e por Conselhos Estaduais (arts. 13 e 20, da Lei n. 7.347/85 c/c Dec. n. 1.306/94).

"Ação popular – de outra sorte – é o meio constitucional posto à disposição de qualquer cidadão para obter a invalidação de atos ou contratos administrativos – ou a estes equiparados – ilegais a lesivos do patrimônio federal, estadual e municipal, ou de suas autarquias, entidades paraestatais e pessoas jurídicas subvencionadas com dinheiros públicos" (Hely Lopes Meirelles, *Mandado de segurança, ação popular, ação civil pública, mandado de injunção, "habeas data"*, 16ª ed., atualizada por Arnoldo Wald, São Paulo, Malheiros Editores, 1995, pp. 87-8; ainda, ver art. 1º da Lei n. 4.717/65).

Argumenta-se que a Constituição da República ampliou a legitimação do Ministério Público, para intentar o inquérito civil e a ação civil pública (art. 129, III). Primeiro, surge necessário não esquecer de que a Lei Maior exige irromperem indisponíveis, sempre, os interesses sociais e individuais, defendidos pelo Ministério Público – uma das atribuições institucionais estritas – (art. 127, *caput*). No caso, aparece a Promotoria Pública, defendendo direito alheio, de natureza patrimonial, pertencente à Municipalidade; a qual, no mínimo, possui representação legal e advogados aptos à procura de seus direitos e peculiares interesses. Segundo, a Constituição da República refere interesses difusos e coletivos. Vale afirmar: menciona a proteção do patrimônio público e social, além do meio ambiente, e "de outros interesses difusos e coletivos" (art. 129, III). Não se cuida, aqui, tecnicamente, de interesses difusos e coletivos; mas, de pretenso direito ao ressarcimento de dano ao patrimônio público municipal, com pedido de destinação de reparação aos cofres do Município de Matão.

A Lei Orgânica Nacional do Ministério Público assere que, a mais, os órgãos de execução, dentre as funções gerais, lhes incumbe: "promover o inquérito civil e a ação civil pública, na forma da lei" (art. 25, IV). A única lei vigorante é a de n. 7.347, de 24 de julho de 1985, e, como visto, não importa ao caso vertente.

Afirma-se, também, que, ao promover o inquérito e a ação civil pública, "para a anulação ou declaração de nulidade de atos lesivos ao patrimônio público ou à moralidade administrativa do Estado ou de Município, de suas administrações indiretas ou fundacionais, ou de entidades privadas de que participem"; o Ministério Público tomaria para si a titularidade da ação popular (art. 25, IV, letra *b*, da Lei n. 8.625, de 12 de fevereiro de 1993). Assim, sob a denominação de ação civil pública – ou melhor, de nova e sexta finalidade, inobstante se cuidar de números fechados (art. 1º da Lei n. 7.347/85) – ter-se-ía dado ao Ministério Público legitimação ativa, para espécie do gênero ação popular. Existiria, pois, ação popular do cidadão e a ação popular do Promotor de Justiça, criada pela Lei Orgânica Nacional do Ministério Público, à margem da Constituição da República e ferindo-a. Curiosa espécie que, sendo popular, não é exercida por cidadão qualquer. E, pode acabar absorvendo o gênero, visto que libera o cidadão de constituir advogado.

Sem esquecer de que, se o Ministério Público sustentar lide temerária, jamais seria condenado do décuplo das custas (art. 5º, LXXIII, da Constituição da República, c/c art. 13, da Lei n. 4.717/65).

Já, a ação civil de reparação de dano, por enriquecimento ilícito, prejuízo ao erário, ou por violação de princípios da administração pública, instituída pela Lei n. 8.429, de 2 de junho de 1992, se invocou para trazer mais incerteza à petição inicial. Esqueceu-se de que o pedido exsurge, sempre, como elemento de identificação da ação incoada e de fixação do objeto litigioso.

A cumulação de pedidos exige, no mínimo, compatibilidade e adequação típica.

No caso, misturam-se três ações, dotadas de titularidades variadas; objetos diferentes; finalidades desiguais; e de procedimentos diversos.

Nada justifica mesclar ação popular, ação civil pública e ação ordinária de reparação de dano específico.

Posto isto, é de se reconhecer o Ministério Público carecedor da ação, seja por falta de legitimidade, seja por exibir pedido impossível, extinto o processo, sem julgamento do mérito; restando, assim, provido o recurso (art. 267, VI e § 3º, c/c art. 329, do Código de Processo Civil).

Participaram do julgamento os Desembargadores Albano Nogueiro (Presidente, sem voto), Jovino de Sylos, vencedor e Barreto Fonseca (Relator sorteado, vencido).

São Paulo, 18 de março de 1996

Sérgio Pitombo, Relator designado.

# TRIBUNAL DE ALÇADA DO PARANÁ

***Reexame necessário n. 66.447-5, de Piraquara – Vara Cível***
***Autor: Município de Piraquara***
***Réu: Irmãos Carcereri Ltda.***
***Relator: Juiz Lidio J. R. de Macedo***

**Mandado de Segurança – ISS – Expedição de Certidão Negativa junto à Prefeitura do Município, pendente recurso administrativo – Aplicação do art. 5º, inciso XXXIV, letra "b" da Constituição Federal.**

**Pedido de certidão. Direito assegurado constitucionalmente ao cidadão, vedado à autoridade a quem compete fornecê-la, decidir sobre a legitimidade e o interesse do requerente em obtê-la.**

ACÓRDÃO N. 7.599 –
TERCEIRA CÂMARA CÍVEL

Vistos, relatados e discutidos estes autos de reexame necessário n. 66.447-5, de Piraquara – Vara Cível, em que é autor Município de Piraquara e réu Irmãos Carcereri Ltda.

Irmãos Carcereri Ltda., impetrou mandado de segurança com pedido de liminar contra ato do Sr. Prefeito Municipal e Sr. Diretor do Departamento de Finanças do Município de Piraquara, alegando em síntese que, sendo empresa de construção civil, sempre cumpriu com todas as suas obrigações tributárias. Entretanto, em razão de fiscalização, foi autuada pelo Fisco Municipal que exige o pagamento do imposto ISS referente a obras realizadas fora do Município de Piraquara, caracterizando abusiva e ilegal tentativa de tributação.

Em face disso, ingressou com recurso administrativo, pendente de decisão, e que tendo solicitado certidão negativa de débito referente ao ISS, para participar de concorrências públicas, esta lhe foi negada, ocasionando-lhe prejuízos.

A liminar foi concedida pelo despacho de f. 155.

Prestaram-se informações nas fls. 158/159.

A douta Promotora de Justiça manifestou-se pela concessão da ordem, posto que, a impetrante tem o direito de obter certidões negativas, uma vez que está em discussão a legitimidade ou não do Município para exercitar a imposição quanto ao recebimento do ISS por serviços prestados em outros Municípios.

Setenciado o douto Juízo *a quo* concedeu a segurança pretendida, assegurado à impetrante o direito de obter certidões negativas de débitos junto ao Município de Piraquara, até que seja constituído, definitivamente, algum crédito tributário.

De acordo com a Lei n. 1.533, art. 12, parágrafo único, os autos subiram a este Tribunal.

Apresentando manifestação, o douto Procurador de Justiça opinou pela manutenção da r. decisão de primeiro grau.

É o relatório.

## VOTO

Assiste razão ao ora impetrante devendo prevalecer a respeitável decisão emanada pelo doutor Juiz singular.

A pretensão do impetrante no sentido de ver-lhe reconhecido o direito de obtenção de certidão negativa de débito junto à Prefeitura do Município de Piraquara, estando pendente recurso administrativo, deve ser acolhida, pois a Constituição Federal no art. 5º, inciso XXXIV, letra *b*, assegura "a obtenção de certidões em repartições públicas, para defesa de direitos e esclarecimento de situação de interesse pessoal".

Nesse sentido, o magistério de Pontes de Miranda: "A expedição de certidões requeridas para defesa de direito – cumpre frisar-se – de modo nenhum pode depender de apreciação da espécie pela repartição que as há de passar; seria permitir-se à autoridade administrativa arbítrio, ou pelo menos, pré-exame do direito do requerente" (*Comentários à Constituição de 1967*, 5º v., p. 613).

Da mesma forma, o artigo 151, inciso II, do Código Tributário Nacional, suspende a exigibilidade do crédito tributário pendendo reclamações ou recursos.

Como bem esclarece prof. Ruy Barbosa Nogueira, "... o que o art. 151, II, significa é que a reclamação ou recursos apresentados dentro do prazo não deixam que o lançamento se conclua, mas que continuam o procedimento e a inexigibilidade administrativos, porque o título creditório ainda continua em formação ou ainda não existe como tal" (*Curso de Direito Tributário*, 10ª ed., São Paulo, Saraiva, 1990, p. 333).

Portanto, estando pendente recurso administrativo e não apresentando a autoridade coatora fundamento para negativa em fornecer as certidões, evidente está o direito do autor.

Com essas considerações, nego provimento ao reexame necessário.

Acordam os Juízes integrantes da Terceira Câmara Cível do Tribunal de Alçada do Estado do Paraná, por unanimidade de votos, em negar provimento ao reexame necessário.

Participaram do julgamento os Senhores Juízes Domingos Ramina, Presidente, e Jorge Massad.

Curitiba, 5 de novembro de 1996

Lidio José Rotoli de Macedo, Relator.

Impresso pelo Depto Gráfico do
CENTRO DE ESTUDOS VIDA E CONSCIÊNCIA EDITORA LTDA
R. Santo Irineu, 170 / F.: 549-8344

# REVISTA
## TRIMESTRAL DE
# *DIREITO PÚBLICO*

***DOUTRINA:*** PRINCÍPIOS CONSTITUCIONAIS DO PROCESSO ADMINISTRATIVO NO DIREITO BRASILEIRO – *Cármen Lúcia Antunes Rocha* • MANDADO DE INJUNÇÃO: O QUE FOI SEM NUNCA TER SIDO – UMA PROPOSTA DE REFORMULAÇÃO – *Luís Roberto Barroso* • CONCESSÕES DE SERVIÇO PÚBLICO DE ABASTECIMENTO DE ÁGUA AOS MUNICÍPIOS – *Alice Gonzalez Borges* • RESPEITO AOS PRECEDENTES JUDICIAIS ITERATIVOS PELA ADMINISTRAÇÃO PÚBLICA – *Juarez Freitas* • GARANTIAS OFERTÁVEIS POR CONCESSIONÁRIO PARA OBTENÇÃO DE FINANCIAMENTO – *Celso Antônio Bandeira de Mello* • ***PARECERES:*** "IMPEACHMENT", DEVIDO PROCESSO LEGAL E IMPARCIALIDADE DOS JULGADORES – *Xavier de Albuquerque* • SOBRE A MEDIDA PROVISÓRIA N. 1.490-14 QUE DISPÕE SOBRE O CADIN, CADASTRO INFORMATIVO DE CRÉDITOS NÃO QUITADOS DO SETOR PÚBLICO FEDERAL, EM FACE DA CONSTITUIÇÃO – *Paulo Brossard* • DECLARAÇÃO DE INCONSTITUCIONALIDADE DE DISPOSITIVO NORMATIVO EM SEDE DE JUÍZO ABSTRATO E EFEITOS SOBRE OS ATOS SINGULARES PRATICADOS SOB SUA ÉGIDE – *Clèmerson Merlin Clève* • DECISÃO DE TRIBUNAL DE CONTAS, NÃO CONFIRMADA POR DECRETO LEGISLATIVO, NÃO VINCULA ATUAÇÃO DA ADMINISTRAÇÃO – *Eros Roberto Grau* • PROCEDIMENTO ADMINISTRATIVO E INTERESSE PÚBLICO (CONCURSO PARA PROVIMENTO DE CARGO DE PROFESSOR TITULAR JUNTO AO DEPARTAMENTO DE MÚSICA DA ECA – RECURSO CONTRA O INDEFERIMENTO DE INSCRIÇÃO – APRECIAÇÃO DOS REQUISITOS DO CONCURSO E O INTERESSE DA UNIVERSIDADE) – *Maria Paula Dallari Bucci* • VALIDADE E EFICÁCIA DE LEGISLAÇÃO MUNICIPAL QUE IMPÕE REGIME DE GRATUIDADE AO ESTACIONAMENTO DE "SHOPPING CENTER" – PROIBIDA A COBRANÇA DE QUALQUER CEITIL DOS USUÁRIOS – *A. L. Calmon Teixeira* • DOAÇÃO DE BEM IMÓVEL MUNICIPAL À EMPRESA PRIVADA – *Hélcio de Abreu Dallari Júnior* • ***ESTUDOS E COMENTÁRIOS:*** PELA INSTITUIÇÃO DA OBRIGATORIEDADE DAS SÚMULAS DE JURISPRUDÊNCIA – *Juary C. Silva* • A ADMINISTRAÇÃO PÚBLICA, OS CONTRATOS E AS OBRIGAÇÕES DE PAGAMENTO – *Eurico de Andrade Azevedo* • A REFORMA DO ESTADO E O JUDICIÁRIO: EM BUSCA DA "EFICÁCIA SOCIAL" DA PRESTAÇÃO JURISDICIONAL – UMA REFLEXÃO SOBRE O CONTROLE EXTERNO DO JUDICIÁRIO E O EFEITO VINCULANTE DAS SÚMULAS DOS TRIBUNAIS SUPERIORES – *João Roberto Egydio Piza Fontes e Roberto Armelin* • AMPLITUDE DO CONCEITO DE "DEFICIENTE" – *Maria Lucia Jordão Ortega* • CAPITAL FINANCEIRO E PROTEÇÃO À CONCORRÊNCIA – *Cristiane Derani* • O PRINCÍPIO CONSTITUCIONAL DO CONTRADITÓRIO E DA AMPLA DEFESA NAS LICITAÇÕES – *Edgar Antônio Chiuratto Guimarães* • INCIDENTE DE INCONSTITUCIONALIDADE E DESVARIO DO PODER – *Antônio Souza Prudente* • PRIMEIRAS REFLEXÕES SOBRE A EMENDA CONSTITUCIONAL FEDERAL N. 15 (CRIAÇÃO, INCORPORAÇÃO, FUSÃO E DESMEMBRAMENTO DE MUNICÍPIOS) – *Hilda Regina Silveira Albandes de Souza* • ***CONFERÊNCIAS E DEBATES:*** SENTIDO E ALCANCE DO PROCESSO ELEITORAL NO REGIME DEMOCRÁTICO – *Fábio Konder Comparato* • A HABILITAÇÃO EM PROCEDIMENTO LICITATÓRIO DE SOCIEDADES PERTENCENTES AO MESMO GRUPO SOCIETÁRIO – *Milton A. de Brito Nobre* • O CONTROLE DO ESTADO NO PRÓXIMO MILÊNIO – *João Féder* • ***DOCUMENTOS:*** 1º CONGRESSO DEMOCRACIA E CIDADANIA – CARTA DE MINAS • GRITO DA UTOPIA JUDICIÁRIA – *José Fernandes Filho* • SUMÁRIO DO XI CONGRESSO BRASILEIRO DE DIREITO ADMINISTRATIVO – VITÓRIA-ES "TENDÊNCIAS ATUAIS DO DIREITO ADMINISTRATIVO" • ***JURISPRUDÊNCIA***

MALHEIROS EDITORES

# REVISTA TRIMESTRAL DE

# DIREITO PÚBLICO

19/1997

M